项目名称：《汉英韵府》委托研究及资助出版
项目编号：HX2024004

九州文库

《汉英韵府》官话音系研究

林　琳　著

九州出版社
JIUZHOUPRESS

图书在版编目（CIP）数据

《汉英韵府》官话音系研究 / 林琳著 . -- 北京：
九州出版社，2024. 9. -- ISBN 978-7-5225-3405-3

Ⅰ . H172

中国国家版本馆 CIP 数据核字第 2024YG3086 号

《汉英韵府》官话音系研究

作　　者	林 琳 著
责任编辑	沧 桑
出版发行	九州出版社
地　　址	北京市西城区阜外大街甲 35 号（100037）
发行电话	（010）68992190/3/5/6
网　　址	www.jiuzhouopress.com
印　　刷	唐山才智印刷有限公司
开　　本	710 毫米 × 1000 毫米　16 开
印　　张	19. 5
字　　数	296 千字
版　　次	2025 年 1 月第 1 版
印　　次	2025 年 1 月第 1 次印刷
书　　号	ISBN 978-7-5225-3405-3
定　　价	98. 00 元

目　录
CONTENTS

第一章

绪　论

第一节　作者简介

一、卫三畏生平介绍

卫三畏原名塞缪尔·韦尔斯·威廉斯（Samuel Wells Williams），后来还按中国人的习惯取了表字叫卫廉士。1812年出生于美国纽约州一个印刷商家庭，卒于1884年。卫三畏的两个中文名字，既和他的英文名字谐音，又显示了他的汉学修养。比如，"三畏"这个词就出自《论语·季氏》："子曰：'君子有三畏：畏天命，畏大人，畏圣人之言。'"①

关于卫三畏的具体生平，可详见其子卫斐列的著作《卫三畏生平及书信：一位美国来华传教士的心路历程》。其中，跟他的中国之行有关的、比较重要的几个大事记摘录如下：

1. 1833年，大学毕业受美部会邀请出发前往中国，成为一名传教士印刷工；
2. 1853年，随美国军队出征日本，担任翻译；
3. 1855年，受邀担任美国外交使团秘书，并移居到上海、北京；
4. 1876年，结束在中国的事务，返回美国，并任教于美国耶鲁大学。

从1833年21岁来到中国，到1876年64岁返回美国，前后总共43年，可

---

① 顾钧.卫三畏与美国早期汉学［M］.北京：外语教学与研究出版社，2009：12.

以说卫三畏一生的主要时间都是在中国度过的。来到中国前，卫三畏主要学习的是生物学，他完全不懂汉语，也没有接触过。在中国的前半部分时间，他主要活动于澳门、广州一带。当时，除了抓紧学习汉语和各种方言外，他主要的工作是跟随另一个美国传教士裨治文编辑和印刷《中国丛报》，其间还发表出版了许多文章和著作。1855年从印刷工转变为传教士外交家后，他转道至北方，主要活动于上海、天津、北京一带，开始了长达20年的外交生涯。他主要担任参赞兼翻译，在公使离任的情况下曾代理公使职务多达九次。在1874年还陪同美国公使面见同治皇帝并呈交国书。在中国亲身经历了两次鸦片战争。

卫三畏是最早来到中国的美国传教士之一，也是在华时间最长、对中国最了解的传教士。他虽然是一名传教士，但他在美部会印刷所期间，更热衷于汉语学习和汉学研究。正是由于他有43年在中国生活的经验，还有大量汉学研究的专著，1877年，美国耶鲁大学聘请他为美国历史上第一位汉学教授，后人尊他为"美国汉学第一人"。

二、主要著作介绍

卫三畏虽然名义上是传教士、外交官，但他一生致力于汉语的学习研究，并且成果丰硕。他的大部分文章发表在自己编辑印刷的《中国丛报》上，据不完全统计，总共有160多篇，其中与汉学有关的有100篇。例如，1839年《评汉语拼音方案》(*Remarks on System of Chinese Orthography*)，1842年《汉字新的注音方法》(*New System of Orthography*)，这两篇文章都是讨论汉字的注音问题，其中的观点在他的专著中都得到体现。卫三畏的专著主要有六部，具体如下：

1.《拾级大成》(*Easy Lessons in Chinese*)

1842年在澳门出版，是美国人在中国编印的第一部汉语教材。主要介绍汉语的语法，包含了汉语及广东方言的练习课程。可以说是初级汉语教材，尤其适用于学习广东话。卫三畏希望："书中所提供的一系列简单实用的课程，能够引导汉语初学者一步步取得进步，并最终达到精通汉语的境界，即

Short Steps to Excellence。" [①] 此书以简单实用著称，受到当时汉语学习者的广泛重视和欢迎。

2.《英华韵府历阶》(*An English and Chinese Vocabulary*)

1844年在澳门出版。这是一本英汉词汇对照手册，按照英语字母顺序依次列出单词和词组，提供中文的解释，以及官话、广州话和厦门话的注音。卫三畏在序言里说："此韵府历阶原来是用来继承马礼逊博士所著之《广东省土话字汇》的，其编辑也是在《广东省土话字汇》售罄之后才开始的。然而，由于现在外国人可以进入帝国其他地方，在这些地方，广东话是不通行的，本书乃加以调整，采用了全国通用的语言，辅以一些特别适用于南方的材料。"所以这部工具书收集了部分只在粤语或闽南方言区通用的字词。

3.《中国商务指南》(*A Chinese Commercial Guide*)

同样出版于1844年，主要提供一些有关贸易和航行的信息。这是一本实用性的小册子。一直到1856年经过修订后出了第四版，足可见其不可忽略的价值和受欢迎的程度。

4.《中国总论》(*The Middle Kindom*)

1848年在美国出版。全书共23章，全面介绍了中国的政治、经济、文化和社会的状况，是一部关于中国的百科全书，也是卫三畏中国观的具体体现。这本书为当时的美国人打开了了解中国的窗口，在当时被称为"西方汉学的集大成之作"。1876年回国以后，卫三畏又着手对这本书进行修订，并在他去世前即1883年再版。

5.《英华分韵撮要》(*A Tonic Dictionary of the Chinese Language in the Canton Dialect*)

1856年在广州出版。这是一本广州方言词汇对照字典，收录了7850个汉字，注重实用。卫三畏编辑这本字典的目的就是希望能帮助外国人学习广东话。之所以命名为"撮要"，是因为卫三畏在前人如马礼逊、小德金等的基础上进一步对收字进行精简，从而达到方便携带又很实用的目的。这本字典是研究广州方言的重要资料。

---

① ［美］卫三畏. 拾级大成［M］. 北京：香山书院，1842：3.

6.《汉英韵府》

1874年由上海美华书院出版。其英文书名是 *A syllabic Dictionary of the Chinese Language;Arranged According to the wu-fang yuen yin;with the Pronunciation of the characters as Heard in Peking, can ton, Amoy, and Shanghai*。从书名可知，这本字典是根据清代一部名为《五方元音》的字典进行编排的，书中还附有北京、广州、厦门和上海等地的发音。这本字典是卫三畏在1863年跟随美国使团进驻北京后开始写作的，后来卫三畏利用公余时间在11年里才逐步完成。这本字典收字12527个，总共1334页。字典就像一部简明百科全书，内容包括语言、文学、历史、地理、科学、宗教、哲学等等，也可以说是卫三畏一生汉语研究成果的总汇。只有积累了以前帮助别人编写字典以及自己动手编写得到的经验，卫三畏才能完成这样一部大规模的汉英字典。在当时，《汉英韵府》一度是美国来华外交界人士的必备工具书[①]。

在卫三畏的所有成就中，最突出并为他赢得众多荣誉的是《中国总论》和《汉英韵府》。其中，代表卫三畏在汉语研究方面的水平以及贡献的是《汉英韵府》。因此，本书拟选择其作为研究对象，对其中记录的官话音系进行研究分析。

第二节 《汉英韵府》的版本及体例

1867年，威妥玛在《语言自迩集》序言中说："卫三畏博士，这位最勤奋的汉学家，差不多已准备好出版一部词典，是对大约10年前出版的那部非常有用的词典的改进，这将是对汉语教育的值得注意的新奉献。"[②]威妥玛说的这部字典就是《汉英韵府》，但是这部据说差不多已准备好的字典却又让世人等待了7年，而且威妥玛并没有完全说对，新字典的编写最初是对前一部《英华

---

① 徐式谷.历史上的汉英词典［J］.辞书研究，2002（1/2）.

② ［英］威妥玛.语言自迩集——19世纪中期的北京话［M］.张卫东，译.北京：北京大学出版社，2002：21.

分韵撮要》进行修改，但后来则另起炉灶重新编了一部。

对于新字典的写作目的，卫三畏在序言中提到过。主要是由于以前的字典如马礼逊、麦都思、裨治文等人的著作印刷数量都不大，多年之后已经很难找到；而且在经历了这么多年以后，已经不能完全满足现在的需要了；同时学习汉语的人数比以前翻了十倍。在以上种种问题下，卫三畏开始动手编写一部更适合的汉英字典，11年后才完成了《汉英韵府》。

一、《汉英韵府》的版本

《汉英韵府》在同治甲戌年（1874）由上海美华书院出版后，受到极大的欢迎。据笔者已经找到的版本，初版至少在1889年、1896年、1903年曾重印。1874版《汉英韵府》采用的是卫三畏自己创制的拼音系统，而学习者们更习惯于威妥玛式注音，从而在1909年对其进行了修订。由华北公理会委办重订，出了第二版。1909版由北通州协和书院出版，与第一版相比，内容方面没有改动，只是将拼音改成威妥玛的拼音系统。这部字典按照新的拼音法重排汉字顺序后，就已经不再是以《五方元音》作为基础了。卫三畏认为第五声即入声还是在书面语中存在的，因此1874版《汉英韵府》保留了第五声。而1909版由于采用威妥玛的系统，所以已经没有第五声了。1909版新增进去［a］和［r］这两个音，还加入翟理斯的北京方言声调，并与卫三畏的同时标注对照。第二版在1973年曾经得到重印。

2001年，1874版《汉英韵府》又一次重印。由英国甘内沙出版公司和美国芝加哥出版社共同出版发行。有一个新加的序言，共1338页，分为2卷本。这一次重印是对卫三畏以及《汉英韵府》的又一次肯定，也说明了卫三畏的拼音系统有其可取之处。因此，本书主要以第一版的《汉英韵府》作为研究对象。

二、《汉英韵府》的体例

卫三畏总结了中国人和西方人编排字典的几种模式，大概可以分为按部首顺序、按音节顺序、按声调顺序、按同义词进行归类这几种。他认为按照音节顺序来排列是最好的选择。19世纪中后期的常用汉英字典，如马礼逊的字典等，都是选择当时流行的《康熙字典》作为参照进行编排的。但卫三畏认为《康熙字典》是按照声调来排列汉字的，不符合西方人的使用习惯，因此他选择了按音节顺序编排的《五方元音》作为参照。

《五方元音》是清初樊腾凤（河北省邢台市隆尧县人）所作，成书时间在顺治康熙之间。《五方元音》在有清一代影响很大，很受欢迎，后来又出现了增补本和改订本。其中，著名的如年希尧康熙庚寅四十九年（1710年）增补本、雍正五年（1727年）重校增补。由于增补本及改订本的广泛流传，樊腾凤的原本反而很难见到了。卫三畏在序言里就提到其所参考的版本是年希尧的增补本。

《五方元音》全书共有20个声母、12个韵部，声调分上平、下平、上、去、入五调，在排序上以韵母顺序来编排。目前，《五方元音》的音系性质尚存在争议，但总的来说是表现17世纪中叶官话的，当然其中夹杂了一些方言音。正是由于《五方元音》的音系接近19世纪的官话，同时在编排顺序上更合理，所以卫三畏选择其作为新字典的基础。

《汉英韵府》的编写除了利用他所能找到的一切西方书籍字典外，还参考了许多的中文书籍和传统的字典资料。比如，他认为《康熙字典》对词源的解释不够，所以首次采用《执文备览》的词源解释；对于词语的解释力求正确，甚至参考了《本草纲目》《三才图》《植物名实图考》等文言古籍；还试图把尽可能多的信息融到一部书籍中，包括词源、官话和方言的不同词汇、汉字的演变史、书面语和口头语的不同等。所以，《汉英韵府》中保留了很多口语词汇。他认为中国学者忽视了方言的比较研究，中国学者轻视除官话外方言中的口语词汇。正因为如此，卫三畏希望这部字典能帮助外国人学习汉字在官话和方言中的不同发音。所以《汉英韵府》变成传教士汉语词汇搜集的集大成者，并且记录了官话、北京、上海、广州、厦门、福州、汕头、芝罘（烟台）以及古音，共九种读音。

《汉英韵府》全书可以分成序言（Preface）、导言（Introduction）、正文、附录四个部分。

字典的序言部分总共6页。说明了写作的缘起，以及字典编纂所使用的参考资料，介绍了汉语语言现象的复杂性和字典的编撰构想，并对各个部分给予帮助的人进行感谢。

导言部分共74页，分成八个小部分。第一部分：《五方元音》中的官话。对官话进行说明，并详细叙述中国字典的编排方法，列举了《尔雅》《说文》等例子。对《五方元音》的20个声母、12个韵部做了详细说明，还提供了完整的声韵配合表。第二部分：拼音系统。详细介绍卫三畏自己创制的汉字罗马字母拼音系统，包括40个元音和30个辅音。第三部分：送气音。具体介绍了汉语中的送气音，以及所使用的符号。第四部分：声调。比较说明了传教士字典所使用的三种声调符号。第五部分：古音。卫三畏对汉语古音没有深入的研究，所以这个部分他请另一个传教士汉学家艾约瑟（Joseph Edkins）代为撰写。主要介绍了《康熙字典》和《广韵》的音系。第六部分：方言的范围。这个部分比较了南北官话，介绍了广州话、潮州话、厦门话、福州话、上海话、宁波话的主要特点。卫三畏还编了一张表，用《圣谕广训》第一条的汉字读音来对比官话、北京话、汉口话、上海话、宁波话、福州话、厦门话、汕头话、广州话的发音，还用《孝经》中的一段话来说明书面语在以上各种方言中的方言口语发音。第七部分：部首。介绍了汉字的造字法，详细列出214个部首表，并用英语加以解释。第八部分：字根表。共1040个，并逐个予以说明，还概括了5条字根与部首的关系。

字典正文部分总共1150页。每页分三栏，每个汉字按照音节和声调归类排列。每个音节下方都有一段说明古音和各种方言发音的文字，包括古音、广州、汕头、厦门、福州、上海、芝罘（烟台）七种。每个汉字下方标注北京话的发音和声调。卫三畏还细心地在每个汉字下留出空，以便使用者把自己所在地区方言的发音标上去。内容一般包括词源、词义、组词和词语释义。有时最后还加入不同时代的用法，以及该字在某种方言口语词汇中的意义，组词并释义。正文内容丰富，释义详尽，用词精练。

《汉英韵府》所收汉字的数量达到12527个，包括10940个词条，分为522个音节。按照英文字母顺序排列，送气音排在非送气音后面。《汉英韵府》比以往的字典收字更多。正文部分具体编排截图如下。

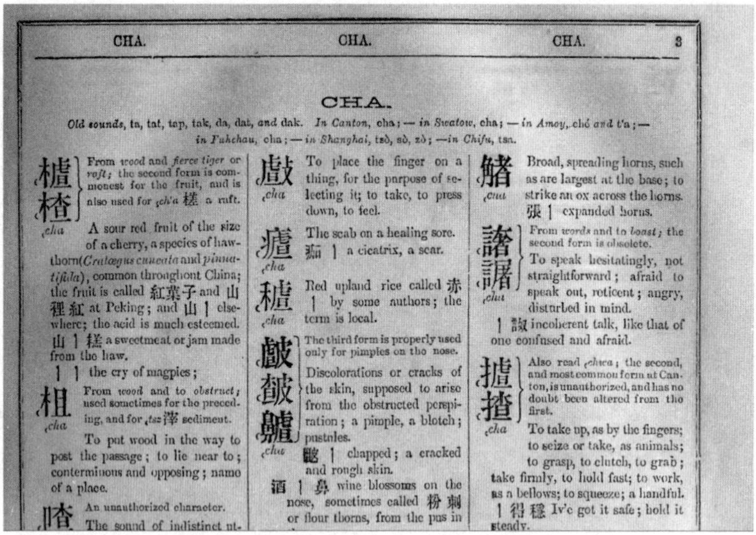

CHA. CHA. CHA. 3

CHA.

Old sounds, ta, tat, tap, tak, da, dat, *and* dak. *In Canton*, cha; — *in Swatow*, cha; — *in Amoy*, chó *and* t'a; — *in Fuhchau*, cha; — *in Shanghai*, tsò, sò, zò; — *in Chifu*, tsa.

樝 楂 ꜀cha From *wood* and *fierce tiger* or *raft*; the second form is commonest for the fruit, and is also used for ꜁ch'a 槎 a raft.

A sour red fruit of the size of a cherry, a species of hawthorn (*Cratægus cuneata* and *pinnatifida*), common throughout China; the fruit is called 紅菓子 and 山裡紅 at Peking; and 山丨 elsewhere; the acid is much esteemed. 山丨糕 a sweetmeat or jam made from the haw.

丨丨 the cry of magpies;

柤 ꜀cha From *wood* and *to obstruct*; used sometimes for the preceding, and for ꜀tsz 滓 sediment.

To put wood in the way to post the passage; to lie near to; conterminous and opposing; name of a place.

喳 An unauthorized character.

The sound of indistinct ut-

戱 ꜀cha To place the finger on a thing, for the purpose of selecting it; to take, to press down, to feel.

瘄 ꜀cha The scab on a healing sore. 瘢 丨 a cicatrix, a scar.

穯 ꜀cha Red upland rice called 赤丨 by some authors; the term is local.

皻 皶 齇 ꜀cha The third form is properly used only for pimples on the nose.

Discolorations or cracks of the skin, supposed to arise from the obstructed perspiration; a pimple, a blotch; pustules.

皵丨 chapped; a cracked and rough skin.

酒丨鼻 wine blossoms on the nose, sometimes called 粉刺 or flour thorns, from the pus in

觰 ꜀cha Broad, spreading horns, such as are largest at the base; to strike an ox across the horns. 張丨 expanded horns.

譇 謯 ꜀cha From *words* and *to boast*; the second form is obsolete.

To speak hesitatingly, not straightforward; afraid to speak out, reticent; angry, disturbed in mind.

丨詉 incoherent talk, like that of one confused and afraid.

摣 揸 ꜀cha Also read ꜀chwa; the second, and most common form at Canton, is unauthorized, and has no doubt been altered from the first.

To take up, as by the fingers; to seize or take, as animals; to grasp, to clutch, to grab; take firmly, to hold fast; to work, as a bellows; to squeeze; a handful. 丨得穩 Iv'e got it safe; hold it steady.

图1–1 《汉英韵府》1889：正文1页

附录部分总共104页。包括《部首列表》《检字索引》《难检字表》《中国人的姓氏》和《纠错表》。部首来自《康熙字典》，共214个，按笔画顺序排列，包括部首读音、部首、部首释义以及在字典中的页码。《检字索引》按部首笔画顺序排列。每个汉字上方标注在字典中的页码，右边列出其广州话、厦门话、上海话中的发音。《难检字表》按照笔画顺序列出不易判断部首的字。每个字后面有两个数字，一个代表部首，可以在前面部首列表中找到对应部首，另一个数字代表除去部首后余下的笔画。《中国人的姓氏》介绍了一些中国人姓名的知识，分成《单姓表》和《复姓表》，列表中每个字都标注了读音。

第三节　关于官话

一、概念的界定

“官话”大致相当于现代汉语的“普通话”。汉语标准音历来被称为“雅音""正音""官话"，乃明清时期特有的称呼。据学者们的调查，"官话"一词始见于朝鲜《李朝实录·成宗四十一年九月》（1483年）。可见，"官话"一词在明初应已经在中国通行。明代来到中国的意大利传教士罗明坚（Michele Ruggleri）、利玛窦（Matteo Ricci）编的《葡汉辞典》里，用葡语"Falla Madarin"指中国官员所使用的语言。卫三畏的《汉英韵府》中，就用"Madarin"来指称"官话"。

到了现代，"官话"成为一个意义很广泛的词，有很多不同的理解。比如，侯精一主编的《现代汉语方言概论》是这样论述的："官话旧指普通话。其主要含义有二：一是官方使用的语言，二是公众通用的语言。两个意思密切相关。官话旧时也指共同语，历史上称为雅言、通语、凡语等等。"[1] 游汝杰的《汉语方言学教程》则说："官话又称北方话、北方方言。官话是汉语各大方言中使用人口最多，通行范围最广的方言。"[2] 这两个概念看起来是矛盾的，但其实只是出发点和角度不同而已。游汝杰先生所说的"官话"在侯精一先生的书里被称为"官话方言"。因此，从广义的角度来讲，官话既可指共同语，也可指北方方言。本书所研究的官话就是这种广义的"官话"。

二、传教士所认知的"官话"

18世纪以来，西方传教士来华宣教，其首要之事就是学习语言；而官话在当时是通行全国的，因此在传教士的著作中，有许多关于官话的论述。其中，比较有代表性的论述摘录如下：

1. 利玛窦（Matteo Ricci，1552—1610）

利玛窦是天主教在中国传教的最早开拓者之一，明末来华。其日记以及见闻等后来由另一位传教士金尼阁（Nicolas Trigault）翻译整理成了《利玛窦中国札记》。书里详细记述了利玛窦对明代"官话"的看法：

"中国的各个省份，口语也大不相同……除了不同省份的各种方言，也就是乡音之外，还有一种整个帝国通用的口语，被称为官话（Cuonhoa），是民

---

① 侯精一. 现代汉语方言概论［M］. 上海：上海教育出版社，2002：1.

② 游汝杰. 汉语方言学教程［M］. 上海：上海教育出版社，2004：7.

用和法庭用的官方语言。这种国语的产生可能是由于这一事实，即所有的行政长官都不是他们所管辖的那个省份的人（我们下面就要解释），为了使他们不必学会那个省份的方言，就使用了这种通用的语言来处理政府的事务。官话现在在受过教育的阶层当中很流行，并且在外省人和他们所要访问的那个省份的居民之间使用。懂得这种通用的语言，我们耶稣会的会友就的确没有必要再去学他们工作所在的那个省份的方言了。"①

2. 马礼逊（Robert Morrison，1782—1834）

马礼逊是早期来华的英国传教士，比卫三畏早了26年左右。他在其著作《华英字典》的序言中对官话曾做过这样的描述：

"官话（Kwan hwa）广泛使用于江南和河南的省份，因为两地都曾建有朝廷，所以那里的语言赢得了支配地位，优于其他省份的语言，成为宫廷语言的规范，是受教育者的标准语。现在，一种鞑靼汉语（Tartar–Chinese Dialect）正逐渐赢得地盘，如果这个朝代长久持续的话，它终将取胜。"②

3. 艾约瑟（Joseph Edkins，1823—1905）

艾约瑟是继马礼逊之后较有代表性的英国传教士兼汉学家，1848年来华，比卫三畏晚了15年。他对官话有了更深一步的认识和理解，在其著作《官话口语语法》中，是这样论述的：

"中国人在宫廷里以及政府机关中使用的发音叫作官话，或者称Mandarin。这种发音实质上是长江以北各省、四川、云南、贵州，以及湖南和广西部分地区所使用的共同语言。至少，在如此广袤，差不多占到中国国土三分之二的地域上，人们所使用的语言发音相似度很高，足以保证它们可以被称作同一种语言。官话所覆盖的广袤领土上的人们通常用地名来区分不同地区的语言，比如说山东官话；但是把前述各省的方言看作真正的官话依然是正确的，各省官话中允许掺杂一些乡谈，或者土腔（provincialism）。这些官话区的发音可以很容易地划分成三个系统：南京官话、以北京话为代表

---

① ［意］利玛窦，［比］金尼阁.利玛窦中国札记［M］.何高济，等译.桂林：广西师范大学出版社，2001：22.

② ［英］马礼逊.华英字典［M］.澳门：英国东印度公司澳门印刷厂，1815：5.

的北方各省官话、西部各省官话。"①

从利玛窦的论述来看，在明末已经有通行于中国的官话存在，而且十分普遍，不过他没有提及这种通用的口语到底是南京音还是北京音。后来，清代来到中国的马礼逊先生则有更详细的说明，他认为官话是朝廷的用语，受教育者的用语，广泛使用于江苏、安徽和河南等地，这个说法与前面所介绍的侯精一先生的概念差不多；而他所提到的鞑靼汉语应该就是后来的北京话，从这个称谓足可见此时北京话的地位了。但到了艾约瑟先生来到中国的时候，大概比马礼逊先生晚了40多年，这个时候传教士眼中的官话已经发生了改变，北京话的地位已得到提升。并且艾约瑟先生所说的官话更接近前面所介绍的游汝杰先生的概念，指的是官话方言。

从这几位传教士对官话的理解来看，早期的传教士倾向于认为通行于江苏、安徽等地的南官话是官话的正统，而后来的传教士已经不再坚持这一看法了。这与我们现代对明清官话语音的争论也很相符。对于明清官话的标准音以及基础方言等问题，学界也一直都有南北之争。直到现在，仍然各抒己见，没有统一的认识。

三、卫三畏的官话观

卫三畏自1833年起在中国的广州、上海、北京等地居住长达43年，曾担任美国驻北京公使馆秘书，1874年还曾随美国公使觐见了同治皇帝。应该说，他亲历了当时近半个世纪的汉语官话的实际变迁。所以在官话的问题上，卫三畏有自己的看法。在他的两本主要著作中都有提到关于官话的问题。

在《汉英韵府》导言的第一部分他给官话下了定义，他是这么论述的：

"广大的中国受教育阶层的语言，被他们称为官话（Kwan hwa）或者正式的语言（Official Language），还被称为宫廷或官僚的方言（Court or Mandarin Dialect）。通行于长江（Yangtsz' River）以北地区，要排除习语、语法结构上的变异。在南方的省份也很普遍，除了福建和广东。"②

① ［英］艾约瑟.汉语官话口语语法［M］.董方峰，等译.北京：外语教学与研究出版社，2015：9.
② ［美］卫三畏.汉英韵府［M］.上海：美华书院，1889：7.

在第六部分谈论方言的范围中，他也提道：

"在此广阔的区域，大概被称为'南官话'和'正音'或'正确的发音'的'南京话'使用最广，它被描述为'通行的话'，或'到处都明白的话'。然而，作为'北官话'或'京话'为众人所知的北京话现在最为时髦，最具宫廷色彩，就好像伦敦的英语，或者巴黎的法语，被看作是公认的帝国的宫廷语言。"①

此外，他还将北京音与汉口、上海、宁波、福州、厦门、汕头、广东方言音排列在一起，作为八种方音与官话音列表进行具体比较。他还特别指出："在上海、宁波以及整个江苏和浙江所听到的语言在语言风格和发音上更接近于官话。"②

在他的《中国总论》修订本的第十章《中国语言文字的结构》中，他这样介绍："朝廷用语（the court language），也称官话（Kwan hwa），或曼达林（mandarin dialect），是国家正式语言，即中文、中国话（the Chinese language），不能称之为方言。所有受教育的人都要学，都会说，不论他出生在帝国的任何地方，都不可能假装要学，却不会用官话交谈。这是东北部各省，尤其是河南、山东、安徽通行的语言，但和朝廷、京城多少有些差异。这种语言的特征是音调柔和顺畅，全然没有刺耳的带辅音的结尾，风行流音和唇音。一些说官话的省份，有部分地方如浙江、江苏的东部，喉音很普遍，声母变软或有所改变。"③而且他阐述了在华欧美语言学家对汉语的研究成果，其中也论及了马礼逊和威妥玛。他认为马礼逊的汉语罗马字所描写的是"宫廷语言"，而威妥玛的则是"北京话"。

从以上这些引文，可以清楚看到卫三畏对官话的看法。官话是通行全国的语言，所以不算是方言的一种。虽然现实如其他传教士曾经说过的那样，北京话在中国各级官员以及知识分子间的语言生活中已经拥有很高的地位，但并没有被公认为官话之标准，它仍然只是一种"dialect"而已，并不等同于官话。他对官话的介绍真实反映了当时中国的语言中，南北官话并存通用

---

① ［美］卫三畏.汉英韵府［M］.上海：美华书院，1889：28.

② ［美］卫三畏.汉英韵府［M］.上海：美华书院，1889：30.

③ ［美］卫三畏.中国总论［M］.陈俱，译.上海：上海古籍出版社，2005：423.

的实际状况。在各地交流时可以使用官话，在北京处理外交则更需要朝廷流行的北京话。而他认为传教更需要使用范围较广的官话，因此在《汉英韵府》的体例上还是以官话为纲来统领各地方言。

不过，他对官话的说明又有矛盾的地方，一方面卫三畏明确提出南官话与北官话有区别，他认为南官话即南京话是正音，是中国"通行的话"。而北官话即京话，是当时最流行的官话。另一方面又强调官话不是方言，是受教育者的语言。那么官话到底是一种方言呢，还是中国传统音韵学上的官话音呢？到底他说的官话是不是南京话呢？这些就是接下来所要讨论的问题。

第四节　研究现状、材料方法及研究意义

一、研究现状

卫三畏作为美国汉学第一人，其著作在当时广受好评，并且多次重复出版。通过中国知识资源总库 CNKI 系列数据库，以及万方、维普、读秀等网络学术搜索平台，我们对卫三畏及其相关著作的研究进行了尽可能全面的搜集和汇总，将与研究相关的论著和文章稍做简介如下：

对卫三畏的研究，目前已有一些专著和论文，比如：顾钧的专著《卫三畏与美国早期汉学》（2009年）详细介绍了卫三畏的生平、在中国的主要活动以及主要成就等；浙江大学孔陈焱的博士论文《卫三畏与美国早期汉学的发端》（2006年）多角度、全方位地分析并阐述卫三畏的汉学研究成就和他对美国早期汉学发端的影响；山东师范大学李艳的硕士论文《卫三畏思想研究》（2011年）通过阐述卫三畏在中国开展的各种传教运动及参与的政治活动来分析他的思想，以及这种思想对中美关系造成的影响；河北师范大学李同法的硕士论文《卫三畏的中国观》（2009年）剖析卫三畏对中国各方面的审视观点，利用比较研究对卫三畏与同期传教士的中国观进行了比较分析。还有一些期刊文章，比如：艾萍的《卫三畏与美国早期中国学研究》（2008年）；黄亦君、

李晓兰的《卫三畏的汉学观》（2009年）；顾钩的《卫三畏：美国最早的汉学教授》（2009年）等。

这些研究有的侧重卫三畏生平的研究，有的侧重卫三畏的汉学研究，而对卫三畏所编著的著作的研究还是比较少的。目前只看到一些期刊文章，比如：程美宝的《粤词官音——卫三畏〈英华韵府历阶〉的过渡性质》（2001年）介绍说明了卫三畏早期著作《英华韵府历阶》；另外，在一些学位论文中，也有关于这些著作的介绍，比如：苏州大学卞浩宇的博士论文《晚清来华西方人汉语学习与研究》（2010年）中就有提到卫三畏的相关著作；吉林大学何婷婷的硕士论文《〈拾级大成〉与卫三畏的汉语教学》（2008年）对卫三畏的汉语教材《拾级大成》进行了全面研究。此外，在一些考述西洋传教士汉语方言的著作中，也有关于卫三畏及其著作的介绍，比如：游汝杰先生的著作《西洋传教士汉语方言著作书目考述》（2003年），该书在对国内外各地图书馆进行长达20多年的调查、搜集的基础上介绍了传教士留下的各种汉语方言的圣经译本、方言词典、方言课本、方言论著馆藏地，并充分肯定了它们对于汉语方言研究的重大价值和意义。

关于《汉英韵府》的研究，目前来说还是比较少的，只有几篇期刊论文。如：董方峰、杨洋的《汉语教学史上一部不应被遗忘的著作——卫三畏的〈汉英韵府〉》（2008年）介绍了《汉英韵府》并肯定了其价值；昌梅香的《〈汉英韵府〉拼音系统评介》（2013年）对《汉英韵府》拼音系统进行系统介绍和分析，指出该拼音系统的创新和不足之处，论证了《汉英韵府》拼音系统建立在《五方元音》基础之上，并反映了当时官话——南京话的实际语音；山口要的《从卫三畏〈汉英韵府〉看19世纪北京方言语》（2011年）简要分析了《汉英韵府》的北京音。这些文章仅仅是对《汉英韵府》的官话音进行了初步分析，并没有对《汉英韵府》的音系做穷尽式的整理，也不曾对官话的音系性质做出明确的判断，而对书中所附的北京话、芝罘（烟台）话的发音，目前学界更是没有详细的研究。

关于明清官话的研究，一直以来都是学界的热点，而且一直存在争议，尚无定论。目前，已经出版和发表了相当多的专著以及论文。研究的方向主要有：官话如何形成；有关官话的材料；官话音系及其性质；明清官话有无标准音；官话标准音是否有基础方言；南北官话的区别；是否有"南官话"到"北官话"的转变等。因为相关的研究数量相当多，以下就争议较多的问题列举几个有代表性的说法。

胡明扬先生在《北京话初探》一书中指出：从《谚解》的应用性质来看，对音所反映的应该是当时中国的标准音，并且是口语，很可能是北京音。

李新魁先生在《论近代汉语共同语的标准音》一文中指出：汉语从很早以来在北方话的基础上形成了一种共同语。这种共同语必须有一个标准音或正音。这种标准音从东周开始就是黄河流域中游河洛一带的中州语音，并一直沿流下来。到了元代，汉语共同语的标准音仍然保持此前的"中原之音"。只是到了清代中叶以后，北京语音才提升到汉语共同语标准音的地位。汉语的共同语一直存在两套读音的标准，书面语的标准音就是历代相传的读书音，而口语的标准音就一直以中原地区的河洛音（一般称之为"中州音"）为标准。两者在语音系统上没有大的出入，只是在某些具体的字音上，口语的说法与书面语的读法不完全相同。

耿振生的专著《明清等韵学通论》，以及论文《近代官话的"标准音"》《再谈近代官话的"标准音"》等，提出了另一种意见。他认为：历史上的官话没有形成一个规范的标准音系，"正音"只是文人学士心目中的标准音，它纯粹是一种抽象的观念，没有一定的语音实体和它对应，因此，它只存在于理论上，而不存在于实际生活中。不同地区的人们所趋奉的"标准"各有不同。非南非北的音系仅仅是纸面上的系统，而不是现实生活中使用的系统。

鲁国尧先生的文章《明代官话及其基础方言问题》《研究明末清初官话基础方言的廿二年历程——"从字缝里看"到"从字面上看"》等，则从《利玛窦中国札记》推断明代汉语官话的标准音以及基础是南京话。

黎新第先生在文章《南方系官话方言的提出及其在宋元时期的语音特点》《明清时期的南方系官话方言及其语音特点》《明清官话语音及其基础方音的定性与检测》等中指出：有必要将明清官话区分为普通官话音和地方官话音两个系列，又分别包含读书音、口语音、南音、北音、拟古音、趋时音等多个不同层次的变体。并且拟订出便于操作的检测条例，还特别针对南方系官话做了详细的分析。

张卫东先生在论文《北京音何时成为汉语官话标准音》《试论近代南方官话的形成及其地位》《从〈语言自迩集·异读字音表〉看百年来北京音的演变》等中提出："南方官话"肇始于东晋至南北朝时期，它以江淮官话为基础方言，以南京官话为代表，直到晚清都稳居汉语正音主导地位。北京官话获得现代通行官话标准语地位的时间应是1845年前不久的时候。

叶宝奎先生的《明清官话音系》一书考查了反映明清官话语音的代表资料，并将官话音与基础方言代表点口语音（北音、南音）做横向共时比较，指出"明清两代的官话音并非一时一地之音，而是历史的产物，是以传统读书音为基础的，具有十分明显的历史传承性。官话音是历史形成的，并随着时间的推移而不断变化……到了清代后期，二者的差别已经不大，但官话音与北音、南音仍有区别，官话音仍带有传统的成分和因袭的色彩，二者并存的局面一直维持到20世纪上半叶"。

张鸿魁的论文《语音规范化的历史经验和"官话音"研究》指出：不可能有反映口语音值的标准音系统，至多有一个规定性的字音音类系统，而且每个音类不可能有统一的音值，由于研究方式的个体化，导致连音类确定也难有一个全国统一的共同的标准。

张玉来先生则有一系列的文章讨论官话问题，如《近代汉语官话语音研究焦点问题》《近代汉语官话韵书音系的复杂性》《近代汉语官话韵书音系复杂性成因分析》等，他认为明代官话音系不是单一的标准音系，而是一个没有规范标准的共同语系统；近代汉语共同语不是在单一音系基础上成长起来的，是继承、发展与人为选择的结果。研究近代汉语官话韵书音系应当充分考虑它们的复杂成分和复杂性质，既不能否定共同语的存在，也不能过分追求共同语标准音的描写，从而否定方音和其他因素的存在。

以上所举各家的看法分歧很大，有的认为官话有标准音，有的则否定；有人认为明清官话的基础音是南京音，有人则认为是北京音，还有人提出明清官话具有复杂性，并不是纯粹的某地方音。这些问题至今仍存在争议，没有形成统一的认识。

二、研究材料及方法

由于广受欢迎，《汉英韵府》重印了将近五次，还有初版和修订版。目前笔者手头收集到的有1889重印版、1896重印版、1903重印版。经过比对，这几版基本是一样的，有些印刷模糊的地方正好可以相互参考。因此，本书以比较清晰的1889版为主要研究材料，并辅以其他几个版本。研究的主要对象是《汉英韵府》中的所有官话音系，包括卫三畏称为"官话"的南官话、北京话，以及隶属于胶辽官话的芝罘（烟台）话的音系。在字典中，只有南官话、北京话，具体到每一个字都标注其声韵调；而芝罘（烟台）话则只有音节，没有对应到具体的汉字。本书之所以把芝罘（烟台）话列入讨论，出于两个方面的考虑。一方面，芝罘（烟台）话是在胶东半岛芝罘（烟台）地区广泛使用的一种方言，在方言分区中属于胶辽官话登连片，从性质上说与北京话一样同属于官话方言；另一方面，目前已经发现了很多传教士的方言记录，大都是福建广东等地的方言，但传教士对芝罘（烟台）话的记录还没有人提到，如游汝杰先生的《西洋传教士汉语方言著作书目考述》就完全没有提到有关芝罘（烟台）话的记录，所以卫三畏对芝罘（烟台）话的记录有其难得的价值。因此，综合以上两个原因，把芝罘（烟台）话音系也列入讨论。

在论述时，为了方便区分，也为了不与论文的大标题相混淆，按照卫三畏在导论中的说法，将他所认为的正统官话称为"南官话"，北官话称为"北京话"，芝罘（烟台）话则还是称为"烟台话"。

本书对《汉英韵府》所记录的南官话、北京话、烟台话的音系进行收集整理，归纳其音节，构拟其音值。在横向上，与同时期的其他韵书，以及其他传教士著作进行对比，以明确其性质；在纵向上，与现代的方言词典进行比较，以描述这些音系从19世纪末以来的演变。

本书在研究方法上主要使用比较法、内部拟测法、统计法和列表法。从字典本身出发，对每一个音系进行逐字整理归纳，然后由共时和历时的角度切入，在横向与纵向上深入研究。通过与同时代其他韵书字典的比较，我们能够了解《汉英韵府》这些音系的性质，而通过与现代音系的比较，分析它们的异同，可以探寻这些音系从19世纪末以来的演变。当然只有把比较法和拟测法相结合，才能清晰描写各个音系的情况。在表述上，多采用统计法和列表法，这样可以避免文字上的啰唆和拖沓，从而使得各种比较和音系更加一目了然。

三、研究意义

卫三畏在中国生活了43年，可以说是当时在中国时间最长的西方人。他既是当时中国社会的旁观者，也是当时中国历史的参与者，是真正意义上的"中国通"。他的汉学著作对于近代西方人了解中国起到了重要的作用。但由于他的传教士和外交官身份，对他的汉学成就未给予足够关注和深入研究，特别对他的"业余"——汉学并未进行系统梳理。

卫三畏编辑过几本字典。《汉英韵府》是他在北京任职期间，利用公余时间在11年里逐步完成的大作。《汉英韵府》一度是美国来华外交界人士的必备工具书。这本字典是卫三畏十几年编纂经验累积下的产物。他比较了19世纪中后期的常用汉英字典，包括马礼逊的字典和几部方言口语字典，选择采用马礼逊字典第二部分按照汉字音节排序的方式重新编写一部更加完整的字典，以修订其他字典的不足。他希望这部字典能帮助外国人学习汉字在通用语言和方言中的不同发音，所以在每个字后加注北京、广州、厦门等方言的注音。字典正文每个汉字都引用了很多示例，从词源、构词、不同时代的用法、书面语和口语等角度来说明。《汉英韵府》加入了很多口语词汇，卫三畏认为这可以保留很多汉字在某些地方方言中的用法，他认为中国学者忽视了方言的比较研究。卫三畏对西方人研究汉语方言学做出了不可磨灭的贡献，成为后来传教士研究的基础。可以说，卫三畏的《汉英韵府》是西方传教士汉语词汇搜集的集大成。

《汉英韵府》记录的北京、上海、芝罘（烟台）等方音，可以说是19世纪中国方言的原始材料，为现代汉语的历史比较语言学提供了广泛的基本数据。但这样一部意义重大、具有重要价值的字典，却少有人关注。关于这部字典本身所反映的方言的音系性质和收字特点，则更是少有人论及。

此外，前述已经提及，关于明清官话音的讨论一直以来不曾间断，各家的看法甚至是互相矛盾的。官话到底是不是以南京话作为基础，这个问题也一直备受争议。而《汉英韵府》作为一本帮助外国人学习汉语的实用性的字典，其所记录的官话音、北京音应该是当时实际语音的真实记录，对于学界一直争论的这些问题，一定可以起到论据的作用。所以本书选择将《汉英韵府》的官话音系作为研究对象，尝试分析其所记录的官话音系，通过比较，明确其音系特点，希望能丰富和补充官话方言研究的成果，能为明清官话的争论提供有用的论据。

为了保留字典的原貌，后文中涉及引用自《汉英韵府》的字形均以《汉英韵府》为准，所以保留清末的繁体字以及异体字，特在此说明。

第二章

《汉英韵府》拼音系统

在《汉英韵府》的导言中，卫三畏提出了一套完整的拼音方案。这是卫三畏来到中国后，总结了其他传教士的拼音系统后，自己创制的系统。其中包括14个元音，21个双元音，10个异常元音和30个辅音。卫三畏用这套拼音系统，记录了古音、官话、北京话，以及当时传教士比较常接触到的广州、汕头、厦门、福州、上海、芝罘（烟台）这些地方的方言。将官话和众多方言用相同系统进行标注，这在当时是历史上第一次出现的。

卫三畏对方案中的每个音都做了仔细的描述，而且参照了许多其他人的标注，如裨治文、晏玛太、马礼逊、艾约瑟、江沙维、麦都思、麦利和、小德金、杜嘉德、威妥玛等等。

具体例如，元音 a，卫三畏描述为："像在 father 中。裨治文、高德和秦贞都写作：á；晏玛太写作：ä。在所有的方言中可见，但从不像在英语 fan、hat 中那样发音。"

从上例可见，卫三畏尽量以英文单词作为发音的例子，然后罗列对比其他人的标注，并进一步具体说明。

卫三畏的原文见《汉英韵府》导言部分9至14页。具体的内容，截图如下：

元音部分：

VOWELS.

1.—*a* as in *father;* written *á* by Bridgman, Goddard, Jenkins; *â* by Yates.

2.—*ă* as in *quota, variable;* written *ā* by Bridgman; *ă* and *u* by Morrison; *u* by Edkins, Bonney; *ĕ* by Maclay; *u* by Goddard; *e* by De Guignes, Callery; *ĕ* by Wade; *ā* and *e* by Gonçalves.

3.—*e* as in *men;* written *ĕ* and *ē* by Medhurst; *é* by Maclay; *ĕ* by Callery.

4.—*é* as in *grey,* or *a* in *say;* written *e* by Gonçalves, De Guignes, Maclay, Douglas; *ay* by Morrison, Medhurst; *ei* by Wade.

5.—*ĕ* as in *there,* or *a* in *fan, hat;* written *á* by Maclay; *ā* by Goddard: *ă* by Yates; *a* by Edkins; *ε* by Douglas.

6.—*i* as in *pin,* and never occurs as a final; written *e* by Morrison; *i* by Maclay; *ĭ* by Douglas; *i* and *e* by De Guignes, who writes *y* when it is the medial vowel.

7.—*í* as in *machine,* and left unmarked [*i*] when a final; written *e* by Morrison, Medhurst; *y* by De Guignes when final; *i* by Wade, Maclay, Douglas; *ee* by Bonney.

8.—*o* as in *long,* or *aw* in *law;* written *ó* by Bridgman, Maclay; *ō* by Gonçalves; *á* by Jenkins; *aw* by Bonney; *au* by Edkins, Yates; *o·* by Doty; *ŏ* by Douglas.

9.—*ò* as in *no, crow;* written *ow* by Morrison; *ō* by Bonney; *ou* by Gonçalves; *o* by Maclay, Douglas, Goddard; *o* and *ō* by Yates.

10.—*ŏ* as in *könig,* a German sound; written *o* and *ô* by Callery; *ë* by Wade.

11.—*u* as in *put, bull,* and seldom heard as a final; written *oo* and *u* by Morrison; *ue* by Callery; *ò* by De Guignes, Gonçalves.

12.—*ū* as in *fool, move,* and left unmarked [*u*] when a final; written *oo* by Morrison, Medhurst; *ū* by Gonçalves; *ou* and *o* by De Guignes; *u* by Wade, Douglas.

13.—*ü* as in *June, abuse;* written *ói* by Gonçalves; *eu* by Morrison; *u* by De Guignes.

14.—*ü* as in *turn* or *ea* in *learn;* written *eu* by Edkins, Yates; *é* by Maclay.

图2-1　单元音介绍《汉英韵府》1889：导言9–10页

DIPHTHONGS.

1.—*ai* as in *aisle;* written *ái* by Bridgman; *ae* by Morrison, Medhurst; *ay* by De Guignes.

2.—*ao* like *ow* in *howl,* prolonged; written *aou* by Morrison; *au* by Gonçalves; *áu* by Bridgman; *ow* by Bonney.

3.—*au* as *ow* in *now;* written *ow* by Bonney.

4.—*ei* as in *height,* or *i* in *sigh;* written *ai* by Douglas, Bridgman; *i* and *ie* by Bonney; *ei* and *ai* by Gonçalves.

5.—*éi* as *eyi* in *greyish;* written *ei* by Morrison, Wade; *oei* and *ei* by Gonçalves.

6.—*eu* as *ou* in *souse,* shorter than No. 3; written *ow* by Morrison; *eu* by Callery; *ou* by Gonçalves, Wade.

7.—*éu* as *au* in *Capernaum;* written *eu* by Maclay; *ay-u* by Bonney; *ea* by Gonçalves; *eo* and *ao* by Devan.

8.—*ia* as in *piastre,* or *ya* in *yard;* written *ea* by Morrison, Gonçalves.

9.—*iai* and *iao,* each letter sounded; written *eae* and *eaou* by Morrison; *áu* by Gonçalves.

10.—*ie* as in *siesta;* written *ee* by Morrison, Medhurst.

11.—*ié* as *ea* in *fealty;* written *ie* by Jenkins.

12.—*io* as *yaw* in *yawn;* written *eo* and *eŏ* by Morrison.

13.—*iu* as *ew* in *pew;* written *íu* by Bridgman; *ew* by Morrison; *ieou* by De Guignes; *ieu* by Gonçalves, Maclay; *ee-ue* by Bonney.

14.—*iu* like *ew* in *chewing,* prolonged; written *io* by De Guignes.

15.—*oi* as in *boil;* written *oy* by Morrison; *oe* by Douglas.

16.—*òi* as *owi* in *knowing;* written *oi* by Maclay.

17.—*ua* as in *Mantua,* each vowel sounded; written *oa* by Douglas, De Guignes.

18.—*ue* as in *duet;* it runs into *uĕ* when a final.

19.—*ui* as *ewy* in *dewy,* or *oui* in *Louis;* written *ouy* by De Guignes; *uy* by Morrison; *oei* by Gonçalves.

20.—*úi* as *ooi* in *cooing;* written *uéi* by Gonçalves; *uy* by Morrison, Bonney.

图2-2　复元音介绍《汉英韵府》1889：导言10页

ANOMALOUS VOWELS.*

21.—'m, a sound like *hm* with closed lips, as a suppressed cough ; written *m* by Medhurst, Douglas.

22.—'ng, a nasal made by closing the nose, a whining sound ; written *ng* by Douglas, Goddard.

23.—*n*, a nasal in the middle of a word as *ki*ⁿ*a*, or oftener at the end, as *pi*ⁿ ; more distinct usually than in the French *vin* ; written *n* by Edkins.

---

* The late T. T. Meadows objected to the term *Imperfect Vowels* for the sounds here brought together, saying that "an *imperfect vowel* is really an impossibility." In this he was strictly correct, perhaps, but still they resemble suppressed vowels, and by grouping them, may be better illustrated.

24.—*sz'*, *tsz'*, a peculiar sibilant ; the first can be made by changing *di* in *dizzy* to *s*, and speaking it quickly ; written *sze* by Morrison ; *sŭ* by Gonçalves ; *szi* and *tzŭ* by Wade ; *sì* by Edkins ; *ss* by De Guignes ; *se* by Callery.

25.—*ch'* and *sh'*, like the preceding but softer ; they are often uttered by a person who stutters, as if in speaking *chin* or *shin*, he could not get out the *n* ; or like the sound made when chiding a child for making a noise ; written *chih* and *shih* by Wade.

26.—'rh, like the word *err* ; written *olr* by Gonçalves ; *érh* by Wade ; *urh* by Morrison ; *eul* by De Guignes ; *ell* by Callery ; *ŭr* by Jenkins ; *rh* by Edkins.

图2-3　特殊元音介绍《汉英韵府》1889：导言10页

CONSONANTS.

Of these, only *h, k, m, n, ng, p,* and *t,* occur as final letters.

1.—*b* as in *bar.*

2.—*ch* as in *church* ; written *tch* by De Guignes.

3.—*ch'* the same sound aspirated.

4.—*d* as in *dun.*

5.—*dj* as in *djezzar,* or *j* in *judge* ; written *j* by Yates, Douglas, Goddard.

6.—*dz* as in *adze.*

7.—*f* as in *farm.*

8.—*g* as in *gag.*

9.—*h* as in *hung* ; as a final it is nearly suppressed.

10.—*h'* before *i* and *ü,* a sibilant sound resembling an affected lisp, and easily confounded with *sh* ; written *hs* by Wade, *h'* by Edkins, *sh* by Jenkins.

11.—*j* as in the French *jamais.*

12.—*k* as in *king, kick* ; written *c* by Gonçalves.

13.—*k'* nearly the same sound, but softened and aspirated.

14.—*l* as in *lion.*

15.—*m* as in *man, ham.*

16.—*n* as in *nun.*

17.—*ng* as in *singing* ; written *g* as an initial and *m* as a final by Gonçalves ; *ñg* initial and *m* final by Callery ; *gn* by Medhurst ; *gh* by De Guignes as initial.

18.—*p* as in *pot, lop.*

19.—*p'* the same sound aspirated.

20.—*s* as in *sand* ; before *i,* it closely resembles No. 10.

21.—*sh* as in *shall* ; written *ch* by De Guignes ; *x* by Gonçalves, Callery.

22.—*t* as in *top, lot.*

23.—*t'* the same sound aspirated.

24.—*ts* as in *wits* ; written *ch* and *ç* by Gonçalves ; *z* by De Guignes.

25.—*ts'* the same sound aspirated.

26.—*v* as in *vine.*

27.—*w* as in *want, wo* ; when it follows another consonant, as *chw, hw, kw,* &c., it shortens as the two coalesce ; for this position Wade and Goddard use *u,* and Douglas *o* ; written *v* by Gonçalves ; *v* and *ou* by De Guignes.

28.—*y* as in *yard* ; written *i* by Callery, Gonçalves.

29.—*z* as in *zone.*

30.—*zh* as *z* in *azure.*

图2-4　辅音介绍《汉英韵府》1889：导言10-11页

VOWELS.

1. *a.*—This occurs in all the dialects; it is never to be sounded as in English *far*, *hat*.

2. *à.*—The common use of *u* in English as in *sun*, to represent this sound has made it a perplexing one to write; and the phrase, "The mother bird flutters o'er her young," shows that in that language it is very differently written. I prefer *à* to *a*, *v*, *è*, *ê*, or *u* of other authors, chiefly because it is less liable to be mispronounced by the general reader, except the last. But that letter is needed to write another sound.

3. *e.*—Along the southern coasts, this vowel is heard alone before consonants, as *meng*, *kek*, *veh*, but northward it is usually preceded by *i*, as in *lien*; when followed by *n* it constantly inclines to the sound of *a* in *man*, and even that of *a* in *far*. When used in *teh*, *seh*, it often changes its quality according to the succeeding word into *ŏ* or *ê*.

4. *ê.*—This vowel occasionally occurs at Fuhchau in the middle of a word, as in *héng*, *ték*, before a decided consonant; and at Shanghai and Swatow, in nasalized words, as *kwé*, *pên*; but it is almost always a final, as *ché*, *mé*, or succeeding *i* or *ü*, as *tié*, *hüé*.

5. *è.*—This is rarely heard in the north or at Canton, but in Kiangsu and southward it is common alone, as in *lèn*, *sèh*, *pèn*; or more commonly preceded by *i* as in *pièt*, *pièn*, *siŏi*, *liêng*; in all these words its tendency is to broaden out into *liang*, *sian*, as at Amoy and Swatow.

6. *i.*—This vowel is always written in the middle of a word, as *ning*, *kik*, *lih*; in the latter class of words it apparently ends them, but even then the vowel approaches the next [*ì*], so that *tih* and *pih* become *ti* and *pi*. As a medial vowel in diphthongs like *ia*, *ie*, it is one of the commonest sounds in the language, and undergoes very little alteration.

7. *ì.*—This vowel occurs only at the end of words in the *kwan hwa*; but is often heard in their middle in the southern dialects, as *pin*, *ling*, *kit*, &c., where it will be more likely to be pronounced aright if accented. I have, therefore, written it like the last vowel (*i*) when it is a final, in order to reduce the number of accented letters, as the final *i* in English is usually written *y* as in *mighty*, and there is little danger of confusion. Mr. Wade uses *i* for both the sounds in *tree* and *trim*, apparently to save accents, and they do run into each other; Maclay transposes *i* and *ì*, as I write them, to *ì* and *i*, for the same reason; but in those southern dialects the medial vowel in the dipthongs *ia*, *iu*, *iau*, is always short, and thus two sounds are given to one symbol, which is undesirable.

8. *o.*—This is the only sound of the vowel in mandarin, and almost always as a final; but after *b*, *f* and *p*, in the southern dialects, it often runs into the next, where it also occurs in the middle, as *song*, *loi*, *kok*.

9. *ò.*—This sound, as in *note*, is not heard in mandarin, but, from Shanghai southward, it is so common that it has usually been left unmarked; at Fuhchau it is common in *yòng*, *siòng*, *lòi*, &c., occurring in many words which have an *a* at the north. At Amoy and Canton it is less frequent. To mark such words seems to be more likely to insure their proper pronunciation, than to expect the English reader to pronounce *tong* and *toi*, as *towng* and *towy*; though, on the other hand, *to* and *pok* are more like to be sounded like *toe* and *poke*, than like *taw* and *pawk*. It is a choice of difficulties, but the argument in favor of writing *o* and *ò* as in *long* and *lo*, is not a little strengthened by the vast preponderance of the first sound throughout China.

10. *ŏ.*—This sound is not often heard in the southern dialects, but is common in Kiangsu and northward, chiefly as a final; the *é* in *ché*, *a* in *tsan*, *o* in *toh*, and *u* in *tu*, each and all run into it in one place or another; in Chihli, it characterizes words which have a tendency to become guttural.

11. *u.*—A difficult sound to express uniformly, as it is so much modified by the letters before and after it, and runs into the next; it is never heard as a final, but unites with *a* as a medial, as is noticed under *ua* and *w* (Nos. 17 and *Consonants* 27). Maclay writes the sounds *u* and *ü* alike, but they are not the same, and especially in Cantonese are kept clearly distinct as in *sun*, *sut*, shorter sounds than *soon*, *soot*; while *kin*, *kit* are like *coon*, *coot*; in the word *sung*, the vowel is evidently a prolongation of *sun* rather than of *kin*. Common readers will no doubt often mispronounce such words, until they hear the right sound.

12. *ü.*—The frequent use of this vowel as a final makes it desirable to reduce the number of accented words by leaving it unmarked when in that position, or in the *juh shing*, as *tu*, *tuh*, where alone it occurs in mandarin, and marking it in the middle as *mün*, *füt*. In Canton and places north of it, there is a tendency to sound this final as *ò* before certain initials, as *mò*, *pò*, for *mu*, *pu*.

13. *ŭ.*—This vowel sound occurs in all the dialects in the middle and end of words, as *chŭ*, *shŭn*, *pŭt*, *ngŭng*, *ŭk*, &c., or following the vowels *i*, *a*, *e*, and *é*, suffering different modifications with each of them; its tendency is to run into *u* (No. 11), but the changes are slight. It has been generally written in this way.

14. *ŭ.*—This is not found in mandarin, and is not a common sound. It runs into *ŏ* and *é* when preceding a consonant; it is a common final in Shanghai, and in Swatow and that region; in Fuhchau it also precedes other vowels as *chŭü*, *siuh*, *ngiuung*; but these combinations are limited to a small district. Some would perhaps, write it *â*, which it nearly resembles, had it not been prolonged as if followed by an *r*, as in the English words *turn*, *bird*, *her*.

图2-5 单元音具体说明《汉英韵府》1889：导言11-12页

DIPHTHONGS.

1, 2, 3. *ai, ao, au.*—These three are almost everywhere heard only as finals, and the two first form, when preceded by *i*, the common triphthongs, *iai* and *iao*. In Fuhchau, they are followed by *h* or *k*, as in *paih, pauk*. The third sound is written *ou* by Wade, but the risk of mispronouncing words thus written as *soo, hoo*, and not *sow, how*, owing to the common use of *ou* by the French to express a final *u*, renders *au* or *eu* preferable; the

English *ow* for *au* is also liable to confusion, as seen in the sentence, "The *row* of *flowers now flowed* to the *tow*-line." Morrison used *ow* to express both *au* and *ò* (*i.e. now* and *no*) in two of his works.

4. *ei.*—This final sound, unknown in mandarin, is common in Cantonese, where it is carefully distinguished from *ái*, but the two seem to run into each other further north, or *ei* is changed to *í*, and No. 5, *éi*.

6. *eu.*—It is doubtful whether the distinction between this final and No. 3 is sufficiently clear to authorize two forms of writing them; at the North the pronunciation of characters like 州 *cheu*, 勾 *keu*, 手 *sheu*, is usually quicker than the pronunciation of the same words *chau, kau, shau*, in Cantonese and other southern dialects. They are very much alike, however, and the chief reason for separating them was to indicate this diversity, which is not a fanciful one.

7. *éu.*—This sound is rarely heard as a final, and is most common at Canton; at Fuhchau the second vowel is often prolonged in *ü*, as *séüng*, while at Canton it is also shortened into *ä*, and forms one of the most characteristic sounds in that dialect.

10. *ie.*—This diphthong is unknown at Canton, where the *i* take its place, as in *sin* for *sien*, but reappears as one goes north. When followed by *n* or *m*, it turns into *iĕm* or *iam*, *iĕn* or *ian* at Swatow and Amoy, and *ieng* at Fuhchau; at Ningpo and Shanghai it is again superseded by *in* and *iⁿ*. In all words having this diphthong before *n*, there is difficulty at the south in distinguishing *ie* from *iĕ*; but at the north this difficulty is mostly confined to those words where the *i* is merged in the other vowel.

11, 12. *ié, io.*—These two have some affinity, but they do not run into each other; both are oftenest found in the *juh shing*, and their variations from the mandarin into other dialects are so capricious as to be irreducible to any rules which would be useful.

13, 14. *iu, iü.*—The first of these occurs mostly as a final in all the dialects, but it is also heard in mandarin before *n* in a few words; the second occurs only in the middle of words, and then is rather a prolongation of *iu*; it is hardly ever heard in Fuhkien or Kwangtung.

15, 16. *oi, ói.*—Both these diphthongs are confined to the extreme south, and the latter seems to be peculiar to Fuhchau; they are easily distinguished.

17. *ua.*—The distinct sounds of both vowels are often heard at Swatow and Amoy, like *too-an, loo-an*; but elsewhere *wa* (see *Consonants* No. 27) better represents this diphthong to the English reader than *oa* or *ua*, as they are liable to be too much separated.

18. *ué, ie.*—The first of these two is most easily distinguished from the other in those words which are in the three first tones, but as most of the words are in the *juh shing*, and followed by the

h, they are in practice nearly alike in sound.

19, 20. *ui, iü.*—The second of these is distinctly marked in the Cantonese under initials like *k, t*, and *ts*, but they everywhere glide into each other and into *éi*. In Fuhchau, they run into *i* and *ói*, and at Shanghai into *é*, both of them being everywhere heard as finals.

图2-6　复元音具体说明《汉英韵府》1889：导言12-13页

ANOMALOUS VOWELS.

21, 22. *'m, 'ng.*—These two words are heard from Shanghai southwards in the colloquial; they are really vowel sounds, but at Amoy they occur preceded by a consonant, as *s'ng, k'm* or *lm*.

23. *ⁿ.*—This nasal sound is unknown at Canton or Fuhchau, but occurs at Swatow and Amoy, and more frequently at Shanghai; though hardly so marked, and not found in the middle of a word; the raised *n* is probably its fittest mark, though in the romanized Ningpo dialect it is undistinguished.

24. *sz', tsz', dz', zz'.*—These four are the only forms of this sibilant; the first two are common in mandarin and at Canton, but all are entirely unheard between Swatow and Fuhchau. The last two are heard mostly at Shanghai, and the regions of Kiangsu and Chehkiang.

25. *ch', sh'.*—The characters spoken with these peculiar vowels get their full sounds of *chi, ch'i*, and *shi* as one goes south from the Yangtsz' River. The apocopated form is unknown at Canton or Fuhchau. The *Wu-fang Yuen Yin* indicates the full sound of *chi* and *shi* as the standard, and in this work they have, therefore, been all arranged under those syllables, while the contracted form is placed under each character. It is probable, that of the two forms *chi, shi*, and *ch', sh'*, the latter is most generally heard.

26. *'rh.*—This sound is seldom heard south of the Mei-ling, and its pronunciation is uniform; the many foreign modes of writing it show the difficulty of expressing it satisfactorily. In Peking, it is often heard as if preceded by a consonant, as *mi'rh, w'rh, f'rh*, &c., which is caused by the elision of an intermediate final, the full sound being *ming 'rh* 明而, *wän 'rh* 聞而, *fang 'rh* 風而, &c.

图2-7　特殊元音具体说明《汉英韵府》1889：导言13页

CONSONANTS.

1. *b.*—A common initial at Swatow and Amoy, but unknown at Canton or Fuhchau; it reäppears at Shanghai in many of the words so spelled at Amoy.

2, 3. *ch, ch'.*—This initial and *ts, ts'*, are interchanged so much and so irregularly all over the country, that it is impossible to follow their variations. In Canton, they are used as initials very nearly according to the spelling of the *K'anghi Tsz' tien* and *Wu-fang Yuen Yin*, but as one goes north, they mingle in a greater or less degree, and many natives cannot tell them apart. At Swatow and Amoy, *ts* is heard doubtfully only before *a, o,* and *u*; but on reaching Fuhchau, it is altogether merged in *ch*; both reäppear at Shanghai, but mostly applied to a different set of characters, and this interchange continues more or less along the valley of the Yangtsz' River.

4, 6, 11, 5. *d, d., j, dj.*—The first two of these initials are very common around Shanghai; the last is also heard there and at Swatow and Amoy, but none of them at Canton or at Fuhchau, where such words begin with *t* or *y*. The digraph *dj* is preferable to the single *j* for writing it, since it is a harsh form of the soft *j* so common in mandarin, and not so likely to be mispronounced as the simple *j* is. At Peking, *d* is often heard before *a* and *u*, and the initial *t* often becomes *d*, and the *j* runs into *r*; as *da* for *ta*, and *rǎn* for *jǎn*.

7. *f.*—This common initial is unheard from Swatow to Fuhchau, *h* almost everywhere taking its place; it occurs in all other dialects.

8. *g.*—This initial easily runs into *ng*, and their differences are sometimes imperceptible. At Swatow, Amoy and Shanghai, both *ng* and *g* are clearly heard as initials; at Canton and Fuhchau, the *ng* is just as plainly spoken in all words, and none begin with *g*. Morrison and Medhurst wrote *g* alone for the mandarin, but *ng* is more nearly correct.

9. *h.*—This, at the beginning of words, is the same initial aspirate as in the English words *hung, holy*; but to extend the use of the letter and make it entirely silent in words beginning with an aspirated *d, p* or *t* as consonant, as Medhurst and Douglas have done, is injudicious, owing to the sounds which *ph* and *th* have in English, and which will always mislead when the uninitiated read them. But to those who have been long accustomed to the use of *h* final, as the best sign for expressing the indistinct *juh shing*, Wade's application of it for a few of the Pekingese sounds in other tones is still more perplexing and needless. The characters to which he often applies it as 是 *shih*, 界 *chieh*, 爺 *yeh*, &c., are never heard in the *juh shing*, while he leaves it off in 的 *ti*, 屋 *u*, 得 *tĕ*, &c. Such use, therefore, tends to mislead those who are not acquainted with the local patois, and even to them it is a perplexity.

10. *h'.*—This sound is not heard in the four coast dialects, in which it drops the sibilant sound, or takes an initial *y*, or more rarely an *s*; it is common at Shanghai. The digraph *hs* adopted by Meadows and Wade does not exactly express it, for there is no proper *s* in the sound, and *sh* is too much; if one puts the finger between the teeth, and tries to speak *hing* or *hü*, he will probably nearly express this sibilant initial. The Spanish *x*, as in *Quixote*, comes near it, and would be much the best symbol, if it were not that it would be mispronounced by the common reader, as in *xiang* 香 *xin* 忻, &c.

12, 13. *k, k'.*—As a final, from Shanghai to Canton this consonant always indicates the *juh shing* of those words whose other tones end in *ng*, as *ping, pik*; *kung, hak*. In Kiangsu, it is often doubtful whether the word ends abruptly enough for an *h*, or should be written *h*. The aspirated initial *k* before *i* and *u* is one of the difficult sounds in the mandarin, and is often heard like *kt, ch* or *ks*, and still unlike all these.

14. *l.*—Along the southern coast this initial is often pronounced as *n* before *a* and *i*; not so frequently before *i, o,* or *u*; but all over China there is a curious interchange of the two letters, which perplexes the foreigner. At Amoy, *l* often approximates the sound of *d*.

15. *m.*—This letter occurs as a final from Canton to Amoy, in those words which end in *n* in the *kwan hwa*; but there seems to be no general rule guiding the change, as many retain the *n*. It is unheard at Fuhchau and northward, but reäppears in Kiangsi. As an initial, *m* often changes into *b* at Amoy and Swatow.

16, 17. *n, ng.*—These two liquids are employed as finals in every part of China; but in Amoy and Shanghai, they often take a nasalized form. As initials, *n* often interchanges with *l*; and *ng* in the mandarin is elided into a guttural *ǎ* or *ǒ*, as ⁿ*gǎn*, ⁿ*gǒ*, especially in Chihli; but this initial is the most capricious of all, and its changes are irreducible to a general rule.

18, 19. *p, p'.*—As a final, this letter only occurs in many parts of the coast provinces south of the Yang-tsz' River, in the *juh shing* of those words whose other tones end in *m* in Cantonese, as *kim, kip*. In mandarin such words always end in *n*. As a final, *p* is unknown from Fuhchau northward, but as an initial it generally follows the mandarin, except in Kiangsu, where it alters into *b* in some of the tones before certain vowels.

20, 21. *s, sh.*—These two initials play the same part among the Chinese as they seem to have done among the ancient Israelites, and form a true *shibboleth* by which a man's native place can be detected. They are used at Canton at the beginning of nearly the same words which divide them in the *Wu-fang Yuen Yin*; but from that city going coastwise to Shanghai, the *sh* nearly everywhere turns into *s* or *z*, and reäppears generally when further north; there are, however, many exceptions over this wide range. Between Canton and Macao, for instance, the *sh* is changed in many words, as *shui* 水 becomes *sui*; and just the same difference exists between Peking and Tientsin; yet in Sz'hwui hien, a district west of Macao, most of the words which at Canton begin with *s* take the *sh*.

22, 23. *t, t'.*—This letter occurs as a final in the same regions with *p*; and as *p* always follows words ending with *m*, so the *t* shows the *juh shing* of words ending in *n* in the other tones; the modes of variation from the fourth tone in mandarin into the abrupt consonants *k, p* and *t*, in the three southern dialects, have not been traced sufficiently to lay down any rules; at Fuhchau, the finals *p* and *t* are not heard. As an initial, *t* becomes *d* in certain tones in those parts of Kiangsu near the Yangtsz' River.

24, 25. *ts, ts'.*—These are much interchanged everywhere in China with *ch, ch'*; and, in consequence, many words in this Dictionary will be sought for under one of them which have been placed under the other. In the regions from Swatow to Fuhchau, it is entirely superseded by *ch*, and in Shanghai is mostly used in those words which at Canton and Peking begin with *ch*.

图2-8 辅音具体说明1《汉英韵府》1889：导言13-14页

26. *v.*—This initial is heard chiefly in the Yangtsz' valley, where it begins words elsewhere commencing with *f* or *w*. It is unknown at Canton or Peking, and the regions around those cities.

27. *w, wa, hwa.*—This letter is employed as an initial consonant in this work, as in *wang, wăn.* The Chinese spell words beginning with *kw, sw,* &c., as *ku-wang* for *kwang, su-wan* for *swan,* &c., where the medial vowel is so closely joined with the initial, that it is more distinct for us to make the initial out of both. Others, however, treat them as separate. Wade and Goddard use *u* as in *shuo* 説, *suan* 算, &c.; De Guignes and Douglas use *o,* as *hoang* 黃, *hoat* 發, &c.; but the general method has been to use *w,* and regard the letters *shw* or *hw* as the initial. The medial vowel is itself modified by the preceding consonant, and after *t* or *p* it is much more distinct than after *k* or *h*; but an Englishman is less likely to misread a word written *lwan* or *gwat,* than if it be written *luan* or *loan, guat* or *goat.* Besides which, as stated above, the diphthong *ua* is more distinctly heard at Amoy and Swatow in many words ending with a vowel as *sua,* p"*ua.* In Fuhchau and Amoy, the initials *ch⁹, h, k, l, m, n, ng, p* and *s* are followed by *w* ; *i.e.* by this medial vowel, making this class of initial more frequent there than elsewhere; at Canton, *kw* is the only initial of this kind, and *gw, hw* and *kw* at Shanghai. Though the Chinese divide by the initial consonant, as 多官 *to-kwan* for 端 *twan,* their ignorance of alphabetic writing makes their practice no guide to our mode of expressing such sounds; and the use of *w* is attended with the least risk of mispronunciation.

28. *y.*—This letter is used only as a consonant in this work. De Guignes used *y* to express the final *i* and *i,* as in *ky* 記 and *tsoy* 再 ; and some others write the short *i* in the diphthongs *ie, ia,* &c., with it. At Ningpo it has been thus employed, and when the *i* is doubled, as in *niing, niih,* the use of *y,* as in *nying, nyih,* is perhaps preferable. In Peking, some words beginning with *y* change it into *r* before *u* and *d,* as *rung* 容 for *yung, rueh* for 月 *yueh* ; but it is an exceptional deviation.

29. 30. *z, zh.*—The initial *z* begins many words at Shanghai and Ningpo which elsewhere begin with *ts* or *s,* and forms a marked feature of the speech of that region ; it is unknown in Fuhkien, and is limited in other directions as in Kiangsi and Nganhwui. The initial *zh* is a change from *j* in Peking and its vicinity, but does not extend very far, as it is unknown in Shantung.

图2-9　辅音具体说明2《汉英韵府》1889：导言14页

　　以上这9张图就是从《汉英韵府》原书中截图出来的，都是卫三畏对自己设计的拼音系统的介绍和说明。下面根据卫三畏的描述和例子，参考其他各家的标注以及现代的方言，对其拼音系统进行拟测。下文将分元音、辅音和声调分别论述。在论述时，先翻译卫三畏的说明，然后根据说明对其进行拟测。为了区别，翻译部分用楷体字标注，拟测部分作为按语。在排序上，则完全按照卫三畏的说明进行。

第一节　元音

　　卫三畏的拼音系统中总共有45个元音，一般其他传教士的字典中元音大都二十几个，所以数量上卫三畏拼音系统明显比较多。对于汉语中的元音，卫三畏分为单元音、复元音和不规则元音进行说明。

一、单元音

单元音总共14个。一般其他传教士的字典中，单元音大都八九个。其中，è、ù 等元音明显不属于汉语官话音系，应该是其他方言才有的。具体分析如下：

1. a

像在 father 中。裨治文、高德和秦贞都写作：á；晏玛太写作：ä。在所有的方言中可见，但从不像在英语 fan、hat 中那样发音。

按：a 的发音如 father［'fɑðɚ］中的 a，但不能发成英语 fan［fæn］、hat［hæt］中的 a 音，所以可以拟定为舌面前低不圆唇元音［a］。

2. ǎ

像在 quota、variable 中。裨治文写作：ǎ；马礼逊写作：ǎ、u；艾约瑟、邦尼写作：u；麦利和写作：ë；高德写作：u；小德金、范尚人写作：e；威妥玛写作：ê；江沙维写作：ā、e。英语中 u 的一般用法，像单词 sun 一样。但这个发音书写出来很困难。短语"The mother bird flutters over her young"也表示了在那种语言中这个发音也很难书写出来。比起其他作者的 a、e、ë、ê 或者 u，我更偏向 ǎ，主要是因为它不太容易被一般读者所误读，除了最后的 u，而这个字母易写成另一个发音。

按：ǎ 的发音如 quota［'kwotə］、variable［'veriəbl］中的 a，但在书写上很难表示，为了不误导读者，卫三畏就在 a 的基础上加了一个符号来区别。之所以很难表示，是因为这个音与前面那个音在英文中都用相同符号表示，而且在读起来的时候只是稍有区别，所以拟定为舌面半高央元音［ə］。

3. e

像在 men 中。麦都思写作：ĕ、ë；麦利和写作：é；范尚人写作：è。在南部沿岸，这个元音经常在辅音前单独听见，如 meng、kek、veh。但北方通常接在 i 后，如在 lien 中；当跟随在 u 后，常倾向于 a 在 man 中的发音，甚至倾向于 a 在 far 中的发音。当在 teh、seh 中使用时，常根据后续的字词演变成 ö 或 é。

4. é

像在 grey 中，或者与 say 中的 a 一样。江沙维、小德金、麦利和、杜嘉德写作：e；马礼逊、麦都思写作：ay；威妥玛写作：ei。这个元音偶尔出现在福州话的词中间，如 héng 、ték，在明确的辅音前。在上海和汕头两地的鼻音词中，如 kné、pén；但常置于尾部，如 ché、mé；或者紧随着 i 或 ü，如 tié、hüé。

按：e 的发音如 men［men］中的 e。é 的发音如 grey［grei］、say［sei］中的 e 或 a。卫三畏所举的例子看起来很相似。但因为 e 的发音在不同条件下会产生变化，可算是不太稳定的音，为了与后面的两个音区别，所以拟定为舌面前次低元音［æ］。而 é 属于比较常见而稳定的音，所以拟定为舌面前半高偏低元音［ɛ］。

5. è

像在 there 中，或者与 fan 中的 a 一样。麦利和写作：á；高德写作：à；晏玛太写作：ǎ；艾约瑟写作：a；杜嘉德写作：ɛ。在北方话和广州话中比较少见，但在江苏和南方一般单独使用，如 lèn、sèh、pèn；或通常在 i 之后使用，如在 pièt、pièn、sièk、lièng 中；在所有的这些词中，它有演变为 liang、sian 的趋势，像在厦门和汕头两地。

按：è 的发音如 there［ðɛə（r）］中的 e，或者是 fan［fæn］中的 a。卫三畏所举的两个例子的读音在现代不是一样的，可能当时这个音跟这两个例子都接近。在北方少见，而在南方则有演化的趋势。既然在英语中既可以标为 e 又可以标为 a，说明应该是与前面几个音都有所不同而又接近的，所以拟定为舌面前半高元音［e］。

6. i

像在 pin 中，从来不出现在结尾。马礼逊写作：e 和 i；麦利和写作：í；杜嘉德写作：ï；小德金写作：i 和 e，当它是中间的元音时，写作 y。此元音常置于词音中间的位置，如 ming、kik、lih；在词的末尾部分它似乎成为结尾，但即使那样，这个元音接近于 i，因此 tih and pih 演变成了 ti and pi。作为双元音中间的元音，如 ia、ie，它是语言中最普通的读音且变化不大。

按：i 的发音如 pin［pin］中的 i，按照描述是位于音节中间的音，而且是语言中最常见的读音，并不怎么变化，所以拟定为舌面前高元音 [i]。

7. í

像在 machine 中，当位于结尾时从不标记为 i。马礼逊、麦都思写作：e；当位于结尾时小德金写作：y；威妥玛、麦利和、杜嘉德写作：i；邦尼写作：êe。此元音只出现在官话的词尾部分，但在南方方言中常可听到在它们的中间，如 pín、líng、kít 等等。在南方方言中，它在发音时重读是最为标准的，因此，在结尾的地方我会似最后一个元音（i）那样写出它，为了减少重音的字母，就像在英语中 i 作为结尾通常被写成 y，如 mighty，这样有一点容易混淆的危险。韦德先生使用 i 同时表示 tree 和 trim 中的读音，显然是为了弱化重音，并且它们一定会撞上彼此。麦利和变换为 i 和 í，与我写成 í 和 i 是相似的，为了同样的原因，在南方方言的双元音中的元音如 ia、iu、iau 通常比较短，因此，这两个音演化成一个符号，比较不被接受。

按：í 的发音如 machine [mə'ʃi: n] 中的 i。在官话中只放在词尾，在南方方言中要重读才标准，而且类似 i，所以应该是一个拖长的 [i]，拟定为长元音 [i:]。

8. o

像在 long 中，或者 law 中的 aw。裨治文、麦利和写作：ó；江沙维写作：ō；秦贞写作：â；邦尼写作：aw；艾约瑟和晏玛太写作：au；罗啻写作：o；杜嘉德写作：ꝺ。这是官话中唯一的元音发音，且几乎常作结尾；但在南方方言中的 b、f 和 p 后，常会变成下一个，被置于中间时这种情况也会发生，如 song、loi、kok。

按：o 的发音如 long [lɔŋ]、law [lɔ] 中的 o，常做结尾，在南方方言的 b、f 和 p 后，常会变成 ò，所以拟定为舌面后半高偏高圆唇元音 [o]。

9. ò

像在 no、crow 中，马礼逊写作：ó；邦尼写作：ō；江沙维写作：ou；麦利和、杜嘉德、高德写作：o；晏玛太写作：o 和 ō。这个发音，像在 note 中的一样，不见于官话中，但在上海以南它很普通，故经常不用被标记；在福州话中很常出现在 yòng、siòng、lòi 等词中；在北方话许多有 a 的词中也有出现；在厦门话、广州话中不经常出现。标记这样的词比起期待英语阅读者发 tong

和 toi，如 towng 和 towy，更重要的是确定合适的发音，音更易识别它们的发音。另一方面，to 和 pok 相比 taw 和 pawk 更容易被听成 toe 和 poke。这是个困难的选择，但偏好书写 o 还是 ò 的争论就像对 long 和 lo 一样，并没有因为遍及中国的第一发声这一优势而有所巩固。

按：ò 的发音如 no［no］、crow［kro］中的 o。官话中不存在，在南方更普遍。到底写作 ò 还是 o，是有争议的，可见此二者非常相近。所以为了与前一个 o 相区别，可以拟定为舌面后半高偏低圆唇元音［ɔ］。

10. ö

像在 könig 中，一个德国发音。范尚人写作：o 和 ô；威妥玛写作：ê。这个发音在南方方言中比较少见，但在江苏和北方很常见，主要作为尾音；ché 中的 é，tsan 中的 a，toh 中的 o 和 tu 中的 u，每个全都于一个地方或另一个地方汇合。在直隶，此音具有趋向于喉音字的特征。

按：ö 是一个德国发音。为什么没能举英语中的发音为例，说明这个音在英语中不存在。而且在北方常见，南方则较少。在写法上有点类似前两个音 ò 和 o，可见，在读音上也应该是接近的，所以拟定为舌面后半高偏高不圆唇元音［ɤ］。

11. u

像在 put、bull 中，很少见到放在音节的最后。马礼逊写作：oo 和 u；范尚人写作：ue；小德金和江沙维写作：ô。一个很难统一发声的音，因它会随着前后的字母而变化，且会与下个字母汇合；从来不曾做尾音，但与 a 连用时放中间，像有人指出的在 us 和 w（No.17 和辅音 No.27）之后。麦利和指出 u 和 ú 很像，但它们不同，特别在广东人口中有很清晰的区别，如 sun 和 sut，它们比 soon、soot 短小；而 kún、kút 与 coon、coot 很相像；在词 sung 中，元音是 sun 的一个清晰的延长，而不是 kún 的音。无疑地，一般读者只有听到了正常的发音才不易常误读这些词。

按：u 的发音如 put［put］、bull［bul］中的 u。从不做尾音，又容易跟其他音相混，与 ú 很相似，所以拟定为舌面后最高圆唇元音［u］。

12. ú

像在 fool 中的 oo，或者在 move 中的 o，当放在音节最后时变成无标记的［u］。马礼逊、麦都思写作：oo；江沙维写作：ū；小德金写作：ou 和 o；
威妥玛、杜嘉德写作：u。这个元音经常作为尾音使用，而为了减少重读音，
当它出现在那个位置时不标记变成合理，或在入声中，如 tu、tuh。在官话中
它单独出现，且置于中间，如 mún、fút。在广州和该地的北方地区有将放在
词尾的这个音在某一些字母前转变为 ò 的趋势，如 mò、pò 变为 mu、pu 的情况。

按：ú 的发音如 fool［fu：l］、move［mu：v］中的 oo、o。常做尾音，
在方言中还有转变的趋势。在写法上类似前一个 u，说明在读音上相近。但前
一个都不做尾音，这个常做尾音，为了相区别，所以拟定为与前面音相似的
长元音［u：］。

13. ü

像在 June、abuse 中。江沙维写作：ói；马礼逊写作：eu；小德金写作：u。
此元音出现在所有的方言词的中间和尾部，如 chü、shün、püt、ngüng、ük 等，
或跟随元音 i、a、e 和 é，会根据前后情况进行改变，有变为 u（No.11）的趋
势，但这个改变影响很小，故一般仍用这种方法书写。

按：ü 的发音如 June［dʒu：n］、abuse［ə'bju：z］。卫三畏所举的例子
跟前一个的 fool、move 类似，而且这个音有变为 u（No.11）的趋势，应该也
是接近 u 的。但因为会根据前面的元音 i、a、e 的情况进行改变，所以可以拟
定为舌面前最高圆唇元音［y］。

14. ù

像在 turn 中，或者像在 learn 中的 ea，艾约瑟、晏玛太写作：eu；麦利和
写作：ë。此音在官话中未出现，也不是一个普遍的发音。当紧随着辅音，它
会演变为 ö 和 é，在上海和汕头地区是一个普遍的尾音。在福州也跟在其他元
音之后，如 chùü、sùuh、ngùung；但这些发音组合仅限于一小部分地区。有
的人把它拟作极其相似的 ǎ，但它跟随 r 时不会延长发音，如在英文单词中的
turn、bird、her。

按：ù 的发音如 turn［tə：n］、learn［lə：n］中的 ur 或 ea。在官话中不
存在，而普遍存在于上海和汕头。与 ǎ 极其相似，所以拟定为长元音［ə：］。

以上十四个单元音可列表如下：

表2-1 单元音

卫三畏	a	ǎ	e	é	è	i	í
	father	quota	men	grey	fan	pin	machine
拟音	[a]	[ə]	[æ]	[ɛ]	[e]	[i]	[i:]
卫三畏	o	ò	ö	u	ú	ü	ù
	long	no	könig	put	fool	june	turn
拟音	[o]	[ɔ]	[ɤ]	[u]	[u:]	[y]	[ə:]

从表中可见，卫三畏的拼音系统中，单元音的分类很细致，如[e]和[o]都有三个变体，这也是造成单元音数量较多的主要原因。

二、复元音

复元音总共21个，其中的ei、io、oi、òi等，也应该是方言才有的。但其实在字典中，因为涉及了总共九种音系，所以实际出现的复元音数量远远不止这些，卫三畏在此处只是描述了一些常见的复元音。

1. ai

像在aisle中，裨治文写作：ai；马礼逊、麦都思写作ae；小德金写作：ay。

2. ao

像在howl中的ow，要延长。马礼逊写作：aou；江沙维写作：au；裨治文写作：áu；邦尼写作：ow。

3. au

像在now中的ow，邦尼写作：ow。

ai、ao、au

这三个双元音作为尾音随处可见，前面两种形式，当紧随着i，普遍的双元音：iaoi、iao。在福州，它们常尾随着h、k，如paih、pauk。威妥玛把第三种的au写作ou，但存在误读的可能，故写作soo、hoo，而非sow、how。法国人常使用ou来表达放在词尾的u，放弃了读者更喜欢的au或eu。英语中ow代替au，也容易混淆，如在句子中可见到的"The row of flowers now flowed to the tow-line"。马礼逊在他的两部作品中用 ow 同时代表 au 和 ò 这两音（如 now 和 no）。

按：ai 的发音如 aisle［ail］中的 ai，ao 的发音如 howl［haul］中的 ow，au 的发音如 now［nau］中的 ow。后两个发音很接近，但 ao 的发音比 au 的发音要更延长，所以拟定为 ai［ai］、ao［au：］、au［au］。

4. ei

像在 height 中，或 sigh 中的 i。杜嘉德、禅治文写作：ai；邦尼写作：i 和 ie；江沙维写作：ei 和 ai。这个尾音音节，在官话中没有，但在广州话中很普遍，并且与 ái 有着细致的区分，但两音在更北的地区可互换，或者 ei 转变为 i 以及 éi（NO.5）。

按：ei 的发音如 height［hait］中的 ei，或 sigh［sai］中的 i。这两个音在现代是不同的，且各家的标示都不相同。与上面 ai 的发音所举例子相似，但卫三畏又强调有细致的区分，而且根据描述，在官话中没有，但在广州话中很普遍，所以拟定为［ei］。

5. éi

像在 greyish 中的 eyi。马礼逊、威妥玛写作：ei；江沙维写作：oei 和 ei。

按：éi 的发音如 greyish［'greiʃ］中的 eyi。这个音的标示没有争议，各家基本一致，所以拟定为［ei］。

6. eu

像在 souse 中的 ou，比 No.3 的读音更短。马礼逊写作：ow；范尚人写作：eu；江沙维、威妥玛写作：ou。使用两种书写形式来区分此音和 au（NO.3），是否足够清楚还不能确定。在北方，发音如：州 cheu、勾 keu、手 sheu，通常比 chau、kau、shau 短促，在广州和其他南方方言中，它们非常相像，当然，区分它们最重要的理由就是指出它们的不同，可是这是不可想象的事情。

按：eu 的发音如 souse［saus］中的 ou。与前面的 au 非常接近，甚至无法指出不同，有的传教士就是拟作同一个音，这里按照卫三畏的观点，还是进行区分，所以拟定为［ou］。

7. éu

像在 capernaum 中的 au。麦利和写作：eu；邦尼写作：ay-u；江沙维写作：

ea；德万写作：eo 和 ao。此音较少作为尾音，且在广州最常见，在福州第二个元音经常被延长为 ü，如 séüng，而在广州则变为短小急促的 ǎ，且形成了在广州话中最为特色的音节。

按：éu 的发音如 capernaum［kə'pə：niəm］中的 au。卫三畏所用例子与前面的 au 类似，可见，二者应该是接近的，且此音在广州最常见，所以拟定为［ɛu］。

8. ia

像在 piastre 中，或者在 yard 中的 ya，马礼逊、江沙维写作：ea。

按：ia 的发音如 piastre［pi'astə］中的 ia，或者 yard［jɑ：rd］中的 ya。这个音的标示比较没有争议，所以按照例子拟定为［ia］。

9. iai、iao

每个字母都发音，马礼逊写作：eae 和 eaou；江沙维写作：èau。

按：这两个复元音都是每个字母发音的，所以按照卫三畏前面的描述，可以拟定为 iai［iai］、iao［iau］。

10. ie

像在 siesta 中，马礼逊、麦都思写作：ëe。此双元音在广州话中没有，在那儿 í 取代了 ie，如 sín 取代了 sien，但在北方有出现。在汕头和厦门，当紧随着 n 或者 m，形式将变为 iêm、iam、iên 和 ian，在福州则表现为 ieng。在宁波和上海常用 in 和 fʻ 来表示，在所有具有这个双元音并在 n 前的词中，在南方是很难将 ie 与 iê 区分开来的，但是在北方，区分这个词的难度则取决于 i 和其他元音的融合。

按：ie 的发音如 siesta［si'estə］中的 ie。在广州话中没有，北方和闽方言中存在，但与后一个 ié 很相似，甚至很难区分，所以拟定为［ie］。

11. ié

像在 fealty 中的 ea，秦贞写作：íe。

12. io

像在 yawn 中的 yaw，马礼逊写作：eo 和 eǒ。

ié、io

这两个词有一定的相似之处，但它们不易相互混淆，两个音极常见于入声中，从官话到方言中是如此的任意多变，以至于任何的区分都显得无用。

按：ié 的发音如 fealty［ˈfiəlti］中的 ea，io 的发音如 yawn［jɔn］中的 yaw。这两个复元音有一点相似，但不相混淆，而且任意多变。为了与前面的 ie 相区别，所以拟定为 ié［iɛ］、io［iɔ］。

13. iu

像在 pew 中的 ew，裨治文写作：iú；马礼逊写作：ew；小德金写作：ieou；江沙维写作：ieu；邦尼写作：ee-ue。

14. iü

像在 chewing 中的 ew，小德金写作：io。

iu、iü

第一个在所有的方言中常作为发音中的结尾的形式出现，但也在官话中一些词的 n 前出现。第二个只出现在词中间的位置，且相当于延长的 iu，在福建和广东几乎没有听见过。

按：iu 的发音如 pew［pju］中的 ew，iü 的发音如 chewing［tʃuː］中的 ew。按照描述，两个复元音也是相似的，只是在音节中出现的位置不同，而且一个是另一个的延长，所以拟定为 iu［iu］、iü［iuː］。

15. oi

像在 boil 中，马礼逊写作：oy；杜嘉德写作：oe。

16. òi

像在 knowing 中的 owi，麦利和写作：oi。

oi、òi

这两个双元音限于一些偏南的南方地区，后者似乎在福州话中盛行，它们很容易混淆。

按：oi 的发音如 boil［bɔil］中的 oi，òi 的发音如 knowing［ˈnoiŋ］中的 owi。这两个复元音只出现在南方，而且很相似，所以拟定为 oi［ɔi］、òi［oi］。

17. ua

像在 Mantua 中，每个元音都发音，杜嘉德、小德金都写作：oa。这两个元音分开发音在汕头和厦门经常听到，像 too-an、too-am，但其他地方读作 wa（见辅音 NO.27）。对英语读者来说，比 oa 或 ua 更具有代表性，因为它们很可能被分开。

按：ua 的发音如 Mantua［'mæntuə］中的 ua。每个元音都发音，拟定为［ua］。

18. üe

像在 duet 中，当放在音节末尾时变成 üé。

üé、üe

前者与其他在一分之三的音调词中的音相比更易区分开，而由于大部分词都在入声中，并紧随着 h，它们在实际生活（实践）中听起来几乎一样。

按：üe 的发音如 duet［du'et］中的 ue，在音节末尾则是变体 üé。因为描述中强调这两个元音的区别，所以拟定为 üe［yɛ］、üé［ye］。

19. ui

像在 dewy 中的 ewy，或者在 Louis 中的 oui。小德金写作：ouy；马礼逊写作：uy；江沙维写作：oei。

20. úi

像在 cooing 中的 ooi。江沙维写作：uéi；马礼逊、邦尼写作：uy。

ui、úi

后一个在广东话中跟随在像 k、t 和 ts 等辅音后的时候特别明显，但在各种方言中都会在音尾过渡成另外一个发音或 éi。在福州话中，它们会过渡成 i 和 òi，在上海话中过渡成 é。这两个双元音在各地方言中都能听到以它们为结尾的发音。

按：ui 的发音如 dewy［'dui］中的 ewy，或者如 Louis［'luis］中的 oui；úi 的发音如 cooing［'ku：iŋ］中的 ooi。这两个复元音在各地方言中都很常见，而且不稳定。根据卫三畏对单元音部分的说明，所以拟定为 ui［ui］、úi［u：i］。

以上复元音列表如下：

表2-2　复元音

卫三畏	ai	ao	au	ei	éi	eu	éu
	aisle	howl	now	height	greyish	souse	capernaum
拟音	［ai］	［au：］	［au］	［ei］	［ɛi］	［ou］	［ɛu］

卫三畏	ia	iai	iao	ie	ié	io	iu
	piastre			siesta	fealty	yawn	pew
拟音	［ia］	［iai］	［iau］	［ie］	［iɛ］	［iɔ］	［iu］
卫三畏	iü	oi	òi	ua	üe	ui	úi
	chewing	boil	knowing	mantua	duet	dewy	cooing
拟音	［iu：］	［oi］	［oi］	［ua］	［yɛ］	［ui］	［u：i］

从表格中可以看出，复元音的数量多也与元音区分的细致有关。

三、特殊元音

特殊元音总共10个。之所以称之为特殊、不规则元音，大概是因为这些音有些根本不是元音，有些甚至是音节了，与前面真正的元音不同，但又不完全与辅音相同，所以才称为特殊元音。

1.'m

一个像把嘴唇闭起来读 hm 的读音，像一个被抑制的咳嗽声。麦都思和杜嘉德都写作：m。

2.'ng

一个把鼻子合起来发出的鼻音，一个呜咽的声音。杜嘉德、高德都写作：ng。

'm、'ng

这两个不规则元音在上海南部的口语中能够听到；它们属于真正的元音发音，在厦门，它们和辅音搭配，如 s'ng、h'm 和 hm。

按：'m、'ng，其实一般都被认为是辅音，因为它们明显是鼻音，只是在有些方言中，如广东话、上海话里，这些一般只做声母的辅音，也出现在韵母中。比如，上海话的"姆妈"的"姆"。为了区别于辅音中的鼻音，卫三畏在标注左上角增加了一个符号，大概表示发这些音时要闭上嘴唇或鼻子。这种发音后来被称为"声化韵"，或者有的书称为"自成音节鼻音韵"，是一个以辅音性质替代元音地位的音。现代厦门方言、泉州方言和漳州方言都有这两个声化韵，所以拟定为 'ng［ŋ］、'm［m］。

3. 上标的 n: ⁿ

一个在像 kiⁿa 这样的词中间的鼻音，不过常常放在音节的末尾，像 piⁿ；比法语中的 vin 更明显；艾约瑟写作：n。这个鼻音发音在广东和福州尚不可知，但在汕头和厦门是存在的，在上海出现得更频繁；它的发音不是太明显，也不出现在音节的中间；这个上标的 n 也许是最合适的标志了，虽然在用罗马字体书写的宁波方言中，它是模糊不清的。

按：ⁿ，带这个标注的音节后来又被称为"鼻化韵母"，但其本身并不是一个独立的音，只能算作一个区别符号，为了区别于辅音中的鼻音，卫三畏把这个符号处理为上标。现代的国际音标写作［~］，举 aⁿ 为例，可以拟定为［ã］。

4. sz'、tsz'

一个奇特的咝音，sz' 可以通过把 dizzy 中的 di 变成 s 而发出，并且很快地读出来。马礼逊写作：sze；江沙维写作：sū；威妥玛写作：ssǔ 和 tzǔ；艾约瑟写作：sï；小德金写作：ss；范尚人写作：se。

sz'、tsz'、dz'、zz'

这四个不规则元音是唯一的发咝音的元音。前两个在官话和广东话中很普遍，但在从汕头到福州的地区是完全听不到的。后两个在上海、江苏和浙江地区经常听见。

按：这几个标注应该不是单纯的元音或辅音，除了没有声调，它们已经是完整的音节了。这几个音节卫三畏举的例字是：思，子等。因为发音时，舌尖前伸接近上齿背，气流通路比较狭窄，这样才形成咝音。其他语言里面没有这样的音，所以他没有把这个音明确分离出来，而是在辅音声母的右上角加符号进行标注。这几个辅音声母都是舌尖前或舌尖中的音，所以相对应的所谓的"发咝音的元音"应该表示的是舌尖前元音［ɿ］的读音，可以拟定为 sz'［sɿ］、tsz'［tsɿ］、dz'［dʑ］、zz'［zɿ］。

5. ch'、sh'

像前面的发音，但更柔和，它们常常由口吃的人发出，就像在发 chin 或 shin 时没有发出 n，或者像在责备一个发出噪音的孩子时发出的声音；威妥玛写作：chih、shih。具有这些特殊发音的汉字的完整发音如 chi、ch'i 和 shi，而且出现在长江以南的地方，其尾音消失的形式在广东和福州是未知的。《五方元音》标明完整的发音形式 chi 和 shi 为标准。在这本书中，它们也因此总是出现在上述的这样的音节中，而缩小了的发音形式（尾音消失）则在相应汉字下面列出。不过有可能的是，这两种发音形式 chi、shi 和 ch'、sh'，后者更经常被听到。

按：这两个发音，与前面的相似，不同在于，前面一组搭配的辅音是舌尖前或舌尖中的音，所以连接的是舌尖前元音 [ɿ]；而这一组所带声母是属于舌尖后的音，所以连接的应该是舌尖后元音 [ʅ]。其实，这两组音所记录的都是舌尖元音 [i]，但会根据前面的辅音而变化，所以才分两组进行说明，拟定为 ch' [tʃʅ]、sh' [ʃʅ]。

6. 'rh

像单词 err，江沙维写作：olr；威妥玛写作：érh；马礼逊写作：urh；小德金写作：eul；范尚人写作：ell；秦贞写作：ûr；艾约瑟写作：rh。这种发音在梅岭以南很少听到，而且发音也很独特；许多国外的写法也表明很难比较满意地表达这个发音。在北京，它发音时如同前面加了一个辅音，例如，mi'rh、w'rh、f'rh 等，这其实是一种中间元音省略的现象，完全的发音应该是 ming'rh 明而、wǎn'rh 闻而、fāng'rh 风而等。

按：从卫三畏所举例子中，可见这应该就是我们普通话中的儿化音，也就是卷舌央元音。可能他觉得发这个音时好像也要闭合鼻子，所以用了与前面三个鼻音一样的符号，可以拟定为卷舌元音 'rh [ɚ]。

以上特殊元音可列表如下：

表2-3 特殊元音

卫三畏	'm	'ng	ⁿ,	sz'	tsz'
拟音	[m]	[ŋ]	[~]	[sɿ]	[tsɿ]
卫三畏	dz'	zz'	ch'	sh'	'rh
拟音	[dʑ]	[zʅ]	[tʃʅ]	[ʃʅ]	[ɚ]

表格中的 sz'、tsz'、dz'、zz'，其实要表示的是同一个韵母，只是配合了不同的辅音，所以可以合并成一个。而 ch'、sh' 这一组也是同样的情况。

第二节 辅音

卫三畏的拼音系统中，辅音总共有30个。一般传教士的字典中，声母都是20个左右。卫三畏的辅音数量也是比较多的，根据其描述，具体分析如下：

1. b

像在 bar 中。一种在汕头和厦门很常见的首辅音，但在广东和福州还未知；它在上海话的许多词汇中也重新出现，发音也如同厦门的一样。

按：b 的发音如 bar［bɑ:］中的 b。这个音在南方方言中常见，北方没有，可以拟定为双唇浊塞音［b］。

2. ch

像在 church 中，小德金写作：the。

3. ch'

同样的发音但送气。

ch、ch'

在整个中国，这种首辅音和 ts、ts' 存在相当大部分且不规则的互相更替，而且很难总结出这些变异规律。在广东，它们的用法很接近《康熙字典》和《五方元音》里面的用法，但当你往北走，这些发音就会或多或少地发生混淆，并且许多当地人无法区分出它们。在汕头和厦门，发出 ts 的辅音好像只在 a、o 和 u 等元音的前面；但到了福州，它彻底和发 ch 的辅音混淆；两者都在上海方言中出现，但大部分都代表着一组不同的汉字，沿着长江，这种混淆也或多或少地出现。

按：ch 的发音如 church［tʃɜ:tʃ］中的 ch。ch、ch' 在南方基本跟舌尖前的 ts、ts' 相混淆，而且连当地人都无法区分，卫三畏所举的例子是舌叶音，说明可以是从舌尖前音到舌叶音之间的塞擦音［tʃ］、［tʃ'］、［tɕ］、［tɕ'］、［tʂ］、 [tṣʻ]，这里拟定为舌叶音及其较接近的前后两个清塞擦音 ch［tʃ］、chʻ［tʃʻ］。

4. d

像在 dun 中。

5. dj

像在 djezzar 中，或在 judge 中的 j；晏玛太、杜嘉德、高德都写作：j。

6. dz

像在 adze 中。

7. f

像在 farm 中。这个普通的首辅音在汕头到福州的地方是听不到的，h 几乎代替了它；在其他方言中都有出现。

按：f 的发音如 farm［fɑːm］中的 f。在南方特别是福州比较少见，应该是唇齿擦音，所以拟定为 f［f］。

8. g

像在 gag 中。这个辅音会很容易发成 ng，它们之间的差别通常不易察觉。在汕头、厦门和上海，ng 和 g 都能清楚地作为辅音发音；在广东和福州，ng 可以像其他词语一样简单地发出来，但没有词以 g 做辅音。马礼逊和麦都思拼写官话时只用了 g，但 ng 应该更准确。

按：g 的发音如 gag［gæg］中的 g。这个音跟 ng 接近，但可以区分，应该就是舌面后的浊塞音，所以拟定为 g［g］。

9. h

像在 hung 中，如果被放在音节的末尾，接近被取消。这个辅音在字首发音时，和英文单词 hung、holy 等一样；但扩展这个字母的用法，将其放在 d、p 和 t 做首辅音的词中并使其完全不发音是不合理的，就像麦都思和杜嘉德做的那样，因为 ph 和 th 在英语中已有独自的发音了，而且缺乏某种特定知识和经验的人读起来容易造成发音错误。但是对于那些习惯于用 h 做单词结尾的人来说，却是最好的表达不清晰入声的标志，威妥玛用它来表示部分北京话的发音仍旧是令人迷惑的和不必要的。那些他经常用来表示的汉字如：是 shih、界 chieh、爷 yeh 等，从来没有在入声中听到过，同时他又把 h 从 的 ti、屋 u、得 te 等去掉了。这种用法，容易误导那些不熟悉当地方言的人，甚至对那些人来说是种混乱。

按：h 的发音如 hung［hʌŋ］中的 h。这个辅音放在字首是有发音的，而放在字尾则跟入声的表示法相混。应该既可以是舌根清擦音，又可以是喉清擦音，可以拟定为 h［x］/［h］。

10. h'

放在 i 和 ü 前，发咝的音，类似于一个受到影响的咬舌发音；很容易与 sh 相混；威妥玛写作：hs；艾约瑟写作：h'；秦贞写作：sh。这种发音在沿海的四种方言中都听不到，它一般变成了咝声辅音，或者前面加一个 y，或者更少见的是加一个 s；这种情况在上海更容易见到。宓道生和威妥玛采用的合体字母 hs 不能准确地表达这个发音，因为发音中没有合适的表达 s 的音，sh 又太过；如果一个人把手指放在牙齿间，尝试去发 híng 或 hü 的音，他或许能发出这种咝声辅音。西班牙语中的 x，如 Quixote，接近这种发音，可作为最贴切的表达字母，如果不参考这个发音，大部分读者可能会发出错音，如 xiang 香、xin 忻等。

按：h' 并不是前面 h 音的送气音，在卫三畏的辅音中，送气和不送气常用 ' 来表示，但这个是例外。这个音与 sh 接近，也是一个发咝的音，所以可以拟定为舌面前清擦音 h'［ç］。

11. j

像在法语 jamais 中。

d、dz、j、dj

前两个首辅音在上海周边非常普遍；最后一个也在上海能听到，并且在汕头和厦门也能听到，但这些发音在广东和福州方言中听不到，在这两个地方，这些辅音前面要加 t 和 y。合体字母 dj 相对单个 j 来说书写更合理，因为相对轻音 j，dj 是比较重的发音并且在官话中很普遍，同时也不像 j 那样容易发错音。在北京，辅音 d 经常搭配在 a 和 u 前，辅音 t 经常变成 d，j 成为 r，如 da 成为 ta，rǎn 成为 jǎn。

按：d 的发音如 dun［dʌn］中的 d；dz 的发音如 adze［ædz］中的 dz；dj 的发音如 djezzar 中的 dj，或者 judge［dʒʌdʒ］中的 j；而 j 是一个法语发音。卫三畏的描述跟他在字典中的记录有点出入，他说"dj 是比较重的发音并且在官话中很普遍",但在字典的官话系统中,只有 j 声母,而没有 dj 声母。这几个辅音在上海话中倒都存在,在广州和福州都没有,所以综合考虑后,拟定为 d[d]、dz[dz]、j[ʒ]、dj[dʒ]。

12. k

像在 king、kick 中,江沙维写作:c。

13. kʻ

几乎相同的发音,但更柔和而且送气。

k、kʻ

作为词末字母,从上海到广东的方言中,这个辅音总是表示在其他方言中以 ng 发音结尾的入声,如 ping、pik;hang、hak。在江苏,不能确定 h 作为字尾发音是否足够清晰,或者以 h 来表达是否合理。在官话中,送气辅音 k 在 i 和 u 前面很难发音,经常发成类似 kt、ch 或者 ks 的音,但又不同于这些。

按:k 的发音如 king[kɪŋ]中的 k,或者 kick[kɪk]中的 k。在上海和广东方言中,可以作为入声的韵尾。这两个辅音,一个送气一个不送气,应该是舌面后清塞音,可以拟定为 k[k]、kʻ[kʻ]。

14. l

像在 lion 中。在南方沿海的方言中,这个首辅音经常在 a 和 i 前面发成 n,而在 í、o 或 u 前面不会这样;在全中国,这两种发音经常相互混淆,使外国人非常困惑。在厦门,l 发音近似 d。

按:l 的发音如 lion['laɪən]中的 l。在南方方言中,容易被发成 n,甚至接近 d,应该是舌尖中边音,可以拟定为 l[l]。

15. m

像在 man、ham 中。这个字母在广东到厦门的方言中经常作为词尾辅音出现,而这些词在官话中以 n 结尾;但似乎这种变化也没有规律可循,因为许多词都保留了 n。在福州及北方地区是听不到这种发音的,但在江苏又重新出现。作为首辅音,厦门和汕头的 m 经常变成 b。

按:m 的发音如 man[mæn]和 ham[hæm]中的 m。在南方方言中可以做入声韵尾,应该是双唇浊鼻音,可以拟定为 m[m]。

16. n

像在 nun 中。

17. ng

像在 singing 中；作为字首时江沙维写作：g，而作为字尾时写作：m；作为字首时范尚人写作：ñg，而作为字尾时写作：m；麦都思写作：gn；作为字首时小德金写作：gh。

n、ng

这两种清亮的词尾发音在中国各地都会出现；但在厦门和上海，它们经常会鼻音化。作为首辅音，n 经常与 l 混淆，官话中的 ng 发音时经常省略成喉音 ǎ 或 ö，如 ⁿgǎn、ⁿgo，尤其在直隶（河北）省；但这种首辅音是最变化莫测的，也不能总结成一般的规律。

按：n 的发音如 nun 中的 n；ng 的发音如 singing 中的 ng。这两个辅音常做词尾，这在汉语中是常见的鼻音韵尾。而 ng 在官话中已经变化，变成喉音。所以应该分别是舌尖中和舌面后的浊鼻音，可以拟定为 n［n］、ng［ŋ］。

18. p

像在 pot、lop 中。

19. p'

同样的发音但送气。

p、p'

作为词尾辅音，这些字母只出现在长江以南的部分沿海省份中，且出现在广东话入声中的词尾发音为 m 的那些词语中，如 kim、kip。在官话中，这些词经常尾音为 n。作为词尾辅音，p 的发音在福州以北的地区尚未可知，但作为首辅音，这些地区的发音和官话相同，除了在江苏，在那里的一些方言中，p 在某些特定元音前改变成 b。

按：p 的发音如 pot 和 lop 中的 p。这一对正好是一个送气一个不送气，除了可以做声母还可以做韵尾，应该是双唇清塞音，可以拟定为 p［p］、p'［p'］。

20. s

像在 sand 中，非常类似 No.10。

21. sh

像在 shall 中，小德金写作：ch；江沙维、范尚人写作：x。

s、sh

这两个首辅音在全中国的情况是一样的，而且它们的作用就像古以色列人用来区分人们的籍贯而使用的口令一样。在广州，它们几乎被当作同一个发音使用，而在《五方元音》中，两者是被区分开的。但从广州沿海岸走一直到上海，sh 的发音几乎都被 s 或 z 替代了，但往北走又继续出现；尽管如此，在如此广阔的地区，例外的情况还是很多的。例如，在广州和澳门之间，sh 在许多字中发音都改变了，如 shui 水变成 sui；在北京和天津之间也会有类似的变化；又如在澳门西边的珠海，大部分在广州发 s 的字变成了 sh。

按：s 的发音如 sand［sænd］中的 s；sh 的发音如 shall［ʃæl］中的 sh。s 跟前面的 h‘ 很相似，h‘ 是舌面前清擦音，两者的发音方法是一样的，只是发音的部位有所区别。而 s 与 sh 则在不同地方有相互替换的可能，甚至作为同一个音，所以可以肯定它们也是在发音部位上有区别，在发音方法上则相同，可以拟定为舌尖前和舌尖后的清擦音 s［s］、sh［ʂ］。

22. t

像在 top、lot 中。

23. t‘

同样的发音但送气。

t、t‘

这种字母作为词尾辅音，使用的地区与 p 一样；但是由于 p 后面总是和 m 结尾的字搭配，所以 t 在其他方言中表现为跟 n 结尾相搭配的入声字；官话中第四声调在南方三种方言中转变成辅音 k、p 和 t，这种例子也无法总结成规律；在福州，词尾辅音 p 和 t 是听不到的。作为首辅音，在江苏靠近长江的地区，某些方言中的 t 变成 d。

按：t 的发音如 top［tɑp］和 lot［lɑt］中的 t，而且可以作为入声韵尾，有些地区还转变为 d。这一对也是一个送气一个不送气，应该是舌尖中清塞音，可以拟定为 t［t］、t‘［t‘］。

24. ts

像在 wits 中，江沙维写作：ch 和 ç；小德金写作：z。

25. ts'

同样的发音但送气。

ts、ts'

在中国，这两个辅音与 ch、ch' 混淆在一起；结果是，这个字典中许多在这发音下面的字需要到其他一个发音下面去找。在汕头到福州的那片地区，完全被 ch 取代，在上海方言中，广州话和北京话里 ch 开头的字大部分用 ts 发音。

按：ts 的发音如 wits［wits］中的 ts。这一组也是送气和不送气的搭配，而且与前面的另一组 ch、ch' 很容易混淆和转变，所以此二组在发音方法上应该是相同的，不同的是发音部位。这一组应该是舌尖前的清塞擦音，可以拟定为 ts［ts］、ts'［ts'］。

26. v

像在 vine 中。这种首辅音主要是在长江流域听到，其他地方的这些字的开头发音是 f 或 w。在广州和北京及周边地区，这种发音未知。

按：v 的发音如 vine 中的 v。这种声母比较少见，有的被 f 或 w 替代。所以应该是唇齿的浊擦音，可以拟定为 v［v］。

27. w

像在 want、wo 中；当它跟在另一个辅音后面时如 chw、hw、kw 等，它的发音变短，就好像两者合并了一样；针对这种情况，威妥玛和高德写作：u，杜嘉德写作：o，江沙维写作：v，小德金写作：v、ou。

w、wa、hwa

这个字母在本书中作为首辅音存在，如 wang、wǎn。中国汉字有一些以 kw、sw 等开头的拼音单词，如 ku-wang 即 kwang、su-wan 即 swan 等，其中间的元音和首辅音结合非常紧密，我们选择将它们放在一起拼写。其他人则选择分开拼写。威妥玛和高德使用 u 而不是 w，如 shuo 说、suan 算等；小德金和杜嘉德使用了 o，如 hoang 黄、hoat 发等；但通常的用法还是用 w，同样 shw 或 hw 也作为首辅音使用。中间的元音也被之前的首辅音修饰，中间的元音在首辅音是 t 和 p 的时候比首辅音是 k 和 h 时发音更明显；一个英国人在面对 lwan 或 gwat 时不容易读错，但如果写成 luan 或 loan、guat 或 goat 时就会容易读错。除了上面所述，双元音 ua 更多在厦门和汕头等地方听到，如 sua、pʰua。在福州和厦门，首辅音 chᵍ、h、k、l、m、n、ng、p 和 s 后面搭配 w 后，使得这些首辅音和中间元音组合比其他地方使用得更多；在广州，kw 是唯一的首辅音与中间元音组合；在上海，也只有 gw、hw 和 kw 这几种形式。虽然汉字也按照辅音来分类，如多官 to-kwan 拼成端 twan，但由于没有像字母表这种排序方式，因此这种分类无法引导我们去按照自己的方式来发音；w 的使用会最大可能地减少错误发音。

按：卫三畏所谓的 w 应该就是元音 u，只是作为声母时改变了书写方式。其实，这跟现代汉语拼音系统中的 w 是一样的，它仍然是元音，只是放在音节开头时换成大写，而以它开头的音节应该是所谓的零声母，不应该把它看成声母，其实是合口音节的介音，所以可以拟定为元音 [u] / [w]。

28. y

像在 yard 中，范尚人、江沙维写作：i。在本书中，这个字母只用来做辅音。江沙维用 y 来拼末尾是 í 和 i 的音，如 ky 记和 tsay 再；其他学者也用短音 i 来做合体字音 ie、ia 等。在宁波方言中，当拼写时有两个 i，如 níing、níih，y 用来替代其中一个会更合理，如 nying、nyih。在北京方言的拼写中，一些 r 和 a 前面的 y 会被替代为 r，如 rung 容代替 yung、rueh 月代替 yueh，但这都是特例。

按：y 的情况类似 w，放在音节开头时换成大写的格式而已。w、y 其实不应该独立出来，因为从例字来看，以 w、y 为声母的字有：娃蛙挖弯旺窝屋、崖央要腰烟益等，可见它们其实是以 [u] 和 [i] 为介音或主元音的零声母。从字典的安排来看，卫三畏并没有把 [u] 和 [i] 看作介音，他认为这是声母的一种。所以综合整个系统，也应该把 [y] 当作介音来看，相当于元音 [i] / [j]。

29. z

像在 zone 中。

30. zh

像在 azure 中的 z。

z、zh

上海和宁波方言中，z 为首辅音的字在其他一些方言中首辅音为 ts 或 s，并成为这一地区的发音特点；在福建这一发音未可知，在其他地区如江西和安徽也用得很少。北京及其周边地区，首辅音 zh 作为 j 的变音使用，但使用地区并不太广，因为在山东这种用法还未知。

按：z 的发音如 zone［zon］中的 z；zh 的发音如 azure［'æʒɚ］中的 z。这一组辅音的使用不多见，z 在一些方言中被 ts 或 s 代替，而 zh 则是 j 的变音。按照前面带 h 的声母如 ch、sh、ch' 都是舌尖后，这样推理，zh 也应该是舌尖后。所以 z 应该是舌尖前的浊擦音，而 zh 则是舌尖后的浊擦音，可以拟音为 z［z］、zh［ʐ］。

以上辅音可列表如下：

表2-4　辅音

卫三畏	b	ch	ch'	d	dj	dz	f	g	h	h'
	bar	churh		dun	djezzar	adze	farm	gag	hung	
拟音	［b］	［tʃ］	［tʃ'］	［d］	［dʒ］	［dz］	［f］	［g］	［x］	［ç］
卫三畏	j	k	k'	l	m	n	ng	p	p'	s
	jamais	king		lion	man	nun	singing	pot		sand
拟音	［ʒ］	［k］	［k'］	［l］	［m］	［n］	［ŋ］	［p］	［p'］	［s］
卫三畏	sh	t	t'	ts	ts'	v	w	y	z	zh
	shall	top		wits		vine	want	yard	zone	azure
拟音	［ʂ］	［t］	［t'］	［ts］	［ts'］	［v］	［u］	［i］	［z］	［ʐ］

第三节　声调

对于声调，卫三畏有专章论述，参见导言第四部分。他认为汉语的声与英语的"tone"不是简单的同一回事。他研究了其他传教士的观点，总结出表示声调的三种模式，分别是：

1. 在元音上加标不同的重音符号

这是传教士最早用来表示声调的方式。采用此种方式的主要有傅尔蒙、小德金、马礼逊、麦都思、杜嘉德等。这种标记用五种左右的重音符号来表示汉语的声调，如麦都思所标注的声调：

Kwun（君）kwún（滚）kwùn（棍）kwut（骨）kwûn（群）kwūn（郡）

卫三畏认为这种标调方式干扰了元音的表现，因为在元音字母上还有送气符号、重音等标记。

2. 在字母后加数字来标记声调

采用这种方式的主要有江沙维、小德金、威妥玛、艾约瑟等，主要是把数字1.2.3.4放在音节后来表示声调，如江沙维的：

uo2 men1 xe3 t'a ti4 h ö2 ki3（我们是他的伙计）

这种标调方式，卫三畏认为其缺点在于不利于阅读。

3. 在文字的四个角落用半圆来表示不同声调

使用这种标调的有裨治文、晏玛太、罗存德、高德，还有卫三畏自己。具体例子如下：

图2-10 《汉英韵府》1889：导言17页

从以上例子可以看出，卫三畏把汉语的声调最多分为八个，并在汉字的四个角落进行标注。他用这八个标注，给官话、北京话的声调做了具体的记录。这种标注声调的方式在他看来是最好的，毕竟他的拼音系统使用了几种重音符号，为了避免混乱，这种方式比较适合他的拼音系统。

第四节　卫三畏拼音系统的特点

使用拉丁字母标注汉字的方法最早开始于明代来到中国的传教士，如罗明坚、利玛窦等，真正采用罗马字母拼写汉语语音比较成熟的是19世纪的马礼逊提出的方案，而最广泛被接受的则是后来的威妥玛的方案，现在的邮政拼音就是其方案的保留。卫三畏的方案同以上各家比较起来，既有相同的地方，又有不太一样的地方。卫三畏自己也在序言中明言，他在编撰时参考了一切可以找得到的资料。可以说，卫三畏的拼音系统是在各家的基础上，经过自己的整理和加工形成的，是当时的集大成之作。与其他各家相比较，其拼音系统的主要特点如下：

1. 描写对象比较多

在《汉英韵府》中，卫三畏利用这套拼音系统记录了传统古音、官话、北京话，以及当时传教士比较常接触到的广州、汕头、厦门、福州、上海、芝罘（烟台）这些地方的方言。在卫三畏之前以及后来，传教士所编撰的字典种类很多，但大都要么只记录官话，要么是记录某一种方言，而像卫三畏这样包容这么多种方言的还比较少见。这可以说是卫三畏的一个创举，毕竟几千年来，还不曾有这样的一个拼音系统可以囊括汉语里的这么多种语音。从这点来说，这是一个优点。

2. 系统比较庞大

汉语的官话和各地的方言，在语音上，有的差别是比较大的，所以为了记录这么多的方言，卫三畏的拼音系统比较庞大。在数量上，包括14个元音、21个双元音、10个异常元音和30个辅音。与其他家相比较，不管是元音还是辅音都增加了。这些多增加的音素，往往都是为了记录某些方言特有的语音才产生的。这么多的数量也从另一方面说明，卫三畏在审音时是比较精细的。比如，在他的元音里，包括了前央后好几个形式的 a，这在同时期的中国音韵字典和其他传教士的字典中都不曾这么细致，可以说是卫三畏的一大优点。但要使用这部字典的大都是要学习汉语的外国人，这么多种方言放在一起进行描述，拼音系统比较庞大，容易让人混乱，也容易产生畏难的情绪。从使用上来说，就变成缺点了。

3. 适应英语读者的拼写习惯

卫三畏认为自己的字典面对的是学习汉语的外国人，所以在编撰时，他尽可能地从英语使用者的习惯上考虑。从以上的表格中可以看到，他所使用的符号都是英文中常见的符号，为了不使用其他符号，他在同一个符号上增加不同标注，用来区别不同语音，如 u、ú、ü、ù，这可以说是优点也是缺点。优点是不会有一些不同于英语的比较奇特的符号出现，缺点就是增加了重音符号的使用，这与他的另外一个原则正好矛盾。此外，在对元音、辅音这些音素进行说明时，他就尽量在每个音下举出相应的英语例子。这种方式的确方便了英语学习者，但其实并不十分理想，因为这必须要牺牲记音的准确性，甚至有时会误导学习者，毕竟汉语的读音与英语的读音还是比较不同的，英语的字母不能完全表示汉语中的读音，所以他在英语中找不到相应读音时，只能以法语或德语为例子，如 könig 就是个德语词。由于他的这种考量，一些具体语音的标注与各家都有所不同，具体可参考《汉英韵府》拼音系统各家比较表，这个表格是根据卫三畏的描述制作的。

4. 减少重音符号的使用

卫三畏在制定这套拼音系统时有他自己的标准，在序言中，他明确指出必须减少重音符号的使用。每本传教士字典在使用符号时都各有自己的特征，卫三畏经过总结认为太多的重音符号会影响读音的表达，所以他在设计时尽量少使用重音符号。他的这个想法是美好的，但实际上，从以上表格中可以看出，他还是使用了相当多的重音符号。这主要是因为上一点的考量，就是照顾英语读者。所以这两点有些矛盾，如果他能坚持减少使用重音符号的话，他的拼音系统将会更先进。

5. 送气音的标示

对送气音的标示，各家都有所不同，对于自己所使用的送气符号，卫三畏有专章表述。他的送气音符号放在字母的右上角，这个位置跟我们现在国际音标的标注是一样的，只是具体的表示符号有所不同，这可以算是他的拼音系统的优点。

6.声调的标注一目了然

卫三畏所使用的声调标注是独立于字母之外的，而且所使用的半圆也不容易与其他符号相混淆。在《汉英韵府》中，他使用这套声调给官话和北京话的每一个字，一万四千多个，都进行了标注。这说明了其声调系统是可行的，而且根据位置进行区分，比较容易学习，方便掌握。

总的来说，卫三畏的拼音系统是在其他传教士成果的基础上，经过自己的整理和加工而形成的，而且囊括了汉语的多种方言，可以说是当时的集大成之作。虽然存在一些不足，毕竟当时的汉语研究十分有限，而且语音学的研究也还不发达；但从大层面上来说，还是优点多于缺点的。

第三章

《汉英韵府》南官话音系

在前面绪论的部分曾经具体介绍过卫三畏的官话观，不过他对官话的说明又有矛盾的地方，一方面卫三畏明确提出南官话与北官话有区别，他认为南官话即南京话是正音，是中国"通行的话"；而北官话即京话，是当时最流行的官话。另一方面又强调官话不是方言，是受教育者的语言。那么官话到底是一种方言呢，还是中国传统音韵学上的官话音呢？究竟卫三畏所说的正统官话是不是就是南京话呢？所以，本章重点是实事求是地对《汉英韵府》的南官话音系进行归纳整理，然后通过比较来总结其特点，判断其性质。

第一节 《汉英韵府》南官话音系音节整理

在《汉英韵府》的导言中，卫三畏明确指出整部字典的编写是以《五方元音》为基础的。这个所谓的基础指的是他在编纂字典时参考了《五方元音》的音系以及排序方式。樊腾凤在编排《五方元音》时受到易学的影响，在声韵母的排序上始"天"终"地"，这就是易学的天尊地卑观。在这种影响下，其音系难免会有不合实际的改动。卫三畏也发现了这个问题，并强调《五方元音》的作者在编写时，为了编排上的需要，牺牲了记音的精确性。可见，他是有对实际通行的官话做过比较的，从而对《五方元音》的记录做了修改。在字典的实际编排上，卫三畏并未完全照搬《五方元音》音系。

《五方元音》用20个字来代表声母，12个字代表韵母，另外注明有5个声调。根据卫三畏在导言部分的说明,《汉英韵府》南官话音系有36个声母、38个韵母,以及5个声调。声母部分,卫三畏认为由于加入中间元音,应该细分为36个,这里的细分其实就是把介音［w］与声母合并成为新的声母。韵母部分,他也在原来的基础上进一步细分,包括把带［h］尾的入声韵母单列出来。声调方面基本相同。卫三畏在导言部分具体列出了两者的比较,截图如下:

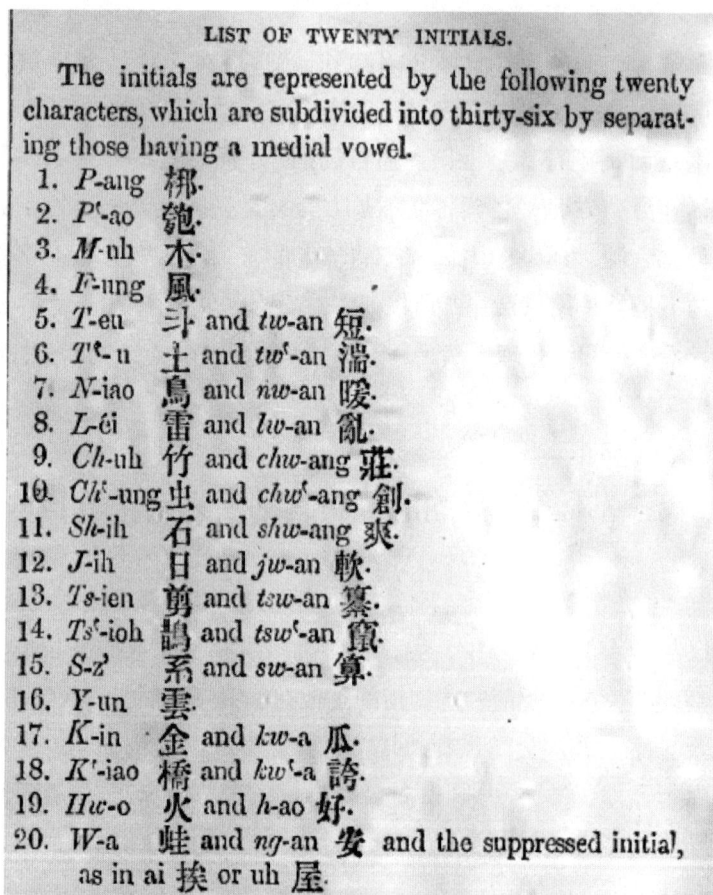

图3-1 《汉英韵府》1889:导言5页

LIST OF TWELVE FINALS.

The finals are represented by the following twelve characters, which include fourteen others, and twelve in the *juh-shing*, making thirty-eight, according to our mode of writing.

1. T-*iēn* 天 includes t-*an* 丹 and k-*ūen* 圈.
2. J-*ăn* 人 includes p-*in* 賓.
3. L-*ung* 龍 includes l-*ing* 靈 and l-*ăng* 泠.
4. Y-*ang* 羊 includes k-*iang* 江.
5. N-*iu* 牛 includes ch-*eu* 周.
6. Ng-*ao* 鰲 includes n-*iao* 鳥.
7. H-*u* 虎 includes h-*uh* 斛.
8. T-*o* 駝 includes t-*oh* 脫, and l-*ioh* 略.
9. Sh-*é* 蛇 includes h-*ūé* 靴, y-*eh* 葉, y-*ūeh* 月, and k-*ieh* 結.
10. M-*a* 馬 includes p-*ah* 八.
11. Ch-*ai* 豺 includes k-*iai* 皆.
12. T-*i* 地 includes t-*ui* 堆, ts-*ü* 聚, sz' 思, 'rh 而 and w-*éi* 惟, with t-*eh* 德 y-*uh* 玉, l-*ih* 力, and k-*ŭh* 曲.

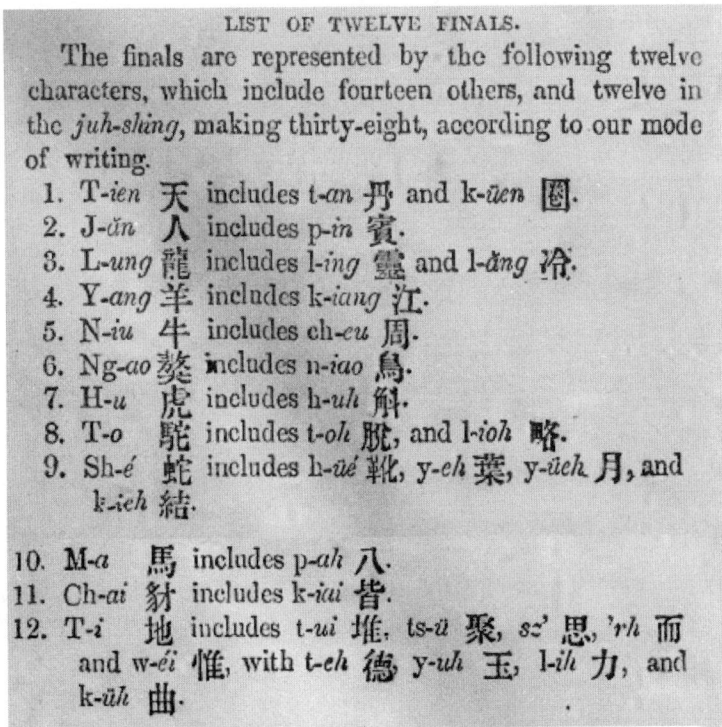

图3-2 《汉英韵府》1889：导言5页

从图3-1和图3-2可以看出，卫三畏把《五方元音》编排中不合理的部分进行了修正，特别是韵母的部分，由原来的12个变成了38个，数量上增加了很多，同时把入声单列，更加科学。但也存在问题，如韵母［eh］以及［uh］出现了两次，韵母［eh］的代表字有叶和德，韵母［uh］的代表字有玉和斛。

此外，卫三畏还根据这些声母和韵母，编排了一张声韵配合表，并列出代表字。在这张表格中，共有36个声母、40个韵母。韵母的数量多于先前的介绍。具体截图如下：

xvi. TABLE OF INITIALS AND FINALS, WITH

FINALS.		CH	CH'	CHW	CHW'	F	H	HW	J	JW	K	K'	KW	KW'	L	LW	M
A	···	楂 cha	茶 ch'a	撾 chwa	···	····	···	花 hwa	····	[illegible] jwa	····	····	瓜 kwa	誇 k'wa	[illegible] la	····	馬 ma
AH	····	扎 chah	察 ch'ah	····	····	髮 fah	····	····	····	····	····	····	刮 kwah	····	蠟 lah	····	抹 mah
AI	挨 ai	齋 chai	柴 ch'ai	····	揣 ch'wai	····	海 hai	淮 hwai	····	····	該 kai	開 k'ai	乖 kwai	快 k'wai	來 lai	····	埋 mai
AN	····	斬 chan	攙 ch'an	····	····	番 fan	寒 han	歡 hwan	然 jan	軟 jwan	干 kan	坎 k'an	官 kwan	寬 k'wan	闌 lan	亂 lwan	滿 man
ĂN	····	甄 chăn	陳 ch'ăn	····	····	分 făn	很 hăn	····	人 jăn	····	根 kăn	懇 k'ăn	····	····	····	···	門 măn
ANG	盎 ang	張 chang	昌 ch'ang	莊 chwang	創 ch'wang	方 fang	杭 hang	黃 hwang	讓 jang	····	岡 kang	康 k'ang	光 kwang	狂 k'wang	郎 lang	····	芒 mang
ĂNG	····	爭 chăng	撐 ch'ăng	····	····	····	亨 hăng	····	仍 jăng	····	庚 kăng	坑 k'ăng	····	····	冷 lăng	····	萌 măng
AO	····	昭 chao	超 ch'ao	····	····	····	蒿 hao	····	饒 jao	····	高 kao	考 k'ao	····	····	勞 lao	····	毛 mao
É	····	者 ché	車 ch'é	···	····	····	····	····	惹 jé	····	····	[illegible] k'é	····	····	····	····	咩 mé
EH	····	折 cheh	徹 ch'eh	····	····	····	····	····	熱 jeh	···	····	····	····	····	嘞 leh	····	[illegible] meh
ÉI	····	····	····	····	····	肥 féi	····	····	····	····	····	····	歸 kwéi	虧 k'wéi	雷 léi	····	梅 méi
EN	····	占 chen	纏 ch'en	專 chwen	川 ch'wen	····	····	···	····	····	····	····	····	····	····	····	····
EU	····	周 cheu	抽 ch'eu	····	····	浮 feu	侯 heu	····	柔 jeu	····	勾 keu	口 k'eu	····	····	樓 leu	····	謀 meu
I	衣 i	之 chi	池 ch'i	····	····	···	希 hi	而 'rh	····	····	幾 ki	溪 k'i	····	····	理 li	····	米 mi
IA	····	····	····	····	····	····	遐 hia	···	····	····	加 kia	[illegible] k'ia	····	····	····	····	····
IAI	····	···	····	····	····	····	鞋 hiai	····	····	····	皆 kiai	揩 k'iai	····	····	····	····	····
IANG	····	····	····	····	····	···	香 hiang	····	····	····	江 kiang	羌 k'iang	····	····	良 liang	····	····
IAO	····	····	····	····	····	····	曉 hiao	····	····	····	交 kiao	蹺 k'iao	····	····	遼 liao	····	苗 miao
IEH	····	····	····	····	····	····	纈 hieh	····	····	····	結 kieh	挈 k'ieh	····	····	列 lieh	····	滅 mieh
IEN	····	····	····	····	····	····	賢 hien	····	····	····	堅 kien	鉗 k'ien	····	····	連 lien	····	面 mien
IH	····	汁 chih	尺 ch'ih	····	····	····	檄 hih	····	····	····	吉 kih	乞 k'ih	····	····	力 lih	····	覓 mih
IN	····	····	····	····	····	····	欣 hin	····	····	····	巾 kin	欽 k'in	····	····	林 lin	····	民 min
ING	····	貞 ching	城 ch'ing	····	····	····	興 hing	····	····	····	京 king	卿 k'ing	····	····	靈 ling	····	明 ming
IOH	····	····	····	····	····	····	學 hioh	····	弱 joh	····	角 kioh	却 k'ioh	····	····	畧 lioh	····	····
IU	····	····	····	····	····	····	休 hiu	····	····	····	九 kiu	求 k'iu	····	····	留 liu	····	謬 miu
IÜN	····	····	····	····	····	····	熏 hiün	····	···	····	君 kiün	群 k'iün	····	····	····	····	····
IÜNG	····	····	····	····	····	····	兄 hiüng	····	····	····	····	穹 k'iüng	····	····	····	····	····
O	阿 o	····	····	····	····	····	河 ho	火 hwo	····	····	個 ko	科 k'o	戈 kwo	····	羅 lo	···	麼 mo
OH	····	著 choh	趠 ch'oh	····	····	縛 foh	喝 hoh	鑊 hwoh	····	····	閣 koh	客 k'oh	國 kwoh	廓 k'woh	絡 loh	····	莫 moh
SZ'	····	····	····	····	····	····	····	····	····	····	····	···	····	····	····	···	····
U	····	朱 chu	除 ch'u	····	····	夫 fu	湖 hu	····	····	····	古 ku	苦 k'u	····	···	盧 lu	····	母 mu
Ü	····	····	····	····	····	····	虛 hü	····	如 jü	····	居 kü	墟 k'ü	····	····	閭 lü	····	····
ÜÉ	····	····	···	····	····	····	靴 hüé	····	····	····	····	····	····	····	····	····	····
ÜEH	····	····	····	····	····	····	血 hüeh	····	····	····	厥 küeh	缺 k'üeh	····	····	劣 lüeh	····	····
ÜEN	····	····	····	····	····	····	玄 hüen	····	····	····	捐 küen	圈 k'üen	···	···	戀 lüen	····	····
UH	····	竹 chuh	出 ch'uh	····	····	福 fuh	斛 huh	忽 hwuh	入 juh	···	谷 kuh	哭 k'uh	····	····	六 luh	····	木 muh
ÜH	····	···	····	····	···	····	····	····	····	····	局 küh	曲 k'üh	····	····	律 lüh	····	····
UI	···	追 chui	吹 ch'ui	····	····	····	····	灰 hwui	蕤 jui	····	····	····	····	····	····	····	····
UN	····	准 chun	春 ch'un	····	····	····	····	昏 hwun	閏 jun	····	····	····	昆 kwun	坤 k'wun	論 lun	····	····
UNG	····	中 chung	充 ch'ung	····	····	風 fung	紅 hung	····	戎 jung	····	公 kung	空 k'ung	····	····	隆 lung	····	蒙 mung

图3–3 《汉英韵府》1889：导言6页

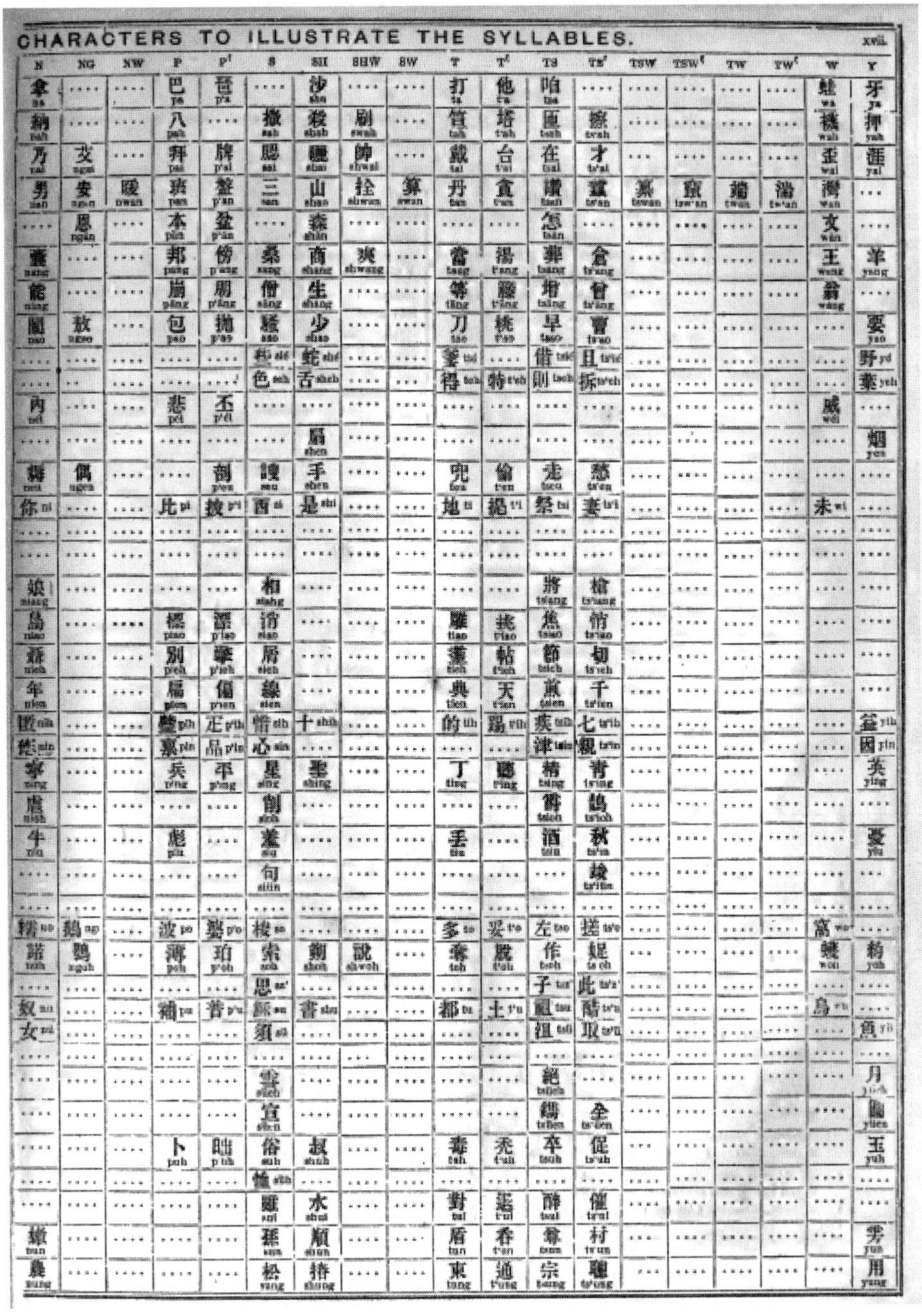

CHARACTERS TO ILLUSTRATE THE SYLLABLES.

图3-4 《汉英韵府》1889：导言6页

　　这张声韵配合表看起来很完整，但实际上存在很多错误。比如，把一些不同韵母的字排列在同一横行，像第9横行的韵母［é］就夹杂了［ié］的字，如瘸［k'ié］、些［sié］等。此外，卫三畏自己统计说有532个音节，但是实际上经过统计，表格里总共是526个音节，而且与卫三畏的文字表述并不相符。卫三畏在介绍声母和韵母时，明确指出韵母有38个，但表格中的韵母是40个。这里已经删除了前述重复的两个韵母［eh］以及［uh］，但却把韵母［'rh］放在声母［hw］和韵母［i］相交的位置，并不单列出来。另外，还多了5个韵母，分别是［un］、［en］、［ia］、［iün］、［iüng］。

　　表格中的音节与字典正文部分的具体内容也不完全一致，有些韵母如［iah］、［wuh］等在表格中就没有体现。鉴于这些内容前后都不一致，因此，本书将《汉英韵府》正文中所有的南官话音节进行搜集和整理，最后将所有音节按照卫三畏原来的标注进行列表如下：

表3-1　南官话声韵表一

	a	ah	ai	an	ang	ao	ǎn	ǎng	eh
Ø			ai		ang				
ch	cha	chah	chai	chan	chang	chao	chǎn	chǎng	cheh
ch'	ch'a	ch'ah	ch'ai	ch'an	ch'ang	ch'ao	ch'ǎn	ch'ǎng	ch'eh
f		fah		fan	fang		fǎn		
h			hai	han	hang	hao	hǎn	hǎng	
j				jan	jang	jao	jǎn	jǎng	jeh
k			kai	kan	kang	kao	kǎn	kǎng	
k'			k'ai	k'an	k'ang	k'ao	k'ǎn	k'ǎng	
l	la	lah	lai	lan	lang	lao		lǎng	leh
m	ma	mah	mai	man	mang	mao	mǎn	mǎng	meh
n	na	nah	nai	nan	nang	nao		nǎng	
ng			ngai	ngan		ngao	ngǎn		
p	pa	pah	pai	pan	pang	pao	pǎn	pǎng	
p'	p'a		p'ai	p'an	p'ang	p'ao	p'ǎn	p'ǎng	

	a	ah	ai	an	ang	ao	ǎn	ǎng	eh
s		sah	sai	san	sang	sao		săng	seh
sh	sha	shah	shai	shan	shang	shao	shăn	shăng	sheh
t	ta	tah	tai	tan	tang	tao		tăng	teh
tʻ	tʻa	tʻah	tʻai	tʻan	tʻang	tʻao		tʻăng	tʻeh
ts	tsa	tsah	tsai	tsan	tsang	tsao	tsăn	tsăng	tseh
tsʻ		tsʻah	tsʻai	tsʻan	tsʻang	tsʻao		tsʻăng	tsʻeh
w							wăn	wăng	
y	ya	yah	yai		yang	yao			yeh

注：表格的横列为韵母，纵列为声母，表中所用音标为卫三畏自创的拼音系统。另外，把带［w］的声母全部合并到相应的不带［w］的声母中。

表3-2　南官话声韵表二

	en	eu	é	éi	i	ia	iah	iai	iang
Ø					i				
ch	chen	cheu	ché		chi				
chʻ	chʻen	chʻeu	chʻe		chʻi				
f		feu		féi					
h		heu			hi	hia	hiah	hiai	hiang
j		jeu	jé						
k		keu			ki	kia	kiah	kiai	kiang
kʻ		kʻeu			kʻi	kʻia	kʻiah	kʻiai	kʻiang
l		leu		léi	li				liang
m		meu	mé	méi	mi				
n		neu		néi	ni				niang
ng		ngeu							
p				péi	pi				
pʻ		pʻeu		pʻéi	pʻi				

	en	eu	é	éi	i	ia	iah	iai	iang
s		seu			si				siang
sh	shen	sheu	shé		shi				
t		teu			ti				
tʻ		tʻeu			tʻi				
ts		tseu			tsi				tsiang
tsʻ		tsʻeu			tsʻi				tsʻiang
w									
y	yen		yé						

表3-3   南官话声韵表三

	iao	ieh	ien	ié	ih	in	ing	ioh	iu
Ø									
ch					chih		ching		
chʻ					chʻih		chʻing		
f									
h	hiao	hieh	hien		hih	hin	hing	hioh	hiu
j									
k	kiao	kieh	kien		kih	kin	king	kioh	kiu
kʻ	kʻiao	kʻieh	kʻien	kʻié	kʻih	kʻin	kʻing	kʻioh	kʻiu
l	liao	lieh	lien		lih	lin	ling	lioh	liu
m	miao	mieh	mien		mih	min	ming		miu
n	niao	nieh	nien		nih	nin	ning	nioh	niu
ng									
p	piao	pieh	pien		pih	pin	ping		piu
pʻ	pʻiao	pʻieh	pʻien		pʻih	pʻin	pʻing		
s	siao	sieh	sien	sié	sih	sin	sing	sioh	siu
sh					shih		shing		
t	tiao	tieh	tien	tié	tih		ting		tiu

续表

	iao	ieh	ien	ié	ih	in	ing	ioh	iu
t'	t'iao	t'ieh	t'ien		t'ih		t'ing		
ts	tsiao	tsieh	tsien	tsié	tsih	tsin	tsing	tsioh	tsiu
ts'	ts'iao	ts'ieh	ts'ien	ts'ié	ts'ih	ts'in	ts'ing	ts'ioh	ts'iu
w									
y					yih	yin	ying		yiu

表3-4 南官话声韵表四

	iün	iüng	o	oh	u	uh	ui	un	ung
Ø			o						
ch				choh	chu	chuh	chui	chun	chung
ch'				ch'oh	ch'u	ch'uh	ch'ui	ch'un	ch'ung
f				foh	fu	fuh			fung
h	hiün	hiüng	ho	hoh	hu	huh			hung
j				joh		juh	jui	jun	jung
k	kiün		ko	koh	ku	kuh			kung
k'	k'iün	k'iüng	k'o	k'oh	k'u	k'uh			k'ung
l			lo	loh	lu	luh		lun	lung
m			mo	moh	mu	muh			mung
n			no	noh	nu			nun	nung
ng			ngo	ngoh					
p			po	poh	pu	puh			
p'			p'o	p'oh	p'u	p'uh			
s	siün		so	soh	su	suh	sui	sun	sung
sh				shoh	shu	shuh	shui	shun	shung
t			to	toh	tu	tuh	tui	tun	tung
t'			t'o	t'oh	t'u	t'uh	t'ui	t'un	t'ung
ts			tso	tsoh	tsu	tsuh	tsui	tsun	tsung
ts'	ts'iün		ts'o	ts'oh	ts'u	ts'uh	ts'ui	ts'un	ts'ung

续表

	iün	iüng	o	oh	u	uh	ui	un	ung
w					wu				
y				yoh		yuh		yun	yung

表3-5　南官话声韵表五

	ü	üeh	üen	üé	üh	wa	wah	wai	wan
Ø						wa	wah	wai	wan
ch						chwa			
ch'								ch'wai	
f									
h	hü	hüeh	hüen	hüé		hwa	hwah	hwai	hwan
j	jü					jwa			jwan
k	kü	küeh	küen		küh	kwa	kwah	kwai	kwan
k'	k'ü	k'üeh	k'üen		k'üh	k'wa		k'wai	k'wan
l	lü	lüeh	lüen		lüh				lawn
m									
n	nü								nwan
ng									
p									
p'									
s	sü	süeh	süen		süh				swan
sh							shwah	shwai	shwan
t									twan
t'									t'wan
ts	tsü	tsüeh	tsüen						tswan
ts'	ts'ü		ts'üen						ts'wan
w									
y	yü	yüeh	yüen						

表3-6 南官话声韵表六

	wang	wen	wéi/wi	wo	woh	wuh	wui	wun	'rh	z'
Ø	wang		wéi	wo	woh	wuh			'rh	
ch	chwang	chwen								
ch'	ch'wang	ch'wen								
f										
h	hwang			hwo	hwoh	hwuh	hwui	hwun		
j										
k	kwang		kwéi	kwo	kwoh			kwun		
k'	k'wang		k'wéi		k'woh			k'wun		
l										
m										
n										
ng										
p										
p'										
s										sz'
sh	shwang				shwoh					
t										
t'										
ts										tsz'
ts'										ts'z'
w										
y										

　　根据以上表格统计，《汉英韵府》的南官话音系确切地说总共有：22个声母，韵母如果不排除带［w］和［y］介音的部分总共是74个，530个音节。与卫三畏自己做的声韵配合表相比较，声母部分只是把带介音的14个声母与相应的声母合并，基本就一样了。韵母部分在原来40个的基础上，加上12个带［w］介音的韵母、19个带［y］介音的韵母，还有被安排在不恰当位置的韵母［'rh］，以及表格中缺失的两个韵母，即［iah］、［ié］，就与字典正文相同了。而在音节部分，原来的526个音节中，［wéi］和［wi］其实是同一个音节，在字典正文里也是如此标识的，所以只能算是525个音节，另外还缺失了5个音节，即［hiah］、［kiah］、［k'iah］、［hwah］、［wuh］，这样正好是530个。而且还存在讹误，比如：蓙［la］被标成［ia］，刷［shwah］被标成［swah］。

　　总之，卫三畏所记录的南官话音系，不管是声母还是韵母在数量上都超过我们以往对官话的认知。下面一节将分声母、韵母、声调分别进行归纳。

第二节　《汉英韵府》南官话音系的声韵调

　　由于卫三畏记录的南官话音系是以《五方元音》为基础的，甚至直接照搬了《五方元音》的声韵代表字，然后在此基础上增改，所以下面的分析也将借鉴《五方元音》的拟测，主要参考了陆志韦先生[①]和李清桓博士[②]的观点。同时还对字典的12527个字进行穷尽式检索，所以还参证每个字的中古音来源进行归纳。

一、《汉英韵府》南官话声母系统

　　《汉英韵府》南官话音系的声母，根据卫三畏的记录是36个，其中的20个完全来自《五方元音》；此外还有14个声母带了后来我们称之为介音的

---

① 　陆志韦.陆志韦近代汉语音韵论集［M］.北京：商务印书馆，1988：109.

② 　李清桓.《五方元音》音系研究［D］.武汉：武汉大学，2003：39.

[w]，所以可以合并到不带[w]介音的相应的声母中，这样就有22个。下面具体分析：

1. 梆母[p]

这个声母与《五方元音》所列相同，卫三畏拟作[p]。梆母字绝大多数来源于中古帮母字，一部分来自并母字，还有极少量来自滂母字。帮母如"巴拜班本包悲"，并母如"爸稗叛暴被便"，滂母如"睥醭"。《五方元音》中的梆母各家都拟作[p]，根据字典的拼音系统以及列字的来源，也可以将其拟定为[p]。

2. 匏母[pʻ]

这个声母与《五方元音》所列相同，卫三畏拟作[pʻ]。匏母字绝大多数来源于中古滂母字，一部分来自并母字，还有极少量来自帮母字。滂母如"葩派攀胖披偏"，并母如"蟠彭庖裴贫"，帮母如"陂罴"。《五方元音》中的匏母各家都拟作[pʻ]，根据字典的拼音系统以及列字的来源，也可以将其拟定为[pʻ]。

3. 木母[m]

这个声母与《五方元音》所列相同，卫三畏拟作[m]。木母字都来源于中古明母字，如"麻埋满门毛眠"。《五方元音》中的木母各家都拟作[m]，根据字典的拼音系统以及列字的来源，也可以将其拟定为[m]。

4. 风母[f]

这个声母与《五方元音》所列相同，卫三畏拟作[f]。风母字半数来源于中古并母字，半数来自帮母字，还有少量来自滂母字。并母如"伐梵翡附佛逢"，帮母如"法粉飞甫风"，滂母如"翻丰"。《五方元音》中的风母各家都拟作[f]，根据字典的拼音系统以及列字的来源，也可以将其拟定为[f]。

5. 斗母[t]和短母[tw]

斗母与《五方元音》所列相同，卫三畏拟作[t]；短母则是卫三畏所加，他拟作[tw]。斗母字绝大多数来源于中古端母字，一部分来自定母字，还有极少量来自透母字，主要是透母入声。端母如"打歹丹党登雕"，定母如"代淡凳豆地鏊"，透母如"牵沰"。短母的字很少，大概15个而已，一半来源于中古的端母字，另外一半来源于中古的定母跟一两个透母字。端母如"端短断"，定母如"段缎"，透母如"貒"。从来源来说，这两个声母本来就是一家，它们的区别并不在声母而是在韵母，所以完全没有必要分别而立，可以看成同一个声母。《五方元音》中的斗母各家都拟作 [t]，根据字典的拼音系统以及列字的来源，也可以将其拟定为 [t]。

6. 土母 [tʻ] 和湍母 [twʻ]

土母与《五方元音》所列相同，卫三畏拟作 [tʻ]；湍母是卫三畏所加，他拟作 [twʻ]。土母字绝大多数来源于中古透母字，一部分来自定母字，还有极少量来自端母字。透母如"他胎贪汤偷添"，定母如"坛糖疼头提陀"，端母如"髓搨"。 湍母的字很少，大概10个而已，一半来源于中古的透母字，另外一半来源于中古的定母。透母如"彖暐喘"，定母如"团抟溥"。这两个声母的情况与上面的那一对相同，可以看成同一个声母。《五方元音》中的土母各家都拟作 [tʻ]，根据字典的拼音系统以及列字的来源，也可以将其拟定为 [tʻ]。

7. 鸟母 [n] 和暖母 [nw]

鸟母与《五方元音》所列相同，卫三畏拟作 [n]；暖母是卫三畏所加，他拟作 [nw]。鸟母字半数来源于中古泥母字，半数来自娘母字，还有极少量来自端母字。泥母如"捏念挪努嫩佞"，娘母如"狞闹喃尼孃浓"，端母如"鸟茑"。暖母的字很少，大概5个而已，都来源于中古的泥母，如"暖煗煖"。这两个声母的情况与上面的那一对相同，可以看成同一个声母。《五方元音》中的鸟母各家都拟作 [n]，根据字典的拼音系统以及列字的来源，也可以将其拟定为 [n]。

8. 雷母 [l] 和乱母 [lw]

雷母与《五方元音》所列相同，卫三畏拟作 [l]；乱母是卫三畏所加，他拟作 [lw]。雷母字全都来源于中古来母字，如"磊来蓝浪冷老类黎"。乱母的字很少，大概11个而已，都来源于中古的来母，如"卵乱栾峦"。这两个声母的情况与上面的那一对相同，可以看成同一个声母。《五方元音》中的雷母各家都拟作 [l]，根据字典的拼音系统以及列字的来源，也可以将其拟定为 [l]。

9. 竹母 [ch] 和庄母 [chw]

竹母与《五方元音》所列相同，卫三畏拟作 [ch]；庄母是卫三畏所加，他拟作 [chw]。竹母字主要来源于中古的知庄章三母，还有小部分来自崇澄二母。知母如"麦珍账哲展竹"，庄母如"渣眨斩债争捉"，章母如"针掌招遮周之"，崇母如"楂寨辗"，澄母如"豸湛瞪"。 庄母的字大概40个而已，其来源与竹母字相同。知母如"橱椿转"，庄母如"妆装壮"，章母如"专颛嫥"，崇母如"状撰"，澄母如"撞篆"。这两个声母的情况与上面的那一对相同，可以看成同一个声母。《五方元音》中的竹母陆志韦拟定为 [tʂ] 和 [tɕ]，其他各家都拟作不送气卷舌的 [tʂ]，这个现象说明了竹母字还处在向卷舌化变化的过程中。但根据字典的拼音系统，卫三畏提出："ch 的发音如 church [tʃɜːtʃ] 中的 ch。在整个中国，这种首辅音和 ts、ts' 存在相当大部分且不规则的互相更替。"[1] 不过，参考其韵母系统，[ch] 后面的 [i] 与非卷舌声母如 [l]、[m] 等已经相区别了，变成了舌尖后高元音 [ʅ]，所以我们认为，其实 [ch] 在南官话的音系中已经是卷舌的。西方人一般发不好汉语中的卷舌音，所以卫三畏才如此记录，但我们可以肯定在南官话音系里面，这个音已经是卷舌的了，因此可以把这个音拟为卷舌的 [tʂ]。

10. 虫母 [ch'] 和创母 [chw']

虫母与《五方元音》所列相同，卫三畏拟作 [ch']；创母是卫三畏所加，他拟作 [chw']。虫母字主要来源于中古的彻昌初三母，还有小部分来自崇澄二母。彻母如"诧闯畅超诌痴"，昌母如"敞蚩赤称婵春"，初母如"权察钞册龊傺"，崇母如"柴檫岑"，澄母如"陈廛储"。 创母的字四十几个，其来源与虫母字相同。彻母如"搋猭"，昌母如"川喘"，初母如"窗篡"，崇母如"潺臁"，澄母如"幢椽"。这两个声母的情况与上面的那一对相同，可以看成同一个声母。《五方元音》中的虫母的拟音情况类似于竹母，只是一个不送气，一个送气，基本上大家都赞同拟作送气卷舌的 [tʂ']。与上一对字母的情况一样，这里仍将其拟定为卷舌的 [tʂ']。

11. 石母 [sh] 和爽母 [shw]

石母与《五方元音》所列相同，卫三畏拟作 [sh]；爽母是卫三畏所加，

---

① ［美］卫三畏.汉英韵府［M］.上海：美华书院，1889：16，19.

他拟作［shw］。石母字主要来源于中古的生禅书三母，还有小部分来自船母。生母如"沙晒山森生师"，禅母如"甚常绍社婵石"，书母如"审商赦闪兽尸"，船母如"甚唇乘"。爽母的字二十几个而已，其来源与石母字相似，主要来自中古的生母字，如"刷帅霜拴"。这两个声母的情况与上面的那一对相同，可以看成同一个声母。《五方元音》中的石母各家都拟作卷舌的［ʂ］。但根据字典的拼音系统，卫三畏提出："sh 的发音如 shall［ʃæl］中的 sh。"[①] 我们认为也应该跟竹母、虫母是一样的情况，所以仍将其拟定为［ʂ］。

12. 日母［j］和软母［jw］

日母与《五方元音》所列相同，卫三畏拟作［j］；软母是卫三畏所加，他拟作［jw］。日母字主要来源于中古的日母，还掺杂了几个娘母字。日母如"然人攘饶柔如戎"，娘母如"帑諉"。软母的字十几个而已，都是来自中古的日母字，如"撋蠕㸡"。这两个声母的情况与上面的那一对相同，可以看成同一个声母。《五方元音》中的日母各家都拟作［ʐ］。根据字典的拼音系统，卫三畏指出"j 是一个法语发音"[②]，按照这个说法这个声母的发音与现代汉语的［r］声母还不完全相同，但就《汉英韵府》南官话日母的代表字来看，其实在南官话中，日母代表的已经是［r］声母了。所以综合以上的内容，将其拟定为［Z］。

13. 剪母［ts］和纂母［tsw］

剪母与《五方元音》所列相同，卫三畏拟作［ts］；纂母是卫三畏所加，他拟作［tsw］。剪母字主要来源于中古的精母，还有小部分来自从母。精母如"咂赞增早挤将煎作"，从母如"杂在匠藉靖坐"。纂母的字不到 10 个而已，其来源与剪母字相同。精母如"鑹撍"，从母如"躜襸"。这两个声母的情况与上面的那一对相同，可以看成同一个声母。《五方元音》中的剪母各家都拟作［ts］，根据字典的拼音系统以及列字的来源，也可以将其拟定为［ts］。

14. 鹊母［tsʻ］和窜母［tswʻ］

鹊母与《五方元音》所列相同，卫三畏拟作［tsʻ］；窜母是卫三畏所加，他拟作［tswʻ］。鹊母字主要来源于中古的清母，还有小部分来自从母。清母

---

① ［美］卫三畏.汉英韵府［M］.上海：美华书院，1889：16.

② ［美］卫三畏.汉英韵府［M］.上海：美华书院，1889：16.

如"猜参清妻窃秋趣村"，从母如"惭齐墙崒秦存"。审母的字8个而已，其来源与剪母字相同。清母如"爨揝"，从母如"攒欓"。这两个声母的情况与上面的那一对相同，可以看成同一个声母。《五方元音》中的鹊母各家都拟作［ts'］，根据字典的拼音系统以及列字的来源，也可以将其拟定为：［ts'］。

15. 系母［s］和算母［sw］

系母与《五方元音》所列相同，卫三畏拟作［s］；算母是卫三畏所加，他拟作［sw］。系母字主要来源于中古的心母，还有小部分来自邪母。心母如"萨赛搔犀相萧屑新"，邪母如"谢习寻囚序遂诵寺"。算母的字6个而已，都来源于中古的心母，如"酸蒜狻"。这两个声母的情况与上面的那一对相同，可以看成同一个声母。《五方元音》中的系母各家都拟作［s］，根据字典的拼音系统以及列字的来源，将其拟定为［s］。

16. 金母［k］和瓜母［kw］

金母与《五方元音》所列相同，卫三畏拟作［k］；瓜母是卫三畏所加，他拟作［kw］。金母字主要来源于中古的见母，还有小部分来自群母。见母如"该干庚高机加江奸姑居"，群母如"俭近枢郡局具"。瓜母的大都来源于中古的见母，如"蜗挂拐官归昆"。这两个声母的情况与上面的那一对相同，可以看成同一个声母。《五方元音》中的金母各家都拟作［k］，根据字典的拼音系统以及列字的来源，也可以将其拟定为［k］。

17. 桥母［k'］和夸母［kw'］

桥母与《五方元音》所列相同，卫三畏拟作［k'］；夸母是卫三畏所加，他拟作［kw'］。桥母字主要来源于中古的溪母，还有小部分来自群母。溪母如"开刊坑扣牵科苦空"，群母如"棋强瘸求穷渠圈"。夸母的字大都来源于中古的溪母，还有几个来源于群母。溪母如"跨快匡亏廓困"，群母如"狂葵"。这两个声母的情况与上面的那一对相同，可以看成同一个声母。《五方元音》中的桥母各家都拟作［k'］，根据字典的拼音系统以及列字的来源，也可以将其拟定为［k'］。

18. 火母［hw］和好母［h］

火母与《五方元音》所列相同，卫三畏拟作［hw］；好母是卫三畏所加，他拟作［h］。火母字主要来源于中古的晓匣二母。晓母如"花欢霍灰昏忽"，匣母如"踝坏黄祸会混"。好母的字也都来源于中古的晓匣二母。晓母如"海蒿希香孝休呼血喧",匣母如"孩醋杭豪兮页幸胡喝"。这两个声母的情况与上面的那一对相同,可以看成同一个声母。《五方元音》中的火母各家都拟作[x]。卫三畏描述这个字母说:"像在 hung 中,如果被放在音节的末尾,接近被取消。这个辅音在字首发音时,和英文单词 hung、holy 等一样。"①同时从字典的例字来看,这个声母还未分化,所以将其拟定为较接近的[x]。

19. 云母[y]和蛙母[w]

云母、蛙母都与《五方元音》所列相同,卫三畏分别拟作[y]和[w]。云母字主要来源于中古的影母,还有部分来自中古的以疑云三母。影母如"鸦央谒烟益因于邑",以母如"羊延胤与曰",疑母如"牙仰业吟岳",云母如"餭炎耘永"。蛙母的字大都来源于中古的影母,还有小部分来自云疑明三母。影母如"娃崴弯温汪威窝乌",云母如"往为卫",疑母如"瓦外玩",明母如"晚蚊妄"。从云母和蛙母的中古来源看,它们其实都是零声母的字,所以《五方元音》中的云母和蛙母各家都拟作[Ø]。从前面几对带[w]的声母可以看出,卫三畏对介音的理解有问题,所以才会多出那么多声母来,此处的云母和蛙母对当时的他来说也许正是误导他的主要原因。其实,卫三畏是知道零声母的存在的,如在蛙母的后面,声母里的第三十六个,他有提到算是同一个声母的两个字"挨或屋",他说这是"被抑制的声母"②,所谓的抑制应该就是没有发出音来,这就是零声母。所以根据以上的分析,可以将它们拟定为[Ø]。

20. 安母[ng]

安母在《五方元音》声母中不存在,是卫三畏所加,他拟作[ng]。安母字主要来源于中古的影疑二母,而且所配韵母一般都是开口一等。影母如"哀暗恩鸥",疑母如"岸敖我鄂"。卫三畏描述这个字母说:"官话中的 ng 发音时经常省略成喉音 ǎ 或 ö,如 ⁿᵍǎn、ⁿᵍo,尤其在直隶(河北)省;但这种首辅音是最变化莫测的,也不能总结成一般的规律。"③从来源来说,安母的字后来

① [美]卫三畏.汉英韵府[M].上海:美华书院,1889:19.

② [美]卫三畏.汉英韵府[M].上海:美华书院,1889:11.

③ [美]卫三畏.汉英韵府[M].上海:美华书院,1889:20.

也都是零声母了，但卫三畏强调官话中还有安母的存在，那么我们推测这个声母也是处于变化中的，所以仍依照卫三畏的看法将其拟定为较接近的鼻辅音［ŋ］。

总的来说，《汉英韵府》南官话音系的声母一共有20个。卫三畏总结的是36个，但其中带介音［w］的声母应该被合并，所以最后归纳成20个。列表如下：

表3-7 南官话声母表

卫三畏	p	p'	m	f	t/tw	t'/t'w	n/nw	l
代表字	梆	匏	木	风	斗短	土湍	鸟暖	雷乱
拟音	［p］	［p'］	［m］	［f］	［t］	［t'］	［n］	［l］
卫三畏	ch/chw	ch'/ch'w	sh/shw	j/jw	ts/tsw	ts'/ts'w	s/sw	k/kw
代表字	竹庄	虫创	石爽	日软	剪篡	鹊窜	系算	金瓜
拟音	［tʂ］	［tʂ'］	［ʂ］	［Z］	［ts］	［ts'］	［s］	［k］
卫三畏	k'/k'w	y/w	h/hw	ng				
代表字	桥夸	云蛙挨屋	好火	安				
拟音	［k'］	［Ø］	［x］	［ŋ］				

与《五方元音》的声母系统相比较，《汉英韵府》南官话声母基本上与其相同。最大的不同就是还有部分的中古影疑母的字还没有完全变成零声母，而是保留鼻辅音。

二、《汉英韵府》南官话韵母系统

《汉英韵府》南官话音系的韵母系统表面上看，也是照搬了《五方元音》的韵母。但实际上卫三畏有自己的想法。它们的不同，在前面的音节介绍部分已经做了说明。《五方元音》分12个韵部，但卫三畏的比较表里列出了38个韵母；而在具体的声韵配合表中，实际列出了42个韵母；但经过我们对字典正文的归纳，发现真正应该是55个。可见，卫三畏并不是完全照抄的，而是根据实际的语音事实进行修订的。《五方元音》虽然只列出了12个韵部，但每个韵部内都还有不同的韵数。各家对具体韵数的归纳各不相同，如陆志韦先生的数量最多，有57个；李清桓博士的则是多数派，有36个。这里存在的争议颇多。同时，因为卫三畏在介绍官话的韵母系统时，有三十八韵母字表和声韵配合表，两者前后有很多不一致以及错误，所以接下来就以字典正文的内容为准进行归纳分析。也就是按照前文音系介绍部分所总结出来的74个韵母，剔除其中重复的部分，逐个分析其中古音的来源，从而进行拟测。

1. a

卫三畏写作马韵，马韵是《五方元音》十二韵之一，卫三畏拟作单元音 [a]。基本上都来源于中古的假摄麻韵二等开口字；个别来自中古果摄歌韵一等开口字。假摄字如"楂茶马巴葩沙"，果摄字如"那他"。借鉴各家拟音并根据字典的拼音系统以及列字的来源，也可以将其拟定为 [a]。

2. ah

卫三畏写作八韵，是从《五方元音》马韵中分类出来的，卫三畏拟作入声 [ah]。基本上都来源于中古的咸摄洽韵叶韵盍韵的一二等开口入声字，以及山摄辖韵黠韵曷韵的一二等开口入声字，还混杂了几个咸山摄的合口入声字。咸摄开口字如"札插纳拉答"，山摄开口字如"察刺捺八卅"，咸摄合口字如"乏法"，山摄合口字如"发伐"。借鉴各家拟音并根据字典的拼音系统以及列字的来源，也可以将其拟定为 [aʔ]。

3. ai

卫三畏写作豺韵，豺韵是《五方元音》十二韵之一，卫三畏拟作 [ai]。基本上都来源于中古的蟹摄皆韵佳韵咍韵泰韵的一二三等开口字，如"斋柴来孩改慨买乃摆排赛戴"。借鉴各家拟音并根据字典的拼音系统以及列字的来源，也可以将其拟定为 [ai]。

4. an

卫三畏写作丹韵，是从《五方元音》天韵中分类出来的，卫三畏拟作 [an]。基本上都来源于中古的咸摄覃韵谈韵咸韵盐韵凡韵的一二三等开口字，以及山摄山韵元韵寒韵仙韵删韵的一二三等开口字。咸摄字如"斩搀馋冉敢堪蓝"，山摄字如"产翻汉然刊兰"。借鉴各家拟音并根据字典的拼音系统以及列字的来源，也可以将其拟定为［an］。

5. ang

卫三畏写作羊韵，羊韵是《五方元音》十二韵之一，卫三畏拟作［ang］。基本上都来源于中古的宕摄唐韵一等以及阳韵三等的开口字，还有少数几个来自江摄江韵二等开口字。宕摄字如"张昌方杭攘康朗商"，江摄字如"狰扛厖"。借鉴各家拟音并根据字典的拼音系统以及列字的来源，也可以将其拟定为［aŋ］。

6. ao

卫三畏写作獒韵，獒韵是《五方元音》十二韵之一，卫三畏拟作［ao］。基本上都来源于中古的效摄豪韵宵韵肴韵一二三等的开口字，还混杂了几个来自通摄沃韵冬韵一等合口字。效摄字如"招钞豪饶高考老毛闹炮"，通摄字如"熇焅撮"。借鉴各家拟音并根据字典的拼音系统以及列字的来源，也可以将其拟定为［au］。

7. ǎn

卫三畏写作人韵，人韵是《五方元音》十二韵之一，卫三畏拟作［ǎn］。基本上都来源于中古的臻摄痕韵真韵一三等的开口字，以及臻摄魂韵文韵一三等的合口字，还有深摄侵韵三等的开口字。臻摄开口字如"诊辰很人跟"，臻摄合口字如"门闷奔笨盆"，深摄字如"震岑壬深"。借鉴各家拟音并根据字典的拼音系统以及列字的来源，也可以将其拟定为［ən］。

8. ǎng

卫三畏写作冷韵，是从《五方元音》龙韵中分类出来的，卫三畏拟作［ǎng］。基本上都来源于中古的梗摄耕韵庚韵清韵二三等的开口字，以及曾摄登韵蒸韵一三等的开口字，还有混杂几个通摄冬韵东韵一三等的合口字。梗摄字如"争撑衡更铿盟柠迸彭"，曾摄字如"恒仍肯棱崩朋僧等"，通摄合口字如"棒嗪蓬芃疼"。借鉴各家拟音并根据字典的拼音系统以及列字的来源，也可以将其拟定为［əŋ］。

9. eh

卫三畏的三十八韵母字表中有两个韵母都标成［eh］，即叶韵和德韵。叶韵是从《五方元音》蛇韵中分类出来的，而德韵则是从《五方元音》地韵中分类出来的，卫三畏都拟作入声［eh］。在字典正文中，叶字的音标是［yeh］，德字的音标是［teh］，说明其实还是有不同，叶韵是带介音的。而且在字典正文中，德字就安排在［eh］这个韵的里面，而叶字则是安排在［yeh］这个韵里。从这点看，这个韵母卫三畏应该是拟作德韵的，而且应该把德韵放在蛇韵的一类里，把叶韵放在地韵的一类。这个韵的字基本上都来源于中古的曾摄得韵职韵的一三等开口入声字，以及梗摄麦韵陌韵的一等开口入声字，还有几个咸摄叶韵三等的开口入声字，几个山摄薛韵三等的开口入声字，几个臻摄质韵臻韵三等的开口入声字以及几个深摄侵韵缉韵三等的开口入声字。曾摄字如"仂勒色穑德忒则"，梗摄字如"麦陌脉蓦责摘"，咸摄字如"摺摄涉"，山摄字如"折热舌设"，臻摄字如"日瑟虱"，深摄字如"涩涩"。借鉴各家拟音并根据字典的拼音系统以及列字的来源，将其拟定为［εʔ］。

10. en

卫三畏的三十八韵母字表中没有这个韵母，但在声韵配合表以及字典的正文标注中却存在。［en］韵的字基本上都来源于中古的咸摄盐韵三等开口字，以及山摄仙韵三等开口字。咸摄字如"占詹谄闪赡"，山摄字如"旃鹯廛羶善扇"。 从来源上说，类似前面的［an］韵母，但两者在排列上存在对立关系，不能合并，所以根据字典的拼音系统以及列字的来源，可以将其拟定为［en］。

11. eu

卫三畏写作周韵，是从《五方元音》牛韵中分类出来的，卫三畏拟作［eu］。基本上都来源于中古的流摄侯韵尤韵一三等开口字，如"周抽缶吼揉勾搊楼某耦剖叟手斗透走愁"。借鉴各家拟音并根据字典的拼音系统以及列字的来源，也可以将其拟定为［ou］。

12. é

卫三畏写作蛇韵，蛇韵是《五方元音》十二韵之一，卫三畏拟作单元音［é］。基本上都来源于中古的假摄麻韵三等开口字，如"这车哶惹奢"。卫三畏的拼音系统中，有几个相接近的音，即 e、é、è，区分这么细致是因为其他方言的影响，而在官话中 e、é 并不对立区别，所以可以看作同一个发音。借鉴各家拟音并根据字典的拼音系统以及列字的来源，也可以将其拟定为［ε］。

13. éi

卫三畏写作惟韵，是从《五方元音》地韵中分类出来的，卫三畏拟作［éi］。基本上都来源于中古的止摄脂韵支韵微韵三等合口字，以及蟹摄灰韵废韵一三等的合口字。止摄字如“飞斐累沬”，蟹摄字如“肺雷梅内悲陪”。借鉴各家拟音并根据字典的拼音系统以及列字的来源，也可以将其拟定为［εi］。

14. i

卫三畏写作地韵，地韵是《五方元音》十二韵之一，卫三畏拟作单元音［i］。基本上都来源于中古的止摄止韵支韵脂韵微韵三等开口字，以及蟹摄祭韵齐韵三四等的开口字。止摄字如“知痴希衣机棋理”，蟹摄字如“兮携艺鸡溪黎”。在音节［shi］里，卫三畏特别标明“shi or sh”[①]。在字典的拼音系统中，也有 ch'、sh' 这两个元音，可见，这里的地韵，其实应该是分两类的。根据其前面的辅音，一类是舌面元音［i］，一类是舌尖后元音［ʅ］。

15. ia（ya）

卫三畏的三十八韵母字表中没有这个韵母，但在声韵配合表以及字典的正文标注中却存在。［ia］韵的字都来源于中古的假摄麻韵二等开口字，还有一两个蟹摄佳韵二等开口字。同时，还包含了前一节声韵表中的［ya］这个音节的字，只是因为零声母而大写而已。止摄字如“霞加鸦雅”，蟹摄字如“佳脘”。根据字典的拼音系统以及列字的来源，也可以将其拟定为［ia］。

16. iah（yah）

卫三畏的三十八韵母字表以及声韵配合表中没有这个韵母，但在字典的正文标注中却存在。［iah］韵的字都来源于中古的咸摄洽韵狎韵帖韵二四等开口入声字，还有几个山摄黠韵二等开口入声字。同时，还包含了前一节声韵表中的［yah］这个音节的字，只是因为零声母而大写而已。咸摄字如“匣甲颊恰掐”，山摄字如“瞎戛恝”。根据字典的拼音系统以及列字的来源，也可以将其拟定为［iaʔ］。

① ［美］卫三畏．汉英韵府［M］．上海：美华书院，1889：正文757.

17. iai（yai）

卫三畏写作皆韵，是从《五方元音》豺韵中分类出来的，卫三畏拟作〔iai〕，都来源于中古的蟹摄皆韵佳韵二等开口字。同时，还包含了前一节声韵表中的〔yai〕这个音节的字，只是因为零声母而大写而已。蟹摄字如"鞋懈街戒楷涯捱"。借鉴各家拟音并根据字典的拼音系统以及列字的来源，也可以将其拟定为〔iai〕。

18. iang（yang）

卫三畏写作江韵，是从《五方元音》羊韵中分类出来的，卫三畏拟作〔iang〕韵的字都来源于中古的宕摄阳韵三等开口字，还有几个江摄江韵二等开口字。同时还包含了前一节声韵表中的〔yang〕这个音节的字，只是因为零声母而大写而已。宕摄字如"香享僵姜强良娘湘将强央养"，江摄字如"巷江降"。借鉴各家拟音并根据字典的拼音系统以及列字的来源，也可以将其拟定为〔iaŋ〕。

19. iao（yao）

卫三畏写作鸟韵，是从《五方元音》獒韵中分类出来的，卫三畏拟作〔iao〕，都来源于中古的效摄肴韵宵韵萧韵二三四等开口字。同时，还包含了前一节声韵表中的〔yao〕这个音节的字，只是因为零声母而大写而已。效摄字如"晓交翘僚苗鸟表票消刁焦悄要"。借鉴各家拟音并根据字典的拼音系统以及列字的来源，也可以将其拟定为〔iau〕。

20. ieh（yeh）

卫三畏写作结韵，是从《五方元音》蛇韵中分类出来的，卫三畏拟作〔ieh〕，都来源于中古的咸摄业韵叶韵帖韵三四等开口入声字，还有几个山摄屑韵薛韵月韵三四等开口入声字。同时还包含了前一节声韵表中的〔yeh〕这个音节的字，只是因为零声母而大写而已。咸摄字如"胁劫怯聂叠帖叶"，山摄字如"页洁列灭憋屑跌铁噎"。借鉴各家拟音并根据字典的拼音系统以及列字的来源，也可以将其拟定为〔ieʔ〕。

21. ien（yen）

卫三畏写作天韵，天韵是《五方元音》十二韵之一，卫三畏拟作〔ien〕，都来源于中古的咸摄盐韵严韵咸韵衔韵二三四等开口字，还有山摄删韵元韵山韵先韵二三四等开口字。同时，还包含了前一节声韵表中的［yen］这个音节的字，只是因为零声母而大写而已。咸摄字如"嫌缄拑联拈砭纤"，山摄字如"掀坚牵连眠年边偏"。为了跟同样写作［e］的蛇韵诸字相区别，借鉴各家拟音并根据字典的拼音系统以及列字的来源，可以将其拟定为［ian］。

22. ié（yé）

卫三畏的三十八韵母字表中没有这个韵母，但在声韵配合表以及字典的正文标注中却存在。［ié］韵的字，都来源于中古的假摄麻韵三等开口字，还有几个来自果摄戈韵三等的开口字。同时，还包含了前一节声韵表中的［yé］这个音节的字，只是因为零声母而大写而已。假摄字如"写谢姐借且爷夜"，果摄字如"茄伽"。根据字典的拼音系统以及列字的来源，也可以将其拟定为［iɛ］。

23. ih（yih）

卫三畏写作力韵，是从《五方元音》地韵中分类出来的，卫三畏拟作［ih］。都来源于中古的梗摄昔韵锡韵陌韵三四等开口入声字，臻摄质韵迄韵三等开口入声字，曾摄职韵三等开口入声字，深摄缉韵三等开口入声字。同时，还包含了前一节声韵表中的［yih］这个音节的字，只是因为零声母而大写而已。梗摄字如"只尺赦激"，臻摄字如"侄挟迄吉乞"，曾摄字如"直敕极匿"，深摄字如"执急泣笠"。借鉴各家拟音并根据字典的拼音系统以及列字的来源，也可以将其拟定为［i?］。

24. in（yin）

卫三畏写作宾韵，是从《五方元音》人韵中分类出来的，卫三畏拟作［in］。基本上都来源于中古的臻摄真韵欣韵三四等的开口字，还有深摄侵韵三等的开口字。同时，还包含了前一节声韵表中的［yin］这个音节的字，只是因为零声母而大写而已。臻摄开口字如"衅巾民您宾辛因"，深摄字如"金禁钦林禀品心音"。借鉴各家拟音并根据字典的拼音系统以及列字的来源，也可以将其拟定为［in］。

25. ing（ying）

卫三畏写作灵韵，是从《五方元音》龙韵中分类出来的，卫三畏拟作［ing］。都来源于中古的梗摄耕韵庚韵清韵青韵二三等开口字，还有曾摄蒸韵二等开口字。同时还包含了前一节声韵表中的［ying］这个音节的字，只是因为零声母而大写而已。梗摄字如"贞成刑经轻玲名鼎英"，曾摄字如"徵秤凭胜蝇"。借鉴各家拟音并根据字典的拼音系统以及列字的来源，也可以将其拟定为［iŋ］。

26. ioh（yoh）

卫三畏写作略韵，是从《五方元音》驼韵中分类出来的，卫三畏拟作［ioh］。都来源于中古的江摄觉韵三等开口入声字，还有宕摄药韵三等开口入声字。同时，还包含了前一节声韵表中的［yoh］这个音节的字，只是因为零声母而大写而已。江摄字如"学确狱"，宕摄字如"虐削爵鹊约"。借鉴各家拟音并根据字典的拼音系统以及列字的来源，也可以将其拟定为［ioʔ］。

27. iu（yiu）

卫三畏写作牛韵，牛韵是《五方元音》十二韵之一，卫三畏拟作［iu］。基本上都来源于中古的流摄尤韵幽韵三等的开口字。同时，还包含了前一节声韵表中的［yiu］这个音节的字，只是因为零声母而大写而已。流摄字如"休九求柳缪牛秀酒友"。借鉴各家拟音并根据字典的拼音系统以及列字的来源，也可以将其拟定为［iou］。

28. iün（yun）

卫三畏的三十八韵母字表中没有这个韵母，但在声韵配合表以及字典的正文标注中却存在。基本上都来源于中古的臻摄谆韵文韵三等的合口字。同时，还包含了前一节声韵表中的［yun］这个音节的字，因为在字典中［u］与［ü］常相混，如熏这一系列的字，声韵配合表写作［hiün］，而字典正文写作［hiun］。所属各字的中古音来源都相同。臻摄字如"君群旬竣"。根据字典的拼音系统以及列字的来源，也可以将其拟定为［yn］。

29. iüng（yung）

卫三畏的三十八韵母字表中没有这个韵母，但在声韵配合表以及字典的正文标注中却存在。基本上都来源于中古的梗摄庚韵清韵青韵三四等的合口字，以及通摄东韵钟韵三等合口字。同时，还包含了前一节声韵表中的［yung］这个音节的字，因为在字典中［u］与［ü］常相混，所属各字的中古音来源都相同。梗摄字如"兄夐詗迥"，通摄字如"熊穷胸雄穹"。根据字典的拼音系统以及列字的来源，也可以将其拟定为［yŋ］。

30. o

卫三畏写作驼韵，驼韵是《五方元音》十二韵之一，卫三畏拟作单元音
［o］。基本都来源于中古的果摄歌韵戈韵一等开口或合口字。果摄开口字如
"阿呵贺歌罗挪"，果摄合口字如"科课裸摩波玻颇"。借鉴各家拟音并根据字
典的拼音系统以及列字的来源，也可以将其拟定为［o］。

31. oh

卫三畏写作脱韵，是从《五方元音》驼韵中分类出来的，卫三畏拟作
［oh］。有来自开口呼的字，如江摄宕摄咸摄梗摄曾摄山摄的一二三等开口入
声字；还有来自合口呼的字，如山摄遇摄通摄蟹摄的一三等合口入声字。开
口呼的字如"灼绰卓龊黑曷盒割客洛昨"，合口呼的字如"沫茉妹拨钵扑"。
借鉴各家拟音并根据字典的拼音系统以及列字的来源，也可以将其拟定为
［oʔ］。

32. u（wu）

卫三畏写作虎韵，虎韵是《五方元音》十二韵之一，卫三畏拟作单元音
［u］。基本都来源于中古的遇摄模韵虞韵鱼韵一三等合口字，以及流摄侯韵尤
韵一三等开口字。同时，还包含了前一节声韵表中的［wu］这个音节的字，
声母与韵母部分是一样的，而且在字典中所属各字的中古音来源都相同。遇
摄字如"洙初夫呼枯炉慕怒步所"，流摄字如"妇富负部"。借鉴各家拟音并
根据字典的拼音系统以及列字的来源，也可以将其拟定为［u］。

33. uh（wuh）

卫三畏的三十八韵母字表中有两个韵母都标成［uh］，即斛韵和玉韵。
斛韵是从《五方元音》虎韵中分类出来的，而玉韵则是从《五方元音》地
韵中分类出来的，卫三畏都拟作入声［uh］。在字典正文中，斛字的音标是
［huh］，玉字的音标是［yuh］，说明其实还是有不同，玉韵是带［i］介音的，
而斛字没有。在字典正文中，斛字被安排在［uh］这个韵里，而玉字被安排
在［yuh］这个韵里。从这点看，卫三畏应该是把这个韵拟作斛韵的。这个韵
的字基本上都来源于中古的通摄屋韵沃韵烛韵的一三等合口入声字，以及臻
摄没韵物韵术韵的一三等合口入声字，同时混杂了几个深摄缉韵三等的开口

入声字。同时，还包含了前一节声韵表中的［wuh］这个音节的字，在字典正文中，［wuh］韵里只有一个音节，即［hwuh］，而且卫三畏解释说"see also HUH"[①]。所以除去声母与韵母中重复的介音后，韵母部分是一样的，而且在字典中所属各字的中古音来源都相同。通摄字如"竹蓄福斛辱哭"，臻摄字如"出弗扢圣窣"，深摄字如"入卅"。借鉴各家拟音并根据字典的拼音系统以及列字的来源，将其拟定为［uʔ］。

34. ui（wui）

卫三畏写作堆韵，是从《五方元音》地韵中分类出来的，卫三畏拟作［ui］。基本上都来源于中古的止摄脂韵支韵三等合口字，以及蟹摄灰韵泰韵祭韵一三等的合口字。同时，还包含了前一节声韵表中的［wui］这个音节的字，在字典正文中，［wui］韵里面只有一个音节，即［hwui］，除去声母与韵母中重复的介音后，韵母部分是一样的，而且在字典中所属各字的中古音来源都相同。止摄字如"追吹髓谁瘁"，蟹摄字如"睿岁税堆推催灰"。借鉴各家拟音并根据字典的拼音系统以及列字的来源，也可以将其拟定为［ui］。

35. un（wun）

卫三畏的三十八韵母字表中没有这个韵母，但在声韵配合表以及字典的正文标注中却存在，卫三畏拟作［un］。基本上都来源于中古的臻摄文韵魂韵谆韵一三等合口字。同时，还包含了前一节声韵表中的［wun］这个音节的字，在字典正文中，［wun］韵里面一共三个音节，即［hwun］、［kwun］、［k'wun］，［un］韵里也没有这三个声母的字，除去声母与韵母中重复的介音后，韵母部分是一样的，而且在字典中所属各字的中古音来源都相同。臻摄字如"准春婚闰昆坤伦孙敦尊"。借鉴各家拟音并根据字典的拼音系统以及列字的来源，也可以将其拟定为［un］。

36. ung

卫三畏写作龙韵，龙韵是《五方元音》十二韵之一，卫三畏拟作［ung］。基本都来源于中古的通摄东韵钟韵三等合口字，还有几个梗摄庚韵耕韵二等开口或合口字和曾摄蒸韵一三等开口或合口字。通摄字如"中充风戎空龙蒙

---

① ［美］卫三畏.汉英韵府［M］.上海：美华书院，1889：正文267.

农松"，梗摄字如"氓猛轟翃"，曾摄字如"冯薨弘"。借鉴各家拟音并根据字典的拼音系统以及列字的来源，也可以将其拟定为［uŋ］。

37. ü (yü)

卫三畏写作聚韵，是从《五方元音》地韵中分类出来的，卫三畏拟作［ü］。基本上都来源于中古的遇摄鱼韵虞韵三等合口字。同时，还包含了前一节声韵表中的［yü］这个音节的字，因为声母与韵母是重复的，所以是一样的，而且在字典中所属各字的中古音来源都相同。遇摄字如"雨乳居区侣女徐聚取"。借鉴各家拟音并根据字典的拼音系统以及列字的来源，也可以将其拟定为［y］。

38. üeh (yüeh)

卫三畏写作月韵，是从《五方元音》蛇韵中分类出来的，卫三畏拟作［üeh］。都来源于中古的山摄薛韵屑韵月韵三四等合口入声字，还有臻摄术韵物韵三等合口入声字。同时，还包含了前一节声韵表中的［yüeh］这个音节的字，因为声母与韵母的介音是重复的，所以是一样的，而且在字典中所属各字的中古音来源都相同。山摄字如"曰阅血穴抉绝"，臻摄字如"泏獝"。借鉴各家拟音并根据字典的拼音系统以及列字的来源，也可以将其拟定为［yɛʔ］。

39. üen (yüen)

卫三畏写作圈韵，是从《五方元音》天韵中分类出来的，卫三畏拟作［üen］。都来源于中古的山摄元韵桓韵先韵一三四等合口字。同时，还包含了前一节声韵表中的［yüen］这个音节的字，因为声母与韵母的介音是重复的，所以是一样的，而且在字典中所属各字的中古音来源都相同。山摄字如"渊元喧卷圈全"。为了与天韵一系列字相配合，借鉴各家拟音并根据字典的拼音系统以及列字的来源，也可以将其拟定为［yan］。

40. üé

卫三畏写作靴韵，是从《五方元音》蛇韵中分类出来的，卫三畏拟作［üé］。而且整个韵里就只有一个靴字，标注为［hüé］。来自中古果摄戈韵三等合口字。借鉴各家拟音并根据字典的拼音系统以及列字的来源，也可以将其拟定为［yε］。

41. üh（yuh）

卫三畏写作曲韵，是从《五方元音》地韵中分类出来的，卫三畏拟作
［üh］。都来源于中古的通摄屋韵烛韵三等合口入声字，还有臻摄物韵术韵三
等合口入声字，个别还来自曾摄职韵三等合口入声字以及梗摄锡韵四等合口
入声字。同时，还包含了前一节声韵表中的［yuh］这个音节的字，因为在字
典中所属各字的中古音来源都相同。通摄字如"玉局菊曲"，臻摄字如"郁屈
律戌"，曾摄字如"域淢"，梗摄字如"鶪闃"。借鉴各家拟音并根据字典的
拼音系统以及列字的来源，也可以将其拟定为［yʔ］。

42. wa

这个韵母是从声母带［w］的部分分解出来的，因为我们都知道声母是不
带介音的，所以拟作［wa］。这个韵母的字都来源于假摄麻韵二等合口字，还
有蟹摄佳韵夬韵二等合口字，以及几个来自遇摄模韵一等合口字。假摄字如
"髙划瓜夸"，蟹摄字如"蛙漥剐"，遇摄字如"呱㕦"。借鉴各家拟音并根据
字典的拼音系统以及列字的来源，也可以将其拟定为［ua］。

43. wah

这个韵母是从声母带［w］的部分分解出来的，原因同上，拟作［wah］。
这个韵母的字都来源于山摄月韵黠韵二三等合口字，还有几个梗摄麦韵二等
开口或合口字。山摄字如"猾括刷剟"，梗摄字如"繣适"。借鉴各家拟音并
根据字典的拼音系统以及列字的来源，也可以将其拟定为［uaʔ］。

44. wai

这个韵母是从声母带［w］的部分分解出来的，原因同上，拟作［wai］。
这个韵母的字都来源于蟹摄皆韵佳韵夬韵泰韵一二等合口字，还有几个止摄
支韵脂韵三等合口字。蟹摄字如"外崴怀乖"，止摄字如"摔甩帅"。借鉴各
家拟音并根据字典的拼音系统以及列字的来源，也可以将其拟定为［uai］。

45. wan

这个韵母是从声母带［w］的部分分解出来的，原因同上，拟作［wan］。
该韵母的字都来源于山摄桓韵删韵元韵仙韵一二三等合口字。如"患官卵暖
拴短鑽"。借鉴各家拟音并根据字典的拼音系统以及列字的来源，也可以将其

拟定为［uan］。

47. wang

这个韵母是从声母带［w］的部分分解出来的，原因同上，拟作［wang］。该韵母的字都来源于宕摄阳韵三等合口字，如"王忘惘望"。借鉴各家拟音并根据字典的拼音系统以及列字的来源，也可以将其拟定为［uaŋ］。

47. wǎn

这个韵母就是这么一个零声母的音节，没有搭配其他的辅音声母，卫三畏拟作［wǎn］。该韵母的字不多，二十几个，都来源于中古臻摄魂韵文韵一三等合口字，如"温吻问文"。借鉴各家拟音并根据字典的拼音系统以及列字的来源，也可以将其拟定为［uən］。

48. wǎng

这个韵母也是就这么一个零声母的音节，没有搭配其他的辅音声母，卫三畏拟作［wǎng］。该韵母的字也不多，十几个，都来源于中古通摄东韵一等合口字，如"瓮蓊滃"。借鉴各家拟音并根据字典的拼音系统以及列字的来源，也可以将其拟定为［uəŋ］。

49. wen

这个韵母是从声母带［w］的部分分解出来的，原因同上，拟作［wen］。［wen］的韵里只有两个音节，即［chwen］、［chʻwen］，该韵母的字都来源于山摄桓韵删韵元韵仙韵一二三等合口字，如"专转川喘船"。借鉴各家拟音并根据字典的拼音系统以及列字的来源，也可以将其拟定为［uɛn］。

50. wéi

这个韵母是从声母带［w］的部分分解出来的，原因同上，拟作［wéi］。基本上都来源于中古的止摄脂韵支韵微韵灰韵一三等合口字，以及蟹摄灰韵泰韵皆韵废韵一三等的合口字。止摄字如"威未归圭葵"，蟹摄字如"煨卫规柜魁"。借鉴各家拟音并根据字典的拼音系统以及列字的来源，也可以将其拟定为［uɛi］。

51. wo

这个韵母是从声母带［w］的部分分解出来的，原因同上，拟作［wo］。基本上都来源于中古的果摄戈韵一等合口字，如"窝涡伙禾果过"。借鉴各家拟音并根据字典的拼音系统以及列字的来源，也可以将其拟定为［uo］。

52. woh

这个韵母是从声母带［w］的部分分解出来的，原因同上，拟作［woh］。基本上都来源于中古的宕摄铎韵唐韵一等合口入声字，还有梗摄麦韵二等合口入声字、山摄删韵末韵二等合口入声字，以及曾摄德韵一等合口入声字。宕摄字如"廓霍"，梗摄字如"摑获"，山摄字如"说佸"，曾摄字如"国惑"。借鉴各家拟音并根据字典的拼音系统以及列字的来源，也可以将其拟定为［uoʔ］。

53. 'rh

卫三畏写作而韵，是从《五方元音》地韵中分类出来的，卫三畏拟作［'rh］。都来源于中古的止摄支韵脂韵之韵三等开口字，如"而耳二尔饵儿"。《五方元音》中很多人在拟音时不见此音，但根据字典的拼音系统以及列字的来源，可以将其拟定为［ɚ］。

54. z'

卫三畏写作思韵，是从《五方元音》地韵中分类出来的，卫三畏拟作［sz'］，此外还有［tsz'］、［ts'z'］，综合这三个，我们认为拟作［z'］更合适。此韵字都来源于中古的止摄支韵脂韵之韵三等开口字，如"思死四资子自雌此次"。根据字典的拼音系统以及列字的来源，可以将其拟定为［ɿ］。

综上所述，《汉英韵府》南官话音系的韵母应该有55个，卫三畏在导言部分的介绍都不太准确。具体的列表如下：

表3-8　《汉英韵府》南官话单元音韵母表（9个）

卫三畏	a	é	o	i	sz'	u	ü	'rh
代表字	马	蛇	驼	地	思	虎	聚	而
拟音	［a］	［ɛ］	［o］	［ʅ］［i］	［ɿ］	［u］	［y］	［ɚ］

表3-9 《汉英韵府》南官话复元音韵母表（15个）

卫三畏	ai	ao	éi	ia	iai	iao	ié	iu
代表字	豺	獒	惟		皆	鸟		牛
拟音	[ai]	[au]	[ɛi]	[ia]	[iai]	[iau]	[iɛ]	[iou]
卫三畏	eu	wa	wai	wéi	ui	wo	üé	
代表字	周				堆		靴	
拟音	[ou]	[ua]	[uai]	[uɛi]	[ui]	[uo]	[yɛ]	

表3-10 《汉英韵府》南官话鼻音韵母表（19个）

卫三畏	an	ang	ǎn	ǎng	en	ien	iang	in
代表字	丹	羊	人	冷		天	江	宾
拟音	[an]	[aŋ]	[ən]	[əŋ]	[ɛn]	[ian]	[iaŋ]	[in]
卫三畏	ing	wan	wang	un	ung	üen	iün	iüng
代表字	灵			龙	圈			
拟音	[iŋ]	[uan]	[uaŋ]	[un]	[uŋ]	[yan]	[yn]	[yŋ]
卫三畏	wǎn	wǎng	wen					
代表字								
拟音	[uən]	[uəŋ]	[uɛn]					

表3-11 《汉英韵府》南官话入声韵母表（12个）

卫三畏	ah	eh	ih	oh	uh	üh	iah	ieh
代表字	八	叶德	力	脱	斛玉	曲		结
拟音	[aʔ]	[ɛʔ]	[iʔ]	[oʔ]	[uʔ]	[yʔ]	[iaʔ]	[iɛʔ]
卫三畏	ioh	wah	woh	üeh				
代表字	略			月				
拟音	[ioʔ]	[uaʔ]	[uoʔ]	[yɛʔ]				

与《五方元音》相比较，《汉英韵府》南官话韵母系统保留了12个入声韵，还多了一个卷舌元音［ɚ］，还有就是在元音的区分上比较细致，所以总数上也会更多。

三、《汉英韵府》南官话声调系统

《汉英韵府》的导言里介绍了8个声调，但在南官话系统中并没有全部用到，只是使用了其中的5种。

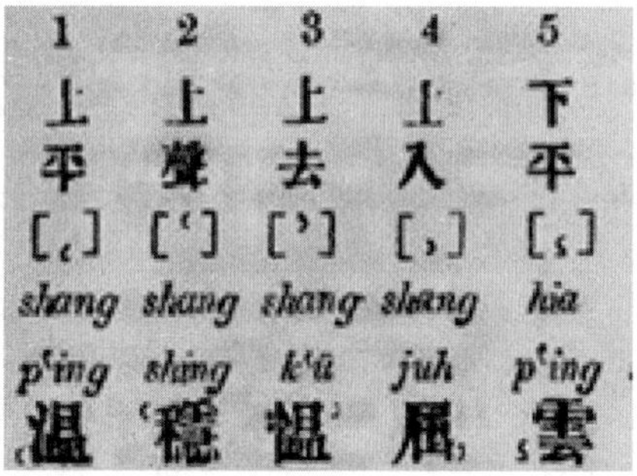

图3-5 《汉英韵府》1889：导言17页

因为只用到5个声调，所以就无所谓上下之分了。这里的上平相当于现代的阴平，上声还是上声，上去就是去声，上入就是入声，而下平则相当于阳平。数字1.2.3.4.5分别表示阴平、上声、去声、入声、阳平五个声调。关于南官话音的声调讨论两个问题：

1. 入声

卫三畏在导言中多次提到"juh shing"（入声）这个词，并且在解释拼音系统时，曾经提到用来表示入声的辅音［h］：

"如果被放在音节的末尾，接近被取消。这个辅音在字首发音时，和英文单词 hung、holy 等一样；但扩展这个字母的用法，将其放在 d、p 和 t 做首辅音的词中并使其完全不发音是不合理的，就像麦都思和杜嘉德做的那样，因为 ph 和 th 在英语中已有独自的发音了，而且缺乏某种特定知识和经验的人读起来容易造成发音错误。但是对于那些习惯于用 h 做单词结尾的人来说，却是最好的表达不清晰入声的标志。"①

这些都说明当时的官话口语中是有入声的。口语中如果没有入声，卫三畏也不会在字典里郑重其事地标示，否则就不是指导外国人学汉语，而是误导了。此外，《汉英韵府》南官话音系中的入声只配阴声韵，韵尾演变成了一个喉塞音［ʔ］，按照卫三畏的说法是甚至接近被取消。说明当时的官话口语中还有一部分入声存在，并且有消失的趋势，但并未像北京话那样完全消失。

2. 浊上变去

在《汉英韵府》南官话音系中，部分全浊上声没有变为去声，而是仍然保持上声。比如，中古并母字：腐釜；中古澄母字：庤峙時；中古崇母字：齟；等等。

不过，数量不是特别多，四十个左右。说明这个时期的南官话，并没有完全完成全浊上声变为去声的过程。

第三节 《汉英韵府》南官话音系的比较分析

以上从《汉英韵府》本身出发总结归纳了其南官话音系。但《汉英韵府》的南官话音系究竟是不是南京音，或者是不是真实反映了当时的官话口语呢？为了进一步明确其音系的性质，下面将进行比较。比较分两个方面，一方面是与本土的韵书韵图比较，另一方面是与传教士的著作比较。本土的韵书韵图选了两种，一种是一般认为的代表清末官话的《正音通俗表》；另一种是差不多同时期的代表南京音的韵书《古今中外音韵通例》。传教士的著作选择的是代表南京音的德国人赫美龄的著作《南京官话》。

---

① ［美］卫三畏.汉英韵府［M］.上海：美华书院，1889：导言13页.

一、《汉英韵府》南官话音系与《正音通俗表》音系的比较

《正音通俗表》是闽人潘逢禧所撰，根据序言的落款"庚午七月"，应该刊行于1870年，时间上与《汉英韵府》相当。在编纂的目的上，根据叶宝奎先生的摘录："是书原为塾中课蒙而作，童子齿牙爽利，日调数字，亦觉顺口朗朗。今年夏，连江郑君漱泉、邱君梅卿二同年至，索见此本，适触所好，因出其家藏韵书数种细为校对，且谓天下乡谈各异，每苦正音难学，况人声递变，历来韵书，代有更改。是书宜古宜今而又简明浅易，人人可学而能，洵艺林宝筏也，亟当付梓，以公同好。予愧其言而重违其意。爰取通俗表一册，并摘其源流大要，命及门录之，先付手民。至元音及南北音各表，尚容考索精详，实未敢卤莽贻误。"[①]可见，是为闽人学习正音而作的。此所谓正音，不同于元音及南北音，应该就是当时通行全国的官话了。而且还提道："沿讹已久骤改之反碍通行，故通俗表中概从俗读。"这大概就是书名的由来，同时也说明其音系用的是当时人所使用的俗音，或叫时音。从编纂的目的上来说，也与《汉英韵府》相近，而且也是记录当时的官话音，所以二者具有充分的可比性。本书所用的《正音通俗表》音系主要来自叶宝奎先生[②]。《正音通俗表》中有21个声母，32个韵母，5个声调。声调部分与《汉英韵府》南官话相当，所以就不详细说明了。为了方便论述，分别简称《汉英》《正音》。声母与韵母的具体比较如下：

1. 二者声母比较

《正音》"二十一字母"：翁、酺、耦、贵、婍、驾、姍、驸、钞、鳞、醸、坫、珽、鸞、狨、璨、婆、酃、岷、阄、抛。按说应该是21个声母，但是叶宝奎先生提出："我们认为，实有声母二十五个，因为驸、钞、姍、驾各字母都分别代表两个声母。"[③]这样《正音》音系的声母就有25个，叶先生的拟音摘录如下：

---

① 叶宝奎.明清官话音系［M］.厦门：厦门大学出版社，2001：244.

② 叶宝奎.明清官话音系［M］.厦门：厦门大学出版社，2001：244-250.

③ 叶宝奎.明清官话音系［M］.厦门：厦门大学出版社，2001：251.

P 波把秘不　　P' 坡瘢皮否　　m 模埋马茂　　f 夫肥凡风　　v 无亡温完

t 大爹导特　　t' 天桃突达　　n 那娘鸟枭　　1 来辇脸粟

ts 佐姐早再　　ts' 猜财全雀　　s 苏三邪旬

tʂ 查知择仄　　tʂ' 车侦枢翅　　ʂ 沙殊森瑞　　ʐ 然戎刃日

tɕ 基件君娟　　tɕ' 奇鲸群昳　　ɕ 喜雄现虚　　j 宜夜云牙

k 戈高古括　　k' 科侩狂况　　ŋ 艾外岸额　　h 孩很苛红　　Ø 儿卧瓦翁

　　与《汉英》南官话音声母相比较，大部分是相同的，具体的比照列表如下：

表3-12 《正音》与《汉音》声母比较表

《汉英》	[p]	[p']	[m]	[f]	[t]	[t']	[n]	[1]
《正音》	[p]	[p']	[m]	[f]	[t]	[t']	[n]	[1]
《汉英》	[tʂ]	[tʂ']	[ʂ]	[Z]	[ts]	[ts']	[s]	[k]
《正音》	[tʂ]	[tʂ']	[ʂ]	[ʐ]	[ts]	[ts']	[s]	[k][tɕ]
《汉英》	[k']	[Ø]	[x]	[ŋ]				
《正音》	[k'][tɕ']	[Ø][v][j]	[h][ɕ]	[ŋ]				

　　从上表可见，主要的不同在于以下几组：

　　（1）古微母

　　《正音》的声母有一个"婺"母，这个声母的字大部分来自中古的微母，比如：无武务物，微尾未，亡罔忘晚蔓，文吻问；还有一些来自古影疑明母，比如：威偎为危，汪王，湾完顽腕玩，温稳。这些字在《汉英》的南官话系统中，被安排在"蛙"母下，已经变成零声母了。由此可见，在微母的问题上，《正音》的音系更多保留古音的特征。

　　（2）古影疑母

　　在《正音》中，古影母和疑母字遇到三四等韵母都读为 [j]，如移宜、余鱼、袁铅阮、融容。这些字在《汉英》的南官话系统中，被安排在"云"

母下，都已经是零声母了。这说明《正音》对古音的保留更多一点。在《正音》中，古疑母遇到开口韵母则读为 [ŋ]，如额、敖傲、皑艾职、昂。这一点与《汉英》是相同的。

（3）古见晓组

在《正音》中，古见晓组字在细音韵母前都读 [tɕ]、[tɕ']、[ɕ]，如机气溪喜，坚牵香。这些字在《汉英》的南官话系统中，被归入金桥好三母 [k]、[k']、[x]。说明古见组字在《汉英》中并没有产生腭化，而《正音》的拟音说明其已经腭化。

（4）古日母

在《正音》中，古日母字读作 [ʐ]，如"然戎刃日"。这些字在《汉英》的南官话系统中，应该拟音为 [Z]。说明两者的古日母字并不完全相同。

2. 二者韵母比较

《正音》有三十二韵母。叶宝奎先生提出："因为大部分阴声韵代表字里还包含入声韵，知部、遮部内部已经分化，而且登山川心四部都分别代表三个韵母，烟部代表两个韵。三十二部总共含54个韵母，减去5个 –m 尾韵，《正音通俗表》音系实有韵母49个，其中入声韵12个。"[①] 叶先生的拟音摘录如下：

知：ʅ ʅ ʅʔ 驰死刺日	伊：i iʔ 奚体寄匹	铺：u uʔ 都无布竹
须：y yʔ 虚徐虑旭	沙：a aʔ 巴打诧萨	家：ia iaʔ 雅牙驾轧
花：ua uaʔ 花瓦挂发	遮：ə ɛ ʔɇ ʅʔ ɚ 儿者舍热	嗟：iɛ iɛʔ 爹姐夜列
波：uo uoʔ 多歌我各	靴：y yʔ 鞭血辍决	却：ioʔ 弱约略著
哉：ai 开台海再	阶：iai 街崖矮隘	乖：uai 蛙怀揣快
悲：əi 眉美被配	归：ui 吹微匪累	高：au 高茅少召
邀：iau 焦遥表尿	周：əu 抽浮肘茂	秋：iu 彪牛酒谬
山：an 删然满判	烟：iɛn 轩闲免建	川：uan 专船反贩
鸳：yɛn 鸳玄圈券	登：ən 吞神本刃	心：in 欣贫紧印
昏：uən 春轮准问	君：yn 君旬允闰	山：aŋ 邦长赏让

---

① 叶宝奎 . 明清官话音系 [M]. 厦门：厦门大学出版社，2001：252.

相：iaŋ 江强饷相　　川：uaŋ 匡民房冏创　　登：əŋ 叫生仍整横
心：iŋ 惊情皿映　　　中：uŋ 翁蒙浓中　　　胸：yoŋ 雍戎雄用
山：(am) 探覃坎占　　烟：(iem) 谦甜险念　　川：(uam) 凡泛范犯
登：(əm) 森沈枕任　　心：(im) 音寻品赁

《汉英》南官话音的韵母是52个，入声也是12个，相差不是很大，下面分组进行对比说明。

（1）单元音韵母

表3-13 《正音》与《汉英》单元音韵母对比表

《汉英》	[a]	[ɛ]	[o]	[ɿ][i]	[ʅ]	[u]	[y]	[ɚ]
《正音》	[a]	[ə]		[ɿ][i]	[ʅ]	[u]	[y]	[ɚ]

从上表可见，二者的单元音韵母相当，一个不同是《汉英》南官话韵母多了一个[o]韵。其实，[o]韵母的字都安排在《正音》中的波韵下，叶先生拟作[uo]，例字"多歌我"。《汉英》中[o]韵母的字都来自中古果摄戈韵一等合口字，只搭配三个声母，即[Ø]、[k]、[x]，而且数量并不多；而其他的果摄戈韵一等合口字则被归入韵字，与果摄歌戈韵的开口字混并了，卫三畏拟作[uo]韵母。在《正音》中，这些字是合并的，而在《汉英》中则仍分开。另一个不同是[ɛ]和[ə]的不同，其实看例字的话，它们的来源是相同的，表示的是同一个韵母，只是拟音的不同而已。这个跟整个拼音系统有关。

（2）复元音韵母

表3-14 《正音》与《汉英》复元音韵母对比表

《汉英》	[ai]	[au]	[ɛi]	[ia]	[iai]	[iau]	[iɛ]	[iou]
《正音》	[ai]	[au]	[əi]	[ia]	[iai]	[iau]	[iɛ]	[iu]
《汉英》	[ou]	[ua]	[uai]	[uɛi]	[ui]	[uo]	[yɛ]	
《正音》	[əu]	[ua]	[uai]		[ui]	[uo]	[yə]	

从上表可见，除了由于拟音的不同，出现［ɛ］和［ə］相对应的差别外，《汉英》只是多了一个复元音韵母，即［uɛi］，这个韵的字来自中古的蟹摄和止摄的一三等合口呼。对比《正音》，发现中古蟹摄和止摄的一三等合口呼字主要分为归韵［ui］和悲韵［iə］；而《汉英》中的这些字则分为［ui］、［ɛi］、［uɛi］，而且非常规律，［ui］韵配的是［tʃ］、［tʃ‘］、［ʃ］、［dz］、［ts］、［ts‘］、［s］、［t］、［t‘］这些塞擦音、舌音，［ɛi］韵配的是［p］、［p‘］、［m］、［f］、［n］、［l］这些鼻音边音唇音，［uɛi］配的是零声母和［k］、［k‘］这样的舌根音。其实不对立，而是互补，可算是变体，完全可以合并。而《正音》把［uɛi］韵和［ui］韵合并了。

（3）鼻音韵母

表3-14　《正音》与《汉英》鼻音韵母对比表

《汉英》	［an］	［aŋ］	［ən e］	［əŋ］	［ɛn］	［ian］	［iaŋ］	［in］
《正音》	［an］	［aŋ］	［ən e］	［əŋ］		［ien］	［iaŋ］	［in］
《汉英》	［iŋ］	［uan］	［uaŋ］	［un］	［uŋ］	［yan］	［yn］	［yŋ］
《正音》	［iŋ］	［uan］	［uaŋ］	［uən］	［uŋ］	［yan］	［yn］	［yŋ］
《汉英》	［uən］	［uəŋ］	［uɛn］					
《正音》								

从上表可见，《汉英》的鼻音韵母多了四个，即［ɛn］、［uən］、［uɛn］、［uəŋ］。［ɛn］韵只搭配声母［tʂ］、［tʂ‘］、［ʂ］，来源于中古咸摄、山摄三等开口字，如"占展廛陕"；［uən］韵只搭配零声母，来源于中古臻摄一三等合口字，如"温吻问"；［uɛn］韵只搭配声母［tʂ］、［tʂ‘］，来源于中古山摄三等合口字，如"专转川喘"；［uəŋ］韵只搭配零声母，来源于中古通摄东韵一等合口字，如"翁瓮"。这些韵的字数量都不多。对照例字可以发现，《汉英》的［ɛn］韵在《正音》中被归入山韵［an］，［uən］韵被归入［un］韵，［uɛn］韵被归入［uan］韵，［uəŋ］韵被归入［uŋ］。这其实是受到声母的影响，卫三畏对元音区分太过细致，这些多出来的韵母有的其实区别不大，如在《汉

英》中［uɛn］韵与［uan］就不是对立的，而且中古来源都相同，本身也是可以合并的。而《正音》则把这些韵都合并了。

（4）入声韵母

表3-15 《正音》与《汉英》入声韵母对比表

《汉英》	［aʔ］	［ɛʔ］	［iʔ］	［oʔ］	［uʔ］	［yʔ］	［iaʔ］	［iɛʔ］
《正音》	［aʔ］	［əʔ］	［iʔ］		［uʔ］	［yʔ］	［iaʔ］	［iɛʔ］
《汉英》	［ioʔ］	［uaʔ］	［uoʔ］	［yɛʔ］				
《正音》	［ioʔ］	［uaʔ］	［uoʔ］	［yəʔ］	［ʅʔ］			

二者入声都是12个，但有不同，《汉英》有［oʔ］，《正音》无；《正音》有［ʅʔ］，《汉英》无。［oʔ］的问题可以参见单元音韵母的对比部分，其实是一样的问题。而《正音》中的［ʅʔ］韵，有些配卷舌辅音［tʂ］等，在《汉英》中仍标为［iʔ］，但其实古音来源是一样的；另外的部分则在《汉英》中归入［ɛʔ］韵，如"日"字。这一点上，《汉英》的做法循古，而《正音》则更接近实际的口语。

3. 小结

通过与本土韵图《正音》的比较，可以发现《汉英》的南官话音系在本质上与其相差不大。声母部分，《正音》的见晓组细音字已经腭化，但还保留未完全变成零声母的［v］和［j］；韵母部分，《汉英》的南官话音系则保留了一些因为声母的关系还未完全完成演变的韵母，例如：［ɛn］、［uən］、［uɛn］等，其实也可以称为变体；声调则都是五个调类。因此，二者之间的不同较整个音系来说只是小部分而已。而且这些不同也仅仅只是在变化的过程中，有的地方《汉英》保留了一些还未完全演变的特点，而《正音》发生了变化；就整体来说，两者是属于同一个音系。

二、《汉英韵府》南官话音系与《南京官话》音系的比较

为了确证《汉英韵府》南官话音系的性质，证实其是否为南京话，以下选取性质更为确定的传教士所编著作进行比较。《南京官话》英文名是 *The*

Nanking Kuan Hua，1902年出版于上海。作者赫美龄又名赫墨龄，还可写作何美龄（Karl Ernst Georg Hemeling，1878 — 1925），是一个德国人。1898年进中国海关，先后在南京、汉口、上海、牛庄、天津、北京等地任职。在该书的序言部分，赫美龄明确指出，他要考察的是南京读书人说的官话，而非一般南京人日常说的土话或南京方言。说明这本书所反映的是真正的南京官话的读书音。

之所以选择这本著作进行比较，主要是由于当时很多传教士的著作都写作"官话"，但其实有的是北京官话，而且多数的传教士著作音系都没有人研究，性质尚不明确，为了不影响比较的结果，所以选择这本明确标明是南京话的官话著作。目前，对《南京官话》的研究最系统全面的是邓兴峰教授[①]，叶宝奎先生[②]也对其音系做了整理，所以接下来的比较参考了两位拟音的部分。

《南京官话》（以下简称《南官》）中有21个声母，46个韵母，5个声调。声调部分与《汉英韵府》（以下简称《汉英》）南官话相当，就不详细说明，声母与韵母的具体比较如下：

1. 二者声母比较

《南官》实际共有声母21个：

p疤　p'扒　m妈　f非　t呆　t'胎　l（n）蜡纳　k该　k'开　h哈
ch（tʂ/tɕ）渣/鸡　ch'（tʂ'/tɕ'）叉/欺　sh（ʂ）收　hs（ɕ）希
j（ʐ）如　ts跻　ts'妻　s西　Ø哀安

与《汉英》南官话音声母相比较，大部分是相同的，其中古日母字的不同，只是拟音的不同，其所代表的韵字是相同的。具体的比照列表如下：

---

① 邓兴峰.《南京官话》所记南京音系音值研究——兼论方言史对汉语史研究的价值［J］. 南京社会科学，1994（4）.

② 叶宝奎.明清官话音系［M］. 厦门：厦门大学出版社，2001：282.

表3-16 《南官》与《汉英》声母比较表

《汉英》	[p]	[p']	[m]	[f]	[t]	[t']	[n]	[l]
《南官》	[p]	[p']	[m]	[f]	[t]	[t']		[l]
《汉英》	[tʂ]	[tʂ']	[ʂ]	[ʐ]	[ts]	[ts']	[s]	[k]
《南官》	[tʂ][tɕ]	[tʂ'][tɕ']	[ʂ]	[ʐ]	[ts]	[ts']	[s]	[k]
《汉英》	[k']	[Ø]	[x]	[ŋ]				
《南官》	[k']	[Ø]	[x]	[ɕ]				

从上表对比可见，二者在声母上的主要区别有三个：

（1）古泥母、来母

《汉英》的南官话音系中，古泥母和来母是分开的，分别用［n］、［l］表示。而在《南官》中，古泥母、来母相混，用［l］来表示。［n］、［l］不分是南京音的重要特征，而《汉英》中则不存在这个特征。

（2）［ŋ］母

《汉英》的南官话音系多了一个［ŋ］母，这是部分古疑母在开口呼韵母前的保留。在《南官》中，这个声母消失，完全零声母化了。

（3）见精组的腭化

《汉英》的南官话音系中，见组、精组的细音字还未腭化；而在《南官》中，见组已经分化出腭化音［ɕ］，但精组还是用一套 ch、ch' 来表示，所以应该是不完全分化出来了。

2. 二者韵母比较

《南官》的韵母总共是46个，其中包含12个入声韵，入声配阴声。具体如下：

a 叉 aʔ 察 ai 哀 ia 家 iaʔ 夹 iai 皆 ua 花 uaʔ 或 ao 熬 iao 交标

ə 遮蛇 əʔ 设 ie 爷 ieʔ 结 i 鸡 iʔ 吉 ɿ 知 ɿʔ 直 o 多 oʔ 桌 io 觉 ioʔ 却

iu 鸠谬 ou 周楼 u 猪 uʔ 竹 uai 拽 ui 追灰 y 居 yʔ 局 ye 瘸 yeʔ 缺

ɚ 儿耳二 ei 非悲 ʅ 资此 an 章站 ən 真正 ien 奸见 in 斤景 iuŋ 窘兄

uan 专狂 un 淳春 uŋ 中充 yen 捐权 yn 君迥 iaŋ 掠娘

《汉英》南官话音的韵母是52个，入声是12个，入声也是配阴声。下面分组进行对比说明。

（1）单元音韵母

二者单元音韵母都是九个，具体的比照如下：

表3-17 《南官》与《汉英》单元音韵母对比表

《汉英》	[a]	[ɛ]	[o]	[ɿ][i]	[ʅ]	[u]	[y]	[ɚ]
《南官》	[a]	[ə]	[o]	[ɿ][i]	[ʅ]	[u]	[y]	[ɚ]

从上表可见，二者的单元音韵母基本相同。唯一一个不同是 [ɛ] 和 [ə] 的不同，其实看例字的话，它们的来源是相同的，表示的也是同一个韵母，只是拟音的不同而已。这个跟整个拼音系统有关。

（2）复元音韵母

表3-18 《南官》与《汉英》复元音韵母对比表

《汉英》	[ai]	[au]	[ɛi]	[ia]	[iai]	[iau]	[iɛ]	[iou]
《南官》	[ai]	[ao]	[ei]	[ia]	[iai]	[iao]	[ie]	[iu]
《汉英》	[ou]	[ua]	[uai]	[uɛi]	[ui]	[uo]	[yɛ]	
《南官》	[ou]	[ua]	[uai]		[ui]		[ye]	[io]

从上表可见，除了由于拟音的不同，出现相对应的差别，如 [ɛ] 和 [e] 的不同，《汉英》还多了复元音韵母 [uɛi] 和 [uo]，少了一个 [io]。《汉英》南官话 [uɛi] 这个韵只搭配声母 [Ø]、[k]、[k']，来自中古的蟹摄和止摄的一三等合口呼，如"威伟龟贵亏魁"。对比《南官》，发现中古蟹摄和止摄的一三等合口呼字主要分为 [ui] 和 [ei]；而《汉英》中的这些字，则分为 [ui]、[ɛi]、[uɛi]，而且非常规律，[ui] 韵配的是 [tʃ]、[tʃ']、[ʃ]、[dz]、[ts]、[ts']、[s]、[t]、[t'] 这些塞擦音、舌音，[ɛi] 韵配的是 [p]、[p']、[m]、[f]、[n]、[l] 这些鼻音边音唇音，[uɛi] 配的是零声母和 [k]、[k'] 这样的舌根音。而《南官》把 [uɛi] 韵和 [ui] 韵合并了。《汉英》[uo] 韵的字都来自中古果摄戈韵一等合口字，数量并不多；而其他的果摄戈韵一等合口字则被归入 [o] 韵，与果摄歌戈韵的开口字混了；在《南官》中，这些字则全都归入 [o] 韵，不分两韵了。而《南官》复元音中多出来的 [io] 韵，在《汉英》南官话音系

中则仍然属于入声韵，带喉塞音的韵尾，并未完全变为阴声韵。

（3）鼻音韵母

表3-19 《南官》与《汉英》鼻音韵母对比表

《汉英》	［an］	［aŋ］	［ən］	［əŋ］	［ɛn］	［ian］	［iaŋ］	［in］
《南官》	［an］		［ən］			［ien］	［iaŋ］	［in］
《汉英》	［iŋ］	［uan］	［uaŋ］	［un］	［uŋ］	［yan］	［yn］	［yŋ］
《南官》		［uan］		［un］	［uŋ］	［yen］	［yn］	［iuŋ］
《汉英》	［uən］	［uəŋ］	［uɛn］					
《南官》								

从上表可见，《南官》中［an］与［aŋ］、［ən］与［əŋ］、［in］与［iŋ］、［uan］与［uaŋ］都合并了。说明《南官》的鼻音韵母有明显的鼻化倾向，鼻音韵母音节的韵尾已经产生变化，正在逐渐合流演变。除了这几个合并的以外，《汉英》的鼻音韵母多了四个，即［ɛn］、［uɛn］、［uən］、［uəŋ］。对照例字可以发现，《汉英》的［ɛn］韵在《南官》中被归入［an］，［uən］和［uəŋ］韵被归入［un］韵，［uɛn］韵被归入［uan］韵。这其实是卫三畏的元音区分太过细致，这些多出来的韵母有的其实区别不大，如《汉英》中的［uɛn］韵与［uan］就不是对立的，而且中古来源都相同，本身也是可以合并的。

（4）入声韵母

表3-20 《南官》与《汉英》入声韵母对比表

《汉英》	［aʔ］	［ɛʔ］	［iʔ］	［oʔ］	［uʔ］	［yʔ］	［iaʔ］	［iɛʔ］
《南官》	［aʔ］	［əʔ］	［iʔ］	［oʔ］	［uʔ］	［yʔ］	［iaʔ］	［ieʔ］
《汉英》	［ioʔ］	［uaʔ］	［uoʔ］	［yɛʔ］				
《南官》	［ioʔ］	［uaʔ］		［yeʔ］	［ɣʔ］			

二者入声都是12个，但稍有不同，《汉英》有［uoʔ］，《南官》无；《南官》有［ɣʔ］，《汉英》无。《汉英》中的［oʔ］和［uoʔ］在《南官》中合并为［oʔ］。

《汉英》中［uoʔ］韵母的字都来自中古果摄戈韵一等合口字，只搭配三个声母，即［Ø］、［k］、［x］，而且数量并不多；而其他的果摄戈韵一等合口字则被归入韵字，与果摄歌戈韵的开口字混并了，卫三畏拟作［oʔ］韵母。在《南官》中，这些字是合并的，而在《汉英》中则仍分开。而《南官》中的［ɿʔ］韵，有些配卷舌辅音［tʂ］等，如"直知"，在《汉英》中仍归为［iʔ］，并未分化。

3. 小结

通过与德国人赫美龄《南官》的比较，可以发现《汉英》的南官话音系与其还是有较大不同的。声母方面，《汉英》的南官话没有《南官》［n］、［l］不分的特点，而且尖团仍然不分；韵母方面，最大的不同应该是前鼻音和后鼻音的区分，在《南官》中，很多后鼻音的字都并入前鼻音，虽然还不曾出现鼻化韵，但这种合并已经是阳声韵鼻化的趋势了，而《汉英》的南官话没有这个特征；声调方面则都是五个声调，保留入声，而且入声韵配阴声韵。这些不同相较前一本《正音》来说，区别更大，说明《汉英》的南官话音系与《南官》音系其实不属于同一音系，二者在性质上不同。因此，从以上这些不同来看，《汉英》南官话音系是不同于南京话的。

第四节 《汉英韵府》南官话音系的特点及性质

通过以上的归纳和比较，可以总结《汉英韵府》南官话音系的特点如下：

一、《汉英韵府》南官话声母的特点

1. 有送气不送气之分，无清浊之分

中古那些有清浊之分的声母中，全浊音都已经清化并到各个清音中，如并母、定母、群母。更多的是变成送气和不送气的区别。

2. 古影疑母的分化

古影母和疑母字在《汉英韵府》的南官话系统中大部分被安排在"云"母下，都已经是零声母了。除了古疑母遇到开口韵母则读为［ŋ］，如额、敖傲、皑艾职、昂。说明还是保留部分古音的特点，并未完全消失。

3. 古见晓组不曾腭化

《汉英韵府》的南官话系统中，古见晓组字在细音韵母前被归入金桥好三母 [k]、[k']、[x]，而不是读为 [tɕ]、[tɕ']、[ɕ]，如"机气溪喜，坚牵香"，说明古见晓组字在《汉英韵府》中并没有产生腭化。

4. 尖团有别

古精组细音字和见晓组同韵母的字在《汉英韵府》南官话系统中不同音，也就是说有尖团之别。例如，"洗与喜，焦与交，需与虚，全与权"是不同音的。古精组细音字归入 [ts]、[ts']、[s]，见晓组同韵母的字则归入 [k]、[k']、[x]，并未合流。

5. 知庄章合流

中古的知庄章三组字在《汉英韵府》南官话中已经合流，拟作 [tʂ]、[tʂ']、[ʂ]，但根据字典的拼音系统，卫三畏提出："ch 的发音如 church[tʃɜːtʃ] 中的 ch。"[1] 说明其实还是处在变化中，其卷舌化并不完全。

6. 古微母消失

中古的微母字，如"无武务物，微尾未，亡罔忘晚蔓，文吻问"等，在《汉英韵府》南官话系统中被安排在"蛙"母下，已经变成零声母了。

7. 古日母的变化

中古的日母如"然人攘饶柔如戎"，并掺杂了几个娘母字如"帑諉"，在《汉英韵府》南官话音系中，已经变成接近现代的 r 声母了，但从卫三畏的表述中，我们认为只是接近，还不是完全相同。

二、《汉英韵府》南官话韵母的特点

1. 已形成开齐合撮四呼格局

《汉英韵府》南官话音系已经形成了开口、齐齿、合口和撮口的四呼格局，明确出现了 [y] 元音。

2. 有卷舌韵

在《汉英韵府》南官话音系中，中古止摄的支韵脂韵之韵三等开口字，

---

① ［美］卫三畏. 汉英韵府［M］. 上海：美华书院，1889：16，19.

如"而耳二尔饵儿"，已经变成了卷舌音［ɚ］。

3. 出现元音［ʅ］、［ɿ］

《汉英韵府》南官话音系中，明确划分出了舌尖后元音［ʅ］和舌尖前元音［ɿ］，卫三畏分别拟作 ch'、sh' 和 sz'、tsz'。但在入声系统中，没有出现相应的［ʅʔ］韵，可见还保留古音的特征。

4. 保留［iai］韵

《汉英韵府》南官话音系中仍然保留［iai］韵，此韵来自中古音蟹摄佳韵和皆韵，但只保留了部分，只与［k］、［k'］、［h］三个声母搭配。

5. 保留［o］韵

《汉英韵府》南官话音系中仍然保留［o］韵，这是少量未变化的古果摄戈韵一等合口字，只搭配三个声母，即［Ø］、［k］、［x］。

6. 元音区分十分细致

卫三畏对元音区分十分细致，对官话音系的元音也是这样，主要元音数量多，如有 a、ă、e、é、o、u 等，其中有些其实不对立，而是互补，可算是变体，完全可以合并。

7. 鼻韵尾只剩［n］、［ŋ］

在《汉英韵府》南官话音系中，鼻音韵母的韵尾只剩下［n］尾和［ŋ］尾。中古咸深摄的［m］尾都消失了。

8. 入声韵尾变喉塞音，且配阴声韵

《汉英韵府》南官话音系保留入声，但不再有［p］、［t］、［k］这几个韵尾了，而是演变成了一个喉塞音［ʔ］，按照卫三畏的说法是甚至接近被取消。说明当时的官话口语中还有一部分入声存在，并且有消失的趋势，而且入声只配阴声韵。

三、《汉英韵府》南官话声调的特点

1. 平声分阴阳

在《汉英韵府》南官话音系中，中古的平声分为上平和下平，相当于现代的阴平和阳平。说明已经完成了平分阴阳的过程。

2. 入声仍存在

《汉英韵府》南官话音系保留入声，而且入声只配阴声韵。

四、《汉英韵府》南官话音系的性质

从以上所归纳的《汉英韵府》南官话音系的特点，以及上一节与其他韵书的比较来看，《汉英韵府》南官话音系与代表传统官话音的《正音通俗表》相似的地方更多，而与代表南京音的《南京官话》的差距则比较大。所以《汉英韵府》南官话更多体现出的还是一般认为的官话的特点，而并不等同于南京话。因为《汉英韵府》南官话并没有南京话的特征。像卫三畏之类的传教士们一致认为官话就是南京话，其原因可能是：官话与南京话在声调上是一样的，保留入声。在声母方面也大体相同，除了 [n]、[1] 不分以外。在韵母方面，可能当时南京话的鼻化韵还不是十分完备，像赫美龄的《南京官话》一书中，就没有明确的鼻化韵。所以排除掉鼻化韵后，其他的韵母还是比较接近的。特别是入声韵的方面也是基本相同的。这些方面相较北京话而言，官话的确更接近南京话。

一般看到像《汉英韵府》这样的专门为外国人学习汉语而编纂的字典时，我们都会认为其音系应该是最接近当时的官话口语的，毕竟这些字典的实用性是最重要的。但是通过对《汉英韵府》南官话音系的归纳分析，我们发现，其官话音系所体现出来的特点表明，其性质更接近我们传统韵书的官话音，而不是口语音。而且通过与传统官话读书音《正音通俗表》的对比，可以发现两者有较大的相似性。同时从声母、韵母、声调等各方面看，《汉英韵府》南官话音系都更多地保留了一些古音，而且这些古音可说是演变过程中的残留，带有书面语的特点，而没有口语音的明显特征。这个性质的形成，与卫三畏使用传统韵书《五方元音》作为整个音系的基础有很大的关系。《汉英韵府》的英文名是 A syllabic Dictionary of the Chinese Language; Arranged According to the wu-fang yuen yin; with the Pronunciation of the characters as Heard in Peking, canton, Amoy, and Shanghai。其中明确提到，字典是按照本土韵书《五方元音》来编排的。在序言部分介绍官话音系时，分析声母韵母也都是按照《五方元音》的音系来的，虽然他并未照搬《五方元音》的音系，但因为以其作为参考，所以在很多时候难免受到其影响。关于这一点，还可以从其他传教士的论述中找到相关证明。绪论部分曾经提到艾约瑟先生的《汉语官话口语语法》一书，其中提到关于官话的标准时，有这样的论述：

外国人在描写汉语发音时，通常采用南京话和北京话的一种混合体作为标准，而当这种标准和中国词典所给出的标音法（如声母和韵尾）有出入时，他们通常采用中国词典所给出的标音法。①

从这些论述可以进一步证明，卫三畏的南官话音系是传统的官话韵书的音系，这其实一点都不突兀，是当时传教士常用的做法。关于官话，除了南官话、北官话的区别以外，还有一种看法是：官话与南京话、北京话是同源异流的关系，只是官话音由于靠书面的方式传播，所以其演变比其他两个音系更慢，保留更多古音的特征。从《汉英韵府》的官话音来看，其既不同于南京音，也不同于北京音，而是各有相似又有不同，而且保留较多的古音特征，所以完全可以佐证这个说法。

总的来说，从以上的分析来看，《汉英韵府》南官话音系仍然属于传统官话读书音系统，不是实际的口语音，更不是南京音。

第五节　《汉英韵府》南官话音系声韵调配合表

《汉英韵府》南官话音系有20个声母，有55个韵母，有5个声调。现列各韵的声韵调配合表，关于该表的说明如下：

1. 该声韵调配合表按《汉英韵府》南官话韵目的顺序排列，共分11张表，每张表横列该字典的55个韵母，纵列20个声母，表内韵字从左到右分别按上平、下平、上声、去声、入声的顺序排列。

---

① ［英］艾约瑟.汉语官话口语语法［M］.董方峰，译.北京：外语教学与研究出版社，2015：9.

2.表中"〇"代表该声韵调配合不存在。

表3-21 南官话声韵调配合表一

每栏声调顺序为：上平声 下平声 上声 去声 入声

声母	马[a]	八[aʔ]	豸[ai]	丹[an]	羊[aŋ]
梆[p]	巴〇把爸〇	〇〇〇〇八	〇〇擺拜〇	班〇板半〇	邦〇榜棒〇
匏[pʻ]	葩杷耙帕〇	〇〇〇〇〇	〇排掔派〇	攀盤〇判〇	滂旁〇胖〇
木[m]	媽麻馬罵〇	〇〇〇〇帓	〇埋買賣〇	〇蠻滿曼〇	尨忙莽漭
风[f]	〇〇〇〇〇	〇〇〇〇發	〇〇〇〇〇	番燔反飯〇	方房訪放〇
斗短[t]	〇〇打大〇	〇〇〇〇達	懘〇歹戴〇	丹〇膽蛋〇	當〇黨蕩〇
土湍[tʻ]	他〇〇〇〇	〇〇〇〇塌	台擡紿泰〇	貪壇毯碳〇	湯棠儻燙〇
鸟暖[n]	〇拿那㧬〇	〇〇〇〇捺	灉〇乃耐〇	〇難腩難〇	〇囊曩㲚〇
雷乱[l]	蘫〇〇〇〇	〇〇〇〇拉	罍來勑賴〇	〇闌覽濫〇	〇郎朗浪〇
竹庄[tʂ]	楂〇踸榨〇	〇〇〇〇札	齋〇〇債〇	詀〇斬棧〇	張〇掌帳〇
虫创[tʂʻ]	叉茶奼岔〇	〇〇〇〇察	釵柴踹蠆〇	攙讒產懺〇	昌腸敞唱〇
石爽[ʂ]	沙〇傻耍〇	〇〇〇〇殺	篩〇〇曬〇	山〇潸汕〇	商裳賞商〇
日软[ʒ]	〇〇〇〇〇	〇〇〇〇〇	〇〇〇〇〇	〇然染〇〇	〇穰嚷〇〇
剪纂[ts]	〇〇〇咱〇	〇〇〇〇匝	哉〇宰再〇	簪〇拶讚〇	臧〇駔葬〇
鹊窜[tsʻ]	〇〇〇〇〇	〇〇〇〇擦	猜才采菜〇	餐殘慘粲〇	倉藏〇玅〇
系算[s]	〇〇〇〇〇	〇〇〇〇撒	顋〇〇賽〇	三〇傘散〇	桑〇嗓〇〇
金瓜[k]	〇〇〇〇〇	〇〇〇〇〇	該〇改丐〇	干〇敢幹〇	剛〇〇焵〇
桥夸[kʻ]	〇〇〇〇〇	〇〇〇〇〇	開〇凱慨〇	刊〇坎闞〇	康〇慷亢〇
火好[x]	〇〇〇〇〇	〇〇〇〇〇	咍孩海亥〇	蚶含罕漢〇	娙杭夯吭〇
云蛙[Ø]	〇〇〇〇〇	〇〇〇〇〇	挨〇䮹隘〇	〇〇〇〇〇	〇昂盎〇〇
安[ŋ]	〇〇〇〇〇	〇〇〇〇〇	哀皚毐愛〇	安〇俺暗〇	〇〇〇〇〇

表3-22　南官话声韵调配合表二

	獒［au］	人［ən］	冷［əŋ］	德［ɛʔ］	［ɛn］
	上下上去入 平平声声声	上下上去入 平平声声声	上下上去入 平平声声声	上下上去入 平平声声声	上下上去入 平平声声声
梆［p］	包○寶鮑○	奔○本笨○	崩○琫迸○	○○○○○	○○○○○
匏［p‘］	拋袍跑砲○	○盆岶噴○	烹篷忽捧○	○○○○○	○○○○○
木［m］	貓毛皃貌○	○門悗悶○	○盟艋孟○	○○○○麥	○○○○○
风［f］	○○○○○	紛汾粉忿○	○○○○○	○○○○○	○○○○○
斗短［t］	刀○島到○	○○○○○	登○等凳○	○○○○德	○○○○○
土湍［t‘］	滔陶討套○	○○○○○	鼟滕○鼟○	○○○○忒	○○○○○
鸟暖［n］	○鐃腦鬧○	○○○○○	○能○○○	○○○○○	○○○○○
雷乱［l］	○勞老澇○	○○○○○	棱○冷○○	○○○○勒	○○○○○
竹庄［tʂ］	昭○找照○	真○枕鎮○	爭○○掙○	○○○○折	占○展戰○
虫创［tʂ‘］	超巢炒懆○	琛陳岑趁○	撐橙傖○○	○○○○撤	襜㙻闡韂○
石爽［ʂ］	燒韶少紹○	森神嬸甚○	生○省胜○	○○○○舌	羶襌閃善○
日软［ʒ］	○饒擾○○	○人忍刃○	○仍○○○	○○○○熱	○○○○○
剪纂［ts］	糟○早躁○	○○○怎○	增○○贈○	○○○○則	○○○○○
鹊窜［ts‘］	操曹草慥○	○○○○○	○曾○蹭○	○○○○測	○○○○○
系算［s］	騷○嫂掃○	○○○○○	僧○○○○	○○○○色	○○○○○
金瓜［k］	高○稿告○	跟○艮艮○	庚○梗亙○	○○○○○	○○○○○
桥夸［k‘］	尻○考犒○	○○懇硍○	坑○肯○○	○○○○○	○○○○○
火好［x］	蒿豪好昊○	哏痕很恨○	亨衡○莕○	○○○○○	○○○○○
云蛙［Ø］	○○○○○	○○○○○	○○○○○	○○○○○	○○○○○
安［ŋ］	凹敖襖奧○	恩○○○○	○○○○○	○○○○○	○○○○○

表3-23　南官话声韵调配合表三

	周[ou] 上平声 下平声 上声 去声 入声	蛇[ɛ] 上平声 下平声 上声 去声 入声	惟[ɛi] 上平声 下平声 上声 去声 入声	地[i] 上平声 下平声 上声 去声 入声	[ia] 上平声 下平声 上声 去声 入声
梆[p]	○○○○○	○○○○○	悲○庫背○	鎞○比篦○	○○○○○
胞[p']	抔○瓴○○	○○○○○	胚裴㾗配○	批琶瘔屁○	○○○○○
木[m]	○謀某茂○	哶○乜○○	○梅美妹○	○迷米謎○	○○○○○
风[f]	罘罘缶阜○	○○○○○	飛肥斐廢○	○○○○○	○○○○○
斗短[t]	兜○斗鬪○	○○○○○	○○○○○	堤○抵地○	○○○○○
土湍[t']	偷頭紏透○	○○○○○	○○○○○	梯提體替○	○○○○○
鸟暖[n]	羺○毿檽○	○○○○○	○○餒內○	浜尼你膩○	○○○○○
雷乱[l]	○樓搜漏○	○○○○○	○雷儡淚○	○黎里利○	○○○○○
竹庄[tʂ]	周○帚咒○	遮○者這○	○○○○○	○○○○○	○○○○○
虫创[tʂ']	抽稠丑臭○	車○扯○○	○○○○○	○○○○○	○○○○○
石爽[ʂ]	收○手受○	賒蛇捨赦○	○○○○○	○○○○○	○○○○○
日软[ʒ]	○柔煣○○	○○惹偌○	○○○○○	○○○○○	○○○○○
剪纂[ts]	諏○走奏○	○○○○○	○○○○○	躋○擠濟○	○○○○○
鹊窜[ts']	篘愁䐃凑○	○○○○○	○○○○○	妻齊臍砌○	○○○○○
系算[s]	鎪○叟嗽○	○○○○○	○○○○○	西○洗細○	○○○○○
金瓜[k]	勾○垢詬○	○○○○○	○○○○○	幾○己計○	加○假价○
桥夸[k']	搝○口扣○	○○○○○	○○○○○	溪棋起气○	呿○阿恪○
火好[x]	齁侯吼后○	○○○○○	○○○○○	希奚喜戲○	谻霞閜下○
云蛙[∅]	○○○○○	○○○○○	○○○○○	衣宜以義○	呀牙雅亞○
安[ŋ]	謳○嘔溫○	○○○○○	○○○○○	○○○○○	○○○○○

表3-24　南官话声韵调配合表四

	嘉 [iaʔ] 上下上去入平平声声声声声	皆 [iai] 上下上去入平平声声声声声	江 [iaŋ] 上下上去入平平声声声声声	鸟 [iau] 上下上去入平平声声声声声	结 [iɛʔ] 上下上去入平平声声声声声
榜 [p]	○○○○○	○○○○○	○○○○○	標○表俵○	○○○○別
匏 [p']	○○○○○	○○○○○	○○○○○	飄瓢瞟票○	○○○○瞥
木 [m]	○○○○○	○○○○○	○○○○○	○苗秒妙○	○○○○滅
风 [f]	○○○○○	○○○○○	○○○○○	○○○○○	○○○○○
斗短 [t]	○○○○○	○○○○○	○○○○○	叼○屌釣○	○○○○蝶
土湍 [t']	○○○○○	○○○○○	○○○○○	挑調朓跳○	○○○○貼
鸟暖 [n]	○○○○○	○○○○○	娘孃○釀○	○○鳥尿○	○○○○捏
雷乱 [l]	○○○○○	○○○○○	○良兩輛○	○遼瞭料○	○○○○列
竹庄 [tʂ]	○○○○○	○○○○○	○○○○○	○○○○○	○○○○○
虫创 [tʂ']	○○○○○	○○○○○	○○○○○	○○○○○	○○○○○
石爽 [ʂ]	○○○○○	○○○○○	○○○○○	○○○○○	○○○○○
日软 [ʒ]	○○○○○	○○○○○	○○○○○	○○○○○	○○○○○
剪纂 [ts]	○○○○○	○○○○○	將○獎匠○	焦○剿醮○	○○○○節
鹊窜 [ts']	○○○○○	○○○○○	槍墻搶蹡○	鍫瞧悄俏○	○○○○切
系算 [s]	○○○○○	○○○○○	相祥想像○	消○小笑○	○○○○屑
金瓜 [k]	○○○○甲	皆○解戒○	江○講絳○	交○皎轎○	○○○○結
桥夸 [k']	○○○○恰	揩○楷○○	羌强繦强○	敲喬巧撬○	○○○○愜
火好 [x]	○○○○匣	○鞋蟹懈○	香○享向○	囂淆曉孝○	○○○○頁
云蛙 [ø]	○○○○押	○涯○○○	央揚養漾○	腰謠杳要○	○○○○噎
安 [ŋ]	○○○○○	○○○○○	○○○○○	○○○○○	○○○○○

表3-25 南官话声韵调配合表五

	天 [ian]	[iɛ]	力 [iʔ]	宾 [in]	灵 [iŋ]
	上平声 下平声 上声 去声 入声	上平声 下平声 上声 去声 入声	上平声 下平声 上声 去声 入声	上平声 下平声 上声 去声 入声	上平声 下平声 上声 去声 入声
梆 [p]	邊○扁下○	○○○○○	○○○○壁	賓○稟殯○	冰○丙并○
匏 [p']	偏骈諞片○	○○○○○	○○○○辟	○貧品○○	娉平○傓○
木 [m]	○綿免面○	○○○○○	○○○○密	○民閔○○	○鳴暝命○
风 [f]	○○○○○	○○○○○	○○○○○	○○○○○	○○○○○
斗短 [t]	顛○典店○	爹○○○○	○○○○的	○○○○○	丁○鼎訂○
土湍 [t']	天田忝琠○	○○○○○	○○○○剔	○○○○○	听廷挺○○
鸟暖 [n]	○念撚念○	○○○○○	○○○○匿	紉○抳賃○	○凝薴佞○
雷乱 [l]	○連斂殮○	○○○○○	○○○○歷	○琳稟吝○	○靈領另○
竹庄 [tʂ]	○○○○○	○○○○○	○○○○執	○○○○○	貞○整正○
虫创 [tʂ']	○○○○○	○○○○○	○○○○尺	○○○○○	稱成逞秤○
石爽 [ʂ]	○○○○○	○○○○○	○○○○石	○○○○○	升繩○剩○
日软 [ʒ]	○○○○○	○○○○○	○○○○○	○○○○○	○○○○○
剪纂 [ts]	煎○剪箭○	嗟○姐借○	○○○○疾	津○儘盡○	精○井靖○
鹊窜 [ts']	千前淺倩○	○○且趄○	○○○○戚	親秦寢沁○	青情請○○
系算 [s]	先撏癬線○	○斜寫謝○	○○○○昔	辛尋○信○	星○醒性○
金瓜 [k]	肩○減見堅	○○○○○	○○○○吉	巾○錦僅○	京○景敬○
桥夸 [k']	牽揩譴欠○	瘸伽○○○	○○○○乞	○禽坅撳○	卿擎褧磬○
火好 [x]	掀嫌顯縣○	○○○○○	○○○○吸	欣○○釁○	興刑擤幸○
云蛙 [∅]	煙顏眼厭○	○耶也夜○	○○○○益	因吟引蔭○	英盈影映○
安 [ŋ]	○○○○○	○○○○○	○○○○○	○○○○○	○○○○○

表3-26　南官话声韵调配合表六

	略[ioʔ]	牛[iou]	[yn]	[yŋ]	驼[o]
	上下上去入 平平 声声声声声	上下上去入 平平 声声声声声	上下上去入 平平 声声声声声	上下上去入 平平 声声声声声	上下上去入 平平 声声声声声
梆[p]	○○○○○	彪○○○○	○○○○○	○○○○○	波○跛簸○
匏[pʻ]	○○○○○	○○○○○	○○○○○	○○○○○	坡婆叵破○
木[m]	○○○○○	○○○繆○	○○○○○	○○○○○	○磨麿○○
风[f]	○○○○○	○○○○○	○○○○○	○○○○○	○○○○○
斗短[t]	○○○○○	丢○○○○	○○○○○	○○○○○	多○朵剁○
土湍[tʻ]	○○○○○	○○○○○	○○○○○	○○○○○	拖陀妥唾○
鸟暖[n]	○○○○虐	鞣牛紐○○	○○○○○	○○○○○	○挪娜糯○
雷乱[l]	○○○○略	○留柳餾○	○○○○○	○○○○○	○羅裸邏○
竹庄[tʂ]	○○○○○	○○○○○	○○○○○	○○○○○	○○○○○
虫创[tʂʻ]	○○○○○	○○○○○	○○○○○	○○○○○	○○○○○
石爽[ʂ]	○○○○○	○○○○○	○○○○○	○○○○○	○○○○○
日软[ʒ]	○○○○○	○○○○○	○○○○○	○○○○○	○○○○○
剪纂[ts]	○○○○爵	揪○酒就○	○○○○○	○○○○○	傱○左坐○
鹊窜[tsʻ]	○○○○鹊	秋○○○○	逡○○○○	○○○○○	搓嵯脞挫○
系算[s]	○○○○削	羞囚潃秀○	○旬筍殉○	○○○○○	莎○璅○○
金瓜[k]	○○○○角	鸠○久舅○	君○窘郡○	○○○○○	歌○哿箇○
桥夸[kʻ]	○○○○卻	丘求糗趜○	群裙○○○	穹穷頃巑○	科○可课○
火好[x]	○○○○學	休○朽嗅○	熏○○訓○	兄熊詗夐○	呵河○賀○
云蛙[Ø]	○○○○岳	幽尤有又○	氲云陨韻○	邕榮勇用○	阿○○○○
安[ŋ]	○○○○○	○○○○○	○○○○○	○○○○○	○娥我餓○

表3-27 南官话声韵调配合表七

	脱[oʔ] 上平 下平 上声 去声 入声	虎[u] 上平 下平 上声 去声 入声	斛[uʔ] 上平 下平 上声 去声 入声	堆[ui] 上平 下平 上声 去声 入声	[un] 上平 下平 上声 去声 入声
梆[p]	○○○○博	逋○補步○	○○○○不	○○○○○	○○○○○
匏[p']	○○○○潑	鋪蒲溥舖○	○○○○咄	○○○○○	○○○○○
木[m]	○○○○莫	○模母慕○	○○○○歿	○○○○○	○○○○○
风[f]	○○○○縛	夫符府父○	○○○○福	○○○○○	○○○○○
斗短[t]	○○○○掇	都○睹杜○	○○○○篤	堆○○兑○	敦○盹頓○
土湍[t']	○○○○脫	○圖土兔○	○○○○禿	頹推腿退○	吞屯余褪○
鸟暖[n]	○○○○諾	○奴努怒○	○○○○○	○○○○○	○○○嫩○
雷乱[l]	○○○○洛	○盧鹵路○	○○○○陸	○○○○○	○倫㣊論○
竹庄[tʂ]	○○○○卓	朱○主注○	○○○○竹	追○箠綴○	諄○准稕○
虫创[tʂ']	○○○○綽	初除楚儲○	○○○○出	吹垂○膬○	春○蠢○○
石爽[ʂ]	○○○○朔	書殳暑樹○	○○○○述	○誰水睡○	○脣楯順○
日软[ʒ]	○○○○弱	○○○○○	○○○○人	蕤○蕊芮○	○瞤蝡閏○
剪纂[ts]	○○○○作	租○祖胙○	○○○○卒	嗺○嘴醉○	尊○噂俊○
鹊窜[ts']	○○○○剒	粗○○醋○	○○○○促	催○璀淬○	蹲存忖寸○
系算[s]	○○○○索	蘇○○素○	○○○○肅	雖隋髓歲○	孫○損遜○
金瓜[k]	○○○○各	孤○古故○	○○○○谷	○○○○○	昆○滾棍○
桥夸[k']	○○○○客	枯○苦庫○	○○○○哭	○○○○○	坤○捆困○
火好[x]	○○○○曷	呼胡虎戶○	○○○○斛	灰回毀會○	昏渾混溷○
云蛙[Ø]	○○○○○	烏無五務○	○○○○屋	○○○○○	○○○○○
安[ŋ]	○○○○鄂	○○○○○	○○○○○	○○○○○	○○○○○

表3-28　南官话声韵调配合表八

	龙[uŋ] 上下上去入 平平 声声声声声	聚[y] 上下上去入 平平 声声声声声	月[yɛʔ] 上下上去入 平平 声声声声声	圈[yan] 上下上去入 平平 声声声声声	靴[yɛ] 上下上去入 平平 声声声声声
梆[p]	○○○○○	○○○○○	○○○○○	○○○○○	○○○○○
匏[p']	○○○○○	○○○○○	○○○○○	○○○○○	○○○○○
木[m]	○蒙蠓夢○	○○○○○	○○○○○	○○○○○	○○○○○
风[f]	風馮唪奉○	○○○○○	○○○○○	○○○○○	○○○○○
斗短[t]	東○董洞○	○○○○○	○○○○○	○○○○○	○○○○○
土湍[t']	通同捅痛○	○○○○○	○○○○○	○○○○○	○○○○○
鸟暖[n]	濃農○齈○	○○女○○	○○○○○	○○○○○	○○○○○
雷乱[l]	龍籠隴弄○	○驢侶慮○	○○○○劣	○孌戀攣○	○○○○○
竹庄[tʂ]	中○腫重○	○○○○○	○○○○○	○○○○○	○○○○○
虫创[tʂ']	充虫寵銃○	○○○○○	○○○○○	○○○○○	○○○○○
石爽[ʂ]	捀○○○○	○○○○○	○○○○○	○○○○○	○○○○○
日软[ʒ]	○戎冗○○	○如乳擩○	○○○○○	○○○○○	○○○○○
剪纂[ts]	宗○總粽○	沮○咀聚○	○○○○絕	鐫○儁○○	○○○○○
鹊窜[ts']	匆從○○○	趨○取趣○	○○○○○	痊全○○○	○○○○○
系算[s]	松○竦宋○	需徐醑序○	○○○○雪	宣旋選颴○	○○○○○
金瓜[k]	公○鞏貢○	居○舉具○	○○○○厥	娟○捲眷○	○○○○○
桥夸[k']	空○孔控○	區渠髑去○	○○○○缺	圈拳畎券○	○○○○○
火好[x]	烘洪吽訌○	虚○許酗○	○○○○血	喧玄○炫○	靴○○○○
云蛙[Ø]	○○○○○	於魚雨遇○	○○○○月	淵員苑愿○	○○○○○
安[ŋ]	○○○○○	○○○○○	○○○○○	○○○○○	○○○○○

表3-29 南官话声韵调配合表九

	曲[yʔ]					[ua]					[uaʔ]					[uai]					[uan]				
	上平声	下平声	上声	去声	入声	上平声	下平声	上声	去声	入声	上平声	下平声	上声	去声	入声	上平声	下平声	上声	去声	入声	上平声	下平声	上声	去声	入声
梆[p]	○	○	○	○	○	○	○	○	○	○	○	○	○	○	○	○	○	○	○	○	○	○	○	○	○
匏[pʻ]	○	○	○	○	○	○	○	○	○	○	○	○	○	○	○	○	○	○	○	○	○	○	○	○	○
木[m]	○	○	○	○	○	○	○	○	○	○	○	○	○	○	○	○	○	○	○	○	○	○	○	○	○
风[f]	○	○	○	○	○	○	○	○	○	○	○	○	○	○	○	○	○	○	○	○	○	○	○	○	○
斗短[t]	○	○	○	○	○	○	○	○	○	○	○	○	○	○	○	○	○	○	○	○	端	○	短	斷	○
土湍[tʻ]	○	○	○	○	○	○	○	○	○	○	○	○	○	○	○	○	○	○	○	○	湍	團	睡	彖	○
鸟暖[n]	○	○	○	○	○	○	○	○	○	○	○	○	○	○	○	○	○	○	○	○	○	○	暖	溺	○
雷乱[l]	○	○	○	○	律	○	○	○	○	○	○	○	○	○	○	○	○	○	○	○	○	彎	卵	亂	○
竹庄[tʂ]	○	○	○	○	○	櫩	○	○	○	○	○	○	○	○	○	○	○	○	○	○	○	○	○	○	○
虫创[tʂʻ]	○	○	○	○	○	○	○	○	○	○	○	○	○	○	○	搋	膗	揣	嘬	○	○	○	○	○	○
石爽[ʂ]	○	○	○	○	○	○	○	○	○	○	○	○	○	○	刷	衰	帥	○	○	○	拴	○	涮	篹	○
日软[ʒ]	○	○	○	○	○	○	○	稜	○	○	○	○	○	○	○	○	○	○	○	○	捼	○	腉	鋫	○
剪纂[ts]	○	○	○	○	○	○	○	○	○	○	○	○	○	○	○	○	○	○	○	○	鑽	○	纂	撍	○
鹊窜[tsʻ]	○	○	○	○	○	○	○	○	○	○	○	○	○	○	○	○	○	○	○	○	攛	攢	欑	竄	○
系算[s]	○	○	○	○	旭	○	○	○	○	○	○	○	○	○	○	○	○	○	○	○	酸	○	霰	算	○
金瓜[k]	○	○	○	○	局	瓜	○	寡	挂	○	○	○	○	○	刮	乖	○	拐	怪	○	官	○	管	貫	○
桥夸[kʻ]	○	○	○	○	曲	夸	○	骻	跨	○	○	○	○	○	○	擓	○	蒯	快	○	寬	○	款	鑛	○
火好[x]	○	○	○	○	○	花	華	踝	化	○	○	○	○	○	滑	○	怀	○	坏	○	歡	環	浣	患	○
云蛙[Ø]	○	○	○	○	玉	蛙	呙	瓦	寃	○	○	○	○	○	挖	歪	○	○	外	○	彎	頑	晚	腕	○
安[ŋ]	○	○	○	○	○	○	○	○	○	○	○	○	○	○	○	○	○	○	○	○	○	○	○	○	○

表3-30　南官话声韵调配合表十

	[uaŋ] 上平声 下平声 上声 去声 入声	[uən] 上平声 下平声 上声 去声 入声	[uəŋ] 上平声 下平声 上声 去声 入声	[uɛn] 上平声 下平声 上声 去声 入声	[uɛi] 上平声 下平声 上声 去声 入声
梆［p］	○○○○○	○○○○○	○○○○○	○○○○○	○○○○○
匏［p'］	○○○○○	○○○○○	○○○○○	○○○○○	○○○○○
木［m］	○○○○○	○○○○○	○○○○○	○○○○○	○○○○○
风［f］	○○○○○	○○○○○	○○○○○	○○○○○	○○○○○
斗短［t］	○○○○○	○○○○○	○○○○○	○○○○○	○○○○○
土湍［t'］	○○○○○	○○○○○	○○○○○	○○○○○	○○○○○
鸟暖［n］	○○○○○	○○○○○	○○○○○	○○○○○	○○○○○
雷乱［l］	○○○○○	○○○○○	○○○○○	○○○○○	○○○○○
竹庄［tʂ］	庄○奘壮○	○○○○○	○○○○○	專○轉篆○	○○○○○
虫创［tʂ'］	窗床㑃創○	○○○○○	○○○○○	川傳喘串○	○○○○○
石爽［ʂ］	霜○爽○○	○○○○○	○○○○○	○○○○○	○○○○○
日软［ʒ］	○○○○○	○○○○○	○○○○○	○○○○○	○○○○○
剪纂［ts］	○○○○○	○○○○○	○○○○○	○○○○○	○○○○○
鹊窜［ts'］	○○○○○	○○○○○	○○○○○	○○○○○	○○○○○
系算［s］	○○○○○	○○○○○	○○○○○	○○○○○	○○○○○
金瓜［k］	光○廣桄○	○○○○○	○○○○○	○○○○○	皈○鬼貴歸
桥夸［k'］	匡狂○眶○	○○○○○	○○○○○	○○○○○	虧逵跪喟○
火好［x］	荒皇幌熀○	○○○○○	○○○○○	○○○○○	○○○○○
云蛙［Ø］	汪王往旺○	溫文吻問○	翁○滃瓮○	○○○○○	威圍尾未○
安［ŋ］	○○○○○	○○○○○	○○○○○	○○○○○	○○○○○

表3-31 南官话声韵调配合表十一

	[uo]	[uo?]	而[ɚ]	思[ɿ]	地[ʅ]
	上下上去入 平平 声声声声声	上下上去入 平平 声声声声声	上下上去入 平平 声声声声声	上下上去入 平平 声声声声声	上下上去入 平平 声声声声声
梆[p]	○○○○○	○○○○○	○○○○○	○○○○○	○○○○○
匏[pʻ]	○○○○○	○○○○○	○○○○○	○○○○○	○○○○○
木[m]	○○○○○	○○○○○	○○○○○	○○○○○	○○○○○
风[f]	○○○○○	○○○○○	○○○○○	○○○○○	○○○○○
斗短[t]	○○○○○	○○○○○	○○○○○	○○○○○	○○○○○
土湍[tʻ]	○○○○○	○○○○○	○○○○○	○○○○○	○○○○○
鸟暖[n]	○○○○○	○○○○○	○○○○○	○○○○○	○○○○○
雷乱[l]	○○○○○	○○○○○	○○○○○	○○○○○	○○○○○
竹庄[tʂ]	○○○○○	○○○○○	○○○○○	○○○○○	知○止智○
虫创[tʂʻ]	○○○○○	○○○○○	○○○○○	○○○○○	痴池恥熾○
石爽[ʂ]	○○○○○	○○○○説	○○○○○	○○○○○	師時史士○
日软[ʒ]	○○○○○	○○○○○	○○○○○	○○○○○	○○○○○
剪纂[ts]	○○○○○	○○○○○	○○○○○	資○子自○	○○○○○
鹊窜[tsʻ]	○○○○○	○○○○○	○○○○○	雌慈此次○	○○○○○
系算[s]	○○○○○	○○○○○	○○○○○	思○死四○	○○○○○
金瓜[k]	戈○果過○	○○○○國	○○○○○	○○○○○	○○○○○
桥夸[kʻ]	○○○○○	○○○○闊	○○○○○	○○○○○	○○○○○
火好[x]	○禾伙禍○	○○○○霍	○○○○○	○○○○○	○○○○○
云蛙[Ø]	窝○媠臥○	○○○○龌	○而耳二○	○○○○○	○○○○○
安[ŋ]	○○○○○	○○○○○	○○○○○	○○○○○	○○○○○

第六节 《汉英韵府》南官话同音字汇

说明：本字汇文字注音采用《汉英韵府》第一版的卫三畏自创注音，其相应的拟音则标注在方括号内，具体内容见本书第二章第二节。数字1. 2. 3. 4. 5分别表示阴平、上声、去声、入声、阳平五个声调。同音字汇按照韵母的罗马字母先后顺序排列，同一韵里再按声母的罗马字母先后顺序排列。同一音里字的排列顺序均参照《汉英韵府》，括号里的字为括号前的字相应的异体字，括号里的注音为括号前的字的又读音。为了保留字典的原貌，本同音字汇内所有字形以及注音均以《汉英韵府》为准。

a［a］

cha［tṣa］cha¹楂（樝）柤喳渣䃛瘤稙巇（皴䮈）鱸夈膐觰諸（譇）擄（揸）扡 cha²謯（tsü³）鮓苲篂（tsz²）踏（chǎ²）cha³乍痄咋榨（醡）喈裯（蜡）炸溠碬

ch'a［tṣ'a］ch'a¹叉扠衩（ch'a³）靫差嗏剗仛（toh⁴）ch'a²厏（cheh4）妊（姹）ch'a³吒（咤）（cha¹\ta¹\tu³）詫蛇𪇆汊岔权 ch'a⁵茶搽耗峷廬艖（舣）（ts'o⁵）槎查

la［la］la²菈

ma［ma］ma²馬媽碼瑪螞鷌 ma³罵（傌）嗎禡榪獁閍（ma²）ma⁵麻蔴痳䗪䫄蟆鷹𪎭麻

na［na］na²那（na³\no⁵）na³哪（toh⁴\to³\no⁵）㛲瘩 na⁵拿（挐挐）袈

pa［pa］pa¹巴吧犯（豝）疤芭笆蚆 pa²把 pa³耙（鈀）弝靶（欛）靶霸壩（坝）灞罷（pai⁵）爸叭（pah⁴）

p'a［p'a］p'a¹葩肥 p'a²跁 p'a³吧帕袙怕 p'a⁵筢杷妃琶爬趴䤥

sha［ṣa］sha¹沙砂挲痧秒柒紗裟（㲚）鯊（鯊鬖）sha²洒（灑）傻 sha³要歃（嗄）刹

ta［ta］ta² 打 ta³ 大（t'o⁵\t'ai³）

t'a［t'a］t'a¹ 他

tsa［tsa］tsa³ 咱

ah［aʔ］

chah［tʂaʔ］chah⁴ 札紥扎蚱鴬劄苲雪閘煠（炸）斫緅譇裌牐眨鍘劋

ch'ah［tʂ'aʔ］ch'ah⁴ 察詧刹甴扱插鎝臿侘

fah［faʔ］fah⁴ 髮發橃筏（栰）伐閥垡帗罰乏疺妭法（灋）琺泼

lah［laʔ］lah⁴ 拉歃磖臘（腊臈）蠟（蜡）邋撽（搚）襤（砬）鑞鬎剌喇犎瞡捋（擸）痢辣溘

mah［maʔ］mah⁴ 擸佮帓（袜）（moh⁴\méi³）

nah［naʔ］nah⁴ 捺納衲拏妠貀（貊）魶箚鈉軜蒳

pah［paʔ］pah⁴ 八（捌）唄胈拔（poh⁴\péi⁵）魃朳菝軷

sah［saʔ］sah⁴ 薩卅撒掛㲚唰鈒馺趿靸颯垯僒搔褨

shah［ʂaʔ］shah⁴ 殺煞鎩襊歃霎翜啑唼

tah［taʔ］tah⁴ 筜怛（tan²）鞑妲牽達薘縫鞺答荅瘩踏褡搭奺龡謷訇劄沓墖楛鍺帎褟偺髻踏蹋（蹹）毼（噎）鞳剟毾篖遝涾撘（鞳）躂

t'ah［t'aʔ］t'ah⁴ 塌屫傝榻踏（蹋）闒遢愵鰨漯嗒塔（墖）搨鞳偬撻澾闒蹹獭

tsah［tsaʔ］tsah⁴ 匝（帀迊）咂（沞）鉔沛砸嘈（ts'an²）囋桽（靤）雜（襍）蘿礋卡渻

ts'ah［ts'aʔ］ts'ah⁴ 擦（攃）礤囃

ai［ai］

［ai］ai¹ 挨哎 ai² 騘霭藹 ai³ 壒矮（躷）隘睚（ai¹）餲憬呝

chai［tʂai］chai¹ 齋（斋齊）齌榩 chai³ 債寨（砦）（chai⁴）豸（廌）醛瘵

ch'ai［tʂ'ai］ch'ai¹ 釵脎 ch'ai² 踹（踔）ch'ai³ 蠆 ch'ai⁵ 柴祡菜喍犲（犲）儕

hai［xai］hai¹ 咍（i⁵\tai¹）hai² 海盍楏醢 hai³ 竑亥害佲姟髂嗨 hai⁵ 孩咳頦譓趪

kai［kai］kai¹ 該裓陔垓峐荄胲骸賅（侅）剴 kai² 欬改 kai³ 丐（匃）概（槩）溉（摡）蓋（盖葢）禥

k'ai［k'ai］k'ai¹開 k'ai²姟鎧愷凱颽闓磑塏 k'ai³慨嘅蓋

lai［lai］lai¹馢 lai²鑠 lai³徠（俫𥝲）睐賚賴（賴）癩（瘶）瀨籟襰藾鱲蠯酹（lüeh⁴）lai⁵來（来）（lih⁴）棶淶萊秾崍騋郲鶆筞唻膝（lui²）

mai［mai］mai²買澫嘪賈勱 mai³賣邁讀 mai⁵埋薶霾

nai［nai］nai¹痭 nai²乃（迺廼）芿嬭（妳奶）疛 nai³鼐奈（奈）耐（耏）（năng⁵）褦

ngai［ŋai］ngai¹哀唉（欸）埃 ngai²毐 ngai³愛僾嗳曖曖蔓艾礙（碍）閡鶪餒 ngai⁵散皚猷（呆）

pai［pai］pai²擺 pai³拜敗（䢙）唄稗粺鞴僄扒（pah⁴）捭粺

p'ai［p'ai］p'ai²挈啡湃 p'ai³辰派 p'ai⁵排俳捭牌簲

sai［sai］sai¹顋（腮）鰓鰓摋偲蒆攓 sai³賽簺

shai［ʂai］shai¹篩（簁筛）攟 shai³曬（晒）

tai［tai］tai¹懛 tai²歹（夕）tai³戴襶待璿（玳）代祋岱岱（袋）黛貸怠（逮）（ti³）隶埭靆帶（緿）蒂瘹懘噮

t'ai［t'ai］t'ai¹台鲐胎邰髻 t'ai²噅爐紿 t'ai³泰太汰忕（傣）默髍態 t'ai⁵臺檯（枱）儓薹擡（抬）苔駘炱

tsai［tsai］tsai¹哉栽災（灾栽）tsai²宰（毂）崽綷載 tsai³儎在再

ts'ai［ts'ai］ts'ai¹猜 ts'ai²采彩啋（hiao⁵）採埰寀鬃綵睬 ts'ai³菜蔡縩 ts'ai⁵才材財（合）裁戈纔（san1）

an［an］

chan［tʂan］chan¹詀（cheh⁴）chan²斬琖盏醆醆（tsien¹）chan³栈輚（輾）羷戲綻裧湛蘸站賺（賺睒）壏

ch'an［tʂ'an］ch'an¹攙劖鑱欃 ch'an²產犥嶘潺躔鋋（鐉）剗（剷）梴屬驏弗 ch'an³懺懴猭甐 ch'an⁵毚讒瀺饞（噆）巉（嶄嶃）獑

fan［fan］fan¹番翻繙幡旛轓拚 fan²反返坂阪 fan³飯販（販）仮疲畈畚酚梵氾汎（泛）（fung¹）犯范蠤範嫚芝 fan⁵燔膰墦璠蹯蕃鷭藩潘煩煩繁灤繁棥樊礬蹯凡（凢）枫帆颿笵

han［xan］han¹酣蚶（魽）邯欿憨頇靬欹 han²罕頷喊闞（闞）浛菡 han³漢熯暵旱埠悍晘釬（銲）皵鶾捍扞汗瀚閈譀啥豩矸（kan¹）犴（豻）（ngan³）

酐翰鞳憾撼琀厂 han^{5}瓻䛟含鋡凾（凾凾）腕（頷）涵梒邗裗寒韓歁（浉）暵

jan［zan］jan^{2}冉（冄）苒染 jan^{5}然燃㸐繎髯䫇蚺袡䗿

kan［kan］kan^{1}干竿（榦）杆玕忓肝䳔甘苷柑泔疳甝雸乾（k'ien^{5}）kan^{2}敢橄澉紆感鱤鰔稈（秆）桿赶（趕）擀䈒𪏁 kan^{3}幹骭榦䡕旰紺詌淦灨（湏）贛骭

k'an［k'an］k'an^{1}刊（刋）栞堪戡坩嵁龕 k'an^{2}凵扣侃坎（埳）砍㺝（揿）欿（t'an^{2}）歁轗（壈）k'an^{3}矙（瞰）闞（han^{2}）勘墈（磡）衎鶾𪄽看（輡）（k'an^{1}）

lan［lan］lan^{2}覧（覽）攬（擥）欖漤爁（爦）壈罱懶 lan^{3}濫纜㩜欄鑭瓓爛 lan^{5}闌欄攔瀾襴（㦨）囒蘭斕籣讕躝藍襤籃䆾籃婪啉惏霖躝嵐燣

man［man］man^{2}满 man^{3}曼幔嫚優慢漫（㵘）墁鏝 man^{5}蠻攔褸鬘縵謾饅鰻槾鞔蹣瞞顢墁

nan［nan］nan^{2}腩揇赧戁 nan^{5}蘳難（难）（nan^{3}）男南楠（枬）喃諵蝻

ngan［ŋan］ngan^{1}安鞍堷媎腤諳盦鶴庵（菴）偘（謡）ngan^{2}俺唵揞 ngan^{3}暗隌闇案按岸婩黯𡣫颭

pan［pan］pan^{1}班斑㻞瘢般搬盤頒朌 pan^{2}板版㧸眅 pan^{3}半姅伴畔叛絆靽辦瓣扮（fãn^{3}）攽泮

p'an［p'an］p'an^{1}攀（扳）拚潘眅磻蟠 p'an^{3}判拌泮冸類沜襻盼袢 p'an^{5}嚩瘢槃（蹣）盤槃磐鞶胖㿧鞶

san[san]san^{1}三（叁）(san^{3})毿鬖彡 san^{2}饊（糤）糁（糂）傘（繖）散（san^{3}）

shan［ṣan］shan^{1}山姍（sien^{1}\soh^{4}）跚珊删杉衫彡穇芟（剆）雩摻（ts'an1）shan^{2}潸摌 shan^{3}汕疝訕釤

tan［tan］tan^{1}丹刐聃眈（躭）耽酖單（单）（shen^{5}）匰殫癉（t'an^{2}）鄲（to^{1}）箪儋驔擔（tan^{3}）tan^{2}担礑膽（胆）蓞紞疣萏刐亶 tan^{3}蛋（蜑）旦但疸呾（tah^{4}\toh^{4}）鴠彈（t'an^{5}）撣（chen^{1}）僤憚誕（誔）僤甔憺淡啖（噉啗）鮗

t'an［t'an］t'an^{1}貪探（t'an^{3}）坍灘（潬）癱攤拼嘽痑（to^{1}）t'an^{2}毯菼惔緂惕忐禫袒（襢）膻坦窞癉醓（醓）啖髧 t'an^{3}炭歎（嘆）僋撢賧 t'an^{5}壇（坛）檀繵（ch'en^{5}）覃蕁𥧌潭醰譚談倓郯痰錟壜鐔（墰墵）曇橝燂澹

tsan［tsan］tsan^{1} 簪臢鑽 tsan^{2}昝（偺喒）桚（拶）儧趲寁 tsan^{3}贊（賛）讚嬻巑濽瓚襸饡（tswan^{2}）暫蹔（撕）（shan^{3}）鏨

ts'an［ts'an］ts'an¹餐（飡）参（叅）（shan¹）篸趖驂嵾傪鑱（鬖）ts'an²惨黪憯（憯）晉（朁）儳（ch'an¹）ts'an³粲娖諓璨燦讖（ch'an³）ts'an⁵殘譖（tsin³\ch'an³）慚（慙）蠶（蚕）

ang［aŋ］

ang［aŋ］ang³胦盎 ang⁵觖昂卬（卬）枊柳（yih⁴）駺

chang［tʂaŋ］chang¹張章粻餦嫜偅憧漳彰樟漳璋鄣鄣麞鷡 chang²掌鞝仉 chang³帳賬脹（痕）瘬漲瘴墇障嶂暲丈仗杖

ch'ang［tʂ'aŋ］ch'ang¹昌帽（裮）猖娼菖閶倀（chǎng¹）ch'ang²敞廠（廠）惝（懰）昶氅（氅）ch'ang³淌（t'ang²）唱（鯧）倡暢畅眶悵韔鬯 ch'ang⁵蟷場（塲）腸償嘗（甞）長萇

fang［faŋ］fang¹方坊妨枋肪邡芳鈁匚 fang²訪昉倣（仿）彷（髣）昉紡舫瓬（旊）fang³放 fang⁵房防魴

hang［xaŋ］hang¹碎猙 hang²夯（抎）魧 hang³吭沆笐（筑）慌 hang⁵杭航衎閌頏迒符

jang［ʐaŋ］jang²嚷壤壤讓 jang⁵穰攘瀼禳儴勷瓤囊鬤

kang［kaŋ］kang¹岡剛罡堈（鋼缸）茳犅杠扛（摑摆）肛釭鋼豇綱 kang³焵

k'ang［k'aŋ］k'ang¹康穅（糠）慷穅 k'ang²慷 k'ang³忼亢（k'ang1）炕匟伉抗閌砊犺

lang［laŋ］lang²朗烺塱 lang³浪眼誏埌閬 lang⁵郎廊榔桹螂（蜋）琅（瑯）鋃硠㝗狼稂筤崀筤莨

mang［maŋ］mang¹狵（龙）mang²莽瞞懞蟒 mang³漭 mang⁵厖（庞）駹牻滣哤忙恾汒茫芒朩旺鋩硭邙蕿硭矿矾

nang［naŋ］nang²囔攮（擃）nang³灢饢壤 nang⁵囊

pang［paŋ］pang¹邦鮩梆塄鞲鞤帮（幫帮）幇搒（挷）pang²榜膀髈（p'ang²）綁綁 pang³謗膀蚌棒胖伴

p'ang［p'aŋ］p'ang¹滂霶（雱）磅鎊 p'ang³胖 p'ang⁵傍旁（宓）徬傍蒡膀髈胮螃踦龐

sang［saŋ］sang¹桑喪（sang³）sang²嗓顙搡瘶磉

shang［ṣaŋ］shang¹商（賣）謪薵傷殤觴常 shang²賞晌扁上（shang³）尚
餘 shang⁵裳嫦徜鱨

tang［taŋ］tang¹當（tang³）瑭璫簹禟轣鐺 tang²党黨攩（擋）曦讜 tang³
橖（檔）闛蕩宕碭菪愓（shang⁵）婸甞瀗盪簜

tʻang［tʻaŋ］tʻang¹湯（shang¹）劏潒趯鼟鏜蝪 tʻang²儻倘帑（nu²）潒躺踼
tʻang³邊輠燙摥鍚 tʻang⁵堂棠膛唐傏（搪）煻塘磄蟷糖（餹）螳

tsang［tsaŋ］tsang¹臧臟（賍）牂 tsang²駔 tsang³葬（塟）髒臟

tsʻang［tsʻaŋ］tsʻang¹倉（tsʻang²）蒼蝶滄瑲鶬艙鯧（鮺）tsʻang³刲 tsʻang⁵
藏（tsang³）

ao［au］

chao［tṣau］chao¹昭招嘲啁抓樔（tsiao¹）鉊朝（晁）（chʻao⁵）皶 chao²爪（叉）
找沼帒 chao³趙筄櫂（棹）罩（箪）鉊燆兆（扒）晀旐吵肇（肇）釗召詔照
炤隉

chʻao［tṣʻau］chʻao¹超弨怊秒諌 chʻao²僑炒（燲鬻）麨吵（miao³）訬
chʻao³鈔畩舻熿 chʻao⁵巢澡轈潮鼂

hao［xau］hao¹蒿嚆（hiao¹）薅（抲茠）hao²好 hao³昊皓（顥）暭浩灝滈
鎬部鰝恏耗（秏）號（号）hao⁵豪毫壕濠蠔獆謞嗥（嚎）

jao［ẓau］jao²遶（繞）擾懁 jao⁵饒嬈橈蕘襓蟯

kao［kau］kao¹高篙膏皋（皐）榚（楛）檿羔糕餻瞽 kao²稾（稿）槁藁
痹杲暠（皞）縞乔 kao³告（kuh⁴）誥郜

kʻao［kʻau］kʻao¹尻（骲）kʻao²考（攷）拷栲烤熇（燺）kʻao³炣犒靠

lao［lau］lao²老咾佬栳（笼）咾狫荖橑潦（liao⁵）lao³澇蒡僗癆嫪 lao⁵勞
（劳）蟧撈唠牢哶醪

mao［mau］mao²卯（夘）昂泖茆 mao³貌（皃）芼耄眊冒湄媢帽惯 mao⁵
毛旄髦酕牦氉茅蝥（蟊）貓（猫）錨

nao［nau］nao²腦（匘）惱瑙磭撓（捯）nao³鬧（閙）淖臑摺（noh⁴）
nao⁵鐃譊呶恢猱猲獿懮碯

ngao［ŋau］ngao¹鏖爐坳凹 ngao²襖懊 ngao³鰠傲（慠）鰲奥澳墺（隩）
奡扷 ngao⁵敖遨驁警熬葵勞嗷摮璈磝聱鼇鰲螯廒豪鷔鷘翱

pao［pau］pao¹包（勹）苞胞佨襃（褒）pao²寶（宝寀）鴇鴘保堡（pʻu²）葆飽裦（緥）pao³鮑抱菢（勹乇）鉋（刨）鮑豹儤報暴（虣）（puh⁴）爆曝謈

pʻao［pʻau］pʻao¹拋脬 pʻao³奅礮（砲）泡疱（皰）撽 pʻao⁵庖咆炰炮匏鞄袍颮麃跑抙礜

sao［sau］sao¹騷搔慅艘颾溞鰠繅臊（膅）sao²嫂（媱）sao³薻掃埽髞（譟啤）譟瘙鐰燥臊

shao［ṣau］shao¹燒颹莦娋捎旓稍弰鞘梢艄綃髇筲揌（箚）shao²少（shao³）稍 shao³紹（佋）劭（kʻiao⁵）邵邵袑濄哨 shao⁵韶

tao［tau］tao¹刀舠忉魛 tao²島壔擣（搗）慆檮（裯）倒（tao³）tao³到道衜導悼稻蹈幬燾盗（盗）椮

tʻao［tʻau］tʻao¹叨饕謟絛（縚）韜（弢）慆搯（掏）榑滔洮李 tʻao²討 tʻao³套 tʻao⁵陶（匋）（yao⁵）萄鮈裪綯裪醄淘啕咷桃鞉（瞽）逃（迯）駣濤翿檮（chʻeu⁵）

tsao［tsau］tsao¹糟（醩）禚懆（tsʻung¹）遭（傮蹧）tsao²璨（so²）早蚤（蚖孟）棗澡繰藻璪 tsao³躁（趮）造（tsʻao³）懆竈（灶）皁（皂）

tsʻao［tsʻau］tsʻao¹操（tsʻao³）tsʻao²草騲 tsʻao³槽糙（穅）慅鄵 tsʻao⁵曹嘈（謯）槽漕艚螬螬斢

ăn［ən］

chăn［tṣən］chăn¹眞（真）禛膩甄（kien²）蓁珍（珎）鍼（針）箴鱵斟椹帪砧碪臻蓁（tsʻin¹）榛（亲）溱 chăn²頤枕頹（tan²\tăn⁵）晸畛紾袗疹（胗）診朕軫鬒（今）鬒繽畛 chăn³鎭朕鴆（酖）枼震振侲賑揕

chʻăn［tṣʻən］chʻăn¹嗔瞋琛（賝）郴綝叄鐺（捵）（tʻien²）chʻăn²岑涔磣頰醦塪絀 chʻăn³趁（赿）闖疢襯（儭）嚫（齓齔）槻齓 chʻăn⁵陳（陣陳）（chʻăn³）蔯塵臣沈（沉）魳霃麠扟敒辰晨宸

făn［fən］făn¹分（făn³）紛帉雰芬氛翁盻牝吩裇棻鳻餴（餴）făn²粉黺盼 făn³忿坌（坋）份（分）僨憤鱝糞潰奮幡畇 făn⁵汾弅枌焚羒棻墳（坟）鼖蕡潰羵（蕡）酚（馩）黂憤獖

hăn［xən］hăn¹哏 hăn²很狠 hăn³恨 hăn⁵痕拫

jăn［ẓən］jăn²忍（忉）腍飪（肛）脧荏栠恁稔 jăn³刄（又）仞軔牣肕韌（靭）

紉訒認紝衽（袵）任篤 jǎn⁵ 人（亻儿）仁朳壬妊（姙）釲

    kǎn［kən］kǎn¹ 根跟 kǎn² 詪（hǎn²）kǎn³ 艮茛

    k‘ǎn［k‘ən］k‘ǎn² 懇墾狠齦 k‘ǎn³ 硍硍裉

    mǎn［mən］mǎn² 悗 mǎn³ 悶（們懑）糲 mǎn⁵ 門們捫糜璊樠

    ngǎn［ŋən］ngǎn¹ 恩

    pǎn［pən］pǎn¹ 奔（犇）驥（骍）錛捹 pǎn² 本畚 pǎn³ 笨（体）迸

    p‘ǎn［p‘ən］p‘ǎn³ 喷（歕咮）体 p‘ǎn⁵ 盆葐（fǎn⁵）溢

    shǎn［ʂən］shǎn¹ 森莘（sin¹）瘆糁駪（侁）詵葠（参）蓡身深申伸呻柛紳訷娠（娒）偺牲榁 shǎn²黮（t‘an²）審嬸瀋哂（吲）諗矧（訉）伈 shǎn³ 甚慎腎蜃滲侺（ts‘in³）罧椮（shǎn¹）shǎn⁵ 神諶（訦）忱（㤈）葚（椹）煁（hin1）煤

    tsǎn［tsən］tsǎn³ 怎

    ǎng［əŋ］

    chǎng［tʂəŋ］chǎng¹ 爭（争）猙睜箏錚篑瞪（瞠）（tǎng³）chǎng³ 揨諍弳鋥（砥）幱

    ch‘ǎng［tʂ‘əŋ］ch‘ǎng¹ 掌撑（撐）饄撑崢栟琤 ch‘ǎng² 傖 ch‘ǎng⁵ 根橙棠

    hǎng［xəŋ］hǎng¹ 亨（p‘ǎng¹）哼脖鎬 hǎng³ 諱 hǎng⁵ 衡（衕）蘅恆（恒）絚（緪）姮桁珩莖

    jǎng［zəŋ］jǎng⁵ 仍扔陾礽芿

    kǎng［kəŋ］kǎng¹ 庚鶊賡更（叓）（kǎng³）粳（秔稉）羹耕（畊）kǎng² 梗埂瘦哽綆挭骾（鯁）耿畮 kǎng³ 亙堩搄

    k‘ǎng［k‘əŋ］k‘ǎng¹ 坑阬硜硻（硜）摼鏗 k‘ǎng² 肯揩啃（sheh⁴）

    lǎng［ləŋ］lǎng¹ 稜棱崚楞睖薐 lǎng² 冷痿倰

    mǎng［məŋ］mǎng² 蜢艋 mǎng³ 孟搢 mǎng⁵ 盟萌

    nǎng［nəŋ］nǎng⁵ 能檸獰鬡儜䔭

    pǎng［pəŋ］pǎng¹ 崩痭堋弸祊（fang1）繃（絣）伻抨浜弸絣帡 pǎng² 袮琫菶唪 pǎng³ 迸麷（魱）踜

    p‘ǎng［p‘əŋ］p‘ǎng¹ 烹滮澎砰怦溯硼姘粚苐 p‘ǎng² 拌輣 p‘ǎng³ 掽（碰碖）髼 p‘ǎng⁵ 蓬髼篷（鞛）韸芃夆（逢）朋鵬棚佣彭膨蟛髼

săng［səŋ］săng¹僧鬙

shăng［ʂəŋ］shăng¹生甥牲笙黵 shăng²省眚 shăng³眚（sing3）

tăng［təŋ］tăng¹登登燈（灯）簦蓥 tăng²等戥 tăng³鷠鄧凳（櫈）僜殧磴（嶝）璒（tun³）鐙鐙矒瞪（ch'ang²\ch'ing¹）撜（tun³）

t'ăng［t'əŋ］t'ăng¹鼟 t'ăng³霯澄 t'ăng⁵籐（藤）縢縢（teh⁴）騰（鶐）驣縢縢僜縢疼滕

tsăng［tsəŋ］tsăng¹增憎譄鄫繒矰罾磳橧（矰）瞔鎗踭 tsăng³贈甑襠黶

ts'ăng［t'əŋ］ts'ăng³蹭噌嶒 ts'ăng⁵曾（tsăng¹）層嶒

eh［ɛʔ］

cheh［tʂɛʔ］cheh⁴折斦蜇（蛥）哲（喆悊）浙慴欇福摺攝輒（輙）耴磬膘靳

ch'eh［tʂ'ɛʔ］ch'eh⁴徹撤澈轍屮册栅砓

jeh［zɛʔ］jeh⁴熱（热）日爇祙挩

leh［lɛʔ］leh⁴仂阞扐芳勒肋泐（lih⁴）唓

meh［mɛʔ］meh⁴麥貊貘（獏貉）貃蓦陌霡脈（脉峅）眽洺礳

seh［sɛʔ］seh⁴色懎嗇穑僿濇（涩）瀒傸懎瑟瑟搣（siao¹\suh⁴）塞（sai³）虱（蝨）痳爽（shah⁴）

sheh［ʂɛʔ］sheh⁴舌賖忕設詤攝撍（揲）涉歙灄渫（鞢）滠

teh［tɛʔ］teh⁴德（悳）得淂揭賁

t'eh［t'ɛʔ］t'eh⁴特犆（chih⁴）忒忒忑愿蠈

tseh［tsɛʔ］tseh⁴則側捑斮笧賊蠘鰂（鯽）責嘖嘖歎幘嘖擇簀（chai³）鸅舴蚱笮摘讁（讁）仄昃宅魅（loh³）

ts'eh［ts'ɛʔ］ts'eh⁴測惻坼（坼）拆厀策捒笧（kiah⁴）萗

en［ɛn］

chen［tʂɛn］chen¹占沾霑氊（毡）遭（徸）鸇鱣餫（飦）氈旃栴詹譫瞻驙 chen²颭展捵輾氈皽 chen³顫穚驙矏檊猺（占）戰

ch'en［tʂ'ɛn］ch'en¹袨襜（裣）幨（幨）惉覘梴 ch'en²闡幝譚謟（譠）羼藏鐔搟喭 ch'en³讒（襺）牊蹍閛貼 ch'en⁵廛（壥）纏澶躔

shen［ʂɛn］shen¹羶（羴）煽搧挻蟬苦探深 shen²閃淜睒陕 shen³善膳（饍）

繕僐蟮（蟺）鱔（鱓䱇）墡墠扇謆擅磰禮騸贍僋剶燀傓磶 shen⁵ 禪（shen³）嬋（嬗）澶（tan³）儃蟬

eu [ou]

cheu [tʂou] cheu¹ 周週徟賙輈椆舟侜輖鵃州洲盩譸 cheu² 帚（箒）騆挡肘 cheu³ 酎紂㤘冑胄（伷）宙咒詋籒晝咮噣

chʻeu [tʂʻou] chʻeu¹ 抽（搊）惆瘳怞 chʻeu² 丑醜 chʻeu³ 臭魗趨溴 chʻeu⁵ 儔疇籌躊酬（醻酧）詶菗稠綢紬讐（讎）仇（kiu⁵）雔（讐）犨

feu [fou] feu¹ 罘 feu² 缶（缻）否 feu³ 阜（阝）蟲 feu⁵ 浮蜉烰涪芣紑

heu [xou] heu¹ 齁 heu² 犼吼昫呴郈 heu³ 后逅茩後候堠厚鱟 heu⁵ 侯鄇喉糇（餱）猴瘊睺帿篌㑊褑鯸

jeu [ʐou] jeu² 煣糅内 jeu⁵ 柔揉楺蹂輮鞣脜

keu [kou] keu¹ 勾拘鈎（鉤）句眗緱溝篝褠韝（鞲）keu² 苟岣笱枸狗耇垢 keu³ 雊軥詬（訽）姤媾購搆構遘覯冓彀夠

kʻeu [kʻou] kʻeu¹ 摳（ngeu¹）彄瞘（曉）彄芤 kʻeu² 口扣（釦）kʻeu³ 扣（敂）釦絇寇蔻簆瞉叩佝

leu [lou] leu² 剅塿嶁簍 leu³ 鏤劚瘻（瘺）漏陋扊 leu⁵ 樓婁嘍（謱）摟耬甊髏螻貗慺遱膢驅

meu [mou] meu² 某（厶）畆（畝）牡拇（踇）meu³ 瞀袤懋楙茂貿鄮 meu⁵ 謀蟱矛牟麰侔眸莪蛑髳鍪

neu [nou] neu¹ 䰭 neu² 穀 neu³ 耨（槈鎒）檽獳（jü⁵）

ngeu [ŋou] ngeu¹ 慪甌瞘鷗謳歐 ngeu² 嘔毆（殴）偶耦藕熰 ngeu³ 漚霱

pʻeu [pʻou] pʻeu¹ 抔裒掊呸 pʻeu² 剖瓿

seu [sou] seu¹ 鎪 seu² 叟（叜傁）瞍（睃）嗾擻藪籔 seu³ 嗽（瘶）謏

sheu [ʂou] sheu¹ 收（抖収）嗖蒐搜（捘）廋颼（颾）餿驌螋 sheu² 手鄋守艏溲首（sheu³）sheu³ 狩獸售綬受授壽瘦漱

teu [tou] teu¹ 兜挽篼吺䀹 teu² 斗抖枓蚪斜陡（阧）teu³ 鬥（鬪鬭閗）豆荳梪痘逗脰餖竇酘

tʻeu [tʻou] tʻeu¹ 偷鍮 tʻeu² 黈㕇歌㪷黈斛 tʻeu³ 透敨杏（音）tʻeu⁵ 頭亠投骰

tseu [tsou] tseu¹ 諏掫陬鄹（郰）鄒騶謅（tsʻeu¹）菆（tswan²）鯫緅 tseu²

走傶 tseu³ 奏皶緅（cheu³）皺（cheu³）褶（cheu³）驟鯫

　　ts'eu［ts'ou］ts'eu¹ 擲篘楸 ts'eu² 瞅（啾）ts'eu³ 愀篍凑（湊）輳腠剿 ts'eu⁵ 愁（ts'ao⁵）

　　é［ε］

　　ché［tʂε］ché¹ 遮偑嗻譇 ché² 者赭 ché³ 這（这）蔗（蓮樜）柘鷓蟅

　　ch'é［tʂ'ε］ch'é¹ 車砗 ch'é² 撦（扯）哆

　　jé［zʐε］jé² 惹喏 jé³ 偌

　　mé［mε］mé¹ 哶（咩）覭 mé² 乜

　　shé［ʂε］shé¹ 賒奢 shé² 捨 shé³ 舍赦社射（yih⁴\yè³）麝駼欂 5 蛇（i⁵）佘闍（tu¹）

　　éi［εi］

　　féi［fεi］féi¹ 飛蜚非裶緋屝酛霏騑妃 féi² 斐匪筐剕菲屝棐（棑）悱誹胐 féi³ 廢癈簼費痱沸（潰）狒鼳讀林芾（fuh⁴）肺（p'éi³）翡痱莜（pai³\fah⁴）吠 féi⁵ 肥淝蜰蟦斐腓厞

　　léi［lεi］léi² 儡壘磊蘲（藟）蕾瘤鸓（獟貏）膃誄樏絫累（léi³）léi³ 儽攦礧櫑耒類（類）纇泪（泪）（li³）léi⁵ 雷擂蟠疊（櫑）縲纍鐳藟羸晶

　　méi［mεi］méi² 美每媄浼（浼）méi³ 妹昧魅彪瑁（mao³）靺媚袂寐穛抹瘪塺眛眮 méi⁵ 梅腜楳（酶）莓霉枚沫眉楣嵋玫（玟）（min⁵\wǎn⁵）湄郿溦煤媒膜祺鋂酶黴

　　néi［nεi］néi² 餒（餧）鮾 néi³ 内（nah⁴）

　　péi［pεi］péi¹ 悲桮（杯盃）卑（早）萆（菎）椑碑箄俾 péi² 庳 péi³ 背偝褙（綀）被倍焙貝椇琲菎狽犕（幀）輩（輩）佩珮斾（斾）悖邶

　　p'éi［p'εi］p'éi¹ 醅呸丕秠伾坏（坏）怌苤疿胚（肧）㱪（feu¹）邳髲（fu³）狉（狂）駓 p'éi² 蓓琲 p'éi³ 配釁沛霈帔 p'éi⁵ 裴徘培陪賠毰棓

　　i［i］（［ʅ］）

　　i［i］i¹ 衣（衤）依伊洢蛜咿（咿）噫譩禕墼嫛曀醫（医）繄鷖蠮藙歐猗（欹）猗漪旖陭黟 i² 以（目）苡（苢）已异佁矣迆庡倚掎椅錡齮輢庡艤（檥）嶬蟻螘顗擬儗嫕巇睨 i³ 義議誼医薿易（yih⁴）敡異殢饐臆鷾壇瘞瞖勩泄呭（詍）枻轙曳（拽）秇意薏裿藝（埶秇蓺）讛囈槸襼癋羿裔（齐）澺毅乂刈帠剄（剗）詣縊懿嫕肄襖 i⁵ 宜（亙）輗狔麎蜺霓郳鯢倪齯貤移（迻）扅謻桋匜訑訑扡迱

嶋崺橢沂泝疑嶷貽詒眙怡飴臣頤胰（脛）鱖澄（澄）宦圮彝螔儀夷栘跠峓姨
痍恞洟佹遺贘觺吟

ch'［tʂʅ］chi¹知茹蛛之芝支枝肢（胑）衹胝秖脂厄栀鵄辻揢楮 chi²吱夊止
趾址阯訨芷汦祉紙（帋）砥枳眡軹疷旨指庤峙時鼭 chi³智蟗致緻制製斲治待
（待）值置（實）滯雉稚（稺稺）痔至輊迣摯贄鷙鵳志誌（識）痣荶鋕觇寘
懫（憤）躓祋摋撒莝晢哲（晣）伎

c'h'［tʂ'ʅ］ch'i¹癡（痴）螭魑黐（糍）絺瓻笞蚩嗤狋媸鴟觗眵眙褫 ch'i²
恥（耻）侈侈誃奓阤茝齒齝［i］ch'i³熾幟（幟）跮誓埴傺挈饎（糦）翅（翄）
翨 ch'i⁵池馳㫖坻蚳墀遲屙持趍篪（篪）踟

hi［xi］hi¹希晞稀俙睎悕浠欷郗絺義犧曦熙（熙）醯慮巇嚱詥怹娭嬉嘻僖
歆譆熹熺禧 hi²喜憙蟢唏鵗狶匸 hi³戲繫系係檕禊褉齂憙饎喹昐屭（屓）呬犔
hi⁵奚傒嫀徯蹊螇鞵鼷兮嬖畦（kwéi¹）嵇巂（sui¹）鄌攜（携）觿蟦鑴

ki［ki］ki¹幾（ki²）機（机）鐖譏磯璣畿嘰譏魕饑（飢）肌蟣鷄（雞）卟
乩剞稽枅笄（笄）羈羇畸敧（㿽掎）姬基萁（稘）箕其錤 ki²己紀几机麂（麖）
庋（庪）螘（k'i⁵）鬾 ki³計薊繼檵憒髻（髻）冀驥洎寄彐垍覬无既概曁墍茍
季悸瘈鱀罽纙記忌娸跽伎芰妓惎瘦（ch'i³）

k'i［k'i］k'i¹溪谿（嵠）谿欺攲徛崎踦嶇觭榿毅伞傺魃其 k'i²起邔杞玘屺
芑技芑啟（啓）檗綮綺 k'i³气氣炁僛棄器（器）企扖契栔（k'ieh⁴）磬 k'i⁵幀
棋（碁某）淇綦綦祺琪璂蜞蚚騏萁跂期粸麒旗（旂）麒娸奇（奇）（ki¹）琦騎
岐歧跂（k'i³）怟（ti²\shi⁵）衹祁蜥祈蚚蘄頎圻芪鬐耆鰭肵碕軝豈（k'ai²）

li［li］li²里悝哩娌俚悝理裏（裡）鯉李履豊禮（礼）醴澧鱧邐蠡 li³利俐
痢唎例吏詈儷茢（浰涖）荔（枥）厲灞（砅）礪勵癘糲蠣憵戾唳綟茢蟄蛛悷
捩（棙）隸麗儷 li⁵黎黧璨（璃）藜剺梨犁蜊莉犛釐（厘）氂犛嫠罹襹漓謧縭
（褵）樆（ch'i¹）醨摛离離（li³）籬蘺蠡（羅）纚（si²）鱺鸝驪孋穲曬酈狸（貍）
貍

mi［mi］mi²米籵侎眯靡釄蘼渳鮱芈弭 mi³謎 mi⁵迷彌迷瀰獼麋麛蘼縻糜
醾麋釆

ni［ni］ni¹阘 ni²你（伱）伲苨馜旎柅襺瀰（mi⁵）ni³膩 ni⁵尼（nih⁴）屔呢
（ni¹）妮怩籋菧泥（坭埿）（ni³）黏秜

pi[pi] pi^{2}比（pi^{3}）妣匕粃（秕）鄙柀彼髀貏 pi^{3}篦（笓）贔糒嬖避薜（p‘oh^{4}）畀婢痺睥淠敝弊（獘）幣斃獘貱鞁祕（秘）閟毖閉搠蔽庇鼻坒陛梐蜌賁備（俻）泌臂箅詖鞴（紴）毗奰 pi^{5}鎞（鈚）

p‘i [p‘i] p‘i^{1}皺劇（剌）啠（哇）鈹旇批（捭）紕秛砒（磇）諀屄 p‘i^{2}骳仳皷痞庀圮狴陛髬 p‘i^{3}披譬屁（竅）p‘i^{5}琵枇毞（毗昆）魮芘蚍螕皮疲脾貔膍羆鼙媲崥裨陴郫豼（甓）

si [si] si^{1}西棲（栖）恓粞犀樨嘶凘蠵（li^{3}）si^{2}洗（sien^{2}）徙屣（躧蹝）葸縰葸璽（壐）枲 si^{3}細婿（壻）

sh’ [ʂʅ] shi\ sh’^{1}尸屍鳲師溮葹獅螄蓍施（shi^{3}\i^{3}\ch‘i^{3}）釃噬筮飼（呞齝）邿詩絁 shi\ sh’^{2}史駛（駛）貏豕矢屎吔（hi^{1}）舐（舓䑛）弛始諟使（sh’^{3}）shi\ sh’^{3}侍恃士仕闍是禔市柿氏視（眎眡）示（礻）世貰逝謚（諡）豉事阤（眉）溡（洔）嗜試弒啻拸（i^{2}\t‘o^{2}）誓勢 shi\ sh’^{5}時（旹）溡糘塒蒔榯鰣匙鍉箷（tih^{4}）茬（ch‘a^{5}）

ti [ti] ti^{1}隄堤鞮低（仾）羝羝 ti^{2}牴（觝）骶氐（ti^{1}）邸抵（chi^{2}）疷厎底弤 詆（tih^{4}）膣（toh^{4}\chih^{4}）ti^{3}地柢泜棣（tai^{3}）弟悌第瑅娣睇（睼）嚏（齇）遰螮（蝃）甍髢（鬄）軑（軚）（tai^{3}）杕釱帝諦禘渧締蒂遞（逓）

t‘i[t‘i] t‘i^{1}梯睇鷉 t‘i^{2}體 t‘i^{3}替屜（屧）涕（鵜洟）剃（鬀）薙梯揥（ch‘i^{3}\t‘ih^{4}）t‘i^{5}苐稊（秭）荑（i^{5}）綈罤鵜（鶙）（i^{5}）提（shi^{1}）題蝭（shi^{5}）禔醍媞（chi^{1}）騠鶗啼（嗁）鵜鍗䨑踶蹄（蹏）鮧（鯷）

tsi [tsi] tsi^{1}齎（賫）齏（虀）躋（隮）檶 tsi^{2}擠（tsi^{1}\ts‘i^{5}）罾 tsi^{3}濟（tsi^{2}）霽劑嚌鱭癠薺穧懠祭際穄

ts‘i [ts‘i] ts‘i^{1}妻（ts‘i^{3}）凄（淒）悽郪萋緀霋 ts‘i^{2}鰿鮆（鰿）ts‘i^{3}砌（tsié^{3}）棲 ts‘i^{5}齊螃臍

ia [ia]

ya[ia] ya^{1}鴉呀（ya^{5}）丫椏鵶亞啞啞（oh^{4}）ya^{2}瘂雅庌厊 ya^{3}砑迓訝亞（阿）婭掗稏猰 ya^{5}牙芽枒衙犽齖

hia [xia] hia^{1}鰕谺閜颬 hia^{2}閜嚪 hia^{3}下夏厦（廈）庌暇罅（隙）暇碬疜諕 両 hia^{5}霞鰕蝦騢遐遐瑕嘏叚

kia [kia] kia^{1}加枷耞珈笳袈痂勨跏迦嘉胣佳葭（hia^{1}）豭家傢麚 kia^{2}椵瘕

假（kia^{3}）斝（斚）檟（榎）kia^{3}價㮝駕架（榢）嫁稼榎

k'ia［k'ia］k'ia^{1}呿髂伢 k'ia^{2}跒 k'ia^{3}愘髂

iah［iaʔ］

yah［iaʔ］yah^{4}押鴨軋圠魚揠壓鸒

hiah［xiaʔ］hiah^{4}ㄐ匣柙狎呷怈瞎轄（鎋牽）峽硤狹陝劼黠圜洽袷焇偺圿

kiah［kiaʔ］kiah^{4}甲岬胛夾挾佽梜莢郟頰鋏袷（kieh^{4}）眕韐鞈餄稭（秸）戛嘎契剖恝

k'iah［k'iaʔ］k'iah^{4}恰剖欲帢跲（k'ieh^{4}）掐匌菰（葜）

iai［iai］

yai［iai］yai^{5}厓（崖）涯捱啀痷

hiao［xiai］hiai^{2}蟹駭 hiai^{3}懈瀣嶰獬邂薢撼械齘薤鋈瀣 hiai^{5}鞋（鞵鞖）諧（龤）

kiai［kiai］kiai^{1}皆偕偕喈湝階（堦）藷痎鶛街 kiai^{2}緈解（觧）（kiai3\hiai3）kiai^{3}廨戒誡悈介价芥尬玠疥界蚧衸魪砎届（屆）犗丯

k'iai［k'iai］k'iai^{1}揩 k'iai^{2}楷鍇

iang［iaŋ］

yang［iaŋ］yang^{1}央泱坱殃（袂）秧鴦鉠咉瘫 yang^{2}養（yang3）蛘（蛘）癢痒（siang5）懩仰抰鞅 yang^{3}怏羕漾（瀁）㨾樣㨾訙恙 yang^{5}昜揚颺楊暘煬（烊）瘍崵禓陽（阳氙）鍚羊徉佯垟洋

hiang［xiaŋ］hiang^{1}香麘鄉薌舡 hiang^{2}享饗響响餉饟蠁 hiang^{3}向嚮曏珦巷鬨項

kiang［kiaŋ］kiang^{1}江姜舡僵殭疆（畺）繮（韁）橿薑（蘠萋）礓茳豇（夅）矼 kiang^{2}講耩膙蔃襁（繈）鏹港 kiang^{3}傋洚絳蜂降（夅）糨（糡）㶀

k'iang［k'iaŋ］k'iang^{1}羌（羗）蜣唴腔羫啌痊腔椌 k'iang^{2}嵭 k'iang^{3}弶 k'iang^{5}強（彊）

liang［liaŋ］liang^{2}魎兩（两両）量（liang5）liang^{3}緉輛倆亮諒倞哴（喨）晾 liang^{5}良踉粮（糧）凉（涼）颹椋悢綡輬梁樑粱

niang［niaŋ］niang^{1}娘 niang^{3}釀穰 niang^{5}孃

siang［siaŋ］siang^{1}相（siang3）廂箱湘緗葙襄鑲欀驤纕瓖膿（jiang2）儴

siang²想鲞（鯗）siang³象像橡鷄 siang⁵祥詳翔庠

　　tsiang［tsiaŋ］tsiang¹將（奴）（tsiang3）撤蟗漿（冰）tsiang²獎槳（牆）蔣 tsiang³醬匠

　　tsʻiang［tsʻiaŋ］tsʻiang¹槍鎗鏘蹌（牄）謵斨 tsʻiang²搶（tsʻiang¹\ tsʻang¹）tsʻiang³蹡篒粼（漿）嗆餼 tsʻiang⁵牆（墙廧）嬙檣（艢）薔（薔）（seh⁴）戕

　　iao［iau］

　　yao［iau］yao¹腰褄夭妖祅芺祆吆幺（么）喓葽邀 yao²杳訡（抗）窈拗（ngao³）宵眑祅咬（皎）娞偠騕洋鷂 yao³要（yao¹）艞（tʻiao³）勒祔訞曜耀（燿）鷂（yao⁵）撽鼽趬（tsiao³）yao⁵荛䍃喓媱徭（傜）愮摇瑤窰（窯）猺謡鰩遙蹂飄軺（軺）堯嶢僥（kiao¹）筄姚（tiao1）珧

　　hiao［xiau］hiao¹囂嘵驍熇呺栯鴞梟庨痒哮虓（娆猇）歊詨 hiao²曉皛 hiao³孝効效傚恔敩撆 hiao⁵胶爻肴餚殽淆崤膮

　　kiao［kiau］kiao¹交蛟茭郊鵁鮫嬌驕憍鷮儌滶澆（liao⁵）嘐（liao5）膠膠艽（艽）kiao²皎（皕）皦絞（hiao⁵）狡姣（姜）（hiao⁵）佼笅筊懪繳（choh⁴\keh⁴）皦譑鱎矯撟鰽盞攪敲疓 kiao³轎嶠觔叫（呌訆）徼瓠嘂窖（窔）滘教酵餃較鉸校（hiao³）挍珓

　　kʻiao［kʻiau］kʻiao¹蹻（蹺）橇（轎）磽（墝）敲 kʻiao²丂巧寫 kʻiao³鼿窾撬竉 kʻiao⁵喬橋僑趫蕎翹茮翱

　　liao［liau］liao²蓼（luh⁴）鄝繚燎瞭嫽嬲了礽 liao³料撩療殍廖尞尦 liao⁵遼僚寮嘹撩嫽屪簝蟟膫（脣）獠（獠）諒鐐聊（liu²）翏（liu³）憭（liu²）漻寥蹘敹佬

　　miao［miau］miao²眇緲淼杪秒仯藐 miao³渺妙（紗）廟（庙）miao⁵苗緢媌描眇

　　niao［niau］niao²鳥裊（裊）蔦嫋（嬝）榾僄嬲 niao³尿嫐

　　piao［piau］piao¹標髟鑣麃儦穮猋飆（飈）（pʻoh⁴）臕幖鑣瀌滮 piao²表婊嶋覹 piao³裱俵麃

　　pʻiao［pʻiau］pʻiao¹飄漂（pʻiao³）翲魒嘌鏢 pʻiao²瞟膘摽縹醥殍（荸）瓥 pʻiao³票剽勡彯僄瞟驃鰾 pʻiao⁵嫖瓢螵藻

　　siao［siau］siao¹消銷硝宵綃（shao¹）鞘（鞘）蛸（shao¹）鮹痟逍霄魈橚

簫（箾）蟰蕭瀟蠨翛（yiu^{1}\shuh^{4}）siao^{2}小篠 siao^{3}笑（咲）肖嘯（歗）

tiao［tiau］tiao^{1}琱雕（彫凋）淍鵰碉貂刁叼鳭弴嬥（t'iao^{5}）艄（舠）tiao^{2}屌 tiao^{3}弔（吊）（tih^{4}）佻絩杓釣杓䠷窕誂銚掉（t'iao^{2}）寫禂

t'iao［t'iau］t'iao^{1}挑（t'iao^{2}）剢佻（tiao^{3}\yao^{5}）祧朓銚（yao^{5}\ts'iao^{5}）恌庣 t'iao^{2}朓䠷 t'iao^{3}跳（趒）（t'iao^{5}）眺頫（fu^{3}）覜蓧（莜）（yiu^{1}）糶窱藋（t'ih^{4}）t'iao^{5}調（tiao^{3}）蜩條鰷（儵）鋚鯛苕（芀）笤岧迢髫齠卤

tsiao［tsiau］tsiao^{1}焦膲瘥蕉鐎僬礁繖醮鷦鼁椒 tsiao^{2}勦剿 tsiao^{3}醮燋瞧釂

ts'iao［ts'iau］ts'iao^{1}鍫（厤）帩幧皪 ts'iao^{2}悄愀燋 ts'iao^{3}俏誚峭（陗）劁愀（ts'iu^{1}）ts'iao^{5}樵譙憔（顦）瞧嶕

ieh［iɛʔ］

yeh［iɛʔ］yeh^{4}謁暍噎鵺臬齧（囓）闑枼葉（tieh^{4}\sieh^{4}）鍱（hieh^{3}）偞僷䭧辥孼（孽）槷蘖（櫱）蘗孽靨（yen^{2}）饁曄業鄴鮿（腌）

hieh［xiɛʔ］hieh^{4}頡襭纈擷頁顯猲蠍挾協（叶）叶脇（脅）勰（愶）熁愶歙褉

kieh［kiɛʔ］kieh^{4}結拮桔劫（刧）蛣（蜐）鉣孑潔（挈）絜楔桀傑杰搩（筀）揭楬羯碣偈竭碣愒（ki^{3}）憩（ki^{3}）藒（藒）訐蛺剫极袺

k'ieh［k'iɛʔ］k'ieh^{4}怯痃呦挈鍥猰契慊匧（篋）愜

lieh［liɛʔ］lieh^{4}列劣烈冽洌茢栵咧鴷迾裂颲儠鬣（鬛）獵躐鱲

mieh［miɛʔ］mieh^{4}蔑滅（烕）搣蠛篾巁攠

nieh［niɛʔ］nieh^{4}聶囁（讘）噛（爆）躡鑷籋驫捻（捻）揑（捏）咀呈埕涅陧惗敜諗苶甈囨（囡）箠嵲槷

pieh［piɛʔ］pieh^{4}別訓徶嫳憋（憋）瘪㧙跡珌鼈（鱉）瘪鷩睸縪

p'ieh［p'iɛʔ］p'ieh^{4}撆（撇）丿嫳瞥潎蹩螌嫳蹩

sieh［siɛʔ］sieh^{4}薛躃偰屑㴮糏（屑）㣯洩屧褻暬偞媟疶楔揳絏紲（緤）躞燮

tieh［tiɛʔ］tieh^{4}耋絰蹀垤（chih^{4}）蝶（蜨）堞渫（sieh^{4}）諜碟（sheh^{4}）喋牒苜牃碟鰈（t'ah^{4}）鰈艓渫檋惵褶昳眣詄瓞迭跌墆（ti^{3}）跕（t'ieh^{4}）凸（tuh4）疊（叠）㲲氎墊戜

t'ieh［t'iɛʔ］t'ieh^{2}帖 t'ieh^{4}怗呫（ch'eh^{4}）貼鐵（鉄銕）驖飻僣蛈揲

tsieh［tsiɛʔ］tsieh⁴節卩（㔾）癤櫛楶截接椄緁睫（睫）（chah⁴）婕倢捷浹楫（皉）岊

ts'ieh［ts'iɛʔ］ts'ieh⁴切竊（窃）妾唼（啑）沏

ien［ian］

yen［ian］yen¹烟（煙）胭（臙）湮焉（yen⁵）嫣蔫閹（剦）淹 醃俺懕魘（yen³\yeh⁴）yen²眼（kan¹）匽偃蝘郾褗鼴鰋鶠鄢巘演衍篑兖台黯广琰（琰）扊掞（shen³）剡儼奄崦晻腌裺琰掩（揜）弇魘厴黶黡黶屡 yen³厭（yen²\yah⁴\yih⁴）饜鴳（鷃）鴈（雁）贋（贗偐）爓（焔）晏燕（yen¹）咽（嚥）（yin¹）宴（讌）堰彥諺（ngan³）唁（唁）硯讞艷（豔豓）灩釅燄（燗焰焱）驗（騐）噞傿搗（攑）犴（犴）yen⁵顏嚬言管閻（閆）嚴巖（岩）喦簷碞延莚筵綖郔梴蜒埏（shen¹）炎（tan¹）研（揅）（yen³）妍沿（沿㳂）鹽（塩）（yen³）簷（檐擔）（tan³）阽

hien［xian］hien¹軒祆掀杴忺騫㾾鹹翾舷 hien²㬎顯（顕）峴睍幰蜆獫險玁（獫）瞯撊憪隒轞 hien³檻艦縣憲献（獻）甗現哯晛俔鋧莧垷臽陷餡限昡閬（庡）庡（㬎）hien⁵嫌賢（賢）礥弦絃舷痃胘閒閑癇嫺鷴咸鹹醎諴銜啣（唧）崡

kien［kian］kien¹鰹肩姦奸間橺菅艱鋑（wan¹）菅鞬鞬兼蒹縑鶼鰜搛慳豜鳽緘剫 kien²稴減（减）繭襉揀柬簡襉蹇僊謇蹇驤囝梘筧趼鹼（鹻）黝檢撿 kien³見件建健（健）踺鍵鍵楗（küen³）諫澗覸鐧監（kien¹）鑑（鑒）儉劍歉（k'ien³）kien⁴堅㯺（尴）

k'ien［k'ian］k'ien¹牽掔縴汧岍荊愆騫搴褰（攐）蚈幵（开）攲（鵮）㪘嗛謙嵌 k'ien²遣床膁（肷）鎌（lien²）鰜 k'ien³慊傔棒繾堅譴韆欠芡 k'ien⁵拑箝鉗鈐黔虔髻㺁揵墘腱

lien［lian］lien²斂（lien³）撿臉蘞（蘞）輦璉羷摙 lien³殮瀲練楝煉湅敹健 lien⁵連漣蓮蓮槤縺鏈鰱鰱聯奩帘憐稴廉簾（嫌）濂溓溓蠊膁鐮（鎌）磏鐮

mien［mian］mien²愐免浼勉俛鮸冕丏沔眄緬湎勔 mien³面偭麪（麵）㴐 mien⁵綿（緜）棉眠宀

nien［nian］nien²攆撚碾跈（蹨）淰趁涊 nien³念舩（総）鈴 nien⁵年拈粘鮎黏

pien［pian］pien¹邊（边）籩儔編蝙鞭（乏）箯鯿砭胼 pien²扁匾惼褊碥犏犏蘠（稨）貶緶骿 pien³便卞忭（昪）汴抃辨辡辯辦膈變（变）遍（徧）弁空釆

p'ien［p'ian］p'ien¹偏痡篇翩楄牑蹁艑 p'ien²剮諞鶣 p'ien³骈騗（騗）p'ien⁵骈（p'ing⁵）軿（p'ing⁵）梗蝙

sien［sian］sien¹先（sien³）硒籼（籼）仙僊眷躚（躚）褼鐥（tsien¹）纖襳孅暹銛憸鮮（鱻）sien²鮮（尟尠）薛癬廯笕抷铣毨跣獮燹 sien³鱻（刋）線（綫）羡霰（霓）sien⁵掃熖（ts'ien⁵）

tien［tian］tien¹顛癲（瘨）傎窴巔槙（chǎn¹）齻滇（t'ien⁵）趯摶驓蹎掂（战）tien²刐典者蔵點（点）tien³店坫痁玷疷惦殿甸佃蜔電奠墊埝（nieh⁴\nien³）靛唸簟淀顈趐冇

t'ien［t'ian］t'ien¹天（靝）添 t'ien²忝囙舔（餂）腆淟悿覥（覥）涊（li³）殄殔 t'ien³舔琠（琠）栝（栝）捵諂磹 t'ien⁵田畋鈿（tien³）齻湉填（實）闐（tien³）鷏甜磌恬恭

tsien［tsian］tsien¹煎湔尖殲鐵瀸韉戔箋（牋）籛 tsien²翦（剪）戩謭諓髻揃（捹）tsien³箭嗛薦荐洊牮踐槛賤餞濺牮漸僭

ts'ien［ts'ian］ts'ien¹千仟扦（攓）杆迁（遷拑）阡芊飦轞僉簽籤鐵劖 ts'ien²淺 ts'ien³傼茜（sai¹）蒨倩（ts'ing³）箐輤桥塹（塹）槧綪（ts'ing⁵\tsǎng¹）ts'ien⁵前嫙涎（次）潛（潜）錢（ts'ien²）

ié［iɛ］

yé［iɛ］yé²也野（埜）冶 yé³夜㖿 yé⁵耶爺椰（梛）鎁（釾）琊掫（揶）

k'ié［k'iɛ］k'ié¹瘸鮖 k'ié⁵伽茄

sié［siɛ］sié¹些 sié²寫（寫）蒢炨 sié³謝榭卸瀉瘲 sié⁵斜邪（yü⁵\sü⁵）衺斜

tié［tiɛ］tié¹爹

tsié［tsiɛ］tsié¹嗟諓罝 tsié²姐 tsié³借褯藉（tsih⁴）

ts'ié［ts'iɛ］ts'ié²且（tsü¹）ts'ié³赽（ch'é³）

ih［iʔ］

yih［iʔ］yih⁴益溢嗌（wuh⁴）鎰艗鷁鶂鯢鶂億繶憶檍臆抑亦奕弈帟佾翌翼翊瀷罜（nieh⁴）圛驛繹譯懌嶧駅弋黓釴杙敪妶袚（chih⁴）液腋掖蜴焬（焲）

131

場埸役疫一（壹弌）壹乙圠屹仡邑（阝）喣悒俋浥挹裛揖（tsʻih⁴）掎（ki³）佚（tieh⁴）逸泆佾熠（sih⁴）潨匵齸軼圛䴊

chih［iʔ］chih⁴執縶疐蟄熱汁只質（贄）劕鑕鷙侄姪晊庢（庢）挃（桎）桎蛭郅窒蟑銍秩帙（袠）紩隻炙墌摭（拓）蹠跖戠織職（軄）膱（胑）陟直植殖稙擲躑躅

chʻih［iʔ］chʻih⁴尺蚇赤（烾）斥（庲）叱敕（勅勑）飭鶒（鶒）杘忕彳堞拹

hih［xiʔ］hih³襖 hih⁴虩覤欯欯盦閴吸（噏）歙翕瀹（潝）熻嚱肸汔迄肐闟

kih［kiʔ］kih⁴吉佶姞猎劼頡訖戟戟戟棘襋屐（屐）亟極殛急給（ké²\kʻieh⁴）及伋炭汲笈級阪衱芨攲激觳觳擊墼劇

kʻih［kʻiʔ］kʻih⁴乞吃喫犵汔泣（lih⁴）湆彣（隙）郤（郤）虩（tsʻih⁴）喞伋綌詰蛞

lih［liʔ］lih³力 lih⁴笏（篥）秝曆歷厤㽯瀝瘞靂瓅轢塵櫪櫟 瓅（櫟）礫擽轢躒朸立笠苙岦粒鳴硱蚸栗溧慄傈溧篥㩫鬲（keh⁴）沥颲

mih［miʔ］mih⁴密宓榓（樒）蔤蜜幎（幭）簚塓幎謐覓（覛）糸冖（幂幦冪）

nih［niʔ］nih⁴暱暱慝柅暱（昵）溺（㲸）䵑齯蜺搦翋（黏）恧逆广芖

pih［piʔ］pih⁴壁躄鷩繴襞璧碧畢滭韠蓽篳煏蹕饆愊福逼（偪）必咇嗶苾飶愎筆（笔）樺滭弼鬢渒邲鮅怭（佖）駜湢煏

pʻih［pʻiʔ］pʻih⁴辟僻闢擗澼繴鷿霹劈癖甓厞匹疋（su⁵）肶鳴鷿

sih［siʔ］sih⁴昔腊惜晰（皙皙）析薪淅蜥悉舄蕮潟磶潝錫裼息熄瘜郎餼媳夕汐戌席蓆悉蟋膝藤習嶍榙喐隰緆貈襲雤

shih［ʂiʔ］shih⁴石碩（shoh⁴）食蝕祐飾（餙）釋式軾拭（弑）適（yih⁴）十卋拾什失實（寔）湜奭螫褽識埴室鞋濕（溼）埴弐鮖梸（tsʻz³）

tih［tiʔ］tih⁴的靮罚馰扚玓菂狄荻商樀鏑蹢（獝）（chih⁴）嫡滴敵甋翟鸐糴籊笛（篴）廸（迪）覿滌菽（tsiao1）趵

tʻih［tʻiʔ］tʻih⁴剔惕（愁）揚踢（shoh⁴）倜逿（逖）摘

tsih［tsiʔ］tsih⁴疒疾嫉蒺即聖唧椰螂鯽齍汁集集（入）輯湒寂（宋）唧（chuh⁵）迹（跡蹟）耤籍踖脊瘠塉踖鶺霽（齏）禝勣積（tsz²）稷（tsz³）磧

曼（ni1）僾稷

ts'ih［ts'iʔ］ts'ih⁴戚慼（慽）墄鍼七（柒）漆（桼榛）戢緝戢瀄蕺霵葺

in［in］

yin［in］yin¹因姻（嫣）氤（綑）茵裀（靷）黁駰亜（埋陻）湮闉諲陰（阴
陰氪）（ngan¹\yung⁵\yin³）殷慇音暗瘖憎禋醅 yin²引（yin³）乁蚓（螾）尹飲
（yin³）繽戭隱（乚）壾癮檼騳轐罍癮碬 yin³蔭（廕）靭窨印孕胤酳腀（傴
坅澬劘憗（憗）yin⁵吟（唫）崟（硶）寅夤淫婬霪听闇狺銀垠訢（hi¹）齗（kin²）
鄞蟫（sin¹）嚚

hin［xin］hin¹欣（忻）炘昕脪廞（k'in¹）歆昕 hin³釁岪脪

kin［kin］kin¹巾斤（觔）釿（k'i⁵）筋鑳今紟襟（衿）金 kin²錦㙷（蓳）
謹緊槿堇 kin³墐殣僅厪（厪）堇饉瑾覲靳禁矜噤憬凚傑頸妗近劤

k'in［k'in］k'in²坅 k'in³欽嶔捦 k'in⁵瘽衾禽擒（捦）檎螓噙懂勤懃琴芹
庁芩

lin［lin］lin²傰稟廩僯懍凛檁（标）lin³橉吝（悋恡）嶙遴藺躪捸 lin⁵林
淋霖琳痲篍菻臨粦（燐粦）鄰璘磷鄰潾鄰（隣）轔瞵獜嶙驎鱗麟（麐）

min［min］min²閔憫（憫愍）潣敏（勄）泯湣剧揗（抿）笢黽敯（敃）
黽僶 min⁵民紙緡罠岷珉（砇碈）忞旻芪閩

nin［nin］nin¹紉 nin²您捴 nin³賃

pin［pin］pin¹賓（宾）濱（瀕）鑌檳（梹）獱繽蠙彬（斌）邠（豳邠）
瑸霦攽 pin²稟 pin³臏（髕）殯儐擯鬢（鬢）

p'in［p'in］p'in²牝品 p'in⁵貧頻蘋顰嚬（矉）嬪

sin［sin］sin¹辛新薪心（忄忄）䎃姓 sin³信汛迅訊葷囟（顖頤）sin⁵尋潯
鐔鄩鱘（yin⁵）鱏蟳鷤灊

tsin［tsin］tsin¹津寖祲璡 tsin²儘 tsin³盡（尽）燼藎濜贐（赆）浸晉（晋）
縉搢璡鄑（tsz'¹）進蝝

ts'in［ts'in］ts'in¹親（ts'in³）侵駸綅 ts'in²寢鋟 ts'in³浸沁吣復 ts'in⁵秦榛蓁
ing［iŋ］

ying［iŋ］ying¹英瑛鍈霙鸚嫈（嫈甇）嬰（瓔）嚶瓔攖櫻鸚纓蘡鸎（鸎）
應（ying³）膺鷹臐 ying²影璄（璟）瘿郢穎（頴）潁 ying³映（暎）（ang³）硬（鞕）

賸（shing³）熒 ying⁵ 盈楹營瀯塋崤贏贏瀛籯籯蠅迎（ying³）

ching［tʂiŋ］ching¹ 貞楨禎滇征怔胜鉦娗烝蒸瘝鬵徵癥 ching² 整戢拯（抍）ching³ 正政症証（證）黷鄭

ch'ing［tʂ'iŋ］ch'ing¹ 稱（穪）偵頳窺瞡樫蟶 ch'ing² 逞徎騁悸 ch'ing³ 秤 ch'ing⁵ 成城宬誠郕澄瀓丞承呈程珵裎醒埕塍（塍）懲

hing［xiŋ］hing¹ 興馨 hing² 擤婞洐悻 hing³ 幸倖荇（莕）杏脛礐 hing⁵ 刑型硎邢銒㑊形婞蛵陘行絎

king［kiŋ］king¹ 驚荊京（kiang¹）麖經涇坙巠兢矜 king² 景警（做）境頸到璥 king³ 敬竟鏡獍徑（俓）逕勁痙競（詰）

k'ing［k'iŋ］k'ing¹ 卿輕（k'ing³）傾 k'ing² 檾 k'ing³ 謦檠磬罄漀慶 k'ing⁵ 擎檠（檠）勍鯨黥（剠）

ling［liŋ］ling² 領嶺衿 ling³ 令另 ling⁵ 靈（灵）霝澪醽酃凌陵輘袮菱綾㥄淩鯪泠櫺伶玲囹瓴拎枪笒舲羚（鷈）聆苓蛉翎鈴零鴒齡

ming［miŋ］ming² 茗酩皿惧暝 ming³ 詺命 ming⁵ 鳴洺銘明（朙）名冥溟瞑嫇蓂螟覭楒鸋

ning［niŋ］ning² 聹顒 ning³ 濘甯佞 ning⁵ 凝宿（寧寍）嚀擰薴

ping［piŋ］ping¹ 冰（氷冫）兵栟掤 ping² 丙炳昺蛃怲餅鉼秉鞞箄 ping³ 并（並并並）併（倂）病柄（棅）痀凭拼（摒）

p'ing［p'iŋ］p'ing¹ 娉砅砰闡 p'ing³ 傳聘霻 p'ing⁵ 平坪枰評洴洴萍苹（p'ien⁵）屏瓶（缾）憑（凴馮）邢

sing［siŋ］sing¹ 星煋惺（惶）腥鯹箑鍟（鉎）猩騂觲餳（餳）sing² 醒 sing³ 性姓

shing［ʂiŋ］shing¹ 升陞昇勝（shing³）聲（声）shing³ 剩（賸）晟騋（tsǎng¹）嵊蕂盛聖（圣）睲（塍）shing⁵ 繩澠愧乘（shing³）

ting［tiŋ］ting¹ 丁仃疔玎虹釘靪 ting² 鼎（鼎）頂（頂）濎（萧）酊耵 ting³ 訂飣定矴（碇）錠掟桯

t'ing［t'iŋ］t'ing¹ 廳（听）（t'ing³）廰汀桯輕艇杠（chǎng¹\ch'ǎng⁵）t'ing² 町（tien²）圢挺梃珽脡艇鋌婷（ting¹）頲壬 t'ing⁵ 廷庭蜓（t'ien²）霆莛亭停渟

聤婷葶

tsing［tsiŋ］tsing¹精睛蜻鶄腈菁箐（箐）（tsien³）旌晶 tsing²井 tsing³姘穽（阱）清圊婧靖静靚淨（凈）竫

ts'ing［ts'iŋ］ts'ing¹青艶清（tsing³）鯖（ching1）ts'ing²請 ts'ing⁵情晴晴

ioh［ioʔ］

yoh［ioʔ］yoh⁴藥（葯）爚（禴）礿約龠籥鑰籲（籲）（yü³）瀹瓟嶽岳鷟躍（趯）

hioh［xioʔ］hioh³鷽 hioh⁴學（李）壆欒嶨謔鷽爑

kioh［kioʔ］kioh⁴角埆桷捔脚（腳）噱覺（覐）（kiao³）榷傕屩臄珏玃

k'ioh［k'ioʔ］k'ioh⁴却（卻）愨確搉殼（壳殸）梏毃燩醵礐（硞）硞徻慖瞉

lioh［lioʔ］lioh⁴略（畧）掠掠擊辂略

nioh［nioʔ］nioh⁴虐（yoh⁴\nih⁴）瘧（yoh⁴）

sioh［sioʔ］sioh⁴削

tsioh［tsioʔ］tsioh⁴爵嚼雀爝皭穱（tsuh⁴）瀺

ts'ioh［ts'ioʔ］ts'ioh⁴鵲碏猎（猎）皵爑鯌

iu［iou］

yiu［iou］yiu¹幽麀憂鄾嚘優耰（櫌）攸（卣）悠滺呦怮 yiu²有友酉卣羑魩莠蜏黝懮牖誘（誱）yiu³又右佑祐宥侑姷囿幼（yao¹）疚柚釉鼬狖（貁）褎 yiu⁵尤訧疣（肬）鱿逌由繇（cheu³\yao⁵）蕕油蚰庮囮（圓）斿（liu⁵）游遊蝣郵猶（yao⁵）猷栖櫾莤輶豬冘

hiu［xiou］hiu¹休庥咻烋貅鵂鵂髹 hiu²朽（歽）hiu³齅嗅冔

kiu［kiou］kiu¹鳩（勼）鬮（鬮）疚樛摎丩 kiu²九玖久灸韭（韮）赳糾（糺）kiu³舅臼柏舊（旧）救咎廏究廄（厩）柩偺疚宄慦

k'iu［k'iou］k'iu¹丘（坵）邱蚯 k'iu²糗餽媸 k'iu³鼽 k'iu⁵求裘屎璆球毬觩茮銶賕蛷梂俅逑絿觓虬（虯）朹朻厹（厹）

liu［liou］liu²柳桞㨨罶綹懰 liu³廇餾溜塯飅霤搯 liu⁵畱（留）榴驑猫瘤鶹鷚（鰡）琉（瑠）飀遛劉瀏鷚鏐蟉鎏旒（旈）㐬流硫熮漻嘐

miu［miou］miu³繆謬

niu［niou］niu^{1}㖩 niu^{2}鈕紐杻（chʻeu^{2}）扭狃忸（noh^{4}）niu^{5}牛妞芊

piu［piou］piu^{1}彪

siu［siou］siu^{1}羞饈（膸脩）修脩 siu^{2}滫綇 siu^{3}秀銹（鏥鏽）繡（綉）袖岫琇（yiu^{2}）siu^{5}囚泅莤鮂

tiu［tiou］tiu^{1}丢颩

tsiu［tsiou］tsiu^{1}湫（tsiao^{2}）啾揫（揪）瞅鶖鰌酋醔湭遒蝤蕕 tsiu^{2}酒 tsiu^{3}就殧鷲僦瘷稩（糈）

tsʻiu［tsʻiou］tsʻiu^{1}秋（穐）楸萩鞦鞦鰍（鰌）鶖緧煪

iün［yn］

yun［yn］yun^{1}氳鰮蝹（ngao^{2}）霻 yun^{2}抎隕（磒）殞允狁惲慍韞 yun^{3}韻（韵）縕藴藴醖運暈煴䲰鄆韗（韗）yun^{5}云雲紜耘（秐耟）芸蕓澐匀畇筠涓郧篔鋆

hiun［xyn］hiun^{1}熏（燻）薰曛獯纁醺勳（勛）焄 hiun^{3}訓

kiün［kyn］kiün^{1}君莙袀均鈞（鉤）軍皸麕（麇）kiün^{2}窘捃 kiün^{3}郡菌吻（㖧）

kʻiün［kʻyn］kʻiün^{1}群（羣）箘 kʻiün^{5}裙（帬）囷

siün［syn］siün^{2}笋（筍）（yun^{5}）隼（鶽）栒（簨簨）siün^{3}峻晙浚（濬）鵔殉（狥侚）迿 siün^{5}旬荀郇洵徇詢珣恂峋巡（廵）循馴紃揗

tsʻiün［tsʻyn］tsʻiün^{1}皴皴竣夋逡踆壿

iüng［yŋ］

yung［yŋ］yung^{1}邕（雍）雝廱癰澭（灉）蕹饔噰（噰）yung^{2}甬埇衜勇俑（tung^{1}）踊蛹（螃）恿（慂）涌（湧）壅擁臃鞕永 yung^{3}詠（咏）泳用禜醟憕嗒 yung^{5}榮蠑瑩熒縈滎螢瀯容榕溶肜（chʻăn^{1}）蓉傛瑢鎔鱅（鰫）融瀜喁（yü^{5}）顒庸鏞傭（chung^{2}）墉鄘

hiüng［xyŋ］hiüng/hiung^{1}兄凶兇恟匈（胸胷）訩洶雄 hiüng/hiung^{2}詗 hiüng/hiung^{3}敻 hiüng/hiung^{5}熊

kʻiüng［kʻyŋ］kʻiüng^{1}穹 kʻiüng^{2}頃蹟（苘）跫恐（忈）絅（褧）迥冋（冂坰）炯（烱）囧（冏）kʻiüng^{3}傰誇挎 kʻiüng^{5}窮（竆）藭茚梁邛笻蛩（蛩）蛬銎瓊惸睘（睘）惸

o［o］

o［o］o¹阿啊婀（娿）痾（痾）屙

ho［xo］ho¹呵（ha¹）訶魺苛 ho³賀 ho⁵河蚵（k'o⁵）何荷（ho²）

ko［ko］ko¹歌（謌）哥鴚柯牁滒 ko²舸哿笴 ko³箇（個个）

k'o［k'o］k'o¹科珂蝌軻薖窠髁顆 k'o²可坷岢 k'o³課騍稞堁敤嵙齁

lo［lo］lo²裸（躶）蠃鸁蠃贏蓏擺攞瘰砢 lo³邏躍彈（to¹\tan²）lo⁵羅儸囉欏灑籮蘿綦鑼騾（贏）饠螺腡觀（覼）鼉

mo［mo］mo²麽（庅）示 mo⁵磨（礳）摩麐（饝）麿魔蘑嫫（嬷）

no［no］no²娜 no³糯（稬）懦嗦 no⁵挪挼（捼）儺（置）郍挪

ngo［ŋo］ngo²我 ngo³餓 ngo⁵訛（譌）鈋吪娥俄哦（誐）峩（峨）硪蛾鵝莪

［po］po¹波菠嶓 po²跛蚾播 po³簸譒

p'o［p'o］p'o¹坡陂（péi¹）陁玻 p'o²頗叵（尀）笸 p'o³破蔢 p'o⁵婆皤鄱磻

so［so］so¹蓑抄（挲）桫娑莎莏梭唆嫂傞 so²惢鎖瑣顡

to［to］to¹多袳 to²朶（朵）垛躲跺挆埵陊鬌 to³剁稌舵（t'o⁵）跢（tai³\chi¹）惰墮憜褚

t'o［t'o］t'o¹拕（拖）𧾷（乾）杝（柂）t'o²妥橢撱鞞媠 t'o³唾（涶）蜕（tui³\shui³）t'o⁵陀（陁）跎佗（它）馱（駄）駝鮀駝紽柁乾痑鮀酡沱（沲）紽砣（鉈碻）堶羜詑庹鼉

tso［tso］tso¹佐（tsü³）tso²左㸰 tso³佐坐座做嵯袏

ts'o［ts'o］ts'o¹搓（ch'ai¹）磋蹉 ts'o²瑳脞矬 ts'o³剉銼挫莝踳嵳（蓌）諎（cha³）錯（ts'oh⁴）厝（ts'oh⁴）ts'o⁵嵯（tsz'¹）瘥（ch'ai¹\ch'a¹）鹺矬

oh［oʔ］

choh［tʂoʔ］choh⁴着燋勺杓灼仢彴妁酌斵斫斮輟禚惙頔辵（辶）卓倬棹（桌）捉浞鋜啄啅掾椓涿琢諑斲（斀）濁鐲擢濯啜（歠歠）娺窡棳（棁）啜醊（餟）錣窨

ch'oh［tʂ'oʔ］ch'oh⁴綽婥焯趠踔婼擉戳戳齪

foh［foʔ］foh⁴縛

hoh［xoʔ］hoh⁴曷喝毸褐鞨鶡蝎合姶哈欲匎郃頜籺盒盍（盉）閤嗑黑赫嚇壑寉鶴膔（臛）涸（滈）謞漍貉貈狢垎郝（shih⁴）翮劾紇（hiah⁴）齕覈蘁

joh［ʐoʔ］joh⁴弱蒻烎叒若（jé²）箬楉

koh［koʔ］koh⁴閤閣擱各格挌蛤虼觡茖袼骼胳（肐骹）疙趷忔隔槅膈嗝革鴿蛤佮割葛擖輵（轕）

k'oh［k'oʔ］k'oh⁴恪客喀咳（欬）略搕渴刻剋（尅）克瞌溘殼磕壉搕榼緙峇

loh［loʔ］loh⁴洛洛刜咯（koh⁴）烙珞絡酪骆（koh⁴）雒駱硌落濼犖樂（yoh⁴\yao³\lao¹）

moh［moʔ］moh⁴莫幕（幙）漠寞墨摸瘼嗼膜膜膜鏌邈末抹茉靺沫妹秣抹麳冒墨默（嘿）嘆纆嚜

noh［noʔ］noh⁴諾踏（jé²）衄訥（呐）恧肭

ngoh［ŋoʔ］ngoh⁴鄂愕（愣）諤（讍）咢崿碍鍔鸚腭（齶）堊噩詻鱷（鰐）額（額）頞厄（戹）呃軶阸（阨）鈪餩胺堨（kieh³）遏鬨（yiu³\yen¹）匎遻搕扼（挖）

poh［poʔ］poh³薄 poh⁴箔鉑搏簙膊博（愽）煿鎛鑮礴榑白百佰伯帛泊迫（廹）柏（栢）舶襮麭剥駁（駮）雹趵ㄆ撥襏鰀北（péi³）跋盉鉢茇鈸骹（髆）骳鮊妭馞蘗（檗）擘亳

p'oh［p'oʔ］p'oh⁴潑剝（鐅）醱珀擳莩撲扑樸朴璞璞髆挬暷敠蔔（fuh⁴）葡拍粕魄（t'oh⁴）

soh［soʔ］soh⁴索（繅索）（sih⁴）摏（sung³\shuh⁴）

shoh［ʂoʔ］shoh⁴芍爍（loh⁴）鑠朔槊（鎙）搠稍潎驚搔鎍蟀嗍槊塑

toh［toʔ］toh⁴掇剟敠鵽奪敪鐸澤惰跢喥劅沰

t'oh［t'oʔ］t'oh⁴脫（tui³）侻馲挩祏祐乇託（佗）托（拓）橐騾飥跅柝籜籜亳

tsoh［tsoʔ］tsoh⁴作昨怍（cha³）柞（tseh⁴\choh⁴）撮（tsui¹）繓楂箬鑿

ts'oh［ts'oʔ］ts'oh⁴剒婼（婼）

u［u］

wu［u］wu¹烏鳴歍剭圬（杇）污（洿汙）（yü⁵\wa¹）犽梎郚 wu²五（伍）伍仵午昨嵨塢（隖）熓搗武珷（碔）鵡侮（侮）潕（潕）廡甒嫵憮（hu1）憮儛舞 wu³務霧婺鶩戊忤（牾）迕牾悟晤寤惡（wu¹\ngoh⁴）噁誤悞 wu⁵無（橆无）冇蕪巫誣毋（meu¹）吳蜈吾峿梧捂唔浯鋙（yü²）鼯

chu［tʂu］chu¹朱侏株洙珠硃朱跦蛛（鼄）誅邾袾祩茱諸櫧猪（豬）瀦蠩椓 chu²、（点）主拄鞋麈砫（祩宔）渚（陼）煮詛阻炷蛀霔澍駐 chu³住咮柱注註腧著箸（筯）助翥（翥）鑄羜宁貯紵眝羜詝鉒杼笁

ch'u［tʂ'u］ch'u¹初芻（蒭）噓樞貙瑪樗摴攄姝 ch'u²楮褚杵楚憷礎佇（竚）齼濋泞苧處（処處）ch'u³儊癙 ch'u⁵除滁篨蒢蜍（蠩）櫫儲廚（厨）幮躇躕雛（鶵）鋤（鉏）媰犓耡

fu［fu］fu¹夫袪砆（玞）鈇枎麩孚桴俘莩郛稃（柎）跗趺枹柎罦（罘）怤鄜旉敷（尃）（pu³）膚懯 fu²府拊撫（拊）腑腐俯（頫）弣黼甫盙（簠）輔黼脯鬴釜斧㕮 fu³父傅付咐祔附蔚駙鮒副富蕾仆訃赴賻賦婦（媍）負偩蚹 fu⁵符苻泭涪梟莩芙蚨扶榑颫鬴

hu［xu］hu¹呼嘑虖謼滹歑膴（wu²）幠虍 hu²虎琥謔（唬）祜滸 hu³戽淴戶鳸扈扈摢滬簄鶚楛苄怙岵鄠嫭（嫮）護互笠苴嫪沍（冱）枑跬雚（tsuh⁴）hu⁵胡瑚猢葫瓠湖衚糊餬鬍（箶）醐蝴鶘鬍煳（熩）壺鋘（鋘）弧狐乎

ku［ku］ku¹孤胍蛄（蛌）觚柧罛牯（箛）菰菇苽笟姑沽酤鴣軲辜鈷 ku²古估罟股（胋）牯羖（粘）鹽盬鹽蠱鼓（皷鼓）臌瞽賈詁 ku³故固痼（痁）錮鯝涸雇（僱）顧（顾）

k'u［k'u］k'u¹枯骷跍刳 k'u²苦 k'u³筈庫蕠褲（袴綺）

lu［lu］lu²鹵滷磠擄魯櫓（艪樐樚）虜（擄）嚕 lu³路輅賂簬露璐潞鷺鏴 lu⁵盧嚧攎壚鑪爐（炉）獹櫨瀘甗壚罏瀘纑臚艫籚蘆轤鸕鱸嚧顱（髗）

mu［mu］mu²母姆（姥）鴟 mu³慕暮慔墓募 mu⁵模摹謨

nu［nu］nu²弩砮努帑 nu³怒 nu⁵奴詉孥伮駑

pu［pu］pu¹逋晡庯餔 pu²圃補譜埔 pu³埠步布佈捇怖簿（poh⁴）部哺捕餔

p'u［p'u］p'u¹鋪誧蹞痡（fu³）鯆 p'u²溥普氆浦潳蔀 p'u³舖 p'u⁵莆蒲匍蒱

蒱葡酺莩菩（p'éi^2）

su［su］su^{1}蘇穌（甦）樕㰅𤸇𨢒酥 su^{3}素傃嗉（膆）愫塑（壊）謖餗訴（愬）遡（泝）溯（㴑）所

shu［ʂu］shu^{1}書璛（tu^1）舒紓輸毹鄃疏（踈）（shu^3）蔬梳抒綀 shu^{2}暑鼠癙黍蝫數（shu^3\tsuh^4）shu^{3}嗽樹豎（竪）墅戍恕曙庶署裋侸（teu^1）shu^{5}殳（杸）藷（薯）殊銖

tu［tu］tu^{1}都旺䅬 tu^{2}覩（睹）堵賭睹肚堍 tu^{3}杜塢度（toh^4）渡鍍妒（妬）蠹（螙）斁（yih4）斁

t'u［t'u］t'u^{2}土吐 t'u^{3}芏兔（兎）t'u^{5}圖屠瘏途涂塗稌（𪀛）酴悇（yü^3）梌荼蒤（ch'a^5）徒（迏）跿䖘駼菟稌騟

tsu［tsu］tsu^{1}租 tsu^{2}祖組爼䖝（䖝）（na^2）tsu^{3}祚胙阼殂徂

ts'u［ts'u］ts'u^{1}粗（麤麁㹅）跛麆怚 ts'u^{3}醋措（cheh^4）

uh［uʔ］

chuh［tʂuʔ］chuh^{3}舳 chuh^{4}竹竺怞柷祝妯軸築筑嘱（啒）孎斸矚躅蠾燭（烛）蠋粥粥（咮）逐瘃蓫豖

ch'uh［tʂ'uʔ］ch'uh^{4}出黜絀畜蓄傗慉搐滀怵觸歜矗閦亍

fuh［fuʔ］fuh^{4}畐福蝠幅葍輻复復覆腹馥蝮複㚆（墺）伏栿洑茯袱鰒由菔服（舨）箙鵩弗佛（㑽）佛髴艴怫刜笰飅咈拂紼綍茀紱发（犮）汥帗袚黻韍祓

huh［xuʔ］huh^{4}斛蔛箶槲縠欻焀核槅鶻搰淈䍧

juh［ʐuʔ］juh^{4}入辱溽嗕縟褥蓐肉（月）卄（廿）（nien^3）

kuh［kuʔ］kuh^{4}谷穀（穀）穀轂榖骨縎榾愲汩梏牿㕮鵠扢（heh^4）

k'uh［k'uʔ］k'uh^{4}哭窟堀猸朏（胐）嶇澐圣礐（佶）酷矻窋（ch'uh^4）

luh［luʔ］luh^{4}六（陸）陸坴蛙淕稑鹿摝轆（㯟）麗簏漉（淥）麓螰录盝角娽祿綠碌䘵菉醁踛逯錄騄籙戮㲯僇磟硉硥

muh［muʔ］muh^{4}沒歿坶殳目苜木沐霂榘鶩牧穆睦𦉰㱪

puh［puʔ］puh^{4}不卜僕鏷濮瀑醭幞（襆）轐孛勃浡渤哱埻鵓桲誖脖粰蹼攴

p'uh［p'uʔ］p'uh^{4}朏霊鋪

suh［suʔ］suh⁴肅翻驌鷫捒夙溹窣俗粟剿慄佩速蔌倲觫涑𥽆漱蕢續謖楝宿蓿遫簌

shuh［ʂuʔ］shuh⁴術茂术秫沭述束悚（欶𠳲）叔俶淑菽孰熟塾縮踧蜀蠋屬（属属）贖倏鯈褣（襡）鷫

tuh［tuʔ］tuh⁴突埃倏（挨）黢椓踈柮（nah⁴）咄督篤儋獨韇髑毒纛磑曶瀆凟黷嬻讟牘犢㻮匵（櫝）殰（臎）讀（teu³）

t'uh［t'uʔ］t'uh⁴禿鵚痳誘裂

tsuh［tsuʔ］tsuh⁴卒（卆）猝捽椊觕（suh⁴）足（tsü²）踿（t'ih⁴）蹙顣喊槭嗾（tsah⁴）族鏃

ts'uh［ts'uʔ］ts'uh⁴促蹴踧猝崒蔟簇（ts'eu³）汋

wuh［uʔ］

wuh［uʔ］wuh⁴屋喔劚偓握渥幄兀矵屼矶（仉）扤杌膃喎鋈（woh⁴）沃勿沕物岉艼

hwuh［xuʔ］hwuh⁴忽捴惚囫笏縠

ui［ui］

hwui［xui］hwui¹灰默煇輝暉揮撝楎翬麾徽隳倠豗 hwui²毀諢（譭）燬脢（tui²）痮虺卉（芔）賄匯（滙）悔晦 hwui³卉誨惠譓螝蕙會繪殨嘒慧恚蛔潰頮（䵣）闠嬒殨瞶喙諱喴（譓）翽 hwui⁵回（囬回）迴（廻）徊洄鮰痐（蛔蚘蛕）恛茴桓

chui［tʂui］chui¹追糙（tui1）隹錐雖鵻騅 chui²捶棰箠 chui³硾綴縋腄惴墜（隊）贅

ch'ui［tʂ'ui］ch'ui¹吹（歓）炊烾 ch'ui³篅磋 ch'ui⁵垂（巫）陲鎚錘槌（椎）搥倕腄毳䪉頠（鵬）

jui［ʐui］jui¹綏棲狨蕤 jui²蕊（蕋）蘂蘽 jui³芮汭枘蚋（蜹）睿（叡）銳誘

sui［sui］sui¹雖睢奞荽綏（jui¹）浽瘻夊穟 sui²髓瀡餧寯 sui³歳（岁岁崴）繐穗采檖碎粹啐晬誶膵遂邃燧鐩邃璲襚繸隧（壌）篲篲崇槥檖綏 sui⁵隨（t'o³）隋

shui [ʂui] shui^{2}水 shui^{3}瑞睡稅（tui^{3}）帨 shui^{5}誰脽

tui [tui] tui^{1}堆（𠂤湉）碓（chui^{1}）餽陮 tui^{3}碓對（对）懟（憝譈）隊兊薱駾鐓錞（to^{3}\tun^{3}\shun^{5}）

t'ui [t'ui] t'ui^{1}頹𢷎隤（墤）蓷（chui^{1}）蘈（蘈）瘨魋 t'ui^{2}腿（骽）尯 t'ui^{3}退毻焞 t'ui^{5}推

tsui [tsui] tsui^{1}嗺（sui^{5}）策 tsui^{2}嘴觜（tsz'^{1}）tsui^{3}醉檇罪（辠）最蕞嶊

ts'ui [ts'ui] ts'ui^{1}催崔（磪）摧榱縗 ts'ui^{2}璀漼凗 ts'ui^{3}倅啐（tsuh^{4}）悴顇（tsuh^{4}）瘁淬焠翠臎脆（脃）毳膬萃篡稡（tsuh^{4}）

un [un]

chun [tʂun] chun^{1}諄吨窀肫迍衠 chun^{2}准準埻 chun^{3}稕

ch'un [tʂ'un] ch'un^{1}春椿杶（櫄）鰆輴䞐 ch'un^{2}蠢膥踳偆

hwun [xun] hwun^{1}昏婚惛（惽）睧閽殙涽葷琿 hwun^{2}焜混 hwun^{3}溷慁諢慁恩捆 hwun^{5}渾婫韗琿餛（餫）俒魂忶（慁）

jun [ʐun] jun^{2}蝡 jun^{3}閏潤眴 jun^{5}瞤

kwun [kun] kwun^{1}昆蜫（蚰）崑琨鯤鵾錕褌 kwun^{2}丨滾衮（袞）鯀蓘緄輥惃 kwun^{3}棍㙥謴

k'wun [k'un] k'wun^{1}坤（堃）髡 k'wun^{2}壼梱悃梱綑捆裍閫 k'wun^{3}困睏

lun [lun] lun^{2}惀 lun^{3}論 lun^{5}侖倫圇崙掄淪綸蜦䑳輪碖稐

nun [nun] nun^{3}嫩（嫰）

sun [sun] sun^{1}孫蓀猻搎飧 sun^{2}損榫（隼）膞 sun^{3}遜（愻）巽噀（潠）

shun [ʂun] shun^{2}楯 shun^{3}揗順舜蕣（橓）瞬（眴瞤瞚）（hüen1）裖（賑）shun^{5}唇（脣）漘淳（湻）醇（醕）純（chun^{2}）鶉蓴（蒓）焞犉

tun [tun] tun^{1}敦（惇）（t'wan^{5}\tui^{1}\t'iao^{1}）墩（垕）噋驐蹾瓺橔蜳撴 tun^{2}盾盹庉不（yeh^{4}）蕈 tun^{3}沌扽囤（笹）頓鈍忳遁腯泵

t'un [t'un] t'un^{1}吞 暾 哼（chun^{1}） 涒（yun^{1}）t'un^{2}氽（t'ăn^{5}） 汆 t'un^{3}褪 t'un^{5}屯（chun^{1}）飩魨軘豚（豘）臀庉燉

tsun [tsun] tsun^{1}尊繜樽（罇墫）遵撙嶟 tsun^{2}噂（譐）僔鐏 tsun^{3}駿俊儁㑺晙唆焌捘餕鵔

tsʻun［tsʻun］tsʻun^{1}蹲 tsʻun^{2}村（邨）忖鱒 tsʻun^{3}寸刌 tsʻun^{5}存

ung［uŋ］

chung［tʂuŋ］chung^{1}中忠衷終螽刣衳（伀）忪鍾鐘鼨蹱 chung^{2}冢塚嵸煄瘇（尰）偅踵（歱）種 chung^{3}重緟諥仲衆（眾）

chʻung［tʂʻuŋ］chʻung^{1}充（茺）浺忡忡沖冲（沖）翀茺憧衝（衝）罿 chʻung^{2}寵（寵）chʻung^{3}銃揔惷皴逐揰 chʻung^{5}虫（蟲）种盅崇郺

fung［fuŋ］fung^{1}風楓瘋丰妦夆峯烽䗬蜂（蠭）鋒犎封葑葑豐蘴僼灃酆 fung^{2}唪覂捧 fung^{3}奉鳳俸諷賵 fung^{5}馮渢逢摓縫漨

hung［xuŋ］hung^{1}轟薨烘（灴）叿（訌）訇洶硡訇紅 hung^{2}汞澒吽嗊哄 hung^{3}閧（衖）鬨訌蕻（葓）hung^{5}訇虹洪鴻陚葒饙横翃竑耾閎紘（紭）宏宏弘吰吰泓鞃嶸

jung［ʐuŋ］jung^{2}宂（宂）搑軵（fu^{2}）jung^{5}戎絨俄狨駥茙搣毧氄茸髶穁傭襛

kung［kuŋ］kung^{1}公蚣魟（魭）厷（肱）疘工功攻弓芎躳（躬）肩（kăng^{2}）駉洞恭宮龔供（kung^{3}）kung^{2}拲廾巩（鞏）鞏蛬穬獷鑛（礦）拱栱珙栱憬熲璟 kung^{3}貢玒共（kung^{2}）

kʻung［kʻuŋ］kʻung^{1}空箜崆硿悾 kʻung^{2}倥孔 kʻung^{3}控鞚

lung［luŋ］lung^{1}龍竜蘢隆窿癃 lung^{2}壟隴儱攏竉槓 lung^{3}弄挵（挊）哢躘 lung^{5}瀧儱嚨豅矓朧櫳（櫳）籠瓏襲（礱）龒聾襱韊（籠）

mung［muŋ］mung^{2}蠓猛懵（懞）mung^{3}夢（夣梦瞢）虋 mung^{5}蒙濛（霥）幪矇朦纕曚艨檬礞饛鬤罞甍莔氓（甿）盲瞢蝱（宝）鄸鸏

nung［nuŋ］nung^{1}濃醲噥穠饑 nung^{3}齈 nung^{5}農（莀）儂膿震

sung［suŋ］sung^{1}松淞菘鬆嵩（崧）鬆娀（鶑）憽 sung^{2}竦悚（㩳）聳摗 sung^{3}宋送誦訟頌凇

shung［ʂuŋ］shung^{1}搑

tung［tuŋ］tung^{1}東涷蝀倲鶇冬倲苳 tung^{2}董懂湩灉 tung^{3}洞戙（䏲）胴峒衕凍棟動慟

tʻung［tʻuŋ］tʻung^{1}通蓪烔恫痌 tʻung^{2}捅桶統衕 tʻung^{3}痛 tʻung^{5}同（仝）詷

侗苘峒挏桐筒銅胴（髏）鮦硐絧箳獞佟童偅瞳董犝犩潼橦氃鶇穜瞳膧鑿甋（瓺）肜

tsung［tsuŋ］tsung¹宗椶（椶）鬷緫騌（騌）鬃稯嵕鍐緵葼睸腙堫（稯）縱嵸蹤（踪）豵猣貕 tsung²總（摠摠）稯憁慫 tsung³綜椶（椶）猔偬（偬）瘲從（从）（tsung²）

ts'ung［ts'uŋ］ts'ung¹恩（怱匆）蔥聰（聰）驄（驄）葼蟌璁鏦（ch'wang¹）琮悰樅（樅）瑽 ts'ung⁵從賨淙潀叢（蔌）欉

ü［y］

yü［y］yü¹於（于扵亏）（yü⁵\hü¹）迂紆堣棜淤（yü⁵）yü²雨（yü³）羽禹萭楀瑀鄅與（与）（yü³）庚（匬匭奥）瘐楀愈瘐偏雓愈瘉噢俁麞宇圉圄敔語齬 yü³御（ya³）馭禦籞嫗窫寓遇裕飫（鰸）瘀芋豫（預忬）湡蕷喻諭礜稢 yü⁵魚瞼漁（歔）敔禹崳隅鰅蜵髃（腴）鍝愚余（予）妤（伃）邘圩貐盂（盉）杅竽雩畬餘舁臾（k'wéi³\yung²）悇諛萸（萸）腴虞（驢）噓濰娛譽（yü³）璵歟旟輿鸒（鸒）鍝俞（yü³\shu¹）婾（t'eu¹）愉蒮渝鬮楡瑜瀹窬（teu¹）褕（yao⁵）蕍覦蝓逾踰瑜歈揄（揄）（t'eu⁵\yiu⁵\ch'eu¹）

hü［xy］hü¹虛蝴嘘（噓）欨歔吁盱訏 hü²許詡栩珝煦昫煦訏姁 hü³酗昫（hü¹）

jü［zy］jü²乳汝籹輮孺 jü³擩洳袽袽帤 jü⁵如茹駕筎儒濡嚅襦醹薷

kü［ky］kü¹居（凥尻）据椐琚裾腒鴡賸（居）崌俱拘跔（跔）痀駒捄犂 kü²舉（夆）欅柜莒筥矩蒟秬蒟踽（俱）椇 kü³具堁颶句懼（懼愳）巨詎粔鉅怚拒距岠炬苣駏倨鋸踞窭（宴）（leu²）屨憴虡膢（kioh4）遽據鐻（k'ü⁵）眲

k'ü［k'y］k'ü¹區嶇（嶇）軀驅（駏敺）墟祛呿祛魼抾胠 k'ü²齲虞簴去（k'ü³）k'ü⁵胊劬絇鴝（鸜）渠傑（佢）蕖磲鶀瞿臞（癯）欋衢戵篚蘧蘧璩洵

lü［ly］lü²侶梠儢呂膂旅祣梠僂（leu⁵）褸褸縷 lü³屢慮濾鑢（鑼）勴謔 lü⁵廬蘆驢（馿）閭藘櫚驢蔞（蒟）

nü［ny］nü²女（nü³）

sü［sy］sü¹需須（湏）鬚湑繻鑐胥稰 sü²醑湑諝嶼 sü³敘（叙）序漵緒絮芧壻鱮蕷（醐）圩 sü⁵徐

tsü［tsy］tsü^{1}疽趄（跙）岨（砠）狙苴（cha^{2}）蒩（tsié^{1}）雎沮（tsien^{1}\tsü^{2}）tsü^{2}齟咀（chu^{2}）tsü^{3}聚（冣）

ts'ü［ts'y］ts'ü^{1}趨（趋）（ts'uh^{4}）蛆（蠦）（tsü^{1}）ts'ü^{2}取娶 ts'ü^{3}趣（tseu^{2}\tsuh^{4}）覷（覰）颭糯

üeh［yɛʔ］

yueh［yɛʔ］yueh^{4}月刖（跀）抈曰汨蚎肶粵鉞（戉）樾悅閱軏妜巘狘

hüeh［xyɛʔ］hüeh^{4}血穴吷窬泬眖

küeh［kyɛʔ］küeh^{4}欮肙（䦆）厥瘚劂蹶（kwéi^{3}）鴂嶡（kwéi^{3}）橜劈（愸）蕨蟨鱖趰鐝噘彍譎（憰）潏獝鐍（艍）抉玦玦亅決（决）芵訣觖駃倔崛掘趹

k'üeh［k'yɛʔ］k'üeh^{4}闕缺闋氅

lüeh［lyɛʔ］lüeh^{4}劣埒寽捋鋝啈

süeh［syɛʔ］süeh^{4}雪割揩

tsüeh［tsyɛʔ］tsüeh^{4}絕劈蕝

üen［yan］

yuen［yan］yuen^{1}淵鼘弲寃（冤）慦夗眢蜿鴛鵷肙 yuen^{2}沇阮宛（yuen1\yuen3）婉（wan2）苑（yuh4）菀遠（yuen3）yuen^{3}筦琬畹院愿願怨（yun1）瑗傆衏 yuen^{5}員（yun5）圓洹鳶蠚原源嫄騵騵縓袁園轅元沅芫杬蚖黿螈爰援媛褑猿（猨蝯）鶢垣櫞蝝掾緣鉛（鈆）

hüen［xyan］hüen^{1}咺喧諠諼愋萱（藼）暄晅（烜）狟塤（壎）蠉嬛 hüen^{3}鉉楦（楥）拘絢衒炫袨駽 hüen^{5}玄眩泫懸

küen［kyan］küen^{1}娟蜎捐韏（琄）睊涓鵑稍蠲 küen^{2}埢錈菤捲 küen^{3}卷倦眷睠餋帣鄄絹罥（羂）埍悁（懁）狷（獧）拳（桊弮）（k'üen1）

k'üen［k'yan］k'üen^{1}圈（küen3）棬弮 k'üen^{2}畎（甽）k'üen^{3}綣券勸（劝）k'üen^{5}惓拳蜷踡鬈權顴犬

lüen［lyan］lüen^{1}䜌 lüen^{2}孌臠 lüen^{3}戀（恋）䜌 lüen^{5}攣癵

süen［syan］süen^{1}宣亘瑄揎朘剶 süen^{2}選 süen^{3}颴縼鏇巽臽 süen^{5}旋璇（璿）漩蜁

tsüen［tsyan］tsüen^{1}鐫（鋑）tsüen^{2}雋（tsun3）吮（shun1）

ts'üen［ts'yan］ts'üen^{1}銓輇詮痊筌佺荃悛（siün5）跧 ts'üen^{5}全（仝）牷泉（洤）

üé［yɛ］

hüé［xyɛ］hüé^{1}靴（韡）

üh［yʔ］

yuh［yʔ］yuh^{4}玉鈺瑦聿昱熤峪欲慾浴鵒鋊獄鬱（鬰欝）薁燠（噢）（ngao^{3}）腴矞噊（shuh^{4}）遹（shuh^{4}）繘霱鷸鱊歔彧（yih^{4}）郁育鬻唷淯蛸閾域（緎）棫蜮緎罭淢毓儥贕噔

küh［kyʔ］küh^{4}局侷跼鋦挶梮蘜匊（掬）菊趜踘鞠鞫（諊）鶪鵙犪泦愒橘蹫

k'üh［k'yʔ］k'üh^{4}曲笛苖蛐麯（麴）屈詘蝹齣臭鶪闃

lüh［lyʔ］lüh^{4}律葎捋葎綷葎膟驈

süh［syʔ］süh^{4}洫旭勖（勗）哦頊戌訹侐恤（卹）珬

wa［ua］

wa［ua］wa^{1}蛙（鼃）哇娃洼漥窊 wa^{2}瓦掝踠 wa^{3}窊啘（呱）wa^{5}咓

chwa［tʂua］chwa^{1}檛簻撾髽膼

hwa［xua］hwa^{1}花 hwa^{2}踝 hwa^{3}化話（譮）畫（画）崋樺擭 hwa^{4}艧 hwa^{5}華（崋）鏵驊（蘤）划嘩（譁）（wa1）

jwa［ʐua］jwa^{2}稜桵

kwa［kua］kwa^{1}瓜抓媧騧爮蝸 kwa^{2}咼剮另篙寡 kwa^{3}詿罣

k'wa［k'ua］k'wa^{1}夸誇恗侉姱 k'wa^{2}骻 k'wa^{3}胯跨跨

wah［uaʔ］

wah［uaʔ］wah^{4}空挖襪（韈）

hwah［xuaʔ］hwah^{4}滑猾磆繣（hwoh^{4}）㦎鮹

kwah［kuaʔ］kwah^{4}刮括聒話栝（桰）苦（菰）蛞适髻鴰筈劀颳

shwah［ʂuaʔ］shwah^{4}刷（㕞）唰

wai［uai］

wai［uai］wai^{1}歪崴喎 wai^{3}外聵竵

ch'wai［tʂ'uai］ch'wai¹攦 ch'wai²揣 ch'wai³嘬膪（cha3）ch'wai⁵膪

hwai［xuai］hwai³壞儈（wai³）hwai⁵懷（怀）褢（褢）蘹槐淮

kwai［kuai］kwai¹乖 kwai²拐枴 kwai³怪（恠）夬

k'wai［k'uai］k'wai¹擓 k'wai²蒯 k'wai³快駃噲鄶塊

shwai［ʂuai］shwai¹衰摔甩揥 shwai⁵帥（soh⁴）率（luh⁴\léi³）

wan［uan］

wan［uan］wan¹彎灣剜捥帵豌 wan²晚娩挽輓踠碗（盌椀）涴綰（綄）wan³忨翫玩妧腕（肾）惋豌萬（万）卍蔓（man⁵）鄤 wan⁵頑岏刓（园）痯

hwan［xuan］hwan¹歡讙貛（獾）驩獂還（还）hwan²浣捖浣（澣）睆皖睆緩鯇（鰀）hwan³患槵宦（佪）瘓豢幻圂逭奐喚渙煥換皖渙攌輠 hwan⁵環鐶（鐶鏆）圜寰闤儇翾繯壞鬟澴桓峘瓛完垸雺丸汍紈芄萑

jwan［ʐuan］jwan¹捼㽑堧（壖瓀）耎 jwan²腝（nun¹）愞軟（輭）楆蠕瑌（瑌瓀）jwan³鋎

kwan［kuan］kwan¹官倌悺棺綸關（闗）鰥瘝莞（hwan²）冠（kwan3）觀（观）（kwan³）kwan²筦管脘（脘）琯悺（悺）痯棺館（舘）輨斡 kwan³貫慣摜祼灌盥罐（礶）鑵瓘懽（kwan¹）爟雚鸛卝

k'wan［k'uan］k'wan¹寬髖 k'wan²梡款（欵）窾 k'wan³鐉

lwan［luan］lwan²卵 lwan³亂（乱）lwan⁵樂欒圝巒臠鵉孿灤鸞

nwan［nuan］nwan²暖（喛）煖餪 nwan³渜偄（lwan³）

swan［suan］swan¹酸痠 swan²霰 swan³狻（狻）算（筭）蒜匴

shwan［ʂuan］shwan¹拴閂（虥）栓 shwan²涮 shwan³篡灙

twan［tuan］twan¹剬耑端貒 twan²短 twan³斷段煅（鍛）緞毈腶椴（hia⁵）葮碫斷

t'wan［t'uan］t'wan¹湍耑 t'wan²睡（疃疃）t'wan³彖褖 t'wan⁵團摶溥博糰（糰）

tswan［tsuan］tswan¹鑽（鑚）（tswan³）躦（躦）儹 tswan²纂纘臇（煮）tswan³揝（撍攢）謙

ts'wan［ts'uan］ts'wan¹攛 ts'wan²欑穳酇 ts'wan³爨竄躥 ts'wan⁵攢

wang［uaŋ］

wang［uaŋ］wang¹汪尪（允尤佢）wang²往（徃）柱罔（网）網誷輞（椆）魍惘 wang³旺妄誷望（塑）迋

wang⁵王（wang³）亡（亾）（wu¹）忘

chwang［tʂuaŋ］chwang¹莊庄（păng⁵）妝（粧糚）裝椿褙蹐鬃 chwang²粦 chwang³壯狀戇撞狂幢

chʻwang［tʂʻuaŋ］chʻwang¹窓（窻牕）囱（tsʻung¹）摐春（chʻung⁵）瘡（餯創）chʻwang²僙 chʻwang³刺硡靚創（刱）愴 chʻwang⁵爿床（牀）霖幢糚鑪稄

hwang［xuaŋ］hwang¹亢荒稤（稨）絾肓盂 hwang²幌㡣晃恍（怳）慌謊暁怳 hwang³況况睤眖繢榥櫎熀滉鍠 hwang⁵皇凰惶徨徨遑煌餭膹鰉（鰉）篁媓蝗隍（堭）湟喤鍠黄潢癀戵璜趪簧磺蟥

kwang［kuaŋ］kwang¹光胱洸（hwang³）斻觥（觥）kwang²廣 kwang³桄絖（纊）誆

kʻwang［kʻuaŋ］kʻwang¹匡筐框囯洭恇 kʻwang³誆眶勐迬徎壙曠懭 kʻwang⁵狂

shwang［ʂuaŋ］shwang¹霜礵孀驦鷞（鸘）艭雙（双）shwang²爽縔

wăn［uən］

wăn［uən］wăn¹溫瘟晶榅 wăn²勿吻（呡肦）脗抆刎搵媼穩（穏）wăn³問紊汶璺緺（mien³）悃 wăn⁵文紋魰蚊（螡蚉）雯聞閿（閺）

wăng［uəŋ］

wăng［uəŋ］wăng¹翁颙嗡鞝蝓蓊 wăng²滃塕 wăng³甕（甕瓮）魁䏏

wen［uɛn］

chwen［tʂuɛn］chwen¹專（耑）甎（磚）嫥鄟鱄顓踒 chwen²剸轉 chwen³嚩篆瑑塚撰譔饌篨僎譔縳（pang²\küen³）

chʻwen［tʂʻuɛn］chʻwen¹川（巛）穿屪潺傣 chʻwen²喘舛荈 chʻwen³篡簸（fan³）釧玔踹串僝鷠猭 chʻwen⁵椽傳船（舡）遄

wéi［uɛi］

wéi［uɛi］wéi¹威械螆葳煨偎椳限（溾）磈逶痿矮菱㥄 wéi²尾娓䰠（man⁵）委蝼罻瑋偉葦煒暐韙壝骫唯闈猥䰟隗洈痏鮪鳚鬔蔿蒍薳（yuen²）wéi³未味妹位

胃猬（蝟）憪謂渭娟羃畏餧（喂）衛（衞）徳霋魏馨藯偽尉（yü³）尉（熨）慰蔚（yuh⁴）尉霨颬濊穢蔵薈彙（léi²）緯蟒颸鞾wéi⁵爲（wéi³）韋圍囗湋裶（hwui¹）闈幃違帷違惟維蜼（léi⁵）濰危桅洈鮠峗嵬巍羼微薇溦（wi³）

kwéi［kuɛi］kwéi¹歸（归）皈巋（wéi³）龜（龟）邽圭（珪）袿閨鮭桂媧頮規撌嫛（娓）鬹槻瑰kwéi²鬼癸垝佹恑詭袚屪軌宄氿匭簋鬹kwéi³貴桂愧（媿）跪鱥撅劂劌儈廥瘣刽檜郐澮獪旝膾（鱠）檜櫃（鐀匱柜）肵（臀）筺

k'wéi［k'uɛi］k'wéi¹虧魁詼恢盔闚窺睽奎（奞）暌刲k'wéi²傀跬k'wéi³喟愦簣（簀）饋餽匱襆繢觲欈k'wéi⁵聨騤葵揆戣逵馗夔

wo［uo］

wo［uo］wo¹窩渦（ko¹）萵猧倭（wéi¹）涹踒wo²媧（lo²）妮（ngo²）wo³臥

hwo［xuo］hwo²夥伙火（灬）hwo³禍貨盉hwo⁵禾和（龢咊）

kwo［kuo］kwo¹戈堝喎鍋kwo²果菓椁輠（檛）錁惈猓蜾緺裹粿餜（餜）kwo³過（过）

woh［uoʔ］

woh［uoʔ］woh⁴馞驜篗蠖艧（踒）

［hwohuoʔ］hwoh⁴霍癨藿擭蒦矆穫劐劃濩膜檴嚯嚄鑊獲潫豁活斛佸秮湝或惑掝鮇蠈幗

kwoh［kuoʔ］kwoh⁴國（国）蟈幗摑（掝）膕蟈郭椁（椁）崞礦曠矍攫躩钁虢馘（職）昏

k'woh［k'uoʔ］k'woh⁴闊（濶）廓鞟（鞹）郭霩擴劀

shwoh［ʂuoʔ］shwoh⁴説（shui³\yueh⁴\t'oh⁴）

'rh［ɚ］

'rh［ɚ］'rh²餌（ni³）耳珥洱駬尒（尔）爾邇'rh³咡毦刵衈佴二（貳弍）貳樲'rh⁵而胹髵洏咘栭茼鮞輀陑兒鶂

z'［ʅ］

sz'［ʅ］sz'¹思偲禠罳緦颸楒斯廝（厮㒭）澌漸嘶撕磃司覗（同）絲鷥鷥虒私厶sz'²死sz'³四（肆）泗駟肆（隸）似姒兕（㲋）寺耜殗（㱲）俟（竢）伺

嗣枱（鉰）筍飼（飤）賜廝巳祀汜涘

    tsz[ɻ]tsz^{1}資咨（諮嗞）姿粢齍趑眥訾皆（chai^1）齜（chʻai^5\chʻa^5）觜（tsui^2）髭茲（兹）滋嵫鎡鰦黱厜挲孜秄（秖）薋齋菑（甾）稵淄緇輺錙鯔孖tsz^{2}子仔呰（啙）紫梓籽滓宊姊（姉）第秭胏沛tsz^{3}自字牸漬（tsih^4）恣（tsz^1）眥（髊齜）戴叝裝（tsi^3）劙（傳）

    tsʻzʻ[ʻɻ]tsʻz^{1}雌玼娍tsʻz^{2}此跐佌泚（tsʻi^2）tsʻz^{3}次伙刺諫莿（束）載（蟴蛓）廁（厠）庇tsʻz^{5}疵玭此茨瓷（磁）慈（怒）鷀辭（辝辤）詞祠

第四章

《汉英韵府》北京话音系

卫三畏在导言中这样描述北京话：

"作为'北官话'或'京话'为众人所知的'北京话'现在最为时髦，最具宫廷色彩，就好像伦敦的英语，或者巴黎的法语，被看作公认的帝国的宫廷语言。"[①]

他明确提出官话与北京话是不同的，并同时指出南官话和北官话最大的不同是两点，一是在 i 和 ü 前的辅音变成 ch 或 ts；二是入声的分布不同。还提到北京话结尾的 n 和 ng 常与下一个音合并，如：前而 tsien'rh 变成 tsi'rh。这些特点，与现代的北京话都有些相似。

关于《汉英韵府》所记录的北京话音系，卫三畏提到要特别感谢富善牧师的仔细修改。说明北京音的记录还有富善牧师的帮助。富善牧师（Rev. Chauncey Goodrich，1836—1925）是著名美国公理会宣教士，1865年来到中国，1925年在中国逝世。在中国宣教整整六十年，是宣教士中北京话讲得最标准、最流利的一位。其最重要的贡献是主持翻译了《官话和合本新旧约全书》，并且在1891年出版了一本《中英袖珍字典》，另外又出版了一本《官话特性研究》。有这样一位精通北京话还对语音研究相当有成就的同行的帮助，卫三畏的北京话音系就更加准确、真实。

---

① ［美］卫三畏 . 汉英韵府［M］. 上海：美华书院，1889：28.

第一节 《汉英韵府》北京话音系音节整理

卫三畏只是在字典正文的字条下注明北京话发音。截图如下：

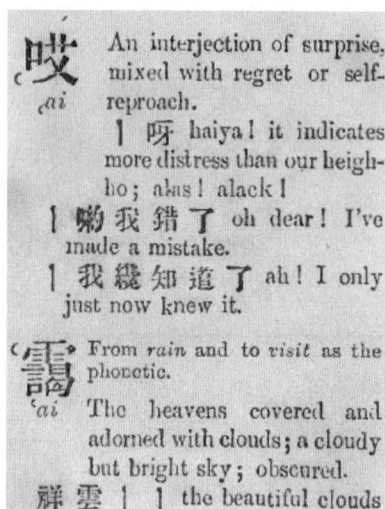

图4-1 《汉英韵府》1889：正文1页

本书将《汉英韵府》正文中所有字条下的北京话音节进行搜集和整理，最后将所有音节按照卫三畏原来的标注进行列表如下：

表4-1 北京话声韵表一

	a	ah	ai	an	ang	ao	ăn	ăng	eh
Ø			ai	an	ang	ao	ăn		
ch	cha		chai	chan	chang	chao	chăn	chăng	
ch'	ch'a		ch'ai	ch'an	ch'ang	ch'ao	ch'ăn	ch'ăng	
f	fa			fan	fang		făn	făng	

续表

	a	ah	ai	an	ang	ao	ǎn	ǎng	eh
h	ha		hai	han	hang	hao	hǎn	hǎng	
hʻ									
j					jang				
k	ka		kai	kan	kang	kao	kǎn	kǎng	
kʻ			kʻai	kʻan	kʻang	kʻao	kʻǎn	kʻǎng	
l	la	lah	lai	lan	lang	lao		lǎng	
m	ma		mai	man	mang	mao	mǎn	mǎng	
n	na	nah	nai	nan	nang	nao		nǎng	
ng			ngai	ngan		ngao			
p	pa		pai	pan	pang	pao	pǎn	pǎng	
pʻ	pʻa		pʻai	pʻan	pʻang	pʻao	pʻǎn	pʻǎng	
r									
s	sa	sah	sai	san	sang	sao	sǎn	sǎng	seh
sh	sha		shai	shan	shang	shao	shǎn	shǎng	
t	ta		tai	tan	tang	tao		tǎng	
tʻ	tʻa		tʻai	tʻan	tʻang	tʻao		tʻǎng	
ts	tsa		tsai	tsan	tsang	tsao	tsǎn	tsǎng	
tsʻ	tsʻa		tsʻai	tsʻan	tsʻang	tsʻao		tsʻǎng	
w								wǎng	
y	ya		yai		yang	yao			yeh
zh				zhan	zhang	zhao	zhǎn	zhǎng	

注：表格的横列为韵母，纵列为声母，表中所用音标为卫三畏自创的拼音系统。

表4-2　北京话声韵表二

	eu	é	éi	i	ia	iao	iang	ieh	ien	ié
Ø	eu			i					yen	
ch	cheu			chi	chia	chiao	chiang		chien	chié
ch'	ch'eu			ch'i	ch'ia	ch'iao	ch'iang		ch'ien	ch'ié
f	feu	fé	féi							
h	heu									
h'				h'i	h'ia	h'iao	h'iang		h'ien	h'ié
j										
k	keu									
k'	k'eu									
l	leu	lé	léi	li		liao	liang	lieh	lien	
m	meu		méi	mi		miao		mieh	mien	mié
n	neu		néi	ni		niao	niang	nieh	nien	nié
ng	ngeu									
p	peu		péi	pi		piao		pieh	pien	pié
p'	p'eu		p'éi	p'i		p'iao		p'ieh	p'ien	
r										
s	seu			si		siao	siang		sien	sié
sh	sheu			shi						
t	teu			ti		tiao			tien	tié
t'	t'eu			t'i		t'iao		t'ieh	t'ien	t'ié
ts	tseu			tsi		tsiao	tsiang		tsien	tsié
ts'	ts'eu			ts'i		ts'iao	ts'iang		ts'ien	ts'ié
w										
y		yé		yi					yen	
zh	zheu									

表4-3　北京话声韵表三

	iéh	ih	in	ing	io	ioh	iu	iuh	iun	iung
Ø										
ch		chih	chin	ching	chio	chioh	chiu			chiung
ch'		ch'ih	ch'in	ch'ing	ch'io		ch'iu			
f										
h										
h'		h'ih	h'in	h'ing	h'io		h'iu	h'iuh		
j										
k										
k'										
l			lin	ling			liu			
m	miéh		min	ming			miu			
n		nih	nin	ning	nio		niu			
ng										
p			pin	ping						
p'			p'in	p'ing						
r										
s		sih	sin	sing	sio		siu		siun	
sh		shih								
t	tiéh	tih		ting			tiu			
t'				t'ing						
ts			tsin	tsing		tsioh	tsiu			
ts'			ts'in	ts'ing		ts'ioh	ts'iu			
w										
y		yih	yin	ying			yiu			
zh		zhih								

表4-4　北京话声韵表四

	iün	iüng	o	oh	ö	öh	u	uh	ui	un
Ø					ö	öh		uh		
ch	chiün		cho	choh	chö		chu		chui	chun
ch'	ch'iün	ch'iüng	ch'o	ch'oh	ch'ö		ch'u		ch'ui	ch'un
f			fo	foh			fu	fuh		
h			.		hö		hu			
h'		h'iüng			h'ö					
j										
k			ko		kö		ku			
k'			k'o		k'ö		k'u			
l			lo	loh	lö		lu	luh		lun
m			mo	moh			mu			
n			no	noh			nu			nun
ng					ngö					
p			po	poh			pu	puh		
p'			p'o	p'oh			p'u	p'uh		
r										
s			so	soh		söh	su	suh	sui	sun
sh			sho		shö		shu		shui	shun
t			to	toh	tö	töh	tu	tuh	tui	tun
t'			t'o		t'ö	t'öh	t'u	t'uh	t'ui	t'un
ts			tso		tsö		tsu		tsui	tsun
ts'			ts'o		ts'ö		ts'u		ts'ui	ts'un
w			wo				wu	wuh		
y			yo	yoh						yun
zh			zho		zhö		zhu		zhui	zhun

表4-5　北京话声韵表五

	ung	ü	üeh	üen	üé	üéh	üh	ün	wa	wah
Ø									wa	
ch	chung	chü	chüeh	chüen	chüé	chüéh	chüh	chün	chwa	
ch'	ch'ung	ch'ü		ch'üen			ch'üh			
f										
h	hung								hwa	hwah
h'		h'ü		h'üen	h'üé	h'üéh		h'ün		
j										
k	kung								kwa	
k'	k'ung								k'wa	
l	lung	lü				lüéh	lüh			
m										
n	nung	nü								
ng										
p										
p'										
r	rung									
s	sung	sü	süeh	süen				sün		
sh									shwa	
t	tung									
t'	t'ung									
ts	tsung	tsü	tsüeh		tsüé			tsün		
ts'	ts'ung	ts'ü		ts'üen				ts'ün		
w										
y	yung	yü	yueh	yuen	yué			yün		
zh	zhung								zhwa	

表4-6 北京话声韵表六

	wai	wan	wang	wǎn	wéi	wo	woh	wu	wui
Ø	wai	wan	wang	wǎn	wéi	wo		wu	
ch		chwan	chwang						
ch'	ch'wai	ch'wan	vh'wang						
f									
h	hwai	hwan	hwang			hwo			hwui
h'						h'wo			
j		jwan							
k	kwai	kwan	keang		kwéi	kwo			
k'	k'wai	k'wan	k'wang	k'wǎn	k'wéi		k'woh		
l		lawn							
m									
n		nwan							
ng									
p									
p'									
r									
s		swan							
sh	shwai	shwan	shwang			shwo			
t		twan							
t'		t'wan							
ts		tswan							wui
ts'		ts'wan							
w									
y									
zh		zhwan							

表4-7　北京话声韵表七

	wun	'rh	z'	'				
Ø		'rh						
ch			ch'					
ch'			c'h'					
f								
h	hwun							
h'								
j								
k	kwun							
k'	k'wun							
l								
m								
n								
ng								
p								
p'								
r								
s			sz'					
sh			sh'					
t								
t'								
ts	wun		tsz'					
ts'			ts'z'					
w								
y								
zh								

根据以上表格统计,《汉英韵府》的北京话音系总共有:声母不排除［w］和［y］,总共是25个;韵母如果不排除带［w］和［y］介音的重复部分总共是83个,总的音节数是499个。卫三畏所记录的北京话音系,不管是声母还是韵母在数量上都超过我们以往对北京话的认知。下面一节将分声母、韵母、声调分别进行归纳。

第二节 《汉英韵府》北京话音系的声韵调

整理出《汉英韵府》北京话音系的所有音节后,本书对字典的12527个字进行穷尽式检索,参证每个字的中古音来源对其声韵调系统进行归纳。

一、《汉英韵府》北京话声母系统

《汉英韵府》北京话音系的声母,根据卫三畏的记录是25个,这个数字比我们一般的认知都多,下面具体分析:

1. ch

［ch］母字一部分只搭配开口呼和合口呼,主要来源于中古的知庄章崇澄这几母。知母如"爹珍账哲展竹",庄母如"渣眨斩债争捉",章母如"针掌招遮周之",崇母如"楂寨轏",澄母如"豸湛瞪"。 另一部分只搭配齐齿呼和撮口呼,来源于中古的见母和群母,见母如"几加皆交杰举娟诀",群母如"近郡局"。这种泾渭分明的来源,其实完全可以立两个声母,但可能是由于它们不相冲突,而且还很整齐地形成四呼的对应,所以卫三畏用一个声母来表示。根据字典的拼音系统,卫三畏对 ch 的发音的拟测是认为其与英语 church［tʃɜːtʃ］中的 ch 一样[1]。不过,西方人一般发不好汉语中的卷舌音,所以卫三畏才如此记录,但我们可以肯定在北京话音系里面,这个声母已经是卷舌的了。因此根据以上的描述可以把这个音拟为［tʂ］。

---

① ［美］卫三畏 . 汉英韵府［M］. 上海:美华书院,1889:16.

2. ch'

[ch']母字一部分只搭配开口呼和合口呼，主要来源于中古的彻昌初崇澄这几母。彻母如"诧闯畅超谄痴"，昌母如"敞蜍赤称婵春"，初母如"权察钞册龀傺"，崇母如"柴欓岑"，澄母如"陈廛储"。另一部分只搭配齐齿呼和撮口呼，来源于中古的溪母和群母，溪母如"欺恰羌敲惬"，群母如"棋瘸穷渠"。这种情况与前一个声母相同，只是一个不送气，一个送气，因此根据以上的描述可以把这个音拟为送气的[tʂ']。

3. f

[f]母字半数来源于中古并母字，半数来自帮母字，还有少量来自滂母字。并母如"伐梵翡附佛逢"，帮母如"法粉飞甫风"，滂母如"翻丰"。根据字典的拼音系统以及列字的来源，可以将其拟定为唇齿音[f]。

4. h

[h]母字主要来源于中古的晓匣二母。晓母如"海汉欢霍灰昏忽"，匣母如"孩很杭踝黄会混"。虽然卫三畏在拼音系统中描述这个字母说："像在hung 中，如果被放在音节的末尾，接近被取消。这个辅音在字首发音时，和英文单词 hung、holy 等一样。"[①]但从例字来看，[h]母主要搭配的是开口呼和合口呼，其与齐齿呼和撮口呼搭配的部分已经分化为[h']，所以可以将其拟定为舌面后擦音[x]。

5. h'

[h']母只出现在带[i]和[ü]介音的韵母前。基本来源于中古的晓匣二母。晓母如"希香掀衅孝休熏兄虚"，匣母如"霞峡鞋闲刑玄"。从来源以及例字来看，[h']母是从前面[h]母中分化出来的，专门与齐齿呼和撮口呼搭配，所以可以将其拟定为舌面前擦音[ç]。

6. j、zh

[j]母的字只有三个，分别是瓤、阮、筼，来源都不相同，分别来自于中古的日母、疑母和见母。[zh]母的字比较多，一百六十几个，基本上都来源于中古的日母。日母如"然人攘仍惹热柔如戎"。卫三畏在拼音系统中指

---

① ［美］卫三畏. 汉英韵府［M］. 上海：美华书院，1889：19.

出："j 是一个法语发音。北京及其周边地区，首辅音 zh 作为 j 的变音使用。"①
可见，[j] 与 [zh] 在北京话中其实是属于同一个声母的，只不过由于中古来
源的不同在读法上很接近而还不到完全相同，但从例字来说，只有两三个字
如此，就实在没有必要另立一个声母了。卫三畏的这种做法有可能受到了《汉
英韵府》南官话的影响，认为这几个字还没有完全演变为与中古日母字合流。
这里保留卫三畏的做法，并拟定 [j] 为与现代的 r 声母较为接近的 [ʒ]，[zh]
为 [ʐ]。

7. r

[r] 母只与 [ung] 搭配，总共 12 个字，即"莹荧萦荣溁容榕溶蓉俗瑢
鎔"，基本上来自中古的影母和以母。[r]母在卫三畏的拼音系统中没有看到，
也没有任何论述。而且仅仅与一个韵母搭配，数量上只有 12 个字，这些字在
现代的北京话中变成两种，来自中古影母的字变成零声母，来自中古以母的
字则与中古的日母字合流。卫三畏的这个注音，也表明这些字还处在变化中，
还没有完全改变。所以这里保留他的做法，将其拟定为较接近的 [dʒ]。

8. k

[k] 母只搭配开口呼和合口呼，主要来源于中古的见母。见母如"该干
庚高姑谷公"。根据字典的拼音系统以及列字的来源，可以将其拟定为 [k]。

9. k'

[k'] 母只搭配开口呼和合口呼，主要来源于中古的溪母。溪母如"开
刊坑扣科苦空"，根据字典的拼音系统以及列字的来源，也可以将其拟定为
[k']。

10. l

[l] 母全都来源于中古来母字，如"磊来蓝浪冷老类黎"。根据字典的拼
音系统以及列字的来源，可以将其拟定为 [l]。

11. m

[m] 母字都来源于中古明母字，如"麻埋满门毛眠"。根据字典的拼音
系统以及列字的来源，可以将其拟定为 [m]。

---

① [美]卫三畏.汉英韵府 [M].上海：美华书院，1889：20.

12. n

[n]母字半数来源于中古泥母字，半数来自娘母字，还有极少量来自端母字。泥母如"捏念挪努嫩佞"，娘母如"狞闹喃尼孃浓"，端母如"鸟茑"。根据字典的拼音系统以及列字的来源，可以将其拟定为[n]。

13. ng

[ng]母字主要来源于中古的疑母，少量来自影母，而且所配韵母一般都是开口一等。疑母如"艾偶傲耦"，影母如"鞍庵"，总的数量才50个左右。卫三畏描述这个字母说："官话中的 ng 发音时经常省略成喉音 ǎ 或 ö，如 ⁿᵍǎn、ⁿᵍo，尤其在直隶（河北）省；但这种首辅音是最变化莫测的，也不能总结成一般的规律。"[1]从来源来说，这个声母的字后来与其他中古同来源字一样都是零声母了，但卫三畏仍然保留这个声母，那么我们推测这个声母也是处于变化中的，所以仍依照卫三畏的看法将其拟定为较接近的鼻辅音[ŋ]。

14. p

[p]母字绝大多数来源于中古帮母字，一部分来自并母字，还有极少量来自滂母字。帮母如"巴拜班本包悲"，并母如"爸稗暴被便"，滂母如"睥醭"。根据字典的拼音系统以及列字的来源，也可以将其拟定为[p]。

15. p'

[p']母字绝大多数来源于中古滂母字，一部分来自并母字，还有极少量来自帮母字。滂母如"葩派攀胖披偏"，并母如"蟠彭庖裴贫"，帮母如"陂羆"。根据字典的拼音系统以及列字的来源，可以将其拟定为[p']。

16. s

[s]母字主要来源于中古的心母，还有小部分来自邪母。心母字如"萨赛搔犀相萧"，邪母字如"像谢习寻遂诵寺"。根据字典的拼音系统以及列字的来源，可以将其拟定为[s]。

17. sh

[sh]母字主要来源于中古的生禅书三母，还有小部分来自船母。生母如"沙晒山生师"，禅母如"甚绍社婵"，书母如"审商赦闪兽"，船母如"甚唇

---

① ［美］卫三畏 . 汉英韵府［M］. 上海：美华书院，1889：导言20.

乘"。主要搭配开口呼和合口呼。根据字典的拼音系统，卫三畏提出："sh 的发音如 shall［ʃæl］中的 sh。"① 我们认为也应该跟［ch］母是一样的情况，所以仍将其拟定为卷舌音［ʂ］。

18. t

［t］母字绝大多数来源于中古端母字，一部分来自定母字，还有极少量来自透母字，主要是透母入声。端母如"打歹丹党登雕"，定母如"代淡凳豆地"，透母如"牵洷"。根据字典的拼音系统以及列字的来源，可以将其拟定为［t］。

19. t'

［t'］母字绝大多数来源于中古透母字，一部分来自定母字，还有极少量来自端母字。透母如"他胎贪汤偷添"，定母如"坛糖疼头提陀"，端母如"觰揥"。根据字典的拼音系统以及列字的来源，可以将其拟定为［t'］。

20. ts

［ts］母字主要来源于中古的精母，还有小部分来自从母。精母如"咂赞增早挤将煎作"，从母如"杂在匠藉靖坐"。根据字典的拼音系统以及列字的来源，也可以将其拟定为［ts］。

21. ts'

［ts'］母字主要来源于中古的清母，还有小部分来自从母。清母如"猜参清妻窃秋趣村"，从母如"惭齐墙崒秦存"。根据字典的拼音系统以及列字的来源，可以将其拟定为［ts'］。

22. Ø、y、w

［Ø］母字主要来源于中古的影母，影母如"挨安盎凹"。［y］母字主要来源于中古的影母，还有部分来自中古的以疑云三母。影母如"鸦央谒烟益因于邕"，以母如"羊延胤与曰"，疑母如"牙仰业吟岳"，云母如"鳍炎耘永"。［w］母的字大都来源于中古的影母，还有小部分来自云疑明三母。影母如"娃崴弯温汪威窝乌"，云母如"往为卫"，疑母如"瓦外玩"，明母如"晚蚊妄"。从中古来源看，它们基本来源相同，其实都是零声母的字。从整

---

① ［美］卫三畏. 汉英韵府［M］. 上海：美华书院，1889：导言16.

个拼音系统来说,卫三畏对介音的理解有问题,这些字的注音都直接把介音当作声母,其实都是零声母的字。所以根据以上的分析,可以将它们拟定为[Ø]。

总的来说,《汉英韵府》北京话音系的声母一共有23个。列表如下:

表4-8 北京话声母表

卫三畏	ch	ch‘	f	h	h‘	j	k	k‘
拟音	[tʂ]	[tʂ‘]	[f]	[x]	[ç]	[ʒ]	[k]	[k‘]
卫三畏	l	m	n	ng	p	p‘	r	s
拟音	[l]	[m]	[n]	[ŋ]	[p]	[p‘]	[dʒ]	[s]
卫三畏	sh	t	t‘	ts	ts‘	y/w/Ø	zh	
拟音	[ʂ]	[t]	[t‘]	[ts]	[ts‘]	[Ø]	[ʐ]	

二、《汉英韵府》北京话韵母系统

《汉英韵府》北京话的韵母总的是92个,当然其中有一些带[y]、[w]介音的部分是重复的。下面逐个分析其中古音的来源,剔除重复部分进行拟测。

1. a

单元音[a]韵的字基本上都来源于中古的假摄麻韵二等开口字,个别来自中古果摄歌韵一等开口字。假摄字如"楂茶马巴葩沙",果摄字如"那他"。还有部分来源于中古的咸摄和山摄的入声字,入声字如"札插拉擦"。根据字典的拼音系统以及列字的来源,可以将其拟定为[a]。

2. ah

[ah]韵的字数量很少,总共6个,即"瘌霅捺菈搭鿎"。基本上都来源于山摄曷韵一等开口入声字,另有两个来自于中古的咸摄合韵一等开口入声字。根据字典的拼音系统以及列字的来源,可以将其拟定为[aʔ]。

3. ai

[ai]韵的字基本上都来源于中古的蟹摄皆韵佳韵哈韵泰韵的一二三等开

口字，如"挨斋柴来孩改慨买乃摆排赛戴"。根据字典的拼音系统以及列字的来源，可以将其拟定为［ai］。

4. an

［an］韵的字基本上都来源于中古的咸摄覃韵谈韵咸韵盐韵凡韵的一二三等开口字，以及山摄山韵元韵寒韵仙韵删韵的一二三等开口字。咸摄字如"斩挽醋敢占谄闪赡"，山摄字如"产翻汉然刊旃鹇廛瓄善扇"。根据字典的拼音系统以及列字的来源，可以将其拟定为［an］。

5. ang

［ang］韵的字基本上都来源于中古的宕摄唐韵一等以及阳韵三等的开口字，还有少数几个来自江摄江韵二等开口字。宕摄字如"张昌方杭攘康朗商"，江摄字如"𤟤扛厐"。根据字典的拼音系统以及列字的来源，可以将其拟定为［aŋ］。

6. ao

［ao］韵的字基本上来源于中古的效摄豪韵宵韵肴韵一二三等的开口字，还混杂了几个来自通摄沃韵冬韵一等合口字。效摄字如"邀招钞豪饶高考老毛闹炮"，通摄字如"熇焅𢶑"。根据字典的拼音系统以及列字的来源，可以将其拟定为［au］。

7. ǎn

［ǎn］韵的字基本上来源于中古的臻摄痕韵真韵一三等的开口字，以及臻摄魂韵文韵一三等的合口字，还有深摄侵韵三等的开口字。臻摄开口字如"诊辰很人跟"，臻摄合口字如"门闷奔笨盆"，深摄字如"震岑壬深"。根据字典的拼音系统以及列字的来源，可以将其拟定为［ən］。

8. ǎng

［ǎng］韵的字基本上来源于中古的梗摄耕韵庚韵清韵二三等的开口字，以及曾摄登韵蒸韵一三等的开口字，还有通摄冬韵钟韵东韵一三等的合口字。梗摄字如"争撑衡更铿盟迸彭"，曾摄字如"恒仍肯棱崩朋僧等"，通摄合口字如"风冯嗵蓬蒙梦疼"。借鉴各家拟音并根据字典的拼音系统以及列字的来源，可以将其拟定为［əŋ］。

9. eh

［eh］韵的字数量不多，只有13个，即"色懒嗇稽儵瀒（涩）飋僿懳瑟瑟痜赩"。这些字都是搭配声母［s］的，基本上都来源于中古的曾摄德韵的一三等开口入声字，以及几个深摄侵韵缉韵三等的开口入声字。曾摄字如"色懒嗇稽"，深摄字如"飋涩"。根据字典的拼音系统以及列字的来源，将其拟定为［εʔ］。

10. eu

［eu］韵的字基本上都来源于中古的流摄侯韵尤韵一三等开口字，如"周抽缶吼揉勾摣楼某耦剖叟手斗透走愁"。根据字典的拼音系统以及列字的来源，可以将其拟定为［ou］。

11. é

单元音［é］韵的字数量不多，总共43个，其中40个搭配唇齿音［f］声母，如"飞蜚斐匪费痱肥沸"，基本上来源于中古的止摄微韵三等合口字；剩下的3个字，即"勒芳肋"，则搭配边音［l］声母，是来自中古曾摄德韵的一等开口入声字。根据字典的拼音系统以及列字的来源，可以将其拟定为［ε］。

12. éi

［éi］韵的字基本上来源于中古的止摄脂韵支韵微韵三等合口字，以及蟹摄灰韵废韵一三等的合口字。止摄字如"羸累沫"，蟹摄字如"雷废梅内悲陪"。根据字典的拼音系统以及列字的来源，可以将其拟定为［εi］。

13. i

单元音［i］韵的字基本上都来源于中古的止摄止韵支韵脂韵微韵三等开口字，以及蟹摄祭韵齐韵三四等的开口字，还有来自中古梗摄臻摄曾摄三四等开口入声字。止摄字如"衣机棋希理靡"，蟹摄字如"兮携艺鸡溪黎米"，入声字如"戚疾立密"。同时，还包含了前一节声韵表中［yi］这个音节的字，来自中古的入声字，如"乙益揖壹"。根据字典的拼音系统以及列字的来源，可以将其拟定为舌面元音的［i］。

14. ia（ya）

［ia］韵的字只搭配［tɕ］、［tɕʻ］、［ɕ］这一组舌面前的声母。其列字来源于中古的假摄麻韵二等开口字，还有一两个蟹摄佳韵二等开口字，以及中古

的咸摄洽韵狎韵帖韵二四等开口入声字，还有几个山摄黠韵二等开口入声字。同时还包含了前一节声韵表中［ya］这个音节的字，只是因为零声母而把介音大写当作声母。止摄字如“霞加鸦雅”，蟹摄字如“佳腕”，咸摄字如“匣甲颊恰掐”，山摄字如“瞎戛恝”。根据字典的拼音系统以及列字的来源，可以将其拟定为［ia］。

15. iang（yang）

［iang］韵的字都来源于中古的宕摄阳韵三等开口字，还有几个江摄江韵二等开口字。同时，还包含了前一节声韵表中［yang］这个音节的字，只是因为零声母而大写而已。宕摄字如“香享僵姜强良娘湘将强央养”，江摄字如“巷江降”。根据字典的拼音系统以及列字的来源，也可以将其拟定为［iaŋ］。

16. iao（yao）

［iao］韵的字都来源于中古的效摄肴韵宵韵萧韵二三四等开口字。同时，还包含了前一节声韵表中［yao］这个音节的字，只是因为零声母而把介音大写当作声母。效摄字如“晓交翘僚苗鸟表票消刁焦悄要”。根据字典的拼音系统以及列字的来源，可以将其拟定为［iau］。

17. ieh（yeh）

［ieh］韵的字总共73个，都来源于中古的咸摄业韵叶韵帖韵三四等开口入声字，还有几个山摄屑韵薛韵月韵三四等开口入声字。同时，还包含了前一节声韵表中［yeh］这个音节的字，只是因为零声母而大写。咸摄字如“葉聂帖”，山摄字如“页列瞥憋”。根据字典的拼音系统以及列字的来源，可以将其拟定为［iaʔ］。

18. ien（yen）

［ien］韵的字都来源于中古的咸摄盐韵严韵咸韵衔韵二三四等开口字，还有山摄删韵元韵山韵先韵二三四等开口字。同时，还包含了前一节声韵表中［yen］这个音节的字，只是因为零声母而大写而已。咸摄字如“嫌缄拑联拈砭纤”，山摄字如“眼掀坚牵连眠年边偏”。根据字典的拼音系统以及列字的来源，可以将其拟定为［ian］。

19. ié（yé）

［ié］韵的字来源于中古的假摄麻韵三等开口字、中古的蟹摄皆韵佳韵二

等开口字，还有来自果摄戈韵三等的开口字，还有中古咸摄山摄三四等开口
入声字。同时，还包含了前一节声韵表中［yé］这个音节的字，只是因为零
声母而大写而已。假摄字如"写谢姐借且爷夜"，蟹摄字如"鞋懈街戒楷涯
捱"，果摄字如"茄伽"，入声字如"嘻页颉结怯捷切"。根据字典的拼音系
统以及列字的来源，可以将其拟定为［iɛ］。

20. iéh

［iéh］韵的字总共19个，来源于中古的咸摄狎韵帖韵三四等开口入声
字，还有几个山摄屑韵薛韵三四等开口入声字。咸摄字如"叠慄或"，山摄字
如"凸耋墆蔑灭"。根据字典的拼音系统以及列字的来源，可以将其拟定为
［iɛʔ］。

21. ih（yih）

［ih］韵的字总共83个，来源于中古的梗摄昔韵锡韵陌韵三四等开口入声
字，臻摄质韵迄韵三等开口入声字，曾摄职韵三等开口入声字，深摄缉韵三
等开口入声字。同时还包含了前一节声韵表中［yih］这个音节的字，只是因
为零声母而大写而已。梗摄字如"只尺赦激"，臻摄字如"侄抶迄吉乞"，曾
摄字如"直敕极匿"，深摄字如"执急泣笠"。借鉴各家拟音并根据字典的拼
音系统以及列字的来源，可以将其拟定为［iʔ］。

22. in（yin）

［in］韵的字基本上都来源于中古的臻摄真韵欣韵三四等的开口字，还有
深摄侵韵三等的开口字。同时还包含了前一节声韵表中［yin］这个音节的字。
臻摄开口字如"衅巾民您宾辛因"，深摄字如"金禁钦林禀品心音"。根据字
典的拼音系统以及列字的来源，可以将其拟定为［in］。

23. ing（ying）

［ing］韵的字都来源于中古的梗摄耕韵庚韵清韵青韵二三等开口字，还有
曾摄蒸韵二等开口字。同时还包含了前一节声韵表中［ying］这个音节的字。
梗摄字如"刑经轻玲名鼎英"，曾摄字如"凭膡蝇"。根据字典的拼音系统以
及列字的来源，可以将其拟定为［iŋ］。

24. io（yo）

［io］韵的字只有14个，都来源于中古的江摄觉韵二等开口入声字，还有

宕摄药韵三等开口入声字。同时还包含了前一节声韵表中［yo］这个音节的4个字。江摄字如"珏觉岳学"，宕摄字如"躍矆"。借鉴各家拟音并根据字典的拼音系统以及列字的来源，可以将其拟定为［io］。

25. ioh（yoh）

［ioh］韵的字只有15个，都来源于中古的宕摄药韵三等开口和合口入声字。同时还包含了前一节声韵表中［yoh］这个音节的7个字。宕摄字如"雀爵约矆钁"。根据字典的拼音系统以及列字的来源，可以将其拟定为［ioʔ］。

26. iu（yiu）

［iu］韵的字基本上都来源于中古的流摄尤韵幽韵三等的开口字。同时还包含了前一节声韵表中［yiu］这个音节的字。流摄字如"休九求柳缪牛秀酒友"。根据字典的拼音系统以及列字的来源，可以将其拟定为［iou］。

27. o

单元音［o］韵的字基本都来源于中古的果摄歌韵戈韵一等开口或合口字，还有来自江摄宕摄的二等开口入声字和山摄二三等合口入声字。果摄开口字如"歌罗挪"，果摄合口字如"裸稞摩波玻颇"，江摄如"倬卓桌涿"，宕摄如"乇酌"，山摄如"托啜媆"。根据字典的拼音系统以及列字的来源，可以将其拟定为［o］。

28. oh

［oh］韵的字总共84个，其中搭配声母［p］的占了53个，有来自开口呼的字，如江摄宕摄咸摄梗摄曾摄山摄的一二三等开口入声字；还有来自合口呼的字，如山摄遇摄通摄蟹摄的一三等合口入声字。开口呼的字如"博迫北索"，合口呼的字如"辍缚孛朴塑"。根据字典的拼音系统以及列字的来源，可以将其拟定为［oʔ］。

29. ö

单元音［ö］韵的字来源比较复杂，主要有：中古的果摄歌韵戈韵一等开口合口字、咸摄一等合口字，以及中古假摄梗摄三等开口字，还有来自宕摄山摄的一二等开口入声字、曾摄一等开口入声字。果摄字如"阿呵贺可我讹"，咸摄字如"合禾儡磕盧"，假摄字如"车扯奢蛇惹"，梗摄如"赫厄客宅摘"，宕摄如"胳阁乐謣"，山摄如"辄撤頞"，曾摄如"特仄则贼"。根据字典的拼音系统以及列字的来源，可以将其拟定为［ə］。

30. öh

［öh］韵的字总共7个，主要来自中古曾摄一等开口入声字，还有个别来自中古梗摄二等开口入声字。根据字典的拼音系统以及列字的来源，可以将其拟定为［əʔ］。

31. u（wu）

单元音［u］韵的字基本都来源于中古的遇摄模韵虞韵鱼韵一三等合口字，以及流摄侯韵尤韵一三等开口字，还有来自中古的通摄臻摄的一三等合口入声字，同时混杂了几个深摄三等的开口入声字以及遇摄和通摄三等合口入声字。同时还包含了前一节声韵表中［wu］这个音节的字，声母与韵母部分是一样的，而且在字典中所属各字的中古音来源都相同。遇摄字如"洙初夫呼枯炉慕怒步所"，流摄字如"妇富负部"，通摄字如"竹怵福谷哭"，臻摄字如"出弗扲圣"，深摄字如"入卅"，遇摄字如"乳汝孺"，通摄字如"入辱肉"。根据字典的拼音系统以及列字的来源，可以将其拟定为［u］。

32. uh（wuh、iuh）

［uh］韵的字总共43个，基本上都来源于中古的通摄臻摄的一三等合口入声字。同时还包含了前一节声韵表中［wuh］这个音节的字，在字典正文中，［wuh］韵里只有一个零声母音节即［wuh］，总共3个字即"沃勿物"，而且卫三畏解释说"see also HUH"①。所以除去声母与韵母中重复的介音后，韵母部分是一样的，而且在字典中所属各字的中古音来源都相同。另外，前一节声韵表中有一个［iuh］韵，这个韵只有两个字，即"倏儵"，搭配［hʻ］声母，来源于中古通摄屋韵三等合口入声字。从来源以及后来的演变来说，都应该归到［uh］韵，此处估计出了错。通摄字如"屋沃匐陆督萧"，臻摄字如"勿兀咄"。根据字典的拼音系统以及列字的来源，将其拟定为［uʔ］。

33. ui（wui）

［ui］韵的字基本上都来源于中古的止摄脂韵支韵三等合口字，以及蟹摄灰韵泰韵祭韵一三等的合口字。同时还包含了前一节声韵表中［wui］这个音

---

① ［美］卫三畏. 汉英韵府［M］. 上海：美华书院，1889：267.

节的字，在字典正文中，［wui］韵里面只有一个音节即［hwui］，除去声母与韵母中重复的介音后，韵母部分是一样的，而且在字典中所属各字的中古音来源都相同。止摄字如"追吹髓谁瘁"，蟹摄字如"睿岁税堆推催灰"。根据字典的拼音系统以及列字的来源，可以将其拟定为［ui］。

34. un（wun）

卫三畏的三十八韵母字表中没有这个韵母，但在声韵配合表以及字典的正文标注中却存在，卫三畏拟作［un］。基本上都来源于中古的臻摄文韵魂韵谆韵一三等合口字。同时还包含了前一节声韵表中［wun］这个音节的字，在字典正文中，［wun］韵里面一共3个音节即［hwun］、［kwun］、［k'wun］，［un］韵里也没有这3个声母的字，同时除去声母与韵母中重复的介音后，韵母部分是一样的，而且在字典中所属各字的中古音来源都相同。臻摄字如"准春婚闺昆坤伦孙敦尊"。根据字典的拼音系统以及列字的来源，可以将其拟定为［un］。

35. ung

［ung］韵的字基本都来源于中古的通摄东韵钟韵三等合口字，还有几个梗摄庚韵耕韵二等开口或合口字和曾摄蒸韵一三等开口或合口字。通摄字如"中充戎空龙农松"，梗摄字如"轰翃"，曾摄字如"薨弘"。根据字典的拼音系统以及列字的来源，可以将其拟定为［uŋ］。

36. ü（yü）

［ü］韵的字基本上都来源于中古的遇摄鱼韵虞韵三等合口字。同时还包含了前一节声韵表中［yü］这个音节的字，因为声母与韵母是重复的，所以是一样的，而且在字典中所属各字的中古音来源都相同。遇摄字如"雨居区侣女徐聚取"。根据字典的拼音系统以及列字的来源，可以将其拟定为［y］。

37. üeh（yueh、üéh）

［üeh］韵总共21个字，都来源于中古的山摄薛韵屑韵月韵三四等开口和合口入声字，还混杂了个别臻摄术韵物韵三等合口入声字和中古宕摄三等开口字。同时还包含了前一节声韵表中［yueh］这个音节的字，因为在字典中［u］与［ü］常相混，如熏这一系列的字，声韵配合表写作［hiün］，而字典正文写作［hiun］。而且在字典中所属各字的中古音来源都相同。此外，还可

以包含前一节声韵表中［üeh］这个韵，这个韵的字总共8个，而且所搭配的辅音声母与［üeh］韵可以互补，所以我们认为可以合并。山摄字如"曰月绝雪"，臻摄字如"泪"，宕摄字如"略掠"。根据字典的拼音系统以及列字的来源，可以将其拟定为［yɛʔ］。

38. üen（yuen）

［üen］韵的字都来源于中古的山摄元韵桓韵先韵一三四等合口字。同时还包含了前一节声韵表中［yuen］这个音节的字，原因与上一个韵母相同。山摄字如"渊元喧卷圈全"。根据字典的拼音系统以及列字的来源，可以将其拟定为［yan］。

39. üé（yué）

［üé］韵的字来源比较复杂，大部分来自中古山摄三四等的开口和合口字，还有来自中古果摄的三等合口字，以及江摄宕摄假摄的三等开口字。同时还包含了前一节声韵表中［yué］这个音节的字，原因与上一个韵母相同。山摄字如"血屑诀缺阙"，果摄字如"靴瘸"，江摄字如"角确敲燉"，宕摄字如"却玃"，假摄字如"嗟罝"。根据字典的拼音系统以及列字的来源，可以将其拟定为［yɛ］。

40. üh（yuh）

［üh］韵总共12个字，都来源于中古的臻摄术韵三四等合口入声字，个别还来自流摄尤韵三等开口入声字及梗摄锡韵四等合口入声字。臻摄字如"律葎縪蟀"，流摄字如"臭"，梗摄字如"䴗"。根据字典的拼音系统以及列字的来源，可以将其拟定为［yʔ］。

41. ün（yun、yün、iun、iün）

［ün］韵的字基本上都来源于中古的臻摄谆韵文韵三等的合口字。同时还包含了前一节声韵表中［yun］、［yün］、［iun］、［iün］这三个音节的字，因为在字典中［u］与［ü］常相混，所以才出现这样的合并。如［iun］韵总共两个字，与其同来源的字都排列在［ün］韵；而且后来的演变也相同，所以应该合并。臻摄字如"君群韵熏驯旬竣"。根据字典的拼音系统以及列字的来源，也可以将其拟定为［yn］。

42. iüng（yung、iung）

[iüng] 基本上都来源于中古的梗摄庚韵清韵青韵三四等的合口字，以及通摄东韵钟韵三等合口字。同时还包含了前一节声韵表中 [yung]、[iung] 这两个音节的字，因为在字典中 [u] 与 [ü] 常相混，所以才出现这样的合并。梗摄字如"兄夐詗駉詠迥"，通摄字如"雝勇熊穷胸穹"。根据字典的拼音系统以及列字的来源，可以将其拟定为 [yŋ]。

43. wa

[wa] 韵的字都来源于假摄麻韵二等合口字，还有蟹摄佳韵夬韵二等合口字，以及几个来自遇摄模韵一等合口字，还有来自中古山摄的合口入声字。假摄字如"薖划瓜夸"，蟹摄字如"蛙窪剐"，遇摄字如"呱恗"，入声字如"挖猾刮刷"。根据字典的拼音系统以及列字的来源，可以将其拟定为 [ua]。

44. wah

[wah] 韵只有一个字"滑"，是中古山摄黠韵二等合口字，其同来源的字都已经转化为不带喉塞音韵尾了，只有这一个保留。根据字典的拼音系统以及列字的来源，可以将其拟定为 [uaʔ]。

45. wai

[wai] 韵的字都来源于蟹摄皆韵佳韵夬韵泰韵一二等合口字，还有几个止摄支韵脂韵三等合口字。蟹摄字如"外崴怀乖"，止摄字如"摔甩帅"。根据字典的拼音系统以及列字的来源，也可以将其拟定为 [uai]。

46. wan

[wan] 韵的字都来源于山摄桓韵删韵元韵仙韵一二三等合口字，如"患官卵暖拴短专川喘船"。根据字典的拼音系统以及列字的来源，可以将其拟定为 [uan]。

47. wang

[wang] 韵的字都来源于宕摄阳韵三等合口字，如"王忘惘望"。根据字典的拼音系统以及列字的来源，也可以将其拟定为 [uaŋ]。

48. wǎn

[wǎn] 韵大概都是零声母的字，只有一个"睏"字搭配 [kʻ] 声母。该

韵母的字不多，二十几个，都来源于中古臻摄魂韵文韵一三等合口字，如"温吻问文"，根据字典的拼音系统以及列字的来源，也可以将其拟定为［uən］。

49. wǎng

［wǎng］都是零声母的字，没有搭配其他的辅音声母。该韵母的字也不多，十几个，都来源于中古通摄东韵一等合口字，如"瓮蓊瓮"。根据字典的拼音系统以及列字的来源，也可以将其拟定为［uəŋ］。

50. wéi

［wéi］韵的字基本上都来源于中古的止摄脂韵支韵微韵灰韵一三等合口字，以及蟹摄灰韵泰韵皆韵废韵一三等的合口字。止摄字如"威未归圭葵"，蟹摄字如"煨卫规柜魁"。根据字典的拼音系统以及列字的来源，也可以将其拟定为［uɛi］。

51. wo

［wo］韵的字基本上都来源于中古的果摄戈韵一等合口字，还有来源于中古的宕摄三等合口入声字、江摄二等开口入声字、山摄三等合口入声字。果摄字如"窝涡伙禾果过"，入声字如"觬说灼"。根据字典的拼音系统以及列字的来源，也可以将其拟定为［uo］。

52. woh

［woh］韵只有一个音节［k'woh］，总共7个字。基本上都来源于中古的宕摄铎韵唐韵一等合口入声字，还有山摄末韵一等合口入声字。宕摄字如"廓霩括"，山摄字如"阔"。根据字典的拼音系统以及列字的来源，也可以将其拟定为［uoʔ］。

53. yai

［yai］韵的字都是零声母的字，总共只有5个字，即"厓（崖）涯捱唭痒"。来源于中古的蟹摄皆韵佳韵二等开口字。根据字典的拼音系统以及列字的来源，可以将其拟定为［iai］。

54. 'rh

［'rh］韵的字都来源于中古的止摄支韵脂韵之韵三等开口字，如"而耳二尔饵儿"。根据字典的拼音系统以及列字的来源，可以将其拟定为［ɚ］。

55. z̓

[z̓] 韵只搭配三个声母，即 [s]、[ts]、[tsʻ]，这三个都是舌尖前辅音。此韵字都来源于中古的止摄支韵脂韵之韵三等开口字，如"思死四资子自雌此次"。根据字典的拼音系统以及列字的来源，可以将其拟定为舌尖前元音 [ɿ]。

56. '

['] 韵也只搭配三个声母，即 [ch]、[chʻ]、[sh]，这三个都是舌尖后辅音。此韵字都来源于中古的止摄支韵脂韵之韵三等开口字，如"知智痴耻时师"。根据字典的拼音系统以及列字的来源，可以将其拟定为舌尖后元音 [ʅ]。

综上所述，《汉英韵府》北京话音系的韵母应该有55个。具体列表如下

表4-9　《汉英韵府》北京话单元音韵母表（10个）

卫三畏	a	é	o	i	u
拟音	[a]	[ɛ]	[o]	[i]	[u]
卫三畏	ü	ʼrh	z̓	'	ö
拟音	[y]	[ɚ]	[ɿ]	[ʅ]	[ə]

表4-10　《汉英韵府》北京话复元音韵母表（16个）

卫三畏	ai	ao	éi	ia	iao	ié	io	iu
拟音	[ai]	[au]	[ɛi]	[ia]	[iau]	[iɛ]	[io]	[iou]
卫三畏	eu	wa	wai	wéi	ui	wo	üé	yai
拟音	[ou]	[ua]	[uai]	[uɛi]	[ui]	[uo]	[yɛ]	[iai]

表4-11 《汉英韵府》北京话鼻音韵母表（17个）

卫三畏	an	ang	ǎn	ǎng	ien	iang
拟音	［an］	［aŋ］	［ən］	［əŋ］	［ian］	［iaŋ］
卫三畏	in	ing	wan	wang	wǎn	wǎng
拟音	［in］	［iŋ］	［uan］	［uaŋ］	［uən］	［uəŋ］
卫三畏	un	ung	üen	iün	iüng	
拟音	［un］	［uŋ］	［yan］	［yn］	［yŋ］	

表4-12 《汉英韵府》北京话入声韵母表（13个）

卫三畏	ah	eh	ih	oh	öh	uh	üh
拟音	［aʔ］	［εʔ］	［iʔ］	［oʔ］	［əʔ］	［uʔ］	［yʔ］
卫三畏	iah	ieh	ioh	üeh	wah	woh	
拟音	［iaʔ］	［iεʔ］	［ioʔ］	［yεʔ］	［uaʔ］	［uoʔ］	

与我们一般认知的北京话相比较，《汉英韵府》北京话韵母系统保留了13个入声韵，但这些入声韵的字在数量上比较少，大概392个，跟总字数的12000多个比起来，算比例很少的了。在《汉英韵府》北京话音系中的入声韵只配阴声韵，韵尾演变成了一个喉塞音［ʔ］。卫三畏的说法是："如果被放在音节的末尾，接近被取消……对于那些习惯于用 h 做单词结尾的人来说，却是最好的表达不清晰入声的标志，威妥玛用它来表示部分北京话的发音仍旧是令人迷惑的和不必要的。那些他经常用来表示的汉字如：是 shih、界 chieh、爷 yeh 等，从来没有在入声中听到过，同时他又把 h 从 的 ti、屋 u、得 te 等去掉了。这种用法，容易误导那些不熟悉当地方言的人，甚至对那些人来说是种混乱。"① 可见，他认为［h］是入声韵的标志，而且在北京话中还是存在入声韵字的，但是就如前面也提到的，这些保留喉塞尾的入声字数量其实是不多的。另外，由于卫三畏在元音的区分上比较细致，所以韵母在总数上也会比一般的更多。

---

① ［美］卫三畏.汉英韵府［M］.上海：美华书院，1889：19.

三、《汉英韵府》北京话声调系统

在《汉英韵府》北京话系统中使用了5种声调，分别是：

图4-2 《汉英韵府》1889：导言17页

因为只用到5个声调，所以就无所谓上下之分了。这里的上平相当于现代的阴平，上声还是上声，上去就是去声，上入就是入声，而下平则相当于阳平。所以数字1、2、3、4、5分别表示阴平、上声、去声、入声、阳平5个声调。但大家熟知这个时期的北京话中是不太可能还存在入声的，所以关于北京话音的声调，主要讨论入声的问题。

在《汉英韵府》北京话的系统中保留了13个入声韵，但这些入声韵的字在数量上比较少，大概392个，跟总字数的12000多个比起来，算比例很少的了。按正常，这些韵字的声调应该就是上文中提到的"4"，也就是入声。但是在《汉英韵府》北京话系统中，这些数量不多的入声韵字却并没有被标注成入声，而是标注成其他的阴平、阳平、上声、去声这4个声调。这与我们一般的认知，即入声韵应该搭配入声声调，是非常不一样的。与中古音相比较，中古入声字转变为去声的比例大概是51%，转变为阴平的比例大概是22%，转变为阳平的比例大概是25%，转变为上声的数量最少，才四十几个，比例为2.4%。在整部《汉英韵府》的北京话中，被标注成入声声调的只有3个字，即"乍、赤、筑"。其中，"乍"字是中古的假摄麻韵二等去声字，"赤"字是中古的梗摄昔韵三等入声字，"筑"字是中古的通摄屋韵三等入声字，在《汉英韵府》北京话中，只有"赤"字还带喉塞韵尾，其他两个字都是阴声韵了。而且在《汉英韵府》的导论第四部分，卫三畏专门解释了声调，并指出："北京话是四个声调。"① 所以这么来看，《汉英韵府》北京话音系中，其实已经没有入声的声调了，至于被标成入声的这三个字很有可能是讹误。

总结以上的讨论，可以确定《汉英韵府》北京话音系中其实已经不存在入声这种声调了。因此，《汉英韵府》北京话音系实际上只有4个声调，即阴平、阳平、上声、去声。

第三节 《汉英韵府》北京话音系的比较分析

以上从《汉英韵府》本身出发总结归纳了其北京话音系。这个音系是不是真实反映了当时的北京话呢？为了进一步明确其音系的性质，下面将进行比较。比较分两个方面，一方面是与同时期的著作比较，另一方面是与现代的北京音比较。由于本土韵书中反映清代北京话音系的著作其性质存在争议，所以本节没有选择其作为比较对象，而是选择性质明确的同时期的传教士著作。此处选择的是英国汉学家威妥玛的著作《语言自迩集》。与现代的北京音比较，选择的是周一民先生的《现代北京话研究》。

一、《汉英韵府》北京话音系与《语言自迩集》音系的比较

《语言自迩集》是英国外交官、著名汉学家威妥玛（Thomas Francis Wade，1818 — 1895）所编的针对外国人的汉语课本。《语言自迩集》第一版出版于1867年，第二版出版于1886年，目前能看到的版本是第二版。《语言自迩集》系统地记录了19世纪中期的北京官话音系。本书所用的是由威妥玛著、张卫东先生翻译的《语言自迩集——19世纪中期的北京话》②。根据张卫东先生的研究 ③，当时的北京音共有27个声母，40个韵母，4个声调。具体比较

---

① ［美］卫三畏.汉英韵府［M］.上海：美华书院，1889：22.

② ［英］威妥玛.语言自迩集——19世纪中期的北京话［M］.张卫东，译.北京：北京大学出版社，2002.

③ 张卫东.威妥玛氏《语言自迩集》所记的北京音系［J］.北京大学学报（哲学社会科学版），1998（4）.

如下。为了方便论述，分别简称《汉英》《自迩》。

1. 二者声母比较

《自迩》所标示的声母总数是27个，使用的符号却是25个，具体如下：

表4-13 《自迩》声母表

威妥玛	ch	ch'	f	h	hs	j	k	k'
拟音	[tʂ]	[tʂ']	[f]	[x]	[ɕ]	[ʑ]	[k]	[k']
威妥玛	l	m	n	ng	p	p'	sh	s
拟音	[l]	[m]	[n]	[ŋ]	[p]	[p']	[ʂ]	[s]
威妥玛	ts	ts'	t	t'	y/w	tz	tz'	ss
拟音	[ts]	[ts']	[t]	[t']	[Ø]	[ts]	[ts']	[s]
威妥玛	ch	ch'						
拟音	[tɕ]	[tɕ']						

其中，除去两个零声母 y、w，还有几个是重复使用的，如 [ch]、[ch']，是可以合并的，因此经过合并后，只有24个声母。

《汉英》北京话音声母有23个，两者相比较，大部分是相同的，具体的比照列表如下：

表4-14 《自迩》与《汉英》声母对比表

《汉英》	[tʂ]	[tʂ]	[f]	[x]	[ɕ]	[ʑ]	[k]	[k']
《自迩》	[tʂ]	[tʂ']	[f]	[x]	[ɕ]		[k]	[k']
《汉英》	[l]	[m]	[n]	[ŋ]	[p]	[p']	[dʒ]	[s]
《自迩》	[l]	[m]	[n]	[ŋ]	[p]	[p']		[s]
《汉英》	[ʂ]	[t]	[t']	[ts]	[ts']	[Ø]	[ʐ]	
《自迩》	[ʂ]	[t]	[t']	[ts][tz]	[ts'][tz']	[Ø]	[ʐ]	

从上表对比可见，两者的声母差别不是很大。二者在声母上的主要区别有两个：

（1）古精组细音字

在《汉英》的北京话音系中，古精组细音字与［ts］、［ts'］、［s］这三个声母相合并，都用［ts］、［ts'］、［s］来表示；而《自迩》中则另外分出了［tz］、［tz'］，这两个声母专为"资次思"这类来源于古精组三四等音节的声母而设定，用来配合韵母 ǔ［ɿ］。可见，威妥玛先生在当时已经注意到了这类声母的变化，这应该是实际口语音所反映出来的特点，而在《汉英》北京话音系中则没有体现。

（2）古日母

在《汉英》的北京话音系中，有三个关系很接近的声母，即［ʐ］、［ʒ］、［dʒ］，都来源于中古的日母。其中，［ʒ］、［dʒ］两个声母总共才15个字，形成三个音节。而且卫三畏在拼音系统中指出："j是一个法语发音。北京及其周边地区，首辅音 zh 作为 j 的变音使用。"[1]可见，卫三畏在实际口语音中已经发现它们是接近的，是可以合并的，而且在现代北京话中基本也都合并到了［ʐ］母。但在卫三畏的音系中仍然对它们进行分立，可见他更保守一些。这些声母在《自迩》中都已经合并成了［ʐ］母。可见，《汉英》的北京话音系还有一些古音的残留，而《自迩》的音系则完全根据实际语音进行合并。

2.二者韵母比较

《自迩》韵母为40个。其中开口呼14个，齐齿呼12个，合口呼9个，撮口呼5个。具体如下：

表4-15　《自迩》韵母表

开口呼	a	o	ê	êrh	ǔ	ih	ai	êi/ei
	ao	ou	an	ang	ên	êng		
齐齿呼	i	ia	io	ieh	iai	iao	iu	ien
	in	iang	ing	iung				
合口呼	u	ua	uo	uai	uei/ui	uan	uên/un	uang
	ung							
撮口呼	ü	üo	üeh	üan/üen	ün			

---

① 卫三畏.汉英韵府［M］.上海：美华书院，1889：20.

这些韵经过拟定后，总共有40个韵母。《汉英》北京话音系的韵母是56个。数量上多了很多，这主要是由于其中包含了13个入声韵母。下面分组进行对比说明。

（1）单元音韵母

《汉英》北京话音系有单元音韵母10个，《自迩》有9个。二者单元音韵母具体的比照如下：

表4-16 《自迩》与《汉英》单元音韵母对比表

《汉英》	[a]	[ε]	[o]	[i]	[u]
《自迩》	[a]		[o]	[i]	[u]
《汉英》	[y]	[ɚ]	[ʅ]	[ɿ]	[ə]
《自迩》	[y]	[ɚ]	[ʅ]	[ɿ]	[ə]

从上表可见，二者的单元音韵母基本相同。唯一一个不同是《汉英》多了一个 [ε] 韵，这个韵的字只搭配声母 [f]、[l]，数量不多，总共43个，基本上来源于中古的止摄微韵。在《自迩》中，这些字都归入 [êi/ei] 韵中，而不是单元音的韵母了，与现代北京话一样。

（2）复元音韵母

《汉英》北京话音系有复元音韵母16个，《自迩》也有16个。二者复元音韵母比照如下：

表4-17 《自迩》与《汉英》复元音韵母对比表

《汉英》	[ai]	[au]	[εi]	[ia]	[iau]	[iε]	[io]	[iou]
《自迩》	[ai]	[au]	[ei]	[ia]	[iau]	[ie]	[io]	[iou]
《汉英》	[ou]	[ua]	[uai]	[wεi]	[ui]	[uo]	[yε]	[iai]
《自迩》	[ou]	[ua]	[uai]		[ui]	[uo]	[yo][ye]	[iai]

从上表可见，除了由于拟音的不同，出现相对应的差别，如 [ε] 和 [e] 的不同，《汉英》的北京话音系还多了复元音韵母 [uεi]，少了一个 [yo]。

但是通过例字的比对，发现《汉英》北京话音系中的［uɐi］和［ui］两个韵母，在《语言自迩集》中已经合并成一个韵母［ui］；实际上，［uɐi］和［ui］的中古音来源相同，都来源于中古止摄和蟹摄一三等合口字，只是所搭配的声母互不相同，［uɐi］只搭配声母［k］和［k'］，［ui］则搭配其他声母，所以它们其实是互补的音节，在现代北京话中也已经合并。《自迩》音系中的［yo］和［ye］两个韵母，在《汉英》中，已经合并成一个韵母［yɛ］。其实，［yo］是入声消失带来的异读，这一点威妥玛的记录更详细。

（3）鼻音韵母

《汉英》北京话音系有鼻音韵母17个，《自迩》有15个。二者鼻音韵母比照如下：

表4–18 《自迩》与《汉英》鼻音韵母对比表

《汉英》	［an］	［aŋ］	［ən］	［əŋ］	［ien］	［iaŋ］
《自迩》	［an］	［aŋ］	［en］	［eŋ］	［ian］	［iaŋ］
《汉英》	［in］	［iŋ］	［uan］	［uaŋ］	［uɛn］	［uɛŋ］
《自迩》	［in］	［iŋ］	［uan］	［uaŋ］		
《汉英》	［un］	［uŋ］	［yan］	［yn］	［yŋ］	
《自迩》	［un］	［uŋ］	［yan］	［yn］	［yŋ］	

从上表可见，二者的鼻音韵母基本相同，只是《汉英》多了［uɛn］和［uɛŋ］韵，对照例字，可以发现，这些字在《自迩》中分别被归入［un］和［uŋ］韵，与现代北京话一样。《汉英》［uɛn］韵大概都是零声母的字，只有一个"睏"字搭配［k'］声母，总数二十几个，来源于中古臻摄一三等合口字；［uɛŋ］都是零声母的字，没有搭配其他的辅音声母，十几个，来源于中古通摄东韵一等合口字。这两个韵母与［un］和［uŋ］韵其实都是互补的。从这个不同，可以说明卫三畏在区分元音比威妥玛更细致，也更守旧。

（4）入声韵母

《汉英》北京话音系有入声韵母13个，而《自迩》中已经没有入声韵母了。关于《汉英》北京话音系中的入声韵母，可参见上一节的拟音部分。不过，从入声韵母的数量上来说，这么少的数量，也许只是一种残留。

3. 二者声调比较

在《自迩》中，威妥玛明确说明：不同的方言，声调的数量不同。书本上公认的是五个，北京方言现在是四个。第一声是"上平"，或叫高平调；第二声是"下平"，或叫低平调；第三声是"上"，或叫升调；第四声是"去"，叫降调或去声。入声是一种急促的声调，在研究书面语时尚被承认，就是说只用于背书——现在练习说北京话时已不用管它了。① 所以《自迩》实际应该是四个声调，即阴平、阳平、上声、去声。从上一节的论述可知，《汉英》北京话音系的声调实际上也分四个调。所以，二者的声调在调类上一致。

4. 小结

通过《汉英》北京话音系与威妥玛《自迩》的比较，可以发现二者在声母、韵母、声调三个方面都有相当高的相似度。最明显的不同就是《汉英》的北京话音系还保留有13个入声韵母，而《自迩》则没有。从二者其他方面的不同之处来看，《自迩》所体现出来的音系更接近口语，《汉英》的北京音系则有更多古音的残留，偏书面语。

二、《汉英韵府》北京话音系与《现代北京话研究》音系的比较

前面把《汉英韵府》北京话音系与其他传教士所记录的北京音系进行了比较，这些是横向的比较。这一部分则是与现代北京话音系进行比较，这是一种纵向的研究，用于发现现代北京话音系的新变化。

由于现代汉语普通话是以北京话为基础的，所以难免给人一种错觉，认为普通话就是现代北京话。为了区别二者，发现真正的北京音的变化，很多学者进行过细致的研究。比如，胡明扬先生的《北京话初探》（1963）、陈刚先生的《北京方言词典》（1995）、周一民先生的《现代北京话研究》（2002）、张世方先生的《北京官话语音研究》（2010）等。本书所说现代北京话是指北京市的方言，而不是普通话。经过比较，本书所使用的比较对象是周一民先

---

① 张卫东．威妥玛氏《语言自迩集》所记的北京音系［J］．北京大学学报（哲学社会科学版），1998（4）．

生的《现代北京话研究》①。主要是因为周先生的这本书里面有非常详细的《北京话同音字汇》，有了这个字汇更方便于比较。该书出版于2002年，从时间上说比《汉英韵府》晚了一百多年。通过二者的比较可以看出一百多年来北京话的变化。

根据周先生的研究②，现在的北京音共有22个声母，38个韵母，4个声调。具体比较如下。为了方便论述，分别简称《汉英》《现代》。

1. 二者声母比较

《现代》所标示的声母总数是22个，具体内容如下：

表4-19 《现代》声母表

[p]	[pʻ]	[m]	[f]	[t]	[tʻ]	[n]	[l]	[k]
[kʻ]	[x]	[tɕ]	[tɕʻ]	[ɕ]	[tʂ]	[tʂʻ]	[ʂ]	[ʐ]
[ts]	[tsʻ]	[s]	[Ø]					

这个声母数与现代汉语普通话相当。《汉英》北京话音声母有23个，两者相比较，大部分是相同的，具体的比照列表如下：

表4-20 《现代》与《汉英》声母对比表

《汉英》	[tʂ]	[tʂʻ]	[f]	[x]	[ɕ]	[ʒ]	[k]	[kʻ]
《现代》	[tʂ][tɕ]	[tʂʻ][tɕʻ]	[f]	[x]	[ɕ]		[k]	[kʻ]
《汉英》	[l]	[m]	[n]	[ŋ]	[p]	[pʻ]	[dʒ]	[s]
《现代》	[l]	[m]	[n]		[p]	[pʻ]		[s]
《汉英》	[ʂ]	[t]	[tʻ]	[ts]	[tsʻ]	[Ø]	[ʐ]	
《现代》	[ʂ]	[t]	[tʻ]	[ts]	[tsʻ]	[Ø]	[ʐ]	

从上表对比可见，《汉英》的北京话音系多了几个声母，如 [ʒ]、[dʒ]、[ŋ]；少了 [tɕ]、[tɕʻ]。二者在声母上的主要区别有三个：

① 周一民.现代北京话研究［M］.北京：北京师范大学出版社，2002.

② 周一民.现代北京话研究［M］.北京：北京师范大学出版社，2002：248.

（1）古见晓组、精组细音字

在《汉英》的北京话音系中，古晓组已经分化出腭化音［ç］，其他的见组细音字与［tʂ］、［tʂʻ］这两个声母合并，都用［ch］、［chʻ］来表示；而古精组字与［ts］、［tsʻ］、［s］这三个声母合并，都用［ts］、［tsʻ］、［s］来表示；可见，除了部分晓母字已经腭化外，其他的见精组细音字还未分化。而在《现代》中，见精组的细音字完全腭化，分化出新的声母［tç］、［tçʻ］。

（2）古疑母、影母

在《汉英》的北京话音系中，还存在［ŋ］母，虽然数量不多。这些字大都是中古疑母影母字的保留，这些字在《现代》中则完全变为零声母了。

（3）古日母

《汉英》的北京话音系多了［ʒ］、［dʒ］声母。［ʒ］、［dʒ］两个声母总共才15个字，形成三个音节。而且卫三畏在拼音系统中指出："j是一个法语发音。北京及其周边地区，首辅音 zh 作为 j 的变音使用。"[①] 可见，卫三畏在实际口语音中已经发现它们是接近的是可以合并的，但在卫三畏的音系中仍然对它们进行分立，可见他仍保持韵书的做法。这些字在《现代》中都已经合并成了［ʐ］母，这说明《汉英》的北京话音系还有少部分古音的残留，而发展到现代这些残余已全部消失。

2.二者韵母比较

《现代》总共有韵母38个。其中开口呼12个，齐齿呼11个，合口呼10个，撮口呼5个。具体如下：

表4-21 《现代》韵母表

开口呼	a	o	ɤ	ɚ	ai	ei	au	ou
	an	ən	aŋ	əŋ				
齐齿呼	i	ɿ	ʅ	ia	iɛ	iau	iou	ian
	in	iaŋ	iŋ					

---

① ［美］卫三畏.汉英韵府［M］.上海：美华书院，1889：20.

续表

合口呼	u	ua	uo	uai	uei	uan	uən	uaŋ
	uəŋ	uŋ						
撮口呼	y	yɛ	yan	yn	yŋ			

38个比起《汉英》北京话音系的韵母56个，数量上多了很多，这个主要是由于其中包含入声12个。下面分组进行对比说明。

（1）单元音韵母

《汉英》北京话音系有单元音韵母10个，《现代》有9个。二者单元音韵母具体的比照如下：

表4-22 《现代》与《汉英》单元音韵母对比表

《汉英》	[a]	[ɛ]	[o]	[i]	[u]
《现代》	[a]		[o]	[i]	[u]
《汉英》	[y]	[ɚ]	[ɿ]	[ʅ]	[ə]
《现代》	[y]	[ɚ]	[ɿ]	[ʅ]	[ɤ]

从上表可见，二者的单元音韵母基本相同。《汉英》多了［ɛ］和［ə］韵，少了［ɤ］韵。《汉英》北京话［ɛ］韵的字总共43个，基本上来源于中古的止摄微韵，如"飞蜚非"，估计是中古微韵字的残留。在现代北京话中，这些字都归入［ei］韵，而不是单元音的韵母了。《汉英》北京话［ə］韵的字在《现代》中都归入［ɤ］韵中，这种不同只是拟音的区别。因为现代北京话中的e，单用或变为央元音时，是不同的变体，所以在拟音上进行严格区分时就采用了不同的国际音标。

（2）复元音韵母

《汉英》北京话音系有复元音韵母16个，《现代》有13个。二者复元音韵母比照如下：

表4-23 《现代》与《汉英》复元音韵母对比表

《汉英》	[ai]	[au]	[εi]	[ia]	[iau]	[iε]	[io]	[iou]
《现代》	[ai]	[au]	[ei]	[ia]	[iau]	[iε]		[iou]
《汉英》	[ou]	[ua]	[uai]	[wεi]	[ui]	[uo]	[yε]	[iai]
《现代》	[ou]	[ua]	[uai]		[uei]	[uo]	[yε]	

从上表可见，除了由于拟音的不同，出现相对应的差别，如［ε］和［e］的不同，《汉英》的北京话音系还多了复元音韵母［uεi］、［io］、［iai］。《汉英》北京话音系中［uεi］韵的字，如"归龟皈亏魁"等，数量不多，而且只与声母［k］、［k'］搭配。在《现代》中，这些字都已经并入韵母［ui］。《汉英》北京话音系中［io］韵的字，只有14个，都来源于中古的江摄宕摄二三等开口入声字，同时还包含了声韵表中的［yo］这个音节的4个字，如"学岳跃虐削"等，而其他中古同来源的江摄、宕摄字则并入［yε］韵。在《现代》中，全部已经并入韵母［yε］。《汉英》北京话音系中［iai］韵的字，都是零声母的字，总共只有5个字，即"厓涯捱啀痐"，来源于中古的蟹摄皆韵佳韵二等开口字，而其他中古同来源的字则并入［ia］韵。在《现代》中，则全部已经并入韵母［ia］。

（3）鼻音韵母

《汉英》北京话音系有鼻音韵母17个，《现代》有16个。二者鼻音韵母比照如下：

表4-24 《现代》与《汉英》鼻音韵母对比表

《汉英》	[an]	[aŋ]	[ən]	[əŋ]	[ien]	[iaŋ]
《现代》	[an]	[aŋ]	[ən]	[əŋ]	[ian]	[iaŋ]
《汉英》	[in]	[iŋ]	[uan]	[uaŋ]	[uən]	[uəŋ]
《现代》	[in]	[iŋ]	[uan]	[uaŋ]		[uəŋ]
《汉英》	[un]	[uŋ]	[yan]	[yn]	[yŋ]	
《现代》	[uən]	[uŋ]	[yan]	[yn]	[yŋ]	

从上表可见，二者的鼻音韵母基本相同，只是《汉英》多了［uən］韵。其实，卫三畏拟作［uən］韵的字在《现代》中被归入［un］韵。而卫三畏拟作［uən］韵的字，都是零声母的字，只有一个"睏"字搭配［kʻ］声母，该韵母的字不多，二十几个，都来源于中古臻摄魂韵文韵一三等合口字，如"温吻问文"，而其他中古同来源的字则并入［un］韵。在《现代》中则全部与［un］韵的字合并了。其实此二韵可以说在与声母搭配上是互补的，可算是变体。这也说明卫三畏在审音上更精细。

（4）入声韵母

《汉英》北京话音系有入声韵母13个，而《现代》中已经没有入声韵母了。其实，《汉英》北京话音系中的入声韵母也只是一种残留了。具体参见上一节。

3. 二者声调比较

《现代》的北京话有四个声调：阴平、阳平、上声、去声，调值与普通话差不多。《汉英》北京话音系的声调实际上也是分四个调的，所以二者的声调在类别上基本一致，至于调值则无法比较。

4. 小结

通过《汉英》北京话音系与周一民先生《现代》的比较，可以看出一百多年前的北京话与现代北京话在声母、韵母、声调三个方面的变化。在声母方面的变化最主要的就是见精组的细音字完全腭化，分化出新的舌面前塞擦音声母［tɕ］、［tɕʻ］；此外，就是少量仍然保留的古影疑母、日母字完成了演变。韵母方面，最明显的变化就是《汉英》的北京话音系保留有13个入声韵母，在现代北京话中已经完全消失了，其他仍保留的一些古韵母如［iai］韵、［uɛi］韵、［io］韵等则完成了演变，都被归并了。声调方面则完全没有了入声的影子，变为真正的四个调。从其他方面的不同之处来看，卫三畏所记录的北京音在声母、韵母等方面都更精细。特别是在元音方面，把音位变体都单列出来，造成在数量上特别多。

第四节 《汉英韵府》北京话音系的特点及性质

通过以上的归纳和比较，可以总结《汉英韵府》北京话音系的特点如下：

一、《汉英韵府》北京话声母的特点

1. 古影疑母的残留

古影母和疑母字在《汉英韵府》的北京话系统中大部分都已经是零声母了，除了部分古疑母、影母遇到开口韵母还读为［ŋ］，如“艾礙鞍庵傫敖熬”等，但数量并不多，比起南官话系统来说已经大大减少了。说明卫三畏的北京话系统还保留部分古音的特点，并未完全消失。

2. 古晓组腭化，见组还未

《汉英韵府》的北京话中古晓组的细音字已经分化出腭化音［ɕ］，卫三畏用［hʻ］来标示，如“希睎下霞孝”等。而古见组的细音字则仍与［tʂ］、［tʂʻ］这两个声母合并，都用［ch］、［chʻ］来表示，如“肩减交皎加价”等。说明古见组细音字在《汉英韵府》的北京话中，并没有完成腭化。

3. 尖团不分

古精组细音字和见组同韵母的字在《汉英韵府》的北京话中都用［ch］、［chʻ］、［hs］来标示，也就是说已经混同，即所谓的尖团不分。例如：街结解借、茄且妾、些鞋血谢。说明北京话在19世纪中期时，已经没有尖团区别。

4.［ʐ］、［ʒ］、［dʒ］三母的不同

在《汉英韵府》的北京话音系中，有三个很接近的声母，即［ʐ］、［ʒ］、［dʒ］。［ʒ］、［dʒ］两个声母总共才15个字，如“阮筦瓤瑩熒縈容榕溶”等。而且卫三畏在拼音系统中指出：“j是一个法语发音。北京及其周边地区，首辅音zh作为j的变音使用。”① 在现代北京话中，此二者大都合并到了［ʐ］母，

① ［美］卫三畏. 汉英韵府［M］. 上海：美华书院，1889：20.

还有几个如"罃荧蝾"则变成了零声母。这些字在中古大都是疑母、影母的字，但在现代北京话音系中，大部分与中古的日母字合并了。可见，《汉英韵府》的北京话音系还没有完成演变。

二、《汉英韵府》北京话韵母的特点

1. 开齐合撮四呼格局

《汉英韵府》北京话音系形成开口、齐齿、合口和撮口的四呼格局，与现代北京话相同。

2. 中古微韵残留

《汉英韵府》北京话 [ɛ] 韵的字总共43个，基本上来源于中古的止摄微韵，如"飞蜚非"。这其实是中古微韵字的残留。在现代北京话中，这些字都归入 [ei] 韵，而不是单元音的韵母了。

3. 保留 [iai] 韵

《汉英韵府》北京话音系中 [iai] 韵的字，只有"厓涯捱唯痊"这5个，都是零声母的字，来源于中古的蟹摄皆韵佳韵二等开口字，这些字在现代北京话中已经并入韵母 [ia]。从数量上看，可以肯定这个韵的保留只是古音的残留。

4. 保留 [uɛi] 韵

《汉英韵府》北京话音系中 [uɛi] 韵的字，如"威未尾归龟皈亏魁"等，来源于中古的止摄、蟹摄一三等的合口字，数量不多，而且只与声母 [k]、[k']搭配。在现代北京话中，这些字都已经并入韵母 [ui]。

5. 保留 [io] 韵

《汉英韵府》北京话音系中 [io]韵的字，如"学岳跃虐削"等，数量不多，这些都是来源于中古的江摄、宕摄的开口入声字。在现代北京话中，已经并入韵母 [yɛ]。这种残留或许是入声不完全消失的一种表现。

6. 保留入声韵

《汉英韵府》北京话韵母系统保留了13个入声韵，但这些入声韵的字在数量上比较少，大概392个，跟总字数的12000多个比起来，比例实在小得可怜。并且入声韵只配阴声韵，韵尾是喉塞音 [ʔ]。对于这种情况，可能在卫三畏所接触的北京话里，还有极小部分的入声残留，入声还处在消失的过程中。

7. 出现舌尖元音［ɿ］和［ʅ］

《汉英韵府》北京话韵母系统中，已经有舌尖前元音［ɿ］和舌尖后元音［ʅ］。比如，舌尖前元音的字"思四资子雌次"，舌尖后元音的字"知指痴持尸士"。但是同来源的字搭配声母［ʂ］的还有几个未曾变为舌尖后音，如"失适十识"等。

三、《汉英韵府》北京话声调的特点

虽然《汉英韵府》北京话音系保留入声韵，但这些不多数量的入声韵字却并没有被标注成入声，而是被标注成其他的阴平、阳平、上声、去声这四个声调。而且在《汉英韵府》的导论第四部分，卫三畏专门解释了声调，并指出："北京话是四个声调。"① 所以，《汉英韵府》北京话音系实际上只有四个声调，即阴平、阳平、上声、去声，其调类基本上与现代北京话一样了。

四、《汉英韵府》北京话音系的性质

从以上所归纳的《汉英韵府》北京话音系的特点，以及上一节与其他书的比较来看，卫三畏《汉英韵府》北京话音系与同时代的传教士课本《语言自迩集》基本接近。所以从性质上来说，卫三畏记录的确实是北京音。但从其音系所保留的一些古音的特征来说，卫三畏记录的北京音相对比较守旧一点。这样来说，可能更接近读书音，而不是实际的口语音。

第五节　《汉英韵府》北京话音系声韵调配合表

《汉英韵府》北京话音系有23个声母，有54个韵母，有5个声调。现列各韵的声韵调配合表，关于该表的说明如下：

1. 该声韵调配合表按《汉英韵府》北京话韵目的顺序排列，共分11张表，每张表横列该字典的54个韵母，纵列23个声母，表内韵字从左到右分别按上

① ［美］卫三畏.汉英韵府［M］.上海：美华书院，1889：22.

平、下平、上声、去声、入声的顺序排列。

2. 表中"○"代表该声韵调配合不存在。

表4-25 北京话声韵调配合表一

	a [a]	ah [aʔ]	ai [ai]	an [an]	ang [aŋ]
	上下上去入 平平 声声声声声	上下上去入 平平 声声声声声	上下上去入 平平 声声声声声	上下上去入 平平 声声声声声	上下上去入 平平 声声声声声
ch [tʂ]	楂炸苲榨○	○○○○○	斋○○债○	沾○斩栈○	张○掌杖○
ch' [tʂ']	叉茶厏岔○	○○○○○	钗柴踹薑○	搀缠产忏○	昌肠敞唱○
f [f]	发罚○阀○	○○○○○	○埋买卖○	番凡反贩○	方房访放○
h [x]	○○○○○	○○○○○	哈孩海害○	酣含罕汉○	契杭夯吭○
h' [ɕ]	○○打大○	○○○○○	○○○○○	○○○○○	○瓢○○○
j [ʒ]	○○○○○	○○○○○	○○○○○	○○○○○	○瓢○○○
k [k]	○○○○○	○○○○○	该○改丐○	干○敢赣○	刚○○焹○
k' [k']	○○○○○	○○○○○	开○凯慨○	刊○坎阚○	康○慷亢○
l [l]	拉犁䂮辣○	○○○剌○	薶来○赖○	○栏览滥○	○郎朗浪○
m [m]	○麻马骂○	○○○○○	○埋买卖○	○蛮满曼○	○忙莽漭○
n [n]	○拿那纳○	○○○捺○	漇○乃耐○	○男赧聯○	○囊曩囔○
ng [ŋ]	○○○○○	○○○○○	○○○艾○	庵○○婩○	○○○○○
p [p]	巴拔把魃○	○○○○○	○○摆拜○	班盼板半○	邦○榜谤○
p' [p']	葩爬钯怕○	○○○○○	○排啡派○	○攀○判○	○滂○胖○
r [dʒ]	○○○○○	○○○○○	○○○○○	○○○○○	○○○○○
s [s]	萨○飒○○	撒○○○○	腮○○赛○	三○伞○○	桑○嗓○○
sh [ʂ]	○○○○○	○○○○○	筛○○晒○	山禅闪善○	商○赏○○
t [t]	搭达打大○	○○○○○	懘○歹戴○	丹○胆蛋○	当○党荡○
t' [t']	塌○塔踏○	○○○○○	○台○泰○	贪坛毯碳○	汤堂倘烫○
ts [ts]	脱匝咱○○	○○○○○	○哉宰在○	簪○昝赞○	臧○驵葬○
ts' [ts']	擦○○○○	○○○○○	猜才采菜○	餐残惨粲○	仓藏○妧○
y/w/ø [Ø]	○○○○	○○○○○	挨皑霭隘○	安○俺暗○	○昂○盎○
zh [ʐ]	○○○○	○○○○○	○○○○○	○然染○○	○攘壤○○

表4-26　北京话声韵调配合表二

	ao [au]	ǎn [ən]	ǎng [əŋ]	eh [ɛʔ]	eu [ou]
	上下上去入 平平 声声声声声	上下上去入 平平 声声声声声	上下上去入 平平 声声声声声	上下上去入 平平 声声声声声	上下上去入 平平 声声声声声
ch [tʂ]	昭着找赵○	真○枕朕○	争○整挣○	○○○○○	周轴槸昼○
ch' [tʂ']	超巢炒钞○	嗔臣磣趁○	撑成骋秤○	○○○○○	抽惆丑臭○
f [f]	○○○○○	分汾粉忿○	风冯捧奉○	○○○○○	○浮缶阜○
h [x]	蒿豪好昊○	○痕很恨○	亨衡○蕻○	○○○○	齁侯吼后○
h' [ç]	○○○○○	○○○○○	○○○○○	○○○○○	○○○○○
j [ʒ]	○○○○○	○○○○○	○○○○○	○○○○○	○○○○○
k [k]	高○稿告○	跟○䢀艮○	庚○梗埂○	○○○○○	勾○苟垢○
k' [k']	尻○考靠○	○○肯裉○	坑○○○○	○○○○○	抠○口扣○
l [l]	○劳老涝○	○○○○○	○棱冷睖○	○○○○○	○楼篓漏○
m [m]	○毛卯貌○	○门悗闷○	○盟猛孟○	○○○○○	○谋某茂○
n [n]	○猱脑闹○	○○○○○	○能○○○	○○○○○	粗○耨槈○
ng [ŋ]	○敖○傲○	○○○○○	○○○○○	○○○○○	○○○○○
p [p]	包趵宝暴○	奔○本笨	崩抨琫迸	○○○○	㕻○○○
p' [p']	抛袍跑泡○	○盆○喷○	烹篷○碰○	○○○○○	哀○剖○
r [dʒ]	○○○○○	○○○○○	○○○○○	○○○○○	○○○○○
s [s]	骚○嫂埽○	森○○○○	僧○○○○	○○○色○	馊○叟嗽○
sh [ʂ]	烧韶少绍○	身神婶甚○	生绳省剩○	○○○○○	收○手兽○
t [t]	刀○岛到○	○○○○○	登○等瞪○	○○○○○	兜○抖豆○
t' [t']	掏陶讨套○	○○○○○	鼟腾○霯○	○○○○○	偷头斢透○
ts [ts]	糟○早造○	○○怎○○	增○○赠○	○○○○○	诹○走奏○
ts' [ts']	操曹草糙○	○○○○○	○曾偆蹭○	○○○○○	搊○○腠○
y/w/Ø [Ø]	凹遨㬵澳○	恩○○○○	○○○○○	○○○○○	欧○蓲○○
zh [z̩]	○饶绕○○	○人忍任○	○仍○○○	○○○○○	○柔煣○○

表4-27 北京话声韵调配合表三

	é [ε]	éi [εi]	i [i]	ia [ia]	iang [iaŋ]
	上平 下平 上声 去声 入声	上平 下平 上声 去声 入声	上平 下平 上声 去声 入声	上平 下平 上声 去声 入声	上平 下平 上声 去声 入声
ch [tʂ]	○○○○○	○○○○○	几吉己计○	加○甲价○	江○讲降○
ch' [tʂ']	○○○○○	○○○○○	欺起○气○	掐○呷洽○	羌○○强○
f [f]	飞肥斐费○	○○○废○	○○○○○	○○○○○	○○○○○
h [x]	○○○○○	○○○○○	○○○○○	○○○○○	○○○○○
h' [ç]	○○○○○	○○○○○	希携喜系○	瞎霞閜下○	香○享向○
j [ʒ]	○○○○○	○○○○○	○○○○○	○○○○○	○○○○○
k [k]	○○○○○	○○○○○	○○○○○	○○○○○	○○○○○
k' [k']	○○○○○	○○○○○	○○○○○	○○○○○	○○○○○
l [l]	勒○○肋○	○雷儡类○	○黎里利○	○○○○○	○良两辆○
m [m]	○○○○○	○梅美妹○	○迷米密○	○○○○○	○○○○○
n [n]	○○○○○	○○馁内○	浜尼你腻○	○○○○○	○娘○酿○
ng [ŋ]	○○○○○	○○○○○	○○○○○	○○○○○	○○○○○
p [p]	○○○○○	悲○俾背○	○鼻比必○	○○○○○	○○○○○
p' [p']	○○○○○	醅裴蓓配○	批皮匹譬○	○○○○○	○○○○○
r [dʒ]	○○○○○	○○○○○	○○○○○	○○○○○	○○○○○
s [s]	○○○○○	○○○○○	西息洗细○	○○○○○	相祥想像○
sh [ʂ]	○○○○○	○○○○○	失十○轼○	○○○○○	○○○○○
t [t]	○○○○○	○○○○○	低狄底地○	○○○○○	○○○○○
t' [t']	○○○○○	○○○○○	梯提体涕○	○○○○○	○○○○○
ts [ts]	○○○○○	○○○○○	齑疾挤剂○	○○○○○	将○奖匠○
ts' [ts']	○○○○○	○○○○○	妻齐脐砌○	○○○○○	枪墙抢呛○
y/w/Ø [Ø]	○○○○○	○○○○○	衣宜以意○	鸦牙雅亚○	央扬养漾○
zh [ʐ]	○○○○○	○○○○○	○○○○○	○○○○○	○○○○○

表4-28　北京话声韵调配合表四

	iao〔iau〕	ieh〔ia?〕	ien〔ian〕	ié〔iɛ〕	iéh〔iɛ?〕
	上下上去入 平平 声声声声声	上下上去入 平平 声声声声声	上下上去入 平平 声声声声声	上下上去入 平平 声声声声声	上下上去入 平平 声声声声声
ch〔tʂ〕	交○皎较○	○○○○○	剪○减见○	皆杰解戒○	○○○○○
ch'〔tʂ'〕	敲桥巧撬○	○○○○○	牵拑遣欠○	箧伽楷怯○	○○○○○
f〔f〕	○○○○○	○○○○○	○○○○○	○○○○○	○○○○○
h〔x〕	○○○○○	○○○○○	○○○○○	○○○○○	○○○○○
h'〔ç〕	嚣胶晓孝○	○○○○○	祆贤显陷○	鳃鞋蟹懈○	○○○○○
j〔ʒ〕	○○○○○	○○○○○	○○○○○	○○○○○	○○○○○
k〔k〕	○○○○○	○○○○○	○○○○○	○○○○○	○○○○○
k'〔k'〕	○○○○○	○○○○○	○○○○○	○○○○○	○○○○○
l〔l〕	○撩了料○	○○○列○	○连敛练○	○○○○○	○○○蔑○
m〔m〕	○苗渺妙○	○○○蠛○	○棉免面○	咩○○乜○	○○○蔑○
n〔n〕	○○鸟尿○	○○○聂○	○年辇念○	捏涅○虐○	○○○○○
ng〔ŋ〕	○○○○○	○○○○○	○○○○○	○○○○○	○○○○○
p〔p〕	标○表○○	○别瘪○○	边○扁变○	鳖○○○○	○○○○○
p'〔p'〕	飘瓢瞟票○	撇○苤○○	篇骈谝骗○	○○○○○	○○○○○
r〔dʒ〕	○○○○○	○○○○○	○○○○○	○○○○○	○○○○○
s〔s〕	消○小笑○	○○○○○	先○藓线○	些斜写谢○	○○○○○
sh〔ʂ〕	○○○○○	○○○○○	○○○○○	○○○○○	○○○○○
t〔t〕	雕○屌吊○	○○○○○	颠○典店○	爹蝶○跕○	○耋○或○
t'〔t'〕	挑调朓跳○	○○蛛○○	天田忝瑱○	帖○铁餮○	○○○○○
ts〔ts〕	焦○剿醮○	○○○○○	煎○剪箭○	接节姐借○	○○○○○
ts'〔ts'〕	锹樵愀悄○	○○○○○	千前浅倩○	○○且窃○	○○○○○
y/w/Ø〔Ø〕	腰瑶杳要○	齸○○叶○	烟颜眼咽○	噎爷也夜○	○○○○○
zh〔ʐ〕	○○○○○	○○○○○	○○○○○	○○○○○	○○○○○

表4-29 北京话声韵调配合表五

	ih [iʔ] 上平 下平 上声 去声 入声	in [in] 上平 下平 上声 去声 入声	ing [iŋ] 上平 下平 上声 去声 入声	io [io] 上平 下平 上声 去声 入声	ioh [ioʔ] 上平 下平 上声 去声 入声
ch [tʂ]	汁侄只陟○	巾○锦禁○	京○景敬○	珏觉○○○	矍○○○○
ch' [tʂ']	吃○尺斥赤	○禽坅嵚○	轻擎檠磬○	○○○衔○	○○○○○
f [f]	○○○○○	○○○○○	○○○○○	○○○○○	○○○○○
h [x]	○○○○○	○○○○○	○○○○○	○○○○○	○○○○○
h' [ɕ]	吸欶○迄○	欣○○衅○	兴行擤杏○	○学○○○	○○○○○
j [ʒ]	○○○○○	○○○○○	○○○○○	○○○○○	○○○○○
k [k]	○○○○○	○○○○○	○○○○○	○○○○○	○○○○○
k' [k']	○○○○○	○○○○○	○○○○○	○○○○○	○○○○○
l [l]	○○○○○	○林懔吝○	○灵领令○	○○○○○	○○○○○
m [m]	○○○○○	○民敏○○	○鸣瞑命○	○○○○○	○○○○○
n [n]	疒○○臷○	○您○○○	○柠聍甯○	○○○虐○	○○○○○
ng [ŋ]	○○○○○	○○○○○	○○○○○	○○○○○	○○○○○
p [p]	○○○○○	彬○禀鬓○	冰○柄并○	○○○○○	○○○○○
p' [p']	○○○○○	○频品○○	○平娉傅○	○○○○○	○○○○○
r [dʒ]	○○○○○	○○○○○	○○○○○	○○○○○	○○○○○
s [s]	潝○○○○	辛寻○信○	星○醒性○	○○○削○	○○○○○
sh [ʂ]	虱石○○○	○○○○○	○○○○○	○○○○○	○○○○○
t [t]	的○○○○	○○○○○	丁○鼎订○	○○○○○	○○○○○
t' [t']	○○○○○	○○○○○	听庭挺○○	○○○○○	○○○○○
ts [ts]	○○○○○	寖○儘尽○	津○井静○	○○○○○	○爵○○○
ts' [ts']	○○○○○	亲秦寝沁○	青情请○○	○○○○○	○○○雀○
y/w/Ø [Ø]	○○○蝎○	因吟引印○	英盈影映○	○○○岳○	○○○约○
zh [ʐ]	日○○○○	○○○○○	○○○○○	○○○○○	○○○○○

表4-30　北京话声韵调配合表六

	iu [iou]	o [o]	oh [oʔ]	ö [ə]	öh [əʔ]
	上下上去入 平平声声声声声	上下上去入 平平声声声声声	上下上去入 平平声声声声声	上下上去入 平平声声声声声	上下上去入 平平声声声声声
ch [tʂ]	鸠○九舅○	捉酌○卓○	○○○慛○	遮折者这○	○○○○○
ch‘ [tʂ‘]	丘求糗舦○	踔○○绰○	○○○辍○	车○○彻○	○○○○○
f [f]	○○○○○	○○○咈○	缚○○○○	○○○○○	○○○○○
h [x]	○○○○○	○○○○○	○○○○○	呵河○贺○	○○○○○
h‘ [ɕ]	休○朽嗅○	○○○○○	○○○○○	壳○○㕧○	○○○○○
j [ʒ]	○○○○○	○○○○○	○○○○○	○○○○○	○○○○○
k [k]	○○○○○	歌○○○○	○○○○○	柯格舸个○	○○○○○
k‘ [k‘]	○○○○○	○○○稞○	○○○○○	轲咳坷课○	○○○○○
l [l]	○流柳六○	○罗裸洛○	○○○骆○	○○○乐○	○○○○○
m [m]	○○○缪○	摸磨么蓦○	○○○坳○	○○○○○	○○○○○
n [n]	桵牛扭○○	○挪娜糯○	○○○诺○	○○○○○	○○○○○
ng [ŋ]	○○○○○	○○○○○	○○○○○	○讹我饿○	○○○○○
p [p]	○○○○○	波○跛簸○	○脖○博○	○○○○○	○○○○○
p‘ [p‘]	○○○○○	坡婆巨破○	泼○○魄○	○○○○○	○○○○○
r [dʒ]	○○○○○	○○○○○	○○○○○	○○○○○	○○○○○
s [s]	羞泅溲秀○	缩○锁○○	索○○朔○	○○○○○	○○唒○○
sh [ʂ]	○○○○○	芍○○唪○	○○○○○	奢蛇舍社○	○○○○○
t [t]	丢○○○○	多○朵剁○	○敠○○○	○○○貣○	○德○○○
t‘ [t‘]	○○○○○	拖陀妥唾○	○○○特○	○○○特○	○○○螣○
ts [ts]	揪鮂酒就○	楂昨左坐○	○○○○○	则贼○宅○	○○○○○
ts‘ [ts‘]	秋○○○○	搓嵯瑳挫○	○○○○○	○○○测○	○○○○○
y/w/Ø [Ø]	幽由有又○	○○○○○	○○○○○	阿○○厄○	○○○貉○
zh [z̩]	○○○○○	○○○弱○	○○○○○	蓺○惹热○	○○○○○

表4-31 北京话声韵调配合表七

	u〔u〕	uh〔uʔ〕	ui〔ui〕	un〔un〕	ung〔uŋ〕
	上下上去入 平平 声声声声声	上下上去入 平平 声声声声声	上下上去入 平平 声声声声声	上下上去入 平平 声声声声声	上下上去入 平平 声声声声声
ch〔tʂ〕	朱竹主住築	○○○○○	追○篧缀○	谆○准稕○	中○冢重○
ch'〔tʂ'〕	初除楚触○	○○○○○	吹垂捶○○	春唇蠢○○	充虫宠揰○
f〔f〕	夫符府父○	○○○匐○	○○○○○	○○○○○	○○○○○
h〔x〕	呼胡虎户○	○○○○○	○○○○○	昏浑混溷○	薨红哄讧○
h'〔ɕ〕	○○○○○	○○○○○	○○○○○	○○○○○	○○○○○
j〔ʒ〕	○○○○○	○○○○○	○○○○○	○○○○○	○○○○○
k〔k〕	孤谷古故○	○○○○○	○○○○○	○○滚棍○	公○拱贡○
k'〔k'〕	枯○苦库○	○○○○○	○○○○○	昆○捆困○	空○孔控○
l〔l〕	○卢卤路○	○○○陆○	○○○○○	○仑恖论○	○龙陇弄○
m〔m〕	○模母慕○	○○○○○	○○○○○	○○○○○	○○○○○
n〔n〕	○奴努怒○	○○○○○	○○○○○	○○○嫩○	浓农○齈○
ng〔ŋ〕	○○○○○	○○○○○	○○○○○	○○○○○	○○○○○
p〔p〕	不○捕步○	○醭○○○	○○○○○	○○○○○	○○○○○
p'〔p'〕	扑蒲普铺○	○濮○曝○	○○○○○	○○○○○	○○○○○
r〔dʒ〕	○○○○○	○○○○○	○○○○○	○○○○○	○容○○○
s〔s〕	苏俗○素○	○○○肃○	虽隋髓岁○	孙○笋巽○	松○悚宋○
sh〔ʂ〕	枢孰暑述○	○○○○○	○谁水睡○	楯漘隼顺○	○○○○○
t〔t〕	都独睹杜○	督读○靟○	堆○○对○	敦○盾遁○	东○董洞○
t'〔t'〕	秃图土兔○	詷○○○○	推㣓煺退○	吞屯余褪○	通同捅痛○
ts〔ts〕	租足阻祚○	○○○○○	唯○嘴醉○	噂○撙○○	宗○总综○
ts'〔ts'〕	粗○○醋○	○○○○○	催○璀粹○	村存忖寸○	聪从○○○
y/w/Ø〔Ø〕	乌无五雾○	屋○○勿○	灰回毁汇○	○○○○○	○○○○○
zh〔ʐ〕	○如乳入○	○○○○○	○○蕊瑞○	○睏顿闰○	○戎○宂○

表4-32　北京话声韵调配合表八

	ü [y]	üéh [yɛʔ]	üen [yan]	üé [yɛ]	üh [yʔ]
	上下上去入 平平 声声声声声	上下上去入 平平 声声声声声	上下上去入 平平 声声声声声	上下上去入 平平 声声声声声	上下上去入 平平 声声声声声
ch [tʂ]	居局举具○	○○黾宵○	娟拳捲倦○	角厥○蹶○	○窬○獝○
ch' [tʂ']	曲渠蠼畜	○○○○○	圈泉犬券○	靴○薛穴○	臭○○鵊○
f [f]	○○○○○	○○○○○	○○○○○	○○○○○	○○○○○
h [x]	○○○○○	○○○○○	○○○○○	○○○○○	○○○○○
h' [ç]	虚○许酗○	○欨○○○	轩玄铉楦○	○○○○○	○○○○○
j [ʒ]	○○○○○	○○○○○	○○○○○	○○○○○	○○○○○
k [k]	○○○○○	○○○○○	○○○○○	○○○○○	○○○○○
k' [k']	○○○○○	○○○○○	○○○○○	○○○○○	○○○○○
l [l]	○驴侣虑○	○○○○○	○○○略○	○○○○○	○○○○○
m [m]	○○○○○	○○○○○	○○○○○	○○○○○	○○○○○
n [n]	○○女○○	○○○○○	○○○○○	○○○○○	○○○○○
ng [ŋ]	○○○○○	○○○○○	○○○○○	○○○○○	○○○○○
p [p]	○○○○○	○○○○○	○○○○○	○○○○○	○○○○○
p' [p']	○○○○○	○○○○○	○○○○○	○○○○○	○○○○○
r [dʒ]	○○○○○	○○○○○	○○○○○	○○○○○	○○○○○
s [s]	需徐醑叙○	削○雪○○	宣旋选镟○	○○○○○	○○○○○
sh [ʂ]	○○○○○	○○○○○	○○○○○	○○○○○	○○○○○
t [t]	○○○○○	○○○○○	○○○○○	○○○○○	○○○○○
t' [t']	○○○○○	○○○○○	○○○○○	○○○○○	○○○○○
ts [ts]	疽○咀聚○	○绝○○○	○○○○○	嗟○罝○○	○○○○○
ts' [ts']	趋○取趣○	○○○○○	○○○○○	○○○○○	○○○○○
y/w/Ø [Ø]	於鱼雨愈○	曰○○月○	渊元远院○	唷○○噦○	○○○○○
zh [ʐ]	○○○○○	○○○○○	○○○○○	○○○○○	○○○○○

表4-33 北京话声韵调配合表九

	ün [yn]	iüng [yŋ]	wa [ua]	wah [ua?]	wai [uai]
	上下上去入 平平 声声声声声	上下上去入 平平 声声声声声	上下上去入 平平 声声声声声	上下上去入 平平 声声声声声	上下上去入 平平 声声声声声
ch [tʂ]	君○窘峻○	扃○○○○	槬○○伮○	○○○○○	摑膪揣嘬○
ch' [tʂ']	○裙○○○	○穷迥誇○	○○○○○	○○○○○	○○○○○
f [f]	○○○○○	○○○○○	○○○○○	○○○○○	○○○○○
h [x]	○○○○○	○○○○○	华划踝化○	滑○○○○	○怀○坏○
h' [ç]	熏○○迅○	兄熊○敻○	○○○○○	○○○○○	○○○○○
j [ʒ]	○○○○○	○○○○○	○○○○○	○○○○○	○○○○○
k [k]	○○○○○	○○○○○	瓜○寡詿○	○○○○○	乖○拐怪○
k' [k']	○○○○○	○○○○○	夸骻胯○○	○○○○○	○○蒯快○
l [l]	○○○○○	○○○○○	○○○○○	○○○○○	○○○○○
m [m]	○○○○○	○○○○○	○○○○○	○○○○○	○○○○○
n [n]	○○○○○	○○○○○	○○○○○	○○○○○	○○○○○
ng [ŋ]	○○○○○	○○○○○	○○○○○	○○○○○	○○○○○
p [p]	○○○○○	○○○○○	○○○○○	○○○○○	○○○○○
p' [p']	○○○○○	○○○○○	○○○○○	○○○○○	○○○○○
r [dʒ]	○○○○○	○○○○○	○○○○○	○○○○○	○○○○○
s [s]	○巡枸殉○	○○○○○	○○○○○	○○○○○	○○○○○
sh [ʂ]	○○○○○	○○○○○	刷○耍○○	○○○○○	衰帅○率○
t [t]	○○○○○	○○○○○	○○○○○	○○○○○	○○○○○
t' [t']	○○○○○	○○○○○	○○○○○	○○○○○	○○○○○
ts [ts]	镌○隽俊○	○○○○○	○○○○○	○○○○○	○○○○○
ts' [ts']	逡○○○○	○○○○○	○○○○○	○○○○○	○○○○○
y/w/Ø [Ø]	氲云允韵○	邕荣勇用○	蛙○瓦袜○	○○○○○	歪○○外○
zh [ʐ]	○○○○○	○○○○○	○○棪○○	○○○○○	○○○○○

表4-34　北京话声韵调配合表十

	wan [uan]	wang [uaŋ]	wǎn [uən]	wǎng [uəŋ]	wéi [uɛi]
	上下上去入 平平 声声声声声	上下上去入 平平 声声声声声	上下上去入 平平 声声声声声	上下上去入 平平 声声声声声	上下上去入 平平 声声声声声
ch [tʂ]	专○剸篆○	庄○奘壮○	○○○○○	○○○○○	○○○○○
ch' [tʂ']	川传喘串○	窗床闯创○	○○○○○	○○○○○	○○○○○
f [f]	○○○○○	○○○○○	○○○○○	○○○○○	○○○○○
h [x]	欢环浣患○	荒皇恍煌○	○○○○○	○○○○○	○○○○○
h' [ç]	○○○○○	○○○○○	○○○○○	○○○○○	○○○○○
j [ʒ]	○○阮○○	○○○○○	○○○○○	○○○○○	○○○○○
k [k]	官○管贯○	光○广桄○	○○○○○	○○○○○	归○鬼贵○
k' [k']	髋宽款鑶○	匡狂○框○	○○○眍○	○○○○○	亏暌跬喟○
l [l]	孿峦卵乱○	○○○○○	○○○○○	○○○○○	○○○○○
m [m]	○○○○○	○○○○○	○○○○○	○○○○○	○○○○○
n [n]	○○暖澳○	○○○○○	○○○○○	○○○○○	○○○○○
ng [ŋ]	○○○○○	○○○○○	○○○○○	○○○○○	○○○○○
p [p]	○○○○○	○○○○○	○○○○○	○○○○○	○○○○○
p' [p']	○○○○○	○○○○○	○○○○○	○○○○○	○○○○○
r [dʒ]	○○○○○	○○○○○	○○○○○	○○○○○	○○○○○
s [s]	酸○霰算○	○○○○○	○○○○○	○○○○○	○○○○○
sh [ʂ]	拴○○涮○	霜○爽○○	○○○○○	○○○○○	○○○○○
t [t]	端○短断○	○○○○○	○○○○○	○○○○○	○○○○○
t' [t']	○湍疃彖○	○○○○○	○○○○○	○○○○○	○○○○○
ts [ts]	钻○纂攥○	○○○○○	○○○○○	○○○○○	○○○○○
ts' [ts']	撺攒爨○○	○○○○○	○○○○○	○○○○○	○○○○○
y/w/Ø [Ø]	弯完皖腕○	汪王往旺○	温文吻问○	瓮○滃甕○	威为尾未○
zh [ẓ]	䦆○软锐○	○○○○○	○○○○○	○○○○○	○○○○○

表4-35 北京话声韵调配合表十一

	wo [uo]	woh [uoʔ]	yai [iai]	'rh [ɚ]	z'[ʅ]
	上下上去入 平平 声声声声声	上下上去入 平平 声声声声声	上下上去入 平平 声声声声声	上下上去入 平平 声声声声声	上下上去入 平平 声声声声声
ch [tʂ]	○○○○○	○○○○○	○○○○○	○○○○○	○○○○○
ch' [tʂ']	戳○○○○	○○○○○	○○○○○	○○○○○	○○○○○
f [f]	○○○○○	○○○○○	○○○○○	○○○○○	○○○○○
h [x]	豁活火祸○	○○○○○	○○○○○	○○○○○	○○○○○
h' [ɕ]	○○○○○	○○○○○	○○○○○	○○○○○	○○○○○
j [ʒ]	○○○○○	○○○○○	○○○○○	○○○○○	○○○○○
k [k]	郭国果过○	○○○○○	○○○○○	○○○○○	○○○○○
k' [k']	○○○○○	○○○阔○	○○○○○	○○○○○	○○○○○
l [l]	○○○○○	○○○○○	○○○○○	○○○○○	○○○○○
m [m]	○○○○○	○○○○○	○○○○○	○○○○○	○○○○○
ng [ŋ]	○○○○○	○○○○○	○○○○○	○○○○○	○○○○○
p [p]	○○○○○	○○○○○	○○○○○	○○○○○	○○○○○
p' [p']	○○○○○	○○○○○	○○○○○	○○○○○	○○○○○
r [dʒ]	○○○○○	○○○○○	○○○○○	○○○○○	○○○○○
s [s]	○○○○○	○○○○○	○○○○○	○○○○○	思○死四○
sh [ʂ]	○○○说○	○○○○○	○○○○○	○○○○○	○○○○○
t [t]	○○○○○	○○○○○	○○○○○	○○○○○	○○○○○
t' [t']	○○○○○	○○○○○	○○○○○	○○○○○	○○○○○
ts [ts]	○○○○○	○○○○○	○○○○○	○○○○○	资○子自○
ts' [ts']	○○○○○	○○○○○	○○○○○	○○○○○	雌慈此次○
y/w/Ø [Ø]	窝○媒卧○	○○○○○	○涯○○○	○而耳二○	○○○○○
zh [ʐ]	○○○○○	○○○○○	○○○○○	○○○○○	○○○○○

表4-36　北京话声韵调配合表十二

	' [ɻ]				
	上平声 下平声 上声 去声 入声				
ch [tʂ]	知胝纸智○				
ch' [tʂ']	痴持○炽○				
f [f]	○○○○○				
h [x]	○○○○○				
h' [ç]	○○○○○				
j [ʒ]	○○○○○				
k [k]	○○○○○				
k' [k']	○○○○○				
l [l]	○○○○○				
m [m]	○○○○○				
n [n]	○○○○○				
ng [ŋ]	○○○○○				
p [p]	○○○○○				
p' [p']	○○○○○				
r [dʒ]	○○○○○				
s [s]	○○○○○				
sh [ʂ]	师时史士○				
t [t]	○○○○○				
t' [t']	○○○○○				
ts [ts]	○○○○○				
ts' [ts']	○○○○○				
y/w/Ø [Ø]	○○○○○				
zh [ʐ]	○○○○○				

第六节 《汉英韵府》北京话同音字汇

说明：本表文字注音采用《汉英韵府》第一版的卫三畏自创注音，其相应的拟音则放在方括号内，具体见本书第三章第二节。数字1. 2. 3. 4. 5分别表示阴平、上声、去声、入声、阳平五个声调。同音字汇按照韵母的罗马字母先后顺序排列，同一韵里再按声母的罗马字母先后顺序排列。同一音里字的排列顺序均参照《汉英韵府》，括号里的字为括号前的字相应的异体字，括号里的音节为括号前的字的又读音。为了保留字典的原貌，本同音字汇内所有字形以及注音均以《汉英韵府》为准。特别需要说明的是《汉英韵府》北京话音系其实是没有入声的，但是却存在13个带喉塞音韵尾的入声韵母，虽然所含的字数量不多。这些入声韵母的字除了三个字以外，其余的卫三畏都未标注为入声声调。所以本同音字汇以卫三畏的标注为准，仍拟为入声韵母，但是声调却不是标为入声，而是标为其他四个声调。

a［a］

cha［tʂa］cha^{1}楂（樝）柤喳渣皻䶥䶢皻（皶䶥）齇奓膨觰譇（謯）摣（揸）挓札紮扎絗譗褡 cha^{2}謯鮓苲箑踷眨（chan^{3}）cha^{3}痄咋榨（醡）唶褙（蜡）炸溠䃎 cha^{4}乍 cha^{5}蚻鶱劄茁霅閘煠（炸）喥鍘箚

chʻa［tʂʻa］chʻa^{1}叉扠衩靫差（chʻai^{1}）嗏剷侘 chʻa^{2}厏奼（姹）chʻa^{3}牐吒（咤）詫蛇䃰汊岔杈 chʻa^{5}茶搽秅槎䶥艖（舣）槎查察詧刹臿扱插鍤蟶侘

fa［fa］fa^{1}髮發橃筏（栰）fa^{3}伐閥垡師疺珐泼 fa^{5}罰乏姂法（灋）

la［la］la^{1}拉磖喇（la^{2}）瞓揦（攋）la^{2}藞 la^{3}臘（腊臈）蠟（蜡）邋擸（摺）襴（拉）鑞䶝剌辣 la^{5}揧

ma［ma］ma^{2}馬媽（ma^{1}）碼瑪螞鰢 ma^{3}罵（傌）嗎禡榪獁隖搳傌 ma^{5}麻蔴痳䃺䯦蟇麿靡蔴

na［na］na^{2}那 na^{3}哪𡖕㧱納衲抐妠貀（豽）魶笝鈉軜肭 na^{5}拿（拏挐）絮

pa［pa］pa^{1}巴吧豝（羓）疤芭笆蚆八（捌）叭 pa^{2}把 pa^{3}耙（鈀）（p'a^5）弝靶（欛）靶霸壩（垻）灞罷爸叭 pa^{5}肒拔魃杋菝軷

p'a［p'a］p'a^{1}葩舥 p'a^{2}跁 p'a^{3}帊帕袙怕 p'a^{5}筢杷妑琶爬趴舥

sa［sa］sa^{1}薩卅撒轍卌鈒馺趿靸鍤僱搖毶 sa^{2}颯

sha［ʂa］sha^{1}沙砂鲨痧粆桬紗裟（毟）魦（鯊）髿殺鎩褹 sha^{2}洒（灑）（sa^2）傻 sha^{3}歃（啑）唦煞（sha^1）畝霎翣啑唼

ta［ta］ta^{1}笪靼搭薘縫韃瘩踏褡搭奄龕鼛詧剳揩（鞳）ta^{2}打 ta^{3}大（chwa^2）怛沓鎝幍鞜偺髻 ta^{5}妲達答荅

t'a［t'a］t'a^{1}蹋（蹹）鰨（嚃）鞨剔毾篛溻躂他塌傝闒搨愓 t'a^{2}塔（墖）t'a^{3}墖榙踏遝榻踏（蹋）遢鰨漯嗒搨鞜（hö^3）傣撻（ta^2）澾闥躂獺

tsa［tsa］tsa^{1}脫 tsa^{3}咱 tsa^{5}匝（帀迊）咂（沞）師沞砸嚁囋噆（雥）雜（襍）蘸磼卡（chia^2）㴸

ts'a［ts'a］ts'a^{1}擦（攃）礤囃

ah［aʔ］

lah［laʔ］lah^{3}歠瘌霯

nah［naʔ］nah^{3}捺蒳

sah［saʔ］sah^{1}搬𣪺

ai［ai］

ai［ai］ai^{1}挨哎哀唉（欸）ai^{2}靄靉藹壒毐 ai^{3}矮（躷）隘睚餲懓呃愛僾噯曖曖薆餀 ai^{5}埃敳皚獃（呆）（tai^1）

chai［tʂai］chai^{1}齋（斋齊）（ch'^{5}）膭榸脞 chai^{3}債寨（砦）豸（廌）（ch'^{1}）饋瘵

ch'ai［tʂ'ai］ch'ai^{1}釵拆 ch'ai^{2}踹（跴）（ch'wai^3）ch'ai^{3}蠆 ch'ai^{5}柴柴茦喍豺（犲）儕

hai［xai］hai^{1}咍 hai^{2}海盍榼醢 hai^{3}竑亥害恈妎骸嗐 hai^{5}孩咳頦鰕趩

kai［kai］kai^{1}該祴陔垓峐荄胲骸賅（侅）晐 kai^{2}改 kai^{3}丐（匃）概（槩）溉（摡）蓋（盖葢）薳

k'ai［k'ai］k'ai^{1}開 k'ai^{2}剴鎧愷凱颽闓磑塏剴 k'ai^{3}慨嘅顗鬩

lai［lai］lai^{1}䅺 lai^{3}睞賚賴（頼）癩（瘷）瀨籟襰藾鱵厲酹䝀 lai^{5}來（来）

梾淶徠（倈勑）萊稅崍騋郲鯠筙唻鑗

mai［mai］mai² 買潰嘪蕒勱 mai³ 賣邁譪 mai⁵ 埋薶霾

nai［nai］nai¹ 痏 nai² 乃（迺廼）艿嬭（妳奶）疓 nai³ 鼐柰（奈）耐（耏）褦

ngai［ŋai］ngai³ 艾礙（碍）閡鴱

pai［pai］pai² 擺 pai³ 拜敗（退）唄稗粺韛憊扒棑粺

p'ai［p'ai］p'ai² 掔啡 p'ai³ 湃派派 p'ai⁵ 排俳捭牌簰

sai［sai］sai¹ 顋（腮）鰓鰓揌愢擡鬛 sai³ 賽簺塞（sö¹）

shai［ṣai］shai¹ 篩（簛簁）攦 shai³ 曬（晒）

tai［tai］tai¹ 懛 tai² 歹（歺）tai³ 戴襶待瑇（玳）代袋岱帒（袋）黛貸怠迨（逮）隶埭隸帶（帶）蔕瘠懘嚔

t'ai［t'ai］t'ai³ 泰太汰忲（傣）默艜態 t'ai⁵ 台鮐胎邰颱嚽臺紿臺檯（枱）儓薹擡（抬）苔駘炱

tsai［tsai］tsai¹ 哉栽災（灾烖）tsai² 宰（縡）崽綷載 tsai³ 儎在再

ts'ai［ts'ai］ts'ai¹ 猜 ts'ai² 采彩啋採埰寀䰂綵睬 ts'ai³ 菜蔡縩 ts'ai⁵ 才材財（合）裁𢦏纔

an［an］

an［an］an¹ 安培婄腤諳（an³）盦鵪 an² 俺唵揞 an³ 暗隌闇案按岸（ngan³）黯颾

chan［tṣan］chan¹ 詀占沾霑氈（毡）邅（儃）鸇鱣饘（飦）旃旃栴詹譫瞻驙 chan² 斬琖盞醆搌颭展搌輾虥皽 chan³ 棧輚（轏）戔戲綻袒蘸站壜顫檀驙䁪樿𤞤（占）戰

ch'an［tṣ'an］ch'an¹ 攙劖鑱欃裧襜（襝）幨（幨）沾覘梴嬋（嬗）ch'an² 產犍嵼滻蹍鏟（鏟）剗（剷）梴羼驏弗（ch'wan²）巉（嶄塹）幝譂諂（讇）囅蒇鏟搀 ch'an³ 惉懺殘甑韂（韂）膽蹭閰貼 ch'an⁵ 毚瀺饞（嚵）獑廛（壥）纏瀍躔蟬

fan［fan］fan¹ 番翻繙幡旛轓拚 fan² 反返坂阪 fan³ 飯販（販）仮疲畈畚（畚）梵氾汎（泛）犯范蕃範嬎芝 fan⁵ 燔膰墦璠蹯蕃羳藩籓蘋煩蘩瀿繁㵗樊礬蟠凡（凢）杋帆颿笲

han［ɤan］han¹ 酣蚶（魽）歒憨頇鼾歆 han² 邯罕頷喊闞（鬫）蔊菡 han³ 漢熯暵旱垾悍睅釬（銲）皽駻捍扞汗瀚閈譀唅琢矸犴（豻）釬翰蓒憾撼玪厂閈（宦）han⁵ 瓵谽含錎圅（函圅）脑頷涵椷邗裓寒韓欽（邯）暵

kan［kan］kan¹ 干竿（桿）杆玕忏肝鳱甘苷柑泔疳魽霄乾 kan² 敢橄澉紺感鱤鹹秆（秆）稈赶（趕）擀鳱鼸 kan³ 幹野幹倝盰紺詌淦灨（澉）贛骭

k‘an［k‘an］k‘an¹ 刊（刋）栞堪戡坩嵁龕 k‘an² 凵扎侃坎（埳）砍扻（抭）歆欿轗（壈）k‘an³ 矙（瞰）闞勘墈（磡）衎鶇鬳看（輪）

lan［lan］lan² 覽（覧）攬（擥）欖漤爁（爤）壈罱懶燗脯 lan³ 濫纜懢欄鑭瓓爤 lan⁵ 闌欄攔瀾襴（襽）囒蘭斕籣讕躝藍襤籃嵐籃婪啉惏霖躝嵐

man［man］man² 滿 man³ 曼幔嫚侵慢漫（潫）墁鏋 man⁵ 蠻攣褦鬘縵謾饅鰻榝鞔蹣瞞顢墁

nan［nan］nan² 腩揇赧戁難（难）（nan³）nan³ 蝻 nan⁵ 男南楠（枏）喃諵蝻

ngan［ŋan］ngan¹ 鞍庵（葊）儑（隖）ngan³ 婩嬳

pan［pan］pan¹ 班斑媥瘢般搬蝘頒 pan² 板版瓪昄 pan³ 半姅伴畔絆靽辦瓣扮挽涊 pan⁵ 朌

p‘an［p‘an］p‘an³ 判拌泮沜頖沜襻盼袢叛 p‘an⁵ 攀（扳）拚潘販磻蟠嶓瘢蟹（蹣）盤槃磐聲胖瘢婆

san［san］san¹ 三（叁）毵鬖彡 san² 馓（糤）糁（糳）傘（繖）散

shan［ʂan］shan¹ 山姍跚珊刪杉（sha¹）衫彡雩掺穇芟（剡）羴（羴）煽搧挻蟺（ch‘an¹）苫梴詵 shan² 潸擸閃潣睒陝 shan³ 闡汕疝訕鉎善膳（饍）繕僐蟮（蟺）鱔（鱓魱）墡墠扇諞擅磰禪騸贍儋劖燀偏礘 shan⁵ 禪（ch‘an⁵）澶儃

tan［tan］tan¹ 丹刊聃眈（貹）耽酖單（单）匰殫癉鄲簞儋擔驔 tan² 担礂膽（胆）蒼統舕刐亶 tan³ 蛋（蜑）旦但疸呾鴠彈撣僤憚誕（觛）僋甔憺淡啖（噉咱）嶦

t‘an［t‘an］t‘an¹ 貪探坍灘（潬）癱攤扽嘽疹 t‘an² 芫毯菼惔綯惕志禫袒（襢）膻坦窞瘫醰（腏）噴髡 t‘an³ 炭歎（嘆）傪撣（tan²）賧 t‘an⁵ 壇（坛）檀繵覃蕈裦潭醰譚談倓郯痰餤趧鐔（墰壜）曇橝燂澹

tsan［tsan］tsan¹ 簪朁鑽 tsan² 呇（偺喒）穳（拶）儹趲疌 tsan³ 湛贊（賛）讚饡巑瓚欑鬵蹔墼（撕）鏨

ts'an［ts'an］ts'an¹餐（湌）参（叅）篸趁駿嵾傪鬖（鯗）ts'an²惨鏒憯（憯）噆（朁）儳 ts'an³粲姿謲璨燦讖 ts'an⁵讒殘讃慚（憯）蠶（蚕）

zhan［ẓan］zhan²冉（冄）苒染 zhan⁵然燃橪繎髯頓蚺袡蛅

ang［aŋ］

ang［aŋ］ang³胦盎 ang⁵狭昂卬（卯）枊柳駉

chang［tʂaŋ］chang¹張（chang³）粻餦嫜偵悰徖彰樟漳璋鄣鞾麈鶬徜鱆 chang²掌鞝仉 chang³章帳賬脹（痕）瘬漲瘬墇障嶂暲丈仗杖

ch'ang［tʂ'aŋ］ch'ang¹昌帽（裮）猖娼菖閶倀 ch'ang²敞廠（厰）惝（懒）昶氅（鷩）ch'ang³淐唱（韔）倡暢畅眖悵韔创 ch'ang⁵蟐場（塲）腸償嘗（甞）長萇爿裳（shang1）嫦常

fang［faŋ］fang¹方坊妨枋肪邡芳鈁匚 fang²訪昉傲（仿）彷（髣）昉紡舫瓬（旒）fang³放 fang⁵房防魴

hang［xaŋ］hang¹碎 hang²夯（摃）骯 hang³吭沆笐（筕）慧 hang⁵狞杭航衔閜頏远符

jang［ʒaŋ］jang⁵瓤

kang［kaŋ］kang¹岡剛罡堈（鋼缸）茼犅杠扛（摃掆）肛釭鋼豇綱 kang³炕槺

k'ang［k'aŋ］k'ang¹康穅（糠）慷躿 k'ang²慷 k'ang³忼亢炕匟伉抗閌砊犺

lang［laŋ］lang²朗㮃塱 lang³浪眼誏埌閬 lang⁵郎廊榔桹螂（蜋）琅（瑯）鋃硠㝗狼稂䖟嵏筤莨

mang［maŋ］mang²莽瞞恾蟒 mang³漭 mang⁵狵（尨）厖（庞）駹牻浝咙忙恾汒茫芒宋甿鋩硥邙蕟硥砇秐

nang［naŋ］nang²曩攮（攮）nang³灢齉壤 nang⁵囊

pang［paŋ］pang¹邦鄁梆塝鞤幫帮（幫帮）𢫾搒（挷）伴 pang²榜牓髈綁绑 pang³謗牓蚌棒

p'ang［p'aŋ］p'ang³胖 p'ang⁵滂霧（雱）磅鎊傍（p'ang³）旁（㫄）徬傍蒡膀胯螃蹐厐

sang［saŋ］sang¹桑喪 sang²嗓顙搡瘶磉

shang［ʂaŋ］shang¹商（賈）謪蔏傷殤（ch'ang⁵）觴 shang²賞晌扄上尚餧

tang [taŋ] tang¹當璫瓃簹襠艡鐺 tang²党黨攩（擋）曭讜闣 tang³欓（檔）蕩宕碭砀婸菪盪璗簜

t'ang [t'aŋ] t'ang¹湯劏漟趟鼞蝪 t'ang²儻倘帑潒躺踼 t'ang³惕逷輢燙揚鐋 t'ang⁵鏜堂棠膛唐偒（搪）煻塘磄螗糖（餹）螳

tsang [tsaŋ] tsang¹臧贓（賍）牂 tsang²駔 tsang³葬（塟）髒（tsang¹）臟

ts'ang [ts'aŋ] ts'ang¹倉蒼蒼滄瑲鶬艙鯧（鶬）ts'ang³寥 ts'ang⁵藏

zhang [ẓaŋ] zhang²嚷瓖壤讓 zhang⁵穰攘瀼禳儴勷瓤蘘鬤

ao [au]

ao [au] ao¹鏖爊坳凹（wa⁵）霌 ao²襖懊 ao³鰲鏊奧澳（yü³）墺（隩）奡擙 ao⁵遨鷔謷獒勢嗷摮璈聱鼇鰲螯廒獓鷔翱

chao [tʂau] chao¹昭招嘲啁抓（chwa¹）檪鉊敨釗召袑朝（晁）（ch'ao¹）爪（叉）沼帆 chao²找 chao³趙笊櫂（棹）罩（箌）釣焯兆（兆）垗旐刟肇（肈）詔照炤隉 chao⁵着（cho⁵）熣

ch'ao [tʂ'au] ch'ao¹超弨怊耖譟 ch'ao²儝炒（燭鬻）麨吵訬 ch'ao³鈔眇觘爒 ch'ao⁵巢漅轈潮鼂

hao [xau] hao¹蒿嚆薅（揪萩）hao²好（hao³）hao³昊皓（顥）皞浩灝滈鎬鄗鰝恬耗（秏）號（号）hao⁵豪毫壕濠蠔擄譹嗥（嚎）

kao [kau] kao¹高篙膏皋（臯）槔（榕）櫜羔糕餻鼛 kao²稾（稿）槁藁槁杲暠（皜）縞夰 kao³告誥郜

k'ao [k'au] k'ao¹尻（髛）k'ao²考（攷）拷栲烤熇（熇）k'ao³焅犒靠

lao[lau] lao²老咾恅栳（箵）痨狫荖橑潦（lao³）lao³澇嫪憦癆嫪 lao⁵勞（劳）螃撈嘐牢哰醪佬

mao [mau] mao²卯（夘）昴泖茆 mao³貌（皃）芼耄眊冒湄媢帽慖 mao⁵毛旄髦酕牦旄茅蝥（蟊）貓（猫）（mao¹）錨

nao [nau] nao²腦（㛴）惱瑙（碯）撓（拋）nao³鬧（閙）淖臑搙 nao⁵鐃譊呶怓猱峱獶憹硇

ngao [ŋau] ngao³傲（慠）ngao⁵敖熬磝

pao[pau] pao¹包（勹）苞胞保褒（褎）pao²寶（宝寚）鴇宀保堡葆褓（緥）飽 pao³鮑抱菢（勽瓟）鉋（刨）齙豹儤報暴（虣）爆曝譈虣瀑 pao⁵趵

pʻao［pʻau］pʻao^{1}抛脬 pʻao^{2}跑 pʻao^{3}奅礮（砲）泡（pʻao^{1}）疱（皰）擛 pʻao^{5}庖咆炰炮匏鞄袍爮麅抙譽

sao［sau］sao^{1}騷搔慅艘颾溞鰠繅（chʻao^{1}）臊（膒）薞 sao^{2}嫂（嫐）掃 sao^{3}埽喿（噪唕）譟瘙鐰燥髞

shao［ʂau］shao^{1}勺燒颵萷娋捎旓蕱弰褙梢艄綃髾筲（tsʻiao^{3}）揹（籍）稍 shao^{2}少 shao^{3}紹（佋）劭卲邵袑潲哨 shao^{5}韶

tao［tau］tao^{1}刀舠忉魛 tao^{2}島壔擣（搗）幬禱（禂）倒 tao^{3}到道衜導悼稻蹈幬燾盜（盗）槝

tʻao［tʻau］tʻao^{1}叨饕謟絛（縚）韜（弢）慆掏（掏）槄滔洮夲濤 tʻao^{2}討 tʻao^{3}套 tʻao^{5}陶（匋）萄鞀裪綯裪醄淘啕咷桃鞉（鼗）逃（逊）駣檮翿

tsao［tsau］tsao^{1}糟（醩）褿慒遭（傮蹧）tsao^{2}璪早蚤（蝨蝨）棗澡繰藻璪 tsao^{3}躁（趮）造慥竈（灶）阜（皂）

tsʻao［tsʻau］tsʻao^{1}操 tsʻao^{2}草騲 tsʻao^{3}擅糙（皶）慥鄵 tsʻao^{5}曹嘈（譜）槽漕艚膭螬齖

zhao［ʐau］zhao^{2}遶（繞）（zhao^{3}）擾獿 zhao^{5}饒嬈橈蕘襓蟯

ăn［ən］

ăn［ən］ăn^{1}恩

chăn［tʂən］chăn^{1}眞（真）禛瞋甄蘵珍（珎）鍼（針）箴鱵斟椹帪砧碪臻蓁榛（亲）溱貞楨禎 chăn^{2}顩枕煩眕畛紾袗疹（胗）診眹軫鬒（㐱）黰縝眕 chăn^{3}鎮朕鴆（酖）栚震振侲賑揕

chʻăn［tʂʻən］chʻăn^{1}嗔瞋琛（賝）郴綝參鎧（抻）抻稱（穪）偵赬 chʻăn^{2}岑（tsʻăn^{5}）涔磣顋醦墋綝疢 chʻăn^{3}趁（趂）櫬（儭）嚫（䞋）櫬齔陳（陣陣）chʻăn^{5}蔯塵臣沈（沉）鈂霃麎敐辰晨宸澄

făn［fən］făn^{1}分紛帉雰芬氛翁盼氛吩衯棼鳻饙（餴）făn^{2}粉黺鼢 făn^{3}坌坌（坋）份（分）僨憤鱝糞瀵奮幨鼢 făn^{5}汾弅枌焚羒棻墳（坟）豶蕡濆轒（蕡）豮（蕡）黂幩豶

hăn［xən］hăn^{2}很狠 hăn^{3}恨 hăn^{5}痕拫

kăn［kən］kăn^{1}根跟哏 kăn^{2}詪 kăn^{3}艮茛

kʻăn［kʻən］kʻăn^{2}懇墾狠齦肯掯 kʻăn^{3}硍珢裉

măn［mən］măn² 悗 măn³ 閟（㥃濍）𥹍 măn⁵ 門們捫糜璊楣

păn［pən］păn¹ 奔（犇）騹（驕）錛挤 păn² 本畚 păn³ 笨（体）逩

p‘ăn［p‘ən］p‘ăn³ 噴（歕味）体 p‘ăn⁵ 盆葐溢

săn［sən］săn¹ 森

shăn［ʂən］shăn¹ 莘（sin¹）痒粦虩（侁）（sin¹）詵（sin¹）葠（參）蓡身深申伸呻神紳㼒娠（娒）傸牲 shăn² 黮審嬸瀋哂（吲）諗矧（訜）伈 shăn³ 甚慎腎蜃（ch‘ăn²）滲佲眹糝 shăn⁵ 神諶（訦）忱（怘）（ch‘ăn⁵）甚（椹）（shăn³）惝煤

tsăn［tsən］tsăn² 怎

zhăn［zən］zhăn² 忍（忉）朒飪（肝）荏棯恁稔（shăn²）zhăn³ 脸刃（又）仞軔牣朌靭（靭）（ning³）紉訒認紝衽（袵）任篤 zhăn⁵ 人（亻儿）仁朲壬妊（姙）魜紉

ăng［əŋ］

chăng［tʂəŋ］chăng¹ 爭（争）猙睜筝錚鬵湞征怔胜鉦姃烝蒸瘰𩵋徵癥眐 chăng² 整晸 chăng³ 掙諍弽鋥（碾）幬正政症証（證）黶鄭

ch‘ăng［tʂ‘əŋ］ch‘ăng¹ 掌撑（撑）䑾鏊崢（ts‘ăng¹）枵琤窥瞠 ch‘ăng² 拯（抍）橙蟶騁惺 ch‘ăng³ 秤骋嵊 ch‘ăng⁵ 根橙堂成城宬誠郕澄丞承呈程珵裎醒埕塍（塍）懲逞徎

făng［fəŋ］făng¹ 風楓瘋丰妦夆峯烽夆蜂（鼨）鋒犎封對葑豐蘴偑灃鄷 făng² 覂捧 făng³ 嗙奉鳳俸諷賵 făng⁵ 馮渢逢撞縫（făng³）漨

hăng［xəŋ］hăng¹ 亨哼脝鍠 hăng³ 諻 hăng⁵ 衡（衡）蘅恆（恒）緪（緪）姮桁珩莖

kăng［kəŋ］kăng¹ 庚鶊賡更（夏）（ching¹\kăng³）粳（秔粳）（ching¹）羹耕（畊）（ching¹）kăng² 梗埂瘦哽緶挭骾（鯁）耿畎 kăng³ 亙堩掆

k‘ăng［k‘əŋ］k‘ăng¹ 坑阬輕硜（硻）摼鏗

lăng［ləŋ］lăng² 冷痠倰 lăng³ 睖稜 lăng⁵ 稜棱崚楞

măng［məŋ］măng² 蜢艋蠓猛懵（懜）măng³ 孟搢夢（㝱梦薈）măng⁵ 盟萌蒙濛（蠓）曚矇幪幪檬礞鸏鬤㽍薨茴氓（甿）盲萌䖟（虻）郠鸏薨

năng［nəŋ］năng⁵ 能

pǎng［pəŋ］pǎng¹崩痭堋弸祊繃（绷）伻浜（ping¹）弃絣帡 pǎng²祊琫菶嗙 pǎng³迸廇（鮂）踄 pǎng⁵抨

p'ǎng［p'əŋ］p'ǎng¹烹澎澎砰怦溯硼姘妝玕 p'ǎng²拚薜 p'ǎng³捀（碰硥）髼 p'ǎng⁵蓬髼篷（䩨）韸芃埄（塴）朋鹏棚倗彭膨蟛骟

sǎng［səŋ］sǎng¹僧髼

shǎng［ʂəŋ］shǎng¹生甥牲笙甡升陞昇勝（shǎng³）聲（声）shǎng²省告 shǎng³眚乘（ch'ǎng³）剩（賸）晟蕂盛（ch'ǎng³）聖（圣）睦（塦）shǎng⁵繩澠憴

tǎng［təŋ］tǎng¹豋登燈（灯）簦蔜 tǎng²等戥 tǎng³瞪（瞠）鶑凳凳（橙）僜殑磴（嶝）墱鐙戥鐙蕾瞪捵

t'ǎng［t'əŋ］t'ǎng¹鼟 t'ǎng³霳澄 t'ǎng⁵籘（藤）滕膳騰（鶑）驣膡縢儯滕疼塍

tsǎng［tsəŋ］tsǎng¹增憎譄鄫繒矰罾磳楮（矰）瞔鐺 tsǎng³贈甑黮襧

ts'ǎng［ts'əŋ］ts'ǎng²傖 ts'ǎng³蹭噌劗 ts'ǎng⁵曾層嶒

zhǎng［ʐəŋ］zhǎng⁵仍扔陾礽艿

eh［ɛʔ］

leh［lɛʔ］leh³哷鉻

seh［sɛʔ］seh³色懎嗇穡僿澁（澀）翜傮憷瑟瑟疢翜

eu［ou］

eu［ou］eu¹慪甌膒鷗謳歐嘔毆（敺）eu²熰

cheu［tʂou］cheu¹周週徶赒輖椆舟侜鵃鵃州洲鷙 cheu²鞫 cheu³籀晝咮噣僽箒 cheu⁵軸

ch'eu［tʂ'ou］ch'eu¹抽（搊）瘳 ch'eu²帱（幬）綢抙肘丑醜瞅（瞅）ch'eu³酎紂觓胄冑（仦）宙咒詶臭儦趥溴 ch'eu⁵讎惆怞儔疇籌躊酬（醻酧）詶莿稠綢紬讐（讎）仇雠（讐）犨愁

feu［fou］feu²缶（瓿）否 feu³阜（阝）蠹 feu⁵浮（fu⁵）蜉烰涪芣枹

heu［hou］heu¹齁 heu²犼吼哊狗郈 heu³后逅菏後候堠厚鱟 heu⁵侯猴喉糇（餱）猴瘊睺睺篌睺裰鯸

keu［kou］keu¹勾拘鉤（钩）刣昫緱溝篝褠韝（鞲）keu²苟岣笱枸狗者

keu^{3}垢雊軥詬（訽）姤媾購搆構遘覯冓彀夠

k'eu［k'ou］k'eu^{1}摳剾瞘（曉）彄芤 k'eu^{2}口扣（㧡）k'eu^{3}扣（敂）釦絇寇蔻簆觳叩怐

leu［lou］leu^{2}簍 leu^{3}鏤（leu^{5}）劃瘻（瘺）漏陋屚 leu^{5}樓數塿嶁婁嘍（謱）摟（leu^{2}）耬甌髏螻貗慺遱艛驃

meu［mou］meu^{2}某（厶）畝（畞）（mu^{2}）牡（mu^{5}）拇（踇）meu^{3}瞀袤懋楙茂貿鄮 meu^{5}謀蟱矛（mao^{5}）牟麰侔眸蓩蛑髳鍪

neu［nou］neu^{1}䨲 neu^{2}㝅 neu^{3}耨（槈鎒）檽獳

ngeu［ŋou］ngeu^{2}偶耦藕 ngeu^{3}漚

peu［pou］peu^{1}抔掊呠

p'eu［p'ou］p'eu^{1}裒 p'eu^{2}剖（p'eu^{1}）瓿

seu［sou］seu^{1}鎪嗖蒐廋颼（颾）餿驌螋溲 seu^{2}叟（㕅傁）瞍（䁞）嗾擻藪籔鄋 seu^{3}嗽（瘶）謏漱

sheu［ʂou］sheu^{1}收（扏収）捜（搜）（seu^{1}）sheu^{2}手守艏首 sheu^{3}狩獸售綬受授壽瘦

teu［tou］teu^{1}兜撓篼吺瞗 teu^{2}斗抖枓蚪科陡（阧）teu^{3}鬥（鬭鬪鬦）豆荳梪痘逗脰餖竇酘

't［eut'ou］t'eu^{1}偷鍮 t'eu^{2}䵉涹黈鞋斢 t'eu^{3}透訏杏（音）t'eu^{5}頭亠敨投骰（shai^{2}）

tseu［tsou］tseu^{1}諏掫陬鄹（郰）鄒騶謅菆鯫緅 tseu^{2} 走傷 tseu^{3}奏腠縐皺䄔驟甃

ts'eu［ts'ou］ts'eu^{1}搊篘犓 ts'eu^{3}凑（湊）輳腠劉

zheu［ẓou］zheu^{2}煣糅内 zheu^{5}柔揉楺蹂鍒韖腬

é［ɛ］

fé［fɛ］fé^{1}飛蜚非裶緋扉餥霏騑妃 fé^{2}斐匪篚剕菲屝棐（榧）悱誹朏 fé^{3}費疿沸（濆）狒鬢讀林芾肺翡痱茷吠 fé^{5}肥淝蜰蟦婓腓厞

lé［lɛ］lé^{1}勒（lö^{3}）lé^{3}艻肋

éi［ɛi］

féi［fɛi］féi^{3}廢癈簝

léi［lɛi］léi^{2}儡壘磊藟（藟）蕾瘤鸓（猵猓）膕誄樏絫累（léi^{3}）léi^{3}儽擂礧檑耒類（纇）纇淚（泪）léi^{5}雷擂蠕罍（櫑）縲虆鐳虆畾

méi［mɛi］méi^{2}美每媺浼（浼）méi^{3}妹昧魅鬽瑁韎媚袂寐穤抹痗塺眛昒 méi^{5}梅脢梅（酶）莓霉玫（玟）枚沬眉楣嵋湄郿溦煤媒腜禖鋂劘黴

néi［nɛi］néi^{2}餒（餧）鮾 néi^{3}内

péi［pɛi］péi^{1}悲桮（杯盃）卑（卑）革（萆）椑碑箄 péi^{2}庳俾（pi^{2}）péi^{3}背（péi^{1}）偝褙（緕）被倍焙貝棏琲萯狽犻（犋）輩（輩）旆（旆）悖邶

pʻéi［pʻɛi］pʻéi^{1}醅呸丕（pʻi^{1}）伾坯（坏）（pʻi^{1}）怌痞胚（肧）邳髼豾（狉）駓 pʻéi^{2}蓓琲 pʻéi^{3}配轡沛霈帔佩珮 pʻéi^{5}裴徘培陪賠锫棓

i［i］

i［i］i^{1}衣（衤）依伊泙蛜咿（咿）噫譩禕堅翳噎醫（医）繄鷖蠮蘙欹猗（欹）犄漪旖陭黟 i^{2}以（㠯）苡（苢）已异偯矣迆扆倚掎椅錡觭輢扆艤（檥）嶬蟻螘顗擬儗薿譺睨 i^{3}義議誼医藙易敡異殪饐膉鷁壇瘞瞖勩泄呭（詍）栧鞢曳（拽）秇意薏褹藝（埶秇蓺）譩囈槸褹寱羿裔（袤）瀉毅乂刈帠劓（劓）詣縊懿嫕肄襼 i^{5}宜（宐）輗猊麑蜺（ni^{5}）霓（ni^{5}）鯢（ni^{5}）倪（ni^{5}）齯（ni^{5}）酏移（迻）庈謻栘匜訑貤笹迤簏㴶椸沂浉疑嶷貽詒眙怡飴臣頤胰（肊）鮧澧（澧）宧圯彝螔儀夷桋跠峓姨痍恞洟侇遺讉鸃吚

yi［i］yi^{1}揖撎 yi^{2}乙（yüeh^{3}）yi^{3}益溢嗌鎰艗鷁鶂鶃鷊億繶憶檍臆抑亦奕弈帟倳翌翼翊瀷睪圛驛繹譯懌嶧馹弋黓釴杙㱿炈煬（焲）埸投役疫一（壹弌）壹鳦屹仡邑（阝）唈悒俋浥挹裛佚逸泆佾熠㵝廙謚軼圛虉

chi［tʂi］chi^{1}幾（chi^{2}）機（机）鐖禨磯璣畿嘰譏蟣饑（飢）肌鞿鶏（雞）卟乩剞稽枅笄（笄）羈羇畸攲（椅掎）姬基朞（稘）箕萁錤檕覬畿劼穖汲芨敫激 chi^{2}己紀（chi^{3}）几机麂（麐）庋（庪）蟣蔇戟蟣蕺給（ké^{2}）chi^{3}計薊繼檵懻髻（髻）冀驥洎寄彐垍覬旡既穊暨塈蔇季悸瘁鯚罽繫記忌娸跽伎芰妓惎瘈訖屐（屐）毄劇 chi^{5}吉佶詰棘亟極殛急及（chi^{3}）伋岌笈級阪衱㲉擊墼

chʻi［tʂʻi］chʻi^{1}溪谿（嵠）鸂欺攲徛崎蚑觭榿敧朩僛磎狖蛣 chʻi^{2}起邔杞玘屺芑芑啟（啓）棨綮綺 chʻi^{3}技气氣炁傒棄器（噐）企籾契挈罄乞芞泣湆隙（隙）郤（郄）虩唧御綌 chʻi^{5}踦魌其棋棋（碁棊）淇綦藄祺琪璂蜞歧騏琪跂期粸騏旗（旂）麒娸竒（奇）琦騎岐歧跂忯祇祁郗祈蚚蘄頎圻芪鬐耆鰭肵碕

軝豈

h'i［ç'i］h'i¹希晞稀俙晞悕浠欷郗豨羲犧曦熙（熈）醯虛巇曦誒忚娭嬉嘻僖歖譆熹熺禧奚傒媄徯蹊螇鞵豯兮畦嵇嫛澮（澮）h'i²喜憙嘻唏鬄狶匸 h'i³戲繫系係槩禊甈愾餼咥盻屭（屓）呬愾虩鬩歙翕熻舣肸肐闟 h'i⁵嶲酅攜（携）觿蠵鑴

li［li］li²里悝哩娌俚鯉理裏（裡）鯉李履豊禮（礼）醴澧鱧邐蠡 li³利俐痢唎例吏詈慄莅（涖蒞）荔（茘）厲 濿（砅）礪勵癘糲蠣儢戾唳綟莀盭蜧悷捩（棙）隸麗儷力竻（簕）秝曆歷劙嚦瀝癧靂攊轣藶櫪櫟瓅（皪）礫擽轢躒屴立笠苙岦粒鴗砬蜥栗凓慄傈溧篥搮鬲沥飉 li⁵黎黧瓈（璃）藜剺梨犁蜊莉（li³）犛釐（厘）氂斄嫠罹褵漓謧縭（褵）樆醨摛离離籬蘺蠡（羅）纚（si²）鱺鸝驪孋穲矖酈狸（貍）梩

mi［mi］mi²米敉侎眯靡醾麼洣鮢芈弭 mi³謎密宓樒（榓）蔤蜜幦（幭）篾塓幎謐覓（覔）糸冖（冪冪鼏）mi⁵迷彌迷瀰獼麋麛蘼縻糜醾麽冞

ni［ni］ni¹閙 ni²你（伱）伲苨馜旎柅禰濔 ni³膩匿暱惿樰暱（昵）溺（氼）匿蜹搦勠（和）愵逆疒屰 ni⁵尼屔呢妮怩臡蒞泥（坭埿）麑秜

pi［pi］pi²比妣匕粃（秕）鄙柀彼髀貏瘪（pieh²）筆（笔）pi³篦（筂）贔糒嬖避薜畀婢（pé³）痺脾淠敝弊（獘）幣斃獘贁鞁祕（秘）閟毖閉搠蔽庇坒陛梐蜌賁（péi³）備（偹）泌箅詖鞴（絥）毖奰拯跐珌鷩縪壁躄鐴鼊躄璧碧畢滭韠篳箪熚蹕饆愊楅逼（偪）（pi¹）必咇嗶苾飶愎榫潷弼觱（pieh²）滗邲鮅怭（佖）駜湢煏 pi⁵鎞（鈚）鼻

p'i［p'i］p'i¹披刔（剕）呸（呿）鈹旇批（搥）紕砒（磇）諀屁秠鴨霹劈（p'i²）p'i²皻仳皉痞庀圮狉陛甈綼癖匹疋肌鳴鷩 p'i³披（p'éi¹）譬屁（寙）臂（p'é3）辟僻闢（p'i²）擗澼甓甓 p'i⁵秛琵枇毘（毗昆）魮芘蚍螕皮疲脾貔膍羆鼙螷（p'i³）蜱裨（péi³）陴郫骳（骴）

si［si］si¹西棲（栖）（ch'i¹）恓粞犀樨嘶撕蠵昔腊惜晰（晳晳）析菥淅蜥恝舄蕮潟磶錫裼緆 si²洗（sien²）徙屣（躧蹝）葰縰葸璽（壐）枲 si³細婿（壻）si⁵息熄瘜郋鎴媳夕汐穸席蓆悉蟋膝藤習謵槢嶍隰鰼（h'ü³）襲霫

shi［şi］shi¹失 shi³碩（shwoh³）軾適湜螫（chö¹）鞮鮖榯濕（溼）（shi¹）shi⁵食祏十卄拾什識（chih³） ti［ti］ti^{1}隄堤䩚低（仾）磾羝䪽罛騔扚玓菂滴 ti^{2}牴（觝）骶氐邸抵疷厎底弤詆䚶 ti^{3}地柢泜棣弟第珶娣睇（䏲）遰螮（蝃）褅髢（鬄）軑（軚）杕釱帝諦禘渧締蔕遞（逓）ti^{5}狄荻啇樀鏑蹢（蹄）嫡敵甋翟䶂糴籊笛（篴）廸（迪）覿滌蔋踧逷（逖）

t'i［t'i］t'i^{1}梯睇鷉剔惕（悐）掦踢倜擿 t'i^{2}體 t'i^{3}悌嚏（嚔）替屜（屟）涕（鮷洟）剃（鬀）薙楴揥 t'i^{5}苐稊（桋）荑綈罤鵜（鶇）提題蝭禔醍媞騠䶑啼（嗁）鮷鷈霋踶蹄（蹏）鮧（鯷）

tsi［tsi］tsi^{1}齎（賫）齏（韲）躋（隮）檱嚌沚禨 tsi^{2}擠䍐 tsi^{3}濟霽劑嚌鱭癠薺（ts'i^{5}）穧懠祭際穄楫（檝）tsi^{5}疾嫉蒺即堲喞楖蝍鯽集集（亼）輯潗寂（宗）㗊迹（跡蹟）耤籍踖脊（tsi^{2}）瘠塉蹐鶺蹔（躄）勣積穦磧㬟僁稷

ts'i［ts'i］ts'i^{1}妻凄（淒）悽郪萋緀霋慼（慽）墄鏚七（柒）漆（桼榛）咠緝戢濈葺霵葺 ts'i^{2}臍鰶（鱭）ts'i^{3}砌棲 ts'i^{5}齊蠐臍戚

ia［ia］

ya［ia］ya^{1}鴉呀（ya^{2}）丫椏鸦亞啞壓 ya^{2}瘂雅庌厊 ya^{3}砑迓訝亞（阿）（a^{3}）婭掗稏亞鴨軋圠軋揠 ya^{5}牙芽枒衙犽齖押（丫鬟）

chia［tʂia］chia^{1}加枷耞珈笳袈痂勄跏迦嘉佳葭豭家傢麚岬胛夾挾（h'ié^{1}）俠（h'ié^{1}）梜莢郟頰鋏袷䀫鞈鞈餄戛（ka^{1}）chia^{2}椵瘕假斝（斚）檟（榎）甲 chia^{3}價㝯駕架（榢）嫁稼椵嘎（ka^{1}）

ch'ia［tʂ'ia］ch'ia^{1}呿䫲忦欲掐剳菰（葜）恆 ch'ia^{2}跒 ch'ia^{3}愘髂恰剖帢跲

h'ia［ç'ia］h'ia^{1}鰕谺閜颬鰕蝦呷瞎轄（鎋牽）h'ia^{2}閜嚪圕 h'ia^{3}下夏厦（廈）庍暇罅（罅）睱碬疜諕襾峽硤劼黠洽袷焓偺圿 h'ia^{5}霞騢遐蕸瑕嘏叚㕛匣柙狎忡狹陜

iang［iaŋ］

yang［iaŋ］yang^{1}央泱坱殃（袂）秧鴦鉠咉獚 yang^{2}養蛘（䑆）癢痒懩仰抰鞅 yang^{3}怏羕漾（瀁）㨾樣傢詇恙 yang^{5}昜揚颺楊暘煬（烊）瘍崵禓陽（阳氜）鍚羊徉佯垟洋

chiang［tʂiaŋ］chiang^{1}江姜舡僵殭疆（畺）繮（韁）橿薑（蘁萋）礓茳豇（䂢）矼強 chiang^{2}講耩膙襁（繈）鏹港 chiang^{3}夅洚絳蜂降（夅）糨（糡）犟

ch'iang［tʂ'iaŋ］ch'iang^{1}羌（羗）蜣唴腔羫啌痓腔 ch'iang^{3}弶椌劈強（彊）

h‘iang［ç‘iaŋ］h‘iang¹香麞鄉薌舡 h‘iang²享饗響响 餉饟蠁 h‘iang³向嚮鱶珦巷閧項

liang［liaŋ］liang²魉兩（两両）緉 liang³輛倆亮諒悢哴（喨）晾量（liang⁵）liang⁵良踉粮（糧）涼（凉）飀椋惊綡輬梁樑粱

niang［niaŋ］niang³釀糫 niang⁵娘孃

siang［siaŋ］siang¹相廂箱湘緗葙襄鑲欀驤纕瓖膁儴 siang²想鮝（鯗）siang³象像橡鷫 siang⁵祥詳翔庠

tsiang［tsiaŋ］tsiang¹將（奬）搿螿漿（冰）tsiang²獎槳（膙）蔣 tsiang³醬匠

ts‘iang［ts‘iaŋ］ts‘iang¹槍鎗鏘蹌（牄）謒斨 ts‘iang²搶 ts‘iang³蹡蹡蹡（槳）嗆戧 ts‘iang⁵牆（墙廧）嬙檣（艢）薔（蘠）戕（ts‘iang¹）

iao［iau］

yao［iau］yao¹腰禟夭妖吆芺祆吆幺（么）喓葽邀 yao²杳宎（抗）窈拗宵眑殀咬（皎）婹偠騕漾鷕 yao³要鳐靿袎詏曜（yüé³）耀（燿）（yüé³）鷂搅觎趯藥（葯）鑰 yao⁵喬珧喠媱徭（傜）愮搖瑤窯（窑）猺謠鰩遙蹂飄軺（輷）堯嶤僥筄姚洮

chiao［tʂiau］chiao¹交蛟茭郊鵁鮫嬌驕憍鵁傲漻澆嘐膠翏芁（艽）鉸 chiao²咬（𬹼）皦絞狡姣（姿）佼笅恔憿繳鐵譑鱎蟜矯撟鱎盨攪敹疘餃校（h‘iao³）chiao³轎嶠魝叫（呌訆）徼 弙噭窖（窌）滘教酵較挍珓

ch‘iao［tʂ‘iau］ch‘iao¹蹻（蹺）橇（轎）磽（墝）敲 ch‘iao²丂巧劀 ch‘iao³鷠竅撬撽竷 ch‘iao⁵喬橋僑趫蕎翹菣翿

ch‘iao［ç‘iau］h‘iao¹嚚嘵驍熇哓枵鴞梟庨痟哮虓（娆猇）歊詨膮 h‘iao²曉皛 h‘iao³孝効效傚恔敩撐 h‘iao⁵胶爻肴餚骰淆崤

liao［liau］liao²蓼蓼繚燎瞭暸鷯了衭 liao³料璙療獠廖尞炓 liao⁵遼僚寮嘹撩嫽屢簝蟟膋（脊）獠（獠）諒鐐聊翏憀漻嵺蹘斂

miao［miau］miao²眇緲淼杪秒仯猫渺 miao³妙（紗）廟（庙）miao⁵苗緢喵描眇

niao［niau］niao²鳥褭（裊）蔦嫋（嬝）檂儠嬲 niao³尿嫐

piao［piau］piao¹標彡鑣麃僄穮猋飆（飈）膘慓鰾麃瀌滮彪 piao²表婊嫖㰾

裱俵薫

p'iao［p'iau］p'iao¹飄漂翲魒嘌縹 p'iao²瞟膘摽醥殍（莩）臕 p'iao³票剽
勡影傈嘌驃鰾 p'iao⁵鏢嫖瓢螵藻

siao［siau］siao¹消銷硝宵綃鞘（鞗）蛸鮹痟逍霄魈橚簫（箾）蠨蕭瀟彇
脩 siao²小篠 siao³笑（咲）肖嘯（歗）

tiao［tiau］tiao¹琱雕（彫剮）凋鵰碉貂刁叼鳭弴孎艞（舠）tiao²屌 tiao³
弔（吊）佻紏竹釣耡銚窕誂銚掉窎褵

t'iao［t'iau］t'iao¹挑剻佻桃朓銚桃庨 t'iao²朓姚 t'iao³跳（趒）朓頫覜蓧（莜）
糶篠藋 t'iao⁵調蜩條鰷（鯈）鰷鯛苕（芀）笤岧迢髫韶卤

tsiao［tsiau］tsiao¹焦膲瘄蕉鐎僬礁繓醮鷦龜椒 tsiao²剿劋 tsiao³醮燋曒醮

ts'iao［ts'iau］ts'iao¹鍫（厤）帩幧繰 ts'iao²悄愀煍 ts'iao³俏誚峭（陗）
劁偢 ts'iao⁵樵譙憔（顦）瞧嶕

ieh［iaʔ］

yeh［iaʔ］yeh¹鬻 yeh³枼葉楪鰈傑（僷）顩嶪擊厴靨饁曄業鄴鮖（腌）

lieh［liaʔ］lieh³仂阞扐唎列劣烈洌洌苅栵呬鴷趔裂颲儠鼠（鬣）獵躐鱲
劣埒挕将

mieh［miaʔ］mieh³礠蠛

nieh［niaʔ］nieh³聶囁（讘）曞（爇）躡鑷篛驘捻（抾）（nien²）苶甈䌈
䰰臬齧（囓）闑孽（蘖）蘖（蘖）蘖

pieh［piaʔ］pieh²睄 pieh⁵別諽

p'ieh［p'iaʔ］p'ieh¹撆（撇）丿劈暼瀎蹩嫳嫳 p'ieh²苤

tieh［tiaʔ］tieh³凸（töh⁵）疊（叠）（tieh⁵）襵襟渫楪㦩墥攧氎熬或

t'ieh［t'iaʔ］t'ieh²鉄

ien［ian］

yen［ian］yen¹（煙）胭（臙）漹焉嫣蔫闟（剦）淹醃俺懕懕 yen²眼匽偃蝘
郾褗齞鰋鷃鄢巘演衍鼲兗亼黶广琰（玱）戾掞剡儼奄崦晻崦裺瑌掩（揜）弇魘
魇屡屭黶魘黡祵 yen³厭魘鴳（鷃）鴈（雁）贗（贗偐）爓（煶）晏燕咽（嚥）宴
（讌）堰彦諺嗲（唁）硯讝艶·（豓艷）灔釅焱（燄焰焱）驗（驗）噞偐撝（攆）
犴（犿）yen⁵颜頟言箮閻（閆）嚴巖（岩）簷喦喦延莚筵綖郔梴蜒埏炎研（笄）

沿（浴沿）鹽（塩）簷（檐膽）阽

　　chien［tşian］chien¹ 鰹肩姦奸間椆蒬艱鐩菅犍韃兼兼縑鶼鰜搛慳豣鵑緘劇堅爐（爐）chien² 椷減（减）繭襇揀柬簡裥蹇儉謇謇驣団梘筧趼鹼（鹻）鹻檢撿儉 chien³ 見件建健（健）踺犍鍵楗諫山澗覸鋼監（chien²）鑑（鉴）劍歉

　　ch'ien［tş'ian］ch'ien¹ 牽拏縴汧岍荊慫騫搴搴（攘）妍开（开）敆（鴿）軧嗛謙 ch'ien² 遣床臁（欮）鎌鼸 ch'ien³ 嵌傔僁椪繾牽譴韆欠芡 ch'ien⁵ 拑箝鉗鈐黔虔髯慽捷垺腱鉛（鈆）

　　h'ien［ç'ian］h'ien¹ 袄忺嗛蜮翾㾗（杲）h'ien² 羺顯（顕）峴睍憪蜆猃險玁（獫）睍搁憪隙輀 h'ien³ 檻艦縣憲献（獻）鼸現哯睍倪鋧莧垷臽陥餡限眩 h'ien⁵ 掀枚騫嫌眩賢（贒）礥弦絃舷痃胘閒閑癇嫻鷴咸鹹醎誠衒唁（唧）峴

　　lien［lian］lien² 斂襝臉薟（薟）璉羷捷 lien³ 殮瀲練楝煉凍敕健孌 lien⁵ 連漣蓮梿褳鏈鰱麵聯奩帘憐稴廉簾（嬚）濂溓渁蠊臁鐮（鎌）磏鬑

　　mien［mian］mien² 恓免挽勉俛鮸冕丏沔眄緬湎勔 lien³ 面偭麵（麪）泗 lien⁵ 綿（緜）棉眠宀

　　nien［nian］nien² 輦撵撚碾跈（踮）淰趝涊 nien³ 念艌（緎）稔 nien⁵ 年拈粘鮎黏妍

　　pien［pian］pien¹ 邊（边）邊儐編蝙鞭（辺）笾鯿砭胼偏 pien² 扁匾惼褊碥糒糒蕍（稨）貶緶骿 pien³ 便卞忭（昇）汳抃辨辡辯辮腷變（变）遍（徧）弁弯釆

　　p'ien［p'ian］p'ien¹ 痛篇翩楄牑蹁腷 p'ien² 刷諞鶣 p'ien³ 駢骈（骗）p'ien⁵ 骈骿楩螊

　　sien［sian］sien¹ 先硍籼（籼）仙僊耷躚（躚）襳纖孅暹銛憸鮮（鱻）sien² 鮮（尟尠）蘚癬廯筅抙銑毨跣獮燹搟燖 sien³ 鏇（釧）線（綫）羨霰（霓）

　　tien［tian］tien¹ 顛癲瘨儃癫巔槙顛滇趈摜驥蹎掂（敁）tien² 觍典者葴點（点）玷（tien³）tien³ 店坫店疕惦殿甸佃蜔電奠墊垫錠唸簟淀顀槌有

　　t'ien［t'ian］t'ien¹ 鐵天（靝）添 t'ien² 忝囝舔（餂）腆涊悿覥（餂）沴殄踏 t'ien³ 靦琠（瑱）栝（栝）掭瑱 t'ien⁵ 田畋鈿韏湉填（實）闐鷏甜磌恬菾

　　tsien［tsian］tsien¹ 煎湔尖殲鑯濺韉戔箋（餞）籛 tsien² 剪（剪）戩謭諓鬋

揃（搗）tsien³箭鑯薦荐洊䂞踐楄賤餞濺牮漸僭

ts'ien［ts'ian］ts'ien¹千仟扦（摌）杄迁（遷）抇阡芉硚韆僉簽籤韱劖 ts'ien²淺 ts'ien³僉茜蒨倩箐輤綪栞塹（壍）槧 ts'ien⁵前媊涎（次）（yen⁵\nien⁵）潜（潛）錢

ié［iɛ］

yé［iɛ］yé¹噎 yé²也野（埜）冶 yé³夜頁咬謁喝被液腋掖 yé⁵耶爺椰（枒）鄒（釾）琊挪（揶）

chié［tʂiɛ］chié¹稭（秸）契刮挈皆偕喈湝階（堦）藠疥鶛街結藸（蕱）chié²解（鮮）愒 chié³廨戒誡械介价芥尬玠疥界蚧疥魪砎届（屆）犗夵襸 chié⁵頡襭纈擷叶（h'ié⁵）拮桔劫（刧）蛣（蝎）鉣子潔（絜）絜榤桀傑杰搩（掔）揭楬羯碣偈（chi³）竭羯憩訐蛱劍极祛

ch'ié［tʂ'iɛ］ch'ié¹揩鍇夔慊匧（篋）詰 ch'ié²楷 ch'ié³怯疮呦挈鍥 ch'ié⁵伽茄猰

h'ié［ɕiɛ］h'ié¹猲蠍鰓（恊）熁憍歊褉 h'ié²蟹駭纈 h'ié³懈瀣嶰獬邂薢械械齘薤罊瀣 h'ié⁵鞋（鞵鞵）諧（龤）顒拹協（叶）脇（脅）偕

mié［miɛ］mié¹哶（咩）眯 mié³乜

nié［niɛ］nié¹捏（揑）呈埕陧惗敜嶭囝（囡）箷嵒 nié³乜 nié⁵哩涅

pié［piɛ］pié¹憋嫳憋（憋）瘪龞（龞）

sié［siɛ］sié¹些楔 sié²寫（寫）蔦炧 sié³謝榭卸瀉瘱洩屧褻贄佒媟疶揳緤緤（緤）躞燮 sié⁵斜邪裒斜

tié［tiɛ］tié¹爹 tié³跕 tié⁵絰蹀垤蛱（蝶）（t'ié²）堞渫諜碟喋牒揲首牒碟鰈褶（chö⁵）昳眣跌趃迭跌

t'ié［t'iɛ］t'ié¹帖怗咕貼 t'ié²鐵（鉄鋏）驖 t'ié³餮偖揲

tsié［tsiɛ］tsié¹接椄綪峡（睫）畟 tsié²姐 tsié³借襷藉 tsié⁵節卩（卪）癤櫛稧截婕倢捷浹（hia¹）

ts'ié［tʂ'iɛ］ts'ié²且 ts'ié³赿切（ts'ié¹）竊（窃）妾唼（嗿）沏（ts'ié¹）

iéh［iɛʔ］

miéh［miɛʔ］miéh³蔑滅（威）搣篾巘搣

221

tiéh［tiɛʔ］tiéh³ 堞凸疊（叠）（tieh⁵）氎氀鰈䐑渫㯪㦨或 tiéh⁵ 耊擳

ih［iʔ］

yih［iʔ］yih³ 蝪

chih［tʂiʔ］chih¹ 汁鑕驇晊厔（室）挃（桎）桎蛭紩隻炙墌摭（拓）蹠跖戠織臓（膱）稙蠾 chih² 只 chih³ 縶礨蟄慹質（质）劓郅窒蟛鈺秩帙（袠）陟直擲躑 chih⁵ 執侄姪職（职）植殖姞猯

ch'ih［tʂ'iʔ］ch'ih¹ 吃喫 ch'ih² 尺蚇 ch'ih³ 斥（庠）叱敕（勅勑）飭鶒（鷘）杕忕彳堨挟 ch'ih⁴ 赤（炎）

h'ih［ç'iʔ］h'ih¹ 吸（噏）h'ih³ 汔迄 h'ih⁵ 赦欯

nih［niʔ］nih¹ 疒 nih³ 齲

sih［siʔ］sih¹ 渶

shih［ʂiʔ］shih¹ 摵虱（蝨）shih⁵ 石蝕飾（餙）釋式拭（弑）實（寔）室埴斟

tih［tiʔ］tih¹ 的

zhih［zʅʔ］zhih¹ 日衵

in［in］

yin［in］yin¹ 因姻（婣）氤（絪）茵裀（靷）鷹駰堙（堙陻）洇闉諲裡陰（阴阥氞）殷慇音喑瘖愔醅 yin² 引乇蚓（螾）尹飲縯戭隱（乚）㦤癮檃㯂轙㯬瘾磤 yin³ 蔭（廕）靷窨印胤酳腰（僂）垽濥劗憖（憗）yin⁵ 吟（唫）崟（碒）寅夤淫婬霪听闇狺銀垠齗鄞蟫罶

chin［tʂin］chin¹ 巾斤（觔）釿筋篲今紟襟（衿）金 chin² 錦昚（菳）謹緊槿菫墐殣厪（廑）董饉瑾覲 chin³ 僅靳禁訡噤憛濜傑顉妗近劤

ch'in［tʂ'in］ch'in² 坅 ch'in³ 欽嶔捦 ch'in⁵ 瘽衾禽擒（捦）檎螓噙懄勤懃琴芹庈芩

h'in［ç'in］h'in¹ 欣（忻）炘昕脪廞歆昕訢 h'in³ 釁衅膎

lin［lin］lin² 僯僯懍檁（标）拰 lin³ 檁吝（恡恡）鄰遴藺躙琳賃 lin⁵ 林淋霖琳麻篍森臨燊（燐粦）剻璘磷鄰潾鄰（隣）轔瞵獜嶙驎鱗麟（麐）

min［min］min² 閔憫（愍愍）潤敏（勄）泯湣刡揙（抿）笢繁瞀（敃）

黽偭 min⁵ 民緡緡罠岷琘（砇碈）态旻芪閩

nin ［nin］nin⁵ 您

pin［pin］pin¹ 宥（賓）濱（瀕）鑌檳（梹）（ping¹）獱繽螾彬（斌）邠（豳幽）璸霦攽 pin² 禀 pin³ 臏（髕）殯儐擯髩（鬢）

pʻin［pʻin］pʻin² 牝品 pʻin⁵ 貧頻蘋嬪顰（顰）嬪

sin［sin］sin¹ 辛新薪心（忄忄）軐妡 sin³ 信薹囟（顖頤）（sing³）sin⁵ 尋（sün⁵）

tsin［tsin］tsin¹ 寖祲璡 tsin² 儘 tsin³ 盡（尽）燼藎溍贐（賷）浸晉（晋）繢搢瑨鄑進蝫

tsʻin［tsʻin］tsʻin¹ 親侵駸綅 tsʻin² 寑鋟 tsʻin³ 寖沁吣復 tsʻin⁵ 秦榛蓁

ing［iŋ］

ying［iŋ］ying¹ 英瑛鍈霙賏罌（甖罃）嚶（瓔）嚶瓔攖櫻鸚纓蘡鶯（鷪）應鷹膺 ying² 影璟（璟）（ching²）瘿郢穎（頴）穎 ying³ 映（暎）硬（鞕）賸焱 ying⁵ 盈楹營濙坔奍贏贏瀛籯籯蠅迎螢

ching［tʂiŋ］ching¹ 驚荆京麖經涇巠郬兢矜 ching² 景警（儆）境頸（kǎng²）到璥璟憬 ching³ 敬竟鏡獍徑（俓）逕勁（chin³）陘競（誩）

chʻing［tʂʻiŋ］chʻing¹ 卿輕傾 chʻing² 檠 chʻing³ 謦褮馨磬縈慶 chʻing⁵ 擎檠（驚）勍鯨黥（剠）

hʻing［ɕiŋ］hʻing¹ 興馨（hʻin¹）脀 hʻing² 擤婞涬悻幸倖 hʻing³ 荇（苘）杏脛臖 hʻing⁵ 刑型硎邢鉶倝形娙蛵陘行

ling［liŋ］ling² 領嶺袊稟廪（lin²）凜 ling³ 令另 ling⁵ 靈（灵）霝澪醽酃凌陵輘祾菱綾掕凌鯪泠櫺伶玲囹瓴拎柃笭舲羚（鴒）聆苓蛉翎鈴零鴒齡

ming［miŋ］ming² 茗酩皿愳暝 ming³ 詺命 ming⁵ 鳴洺銘明（朙）名冥溟瞑（min⁵）嫇蓂螟覭椧鳹

ning［niŋ］ning² 聹顮 ning³ 濘甯佞 ning⁵ 檸獰鬤儜薴凝盇（寧宁）嚀擰薴

ping［piŋ］ping¹ 冰（氷丷）兵栟掤 ping² 丙炳昺蚲怲餅鉼秉鞞簈 ping³ 并（竝并並）併（倂）病柄（棅）痭凭拼（摒）

pʻing［pʻiŋ］pʻing¹ 娉砯砰閛 pʻing³ 俜聘霶 pʻing⁵ 平坪枰評洴泙萍苹屏瓶（餅）憑（凴馮）邴

sing［siŋ］sing¹星煋惺（惛）腥鯹篂鍟（鋞）猩騂觪餳（餳）sing²醒 sing³性姓

ting［tiŋ］ting¹丁仃疔玎虰釘靪 ting²鼎（䵂）頂（頧）濎（蕭）酊耵 ting³訂飣定矴（碇）錠掟桯

t'ing［t'iŋ］t'ing¹廳（听）廰汀朾桯輕艇 t'ing²町圢挺梃珽脡艇鋌姹頲壬 t'ing⁵廷庭蜓霆莛亭停渟聤婷葶

tsing［tsiŋ］tsing¹津精睛蜻鶄腈菁箐（箐）旌晶 tsing²井 tsing³姘窉（阱）清圕婧靖靜靚淨（淨）婞

ts'ing［ts'iŋ］ts'ing¹青艼清鯖 ts'ing²請 ts'ing⁵情晴睛

io［io］

yo［io］yo³嶽岳鸑躍（趯）

chio［tʂio］chio¹珤 chio⁵覺（愨）（chiao³）

ch'io［tʂ'io］ch'io³衒

h'io［ç'io］h'io⁵鷽學（斆）（h'iao⁵）壆槲觳謔嚳懳

nio［nio］nio³虐瘧

sio［sio］sio³削（siao¹\h'üé²）

ioh［io?］

yoh［io?］yoh³爚礿（禴）約龠籥籲（顬）瀹泏

chioh［tʂio?］chioh¹矍躩钁

tsioh［tsio?］tsioh⁵爵（chüé⁵）嚼（chiao⁵）燋噍爝漅

ts'ioh［ts'io?］ts'ioh³雀（tsiao²）鵲碏猎（猠）皵襊

iu［iou］

yiu［iou］yiu¹幽麀憂鄾嚘優耰（櫌）攸（卣）悠滺呦怮 yiu²有友酉卣羑鮪蕕蠎黝懮牖誘（誚）yiu³又右佑祐宥侑姷囿幼疚柚釉鼬狖（狖）褎 yiu⁵尤訧疣（肬）魷逌由繇蕕油蚰廥囮（圝）斿游遊蝣郵猶猷栖櫾茜輶猶尢

chiu［tʂiou］chiu¹鳩（勼）鬮（鬭）疣樛摎 chiu²丩九玖久灸韭（韮）赳糾（糺）chiu³舅臼柏舊（旧）救咎臡究廄（厩）柩偢疚久愁

ch'iu［tʂ'iou］ch'iu¹丘（坵）邱蚯芮 ch'iu²糗餱煍 ch'iu³觓 ch'iu⁵求裘屋

璆球毬觓菉録賕蛷梂俅逑絿虯虬（蚪）杭枓龱（厹）

h‘iu［ç‘iou］h‘iu¹休庥咻烋貅鵂儦髹 h‘iu²朽（歺）h‘iu³齅嗅嗅畜

liu［liou］liu²柳桺抑罶綹懰 liu³廇餾溜（liu¹）瑠飂雷摺六（陸）liu⁵畱（留）榴騮貎瘤鶹聊（驑）琉（瑠）飂遛劉瀏鷚鏐螰鎏旒（旒）充流硫熮瀏膠

miu［miou］miu³繆（niu³）謬

niu［niou］niu¹嗕 niu²鈕紐杻扭狃忸 niu⁵牛妞芉

siu［siou］siu¹羞饈（膸腦）修脩 siu²綇 siu³秀銹（鏪鏽）繡（绣）袖岫琇 siu⁵潃囚（ch‘iu⁵）泅（ch‘iu⁵）

tiu［tiou］tiu¹丟髟

tsiu［tsiou］tsiu¹湫啾掔（揪）瞅酋貋酒逎蝤蒥 tsiu²酒鰌 tsiu³就穐鷲僦僦穛（糈）tsiu⁵鮂

ts‘iu［ts‘iou］ts‘iu¹鞧秋（穐）楸萩轈鞦鰍（鰌）鶖緧煤

o［o］

cho［tʂo］cho¹辵（辶）倬棹（桌）捉浞錣啄啅拺棳涿諑啜（歠歠）惙窡棳（梲）畷錣筲 cho³卓 cho⁵酌斮琢斮（剶）濁鐲擢濯酸（餟）

ch‘o［tʂ‘o］ch‘o¹趠踔婼 ch‘o³綽（ch‘ao⁵）婥焯

fo［fo］fo³哱被

ko［ko］ko¹歌（謌）哥鴚

k‘o［k‘o］k‘o³騍稞堁哦嵙齣

lo［lo］lo²裸（躶）贏贏贏贏疵掾攞瘰砢 lo³邏躍嘽洛洛剁咯烙（lao³）珞絡（lao³）酪落（lao³）硌濼挙 lo⁵羅儸囉欏灤籮蘿蓏鑼騾（贏）儸螺膈覼（覼）氌

mo［mo］mo¹摸 mo²麼（広）（ma¹）示 mo³帓（袜）（méi³）麥（mai³）貊貘（獏貉）駏蓩陌霢脈（脉岴）眿陌莫（mu³）漠寞塻瘼膜膜膜鏌邈末抹秣茉靺沫妺妺蘇覓墨默（嘿）嘆繲噎沒（mé⁵）歿歾 mo⁵磨（磳）摩麿（鳙）靡魔摩嫫（嬤）

no［no］no²娜 no³糯（稬）懦㘣踏衄（niu³）訥（呐）恧 no⁵挪捼（挼）儺（儃）挪踻

po［po］po¹波菠嶓餑 po²跛蚾播 po³簸譒薄（pao⁵）箔白（pai⁵）亳

p'o［p'o］p'o¹坡陂陁玻颇剙（鏺）醱 p'o²叵（叵）笸 p'o³破捭拍（p'ai¹）饙 p'o⁵婆婆皤鄱砶

so［so］so¹蓑抄（挲）杪娑莎婆梭唆娑傞缩蹜 so²惢锁琐䅛鎍

sho［ʂo］sho¹芍（shao¹）爍鑠 sho³哹榟

to［to］to¹多 to²朵（朵）祆垛躲跥採埵鈬（t'o⁵）髱 to³剁稑舵跢惰堕隋褙掇剟敠鶈夺（to⁵）鐸㥂跢哚剧沰

t'o［t'o］t'o¹拕（拖）羒（袀）杝（椸）侻鈬 t'o²妥橢撱貚嫷 t'o³澤唾（涶）（tu³）t'o⁵陀（陁）跎佗（它）馱（駄）（to³）駝鴕魠絊柁靰疺鮀酡沱（池）紽砣（鉈碻）塂羍詑庹鼉脱挩祐祂毛託（佗）托（拓）橐驝飥跅柝籜撢芵

tso［tso］tso¹傲繀槚 tso²左㔫 tso³佐坐座做䕫衵作（tso¹）怍柞酢撮（ts'o¹）鑿（tsao⁵）鱛 tso⁵昨

ts'o［ts'o］ts'o¹搓磋蹉婼（姝）ts'o²瑳脞碎 ts'o³剉銼挫莝蹉爰（蒌）譜錯厝剒 ts'o⁵嵯瘥齹矬

zho［ʐo］zho³弱蒻爇若箬楉

oh［oʔ］

choh［tʂoʔ］choh³惙頓

ch'oh［tʂ'oʔ］ch'oh³輟

foh［foʔ］foh¹縛

loh［loʔ］loh³骆

moh［moʔ］moh³圽

noh［noʔ］noh³諾

poh［poʔ］poh³鉑搏簿脯博（愽）爆鎛鎛磚樽百（pai²）佰伯帛泊迫（廹）柏（栢）（pai²）舶襮剥

驳（駁）雹（pao⁵）𥥍撥襏鱍北跋盉鉢茇鈸骸（髀）魃妭魃檗（檗）擘孛勃浡（p'éi³）渤哱垺鵓桲誖粖蹼鏷幞（襆）poh⁵脖

p'oh［p'oʔ］p'oh¹潑 p'oh³珀莩（pi⁵）朴璞璞骲瞨㜮葡粕魄

soh［soʔ］soh¹索（縤索）揀 soh³朔（shwoh³）槊（鎙）搠稍溹搂蟀朔（siao¹）

shoh［shoʔ］shoh³哹榟

toh［toʔ］toh⁵敚

ö［ə］

ö［ə］ö¹阿啊妸（婴）疴（痾）屙 ö³厄（厃）呝軛阨（阨）鈪飿堨匎

chö［tʂə］chö¹遮傭嗻譇樀襦斫齗 chö²者赭 chö³這（这）蔗（蓆）柘鷓倁蜇（蜇）淛懾玃輒（輒）聑聱膡鞊 chö⁵折（shö⁵）哲（喆迠）摺

ch‘ö［tʂ‘ə］ch‘ö¹車砷撦（扯）哆 ch‘ö³徹撤澈轍屮册栅（cha³）砓

hö［xə］hö¹呵訶魺苛曷喝虼褐鞨鶡蝎麩闔嗑滆貉劾 hö³賀領黑（héi¹）赫嚇（h‘ia³）壑寉鶴（hao¹）膗（臛）涸（滈）謞貉骼垎郝（hao²）紇（koh⁴）齕覈蘉 hö⁵河蚵何荷合姶哈欲匌郃盒盍（盁）禾和（穌咊）

h‘ö［ɕ‘ə］h‘ö¹觳殻（殻殻）（ch‘io³）槲 h‘ö³亍

kö［kə］kö¹柯牁滒翮擱胳（肐骱）疙矻忔戈 kö²牁哿（kö¹）笴 kö³箇（个个）各錁 kö⁵閣（hö¹）閤格搁蛒骼茖袼骼隔槅膈嗝革鴿蛤（ha⁵）佮割葛搗輵（轕）

k‘ö［k‘ə］k‘ö¹殻（殻殻）觳蝌軻薖窠髁可渇 k‘ö²科珂顆坷岢 k‘ö³課恪客喀（ch‘ia²）刻尅（尅）克 k‘ö⁵咳（欬）略搭（chia¹）瞌溘磕硞盧搕榼緙峇

lö［lə］lö3 泐雒駱樂（yao³\yoh³\yüe³）

ngö［ŋə］ngö²我（wo²）ngö³餓（ö³）鄂（ö⁵）愕（愕）（ö³）諤（讍）（ö³）咢（ö³）崿（ö³）礘（ö³）鍔（ö³）鶚（ö³）腭（齶）（ö³）堊（ö³）噩（ö³）鱷（鰐）（ö³）頞胺遏（ö³）閼（ö³）遌（ö³）搤（ö³）扼（掐）（ö³）ngö⁵訛（譌）釾吡娥俄哦（誐）峩（峨）硪蛾鵝莪額（額）（ö⁵）

shö［ʂə］shö¹賒奢 shö²捨 shö³舍（shö²）赦社射（shi⁵）麝駶樕賒伏設鼜攝搔（撲）涉灄渫（韘）澁 shö⁵蛇佘闍舌歙

tö［tə］tö³貣

t‘ö［t‘ə］t‘ö³特犆忒慝忑慝蛻

tsö［tsə］tsö¹則嘖䟆歅幘簀鰿舴蚱笮（chai³）摘（chai¹）仄庂 tsö³宅（chai¹）馲 tsö⁵側捑崱笧賊（tséi⁵）蠈鯽（鰦）責擇嘖襗謫（謫）

ts‘ö［ts‘ə］ts‘ö³測惻厏（胉）砙（ch‘ai¹）策拺筴萗

zhö［ʐə］zhö¹爇揌 zhö²惹喏 zhö³偌熱（熱）

öh［əʔ］

öh［əʔ］öh³詻

k‘öh［k‘əʔ］k‘öh¹梍

söh［səʔ］söh²啃

töh［təʔ］töh⁵德（悳）得（té⁵）淂揊

t‘öh［t‘əʔ］t‘öh³蟘

u［u］

u［u］u³齷（踀）

wu［u］wu¹烏嗚歍剠坞（杇）污（洿汙）玗枵 wu²鴞五（伍）伍仵午旿鵐塢（隖）熰搗武斌（砏）鵡侮（侮）潕（潹）廡甒嫵憮憮傴舞 wu³務霧婺鶩戊忤（悟）连牾悟晤痦惡（öh³）噁誤悞

wu⁵郚無（橆无）冇蕪巫誣毋吳蜈吾峿梧捂唔浯鋙齬

chu［tʂu］chu¹朱侏株洙珠硃脒趎蛛（黿）諸邾袾洙茱諸櫧猪（豬）潴蝫椓怵梘嫭蹰蕳蠾粥（cheu¹）咮（咻）錐 chu²、（点）主拄鞋麈硅（往宝）渚（陼）煮炷蛀霆澍駐囑（嘱）斸曯 chu³住哇柱注註媮著箸（筯）助（tsu³）薵（纛）鑄鼀宁貯紵竚竚許銽杼笁祝 chu⁴築（chu⁵）chu⁵舳竹竺妯筑爥（烛）逐瘃藗豖

ch‘u［tʂ‘u］ch‘u¹擉初噓出黜絀傗憏溚怵歜 ch‘u²楮褚杵楚憷礎伫（竚）齵澹泞苧處（处處）ch‘u³憱瘀觸（ch‘u⁵）ch‘u⁵敊（蒭）（ts‘u⁵）除滁（shu⁵）篨蒢蜍（蟵）滀儲廚（厨）幮躇躕雛（鶵）鉏（鉏）嫷穛耡蠢閦

fu［fu］fu¹罘夫袱砆（玞）鈇枎麩孚桴稃（秹）跗趺柎罳（罦）怤郙勇敷（専）膚憨敤颩 fu²府拊撫（撫）腑腐俯（頫）弣魷甫盙（簠）輔黼脯鯆釜斧呋 fu³父傅付咐袝附茯駙鮒副富蕒仆訃赴賻賦婦（媍）負偩鲋 fu⁵俘莩郛枹（feu⁵）符苻泭洑虒薨芙蚨扶榑颫鼓冨福蝠幅菖輻复復覆腹蝮蝮複塸（塸）伏栿洑祔鰒甶菔服（服）鵩弗佛（偑）佛髴鮄怫制第拂綍綿茀紱发（友）泛帗繳韍被岥

hu［xu］hu¹呼嘑虖謼滹歑膴幠虍斛觳槲縠欻烰核（hö¹）棚鶻捪淲曶忽惚惚囫笏 hu²虎琥滹（唬）祜澔 hu³戽洿戶鳸扈庌搹滬篟鵠楛节怙岵鄠婟（嫭）護互筶莒莡洰（洰）栢跙篧薢縠 hu⁵胡瑚猢葫瓠湖衚糊餬翱（箶）醐蝴鶘鬍烆

（爐）壺鍨（鈩）弧狐乎

ku［ku］ku¹孤觚蛄（蚖）瓠柧罛牯（筻）菰菇苽笟姑沽酤鴣軱辜鈷ku²古估（ku³）罟股（肸）牯羖（羒）蛊盬薀蠱皷（皷皷）膎瞽賈（kia²）詁穀縠骨愲汩扢（hö³）ku³故固痼（痣）錮鯝涸雇（催）顧（顾）梏牿唂鵠ku⁵谷（ku²）穀（穀）（ku²）彀瞉絹榾

k'u［k'u］k'u¹枯骷跍刳哭窟堀胐（腒）嚧溘圣酷矻k'u²苦k'u³筈庫嚳褲（袴綺）礐（俈）窋

lu［lu］lu²鹵滷磠撸魯櫓（艪樐樐）虜（攄）噳lu³路輅賂籙露璐潞鷺鏴鹿擄轆（樚）麗籚漉（淥）麓蠡彔盝甪婊祿綠碌皱菉（lü³）醁踛逯錄騄錸戮戮僇蓼硰碌lu⁵盧嚧攎壚鑪爐（炉）玈櫨瀘瓠瓐轤瀘纑臚艫簏蘆轤麟鱸曥顱（髗）

mu［mu］mu²母姆（姥）（lao²）mu³慕暮慔墓募幕（幞）目苜木沐霂桨骜牧穆睦毣殁mu⁵模摹謨（mo⁵）

nu［nu］nu²弩砮努胬nu³怒nu⁵奴詉孥伮驽

pu［pu］pu¹晡庯舖不攴pu²圃補譜埔哺捕卜pu³埠步布佈拵怖簿部賻韈（p'oh³）

p'u［p'u］p'u¹逋攎撲（p'oh³）扑鋪誧踾痡鮍p'u²溥普籓浦潽蔀p'u³僕（p'o³）舖p'u⁵樸莆蒲匍蒱蒲葡醋莩菩

su［su］su¹蘇穌（甦）橞摵癙廯酥蔬攴（杸）su³素傃嗉（膆）愫塑（塐）謖餗訴（愬）遬（泝）溯（溯）所（so³）鱐攟凤溯窣粟剿懍速蒁倷觫涑餗漱鬒謖楝宿蓿遫簌su⁵俗（suh³）

shu［ṣu］shu¹樞貙璑樗摅攄姝殊書琭舒紓輸毹郵疏（疎）（su¹）梳抒練shu²暑鼠癙黍蟠數（soh³）藷（薯）曙菽shu³噈樹豎（竪）墅戍恕庶署佇袒術茂术秫沭述束（soh³）倸（欶唰）俶淑shu⁵銖叔孰熟（sheu⁵）墊蜀蠋贖襡（襩）鸀屬（属属）（chuh²）

tu［tu］tu¹都肶蔏突埃傁（揆）鶒tu²覩（睹）堵賭睹肚（tu³）堃tu³杜（tu²）坞度（to³）渡鍍妒（妬）蠹（螙）戦斁椟柮吶（ch'wa¹）tu⁵篤（tu²）儥獨韣髑毒磧苫瀆瀆黷嬻牘犢瓄匵（櫝）殰（牘）

t'u［t'u］t'u¹秃鵚瘔 t'u²土吐（t'u³）t'u³芏兔（兎）t'u⁵圖屠瘏途涂堗峹（峁）酴悇梌荼梌徒（辻）跿魰駼菟（t'u³）稌駼裰

tsu［tsu］tsu¹租捽椊䪏踤蹙顈喊椷噈鏃 tsu²詛阻祖組俎魶（魶）tsu³篼籍柞胙阼殂詛 tsu⁵卒（卒）猝足族

ts'u［ts'u］ts'u¹粗（麤麄牭）破廬怚踧 ts'u³醋措（ts'oh³）促踤猝崒蔟簇（tseu³）汋

zhu［ʐu］zhu²乳汝籹韖孺 zhu³擩洳衲帤入辱溽溽嗕縟褥蓐卅（廿）肉（月）（zheu³）zhu⁵如茹駕箬儒濡嚅襦醹薷

uh［uʔ］

uh［uʔ］uh¹屋握（wo³）渥（wuh³）uh³喔剭偓（woh³）幄（woh³）兀矹屼軏（仉）扤朳膃嗢鋈沕岉艻

wuh［uʔ］wuh³沃（wo³）勿物

fuh［fuʔ］fuh³匐

luh［luʔ］luh³陸坴蟉㳘稑

puh［puʔ］puh⁵醭

p'uh［p'uʔ］p'uh³朏霝 p'uh⁵濮

suh［suʔ］suh³肅翿鱐佩續（sü³）

tuh［tuʔ］tuh¹督 tuh³趚 tuh⁵讟讀纛

t'uh［t'uʔ］t'uh¹誘

ui［ui］

hwui［xui］hwui¹灰歕煇輝暉揮翬麾徽隳傂陒 hwui²毁諀（諓）燬脄虺卉（芔）悔 hwui³痳賄匯（滙）晦虺誨惠譓螝蕙會繪暳嘒慧恚啒頮（磈）闠嫙殨瞶琢諱哕（譏）翽彗（sao³）篲 hwui⁵撝楎回（囬囘）迴（廻）徊泂鮰恛茴桐痐（蚘蚰蛕）口

chui［tʂui］chui¹追稚佳雒雎騅 chui²錐 chui³硾綴（chö³）縋膇惴墜（隊）贅磳

ch'ui［tʂ'ui］ch'ui¹吹（龡）炊狋 ch'ui²捶棰 ch'ui⁵垂（乘）陲鎚錘槌（椎）搥棰腄鞌鬌頧（髄）

sui［sui］sui¹綏棱狨蕤雖眭奞荾綏浽瘣夂（ts‘ui¹）毸 sui²桵髓瀡饍寯 sui³歲（亼岁歲）總穗采檖碎晬誶膵邃邃燧鐩邃璲檖襚繸隧（墢）崇檇檖維 sui⁵隨隋

shui［ʂui］shui²水 shui³睡稅帨 shui⁵誰脽

tui［tui］tui¹堆（白洎）磓餫崔 tui³碓對（对）懟（懟譈）隊兊蓷駾鐜錞

t‘ui［t‘ui］t‘ui¹頹蓷藬（蕢）推 t‘ui²焷 t‘ui³腿（骽）退尵煺 t‘ui⁵爐隤（墤）癗鮭

tsui［tsui］tsui¹嗺柴 tsui²嘴蟕 tsui³醉檇罪（辠）最蕞嶵

ts‘ui［ts‘ui］ts‘ui¹催崔（磪）摧槯縗 ts‘ui²璀漼濯 ts‘ui³竁粹啐倅啐悴領瘁淬焠翠膵脆（脃）毳臃萃籤粹

zhui［ʐui］zhui²蕊（蘂）藥蕤 zhui³芮汭柄蚋（蜹）睿（叡）銳諉瑞

un［un］

chun［tʂun］chun¹諄吨宅肫逜衡 chun²准準埻 chun³稕

ch‘un［tʂ‘un］ch‘un¹春椿杶（橁）鰆輴橢 ch‘un²蠢䐃踳倕 ch‘un⁵唇（脣）淳（漘）（shun⁵）醇（酏）純鶉犉

k‘un［k‘un］k‘un²壼

lun［lun］lun²惀 lun³論 lun⁵侖倫圖崙掄淪綸蜦艂輪碖稐

nun［nun］nun³嫩（婑）

sun［sun］sun¹孫蓀猻飧 sun²笋（筍）揞損榫（墫）膞遜（愻）（sün³）sun³巺（sün³）噀（潠）

shun［ʂun］shun¹楯 shun²隼（鶽）shun³揗順舜蕣（橓）瞬（眴瞚瞋）裖（脤）shun⁵漘蕁（蒓）焞

tun［tun］tun¹敦（惇）墩（墪）噸驐蜳瓲橔褜掔 tun²盾盹坉不薲 tun³沌扽囤（笔）頓鈍忳遁腯㲦

t‘un［t‘un］t‘un¹吞暾啍涒 t‘un²氽佘 t‘un³褪 t‘un⁵屯飩魨軘豚（独）臀庉燉

tsun［tsun］tsun¹尊繜樽（鱒墫）遵撙嶟 tsun²噂（譐）僔鱒

ts‘un［ts‘un］ts‘un¹皴毻竣塪村（邨）ts‘un²忖鱒 ts‘un³寸刌 ts‘un⁵存蹲（tun⁵）

231

zhun [ʐun] zhun² 蝡 zhun³ 閏潤眴 zhun⁵ 瞤

hwun [xun] hwun¹ 昏婚惛（惽）睧閽殙涽葷腪 hwun² 焜混 hwun³ 溷掍諢慁圂掍 hwun⁵ 渾婫顐琿餛（餫）俒魂忶（慀）

kwun [kun] kwun² 滾袞（衮）鯀蓘緄惃 kwun³ 棍𡎴讂輥

k'wun [k'un] k'wun¹ 昆蜫（蚰）崑琨鯤鵾錕褌坤（堃）(kun¹) 髡 k'wun² 丨稛悃梱綑捆裍閫 k'wun³ 困

ung [uŋ]

chung [tʂuŋ] chung¹ 中忠衷終螽刣彸（伀）忪鍾鐘鬆蹱 chung² 冢塚㙂煄瘇（尰）偅踵（腫）種 chung³ 重緟諥仲衆（眾）

ch'ung [tʂ'uŋ] ch'ung¹ 充（宂）浺忼忡沖冲（沖）翀茺憧衝（衝）罿摏 ch'ung² 寵（寵）ch'ung³ 銃抗惷覕遳揰 ch'ung⁵ 虫（蟲）种盅崇郱

hung [xuŋ] hung¹ 轟薨烘（灴）吽（訌）谾渹硡顚訇虹 hung² 汞澒吽嗊哄 hung³ 閧（衖）鬨訌蕻（葓）hung⁵ 紅洪鴻㢬葒黌横翃竑耾閎紘（紭）宖宏弘吰呟泓鞃巆

kung [kuŋ] kung¹ 公蚣魟（舩）厷（肱）疘工功攻弓芎躳（躬）恭供 kung² 拲廾巩（𢍏）鞏蛬穬獷鑛（礦）拱栱珙恭熲龔宮 kung³ 貢羾共

k'ung [k'uŋ] k'ung¹ 空箜崆硿悾 k'ung² 倥（k'ung³）孔 k'ung³ 控鞚

lung [luŋ] lung² 壟隴儱攏竉 lung³ 弄（nung³）悈（侇）哢躘 lung⁵ 龍竜蘢隆窿癃瀧儱嚨聾曨朧櫳（䆍）籠瓏龔（礱）穠聾襱韛（籠）

nung [nuŋ] nung¹ 濃醲噥 nung³ 齈 nung⁵ 饛穠農（莀）儂膿震

rung [dʒuŋ] rung⁵ 瑩熒縈滎濴容榕溶蓉傛瑢鎔

sung [suŋ] sung¹ 松淞菘鬆嵩（崧）鬆娀（鶯）憽 sung² 竦悚（㩳）聳摗 sung³ 宋送誦訟頌凇

tung [tuŋ] tung¹ 東涷蝀倲鶇冬倲苳 tung² 董懂湩潼 tung³ 洞戙（衕）胴峒衕（t'ung⁵）涷棟動 慟（t'ung³）

t'ung [t'uŋ] t'ung¹ 通蓪烔恫痌 t'ung² 捅桶統衕 t'ung³ 痛 t'ung⁵ 同（仝）詷侗茼峒挏桐筒銅𦨴（艟）鮦硐絧篛獞佟童偅瞳董橦獞潼橦毴鷾穜曈朣鼕瓶（瓨）彤

tsung［tsuŋ］tsung^{1}宗棕（椶）鬷緫騣（騌）鬃稯㚇鍐猣葼踪 艐堫（稯）縱摐蹤（踪）豵繌豵 tsung^{2}總（揔摠）穗憁惗 tsung^{3}綜粽（糉）猔傯（傯）瘲從（从）

ts'ung［ts'uŋ］ts'ung^{1}悤（怱匆）蔥聰（聦）驄（驄）蓯蹤瑽鏦琮悰樬（樬）璁 ts'ung^{5}從賨淙潨叢（菆）藂

zhung［zuŋ］zhung^{2}冗（宂）搑軵（fu^{2}）zhung^{5}戎絨㑕狨駥茙搣毧氄茸髶穁傭禯

ü［y］

yü［y］yü^{1}於（于扵亐）迂紆埦淤棜 yü^{2}雨羽禹萬楀瑀鄅與（与）庾（匬斞斞）瘐楰懙窳傴鍸噢俁麌宇圉圄敔語齬 yü^{3}愈瘉御馭禦籞嫗寙寓遇裕飫（饇）瘀芋豫（預忬）澦蕷喻諭礜稶玉鈺瑀聿昱煜峪欲慾浴鵒鋊獄鬱（欝欎）薁燠（噢）澳矞噊遹繘霱鷸鱊馭彧郁育鬻淯蛸閾域（蜮）棫蜮緎罭淢毓儥黷噢 yü^{5}魚鮽漁（㵢）敏禺嵎隅齵蝸髃（腢）鍝愚余（予）妤（伃）邘圩貐盂（盂）杅竽雩畬餘舁臾悇諛萸（萸）腴虞（驉）噳澞娛譽璵歟旟輿蠷（鸒）鍝俞媮愉蕍渝闟榆瑜羭窬褕廠揄（撤）覦蝓逾踰堬歈

chü［tʂy］chü^{1}居（尻层）据椐琚裾腒鶋琚（宭）崌俱拘跔（踞）痀駒捄輂猸 chü^{2}舉（夆）櫸柜莒筥矩蒟秬駒踽（偊）椇寠（寠）屨 chü^{3}具埧颶句懼（惧愳）巨詎粔鉅怇拒距岠炬苣駏倨鋸踞懅豦臄遽據鐻眮蹫區 chü^{5}譎（憰）潏鐍（鱊）局侷跼鋦挶梮葦匊（掬）菊毱踘鞠鞫（諊）鵴窰泦怚橘

ch'ü［tʂ'y］ch'ü^{1}嶇（嘘）軀驅（駈敺）袪阹祛魼抾曲蛐屈詘蝠齣 ch'ü^{2}齲虡簴去（ch'ü^{3}）ch'ü^{3}畜（h'ü^{3}）蓄搐篴苖闃（h'i^{3}）ch'ü^{5}胠朐劬約鴝（鸜）渠傑（佢）蕖磲鶏瞿臞（癯）欋衢氍籧蘧遽璩泃麯（麴）

h'ü［ç'y］h'ü^{1}虛蝠嘘（嗽）欨歔吁盱訏墟頊戌珬 h'ü^{2}許詡栩珝煦呴煦昫姁 h'ü^{3}酗响咴訹侐恤（卹）

lü［ly］lü^{2}侶梠儢呂膂旅袓梠僂褸漊縷 lü^{3}屢慮濾鑢（鑪）勴讀 lü^{5}廬藘驢（驴）閭蕳櫚駼蔞（蒟）

nü［ny］nü^{2}女

sü［sy］sü^{1}需須（湏）鬚䨏繻鑐胥糈 sü^{2} 醑湑諝嶼 sü^{3}敘（叙）序漵緒絮

芋堅鱮蓣（醢）圩洫旭勖（昫）sü⁵徐

　　tsü［tsy］tsü¹疽趄（跙）岨（砠）狙苴菹雎娵沮 tsü²齟咀 tsü³聚（冣）

　　ts'ü［ts'y］ts'ü¹趨（趍）蛆（蠩）ts'ü²取娶 ts'ü³趣覷（覰）颶孺

　　üen［yan］

　　yuen［yan］yuen¹淵蠹彌冤（冤）窓夗智蜿鴛鵷肙 yuen²沇遠 yuen³院愿願怨瑗傆 yuen⁵衍員圓洹鳶𧄍原源嫄羱騵緣袁園轅元沅芫杬蚖黿蝯爰援媛褑猿（猨暖）鶢垣橼蚓掾緣

　　［tʂyan］chüen¹娟蜎捐鞙（琄）睊涓鵑稍蠲 chüen²埢鋑菤捲 chüen³卷（chüen²）倦眷睠饒希鄄絹睊（罥）埍悁（悁）狷（獧）chüen⁵拳（桊羹）

　　ch'üen［tʂ'yan］ch'üen¹圈（chüen³）銓軡詮荃 ch'üen²畎（甽）犬 ch'üen³綣券勸（劝）ch'üen⁵棬誊惓拳蜷踡鬈權顴痊筌佺悛跧全（仐）牷泉（洤）

　　h'üen［ɕ'yan］h'üen¹軒咺喧諠諼愃萱（蕙）暄烜（烜）狟塤（壎）蠉嬛 h'üen²鉉 h'üen³楦（楥）拘絢衒炫袨駽 h'üen⁵玄眩泫懸

　　süen［syan］süen¹宣亘瑄揎朘剗（tswan⁵）süen²選 süen³飊縼鏇異𡚁 süen⁵旋璇（璿）漩蜁

　　üé［yɛ］

　　yué［yɛ］yué¹宥 yué³𠲼狘

　　chüé［tʂyɛ］chüé¹角（chiao²）㘔榷催屩（chiao²）玃趹鴂玦 chüé³却（卻）（ch'io³）孓 chüé⁵埆桷捔脚（腳）（chio⁵\chiao²）厥瘚劂蹶嶡劈（㦦）蕨蟨鱖趫鐝嶡毅抉决玦亅決（决）芙訣觖鴃倔崛掘鶌

　　ch'üé［tʂ'yɛ］ch'üé¹瘸舵闋缺闕 ch'üé³愨確搉敲熆醵礐（磬）硈惝

　　h'üé［ɕ'yɛ］h'üé¹靴（鞾）h'üé²薛蹱偼 h'üé³血（h'ié³）穴咲窶沈𥅆咲屑（h'ioh³）揳糏（鮒）（h'ioh³）猲（h'ioh³）

　　tsüé［tsyɛ］tsüé¹嗟（tsié¹）瑳 tsüé²罝

　　üéh［yɛʔ］

　　yueh［yɛʔ］yueh¹曰汩蚎胆 yueh³月刖（跀）抈粤鉞（戉）樾悅閱軏妜

　　chüéh［tʂyɛʔ］chüéh²毟 chüéh³肙（矬）

　　h'üéh［ɕ'yɛʔ］h'üéh⁵𥅆

lüéh［lyɛʔ］lüéh³略（畧）（liao³）焻掠擎（liao³）掣略

süéh［syɛʔ］süeh¹劃撧 süeh²雪

tsüéh［tsyɛʔ］tsüeh⁵絕篿蕝

üh［yʔ］

chüh［tʂyʔ］chüh³獝 chüh⁵窗

chʻüh［tʂʻyʔ］chʻüh¹臭 chʻüh³鶜

lüh［lyʔ］lüh³律崒捽葎綡葎脺騷

iuh［yʔ］

hʻiuh［çʻyʔ］hʻiuh³倏儵

ün［yn］

yun［yn］yun¹氲鰮蝹齋 yun²抎隕（碩）殞允狁惲惧 yun³韫韻（韵）緼蘊蕰醖運暈煴鴍鄆鞇（鞨）yun⁵云雲紜耘（秐頼）芸蕓澐匀昀筠溳鄖篔鋆

yün［yn］yün³孕

chiün［tʂyn］chiün¹君莙袀均鈞（鉤）軍皸麏（麇）chiün²窘捃 chiün³郡菌呁（咽）

chʻiün［tʂʻyn］chʻiün⁵群（羣）箘裙（帬）困

chün［yn］chün³峻睃浚（濬）

hʻün［çʻyn］hʻün¹熏（燻）薰曛獯纁醺勛（勳）焄 hʻün³訓汛迅訊

siun［syn］siun⁵馴紃

sün［syn］sün²栒（簨箰）sün³鵕殉（狥侚）迿 sün⁵潯鐔鄩鱘蟳鱐潠旬荀郇洵徇詢珣恂峋巡（巡）循揗

tsün［tsyn］tsün¹鑴（鐉）（tsien¹）tsün²雋吮 tsün³駿俊儁嶟睃唆焌挶餕皴

tsʻün［tsʻyn］tsʻün¹夋逡踆

iung［yŋ］

yung［yŋ］yung¹邕（雍）雖廱癰灉（灘）雝饔噰（嚛）yung²甬埇箹勇俑踊蛹（螭）惥（㦥）涌（湧）壅（yung¹）擁臃鞩永 yung³詠（咏）泳用禜礐懜嗈 yung⁵榮（rung⁵）蠑彤鱅（鰫）融瀜喁顒庸鏞傭墉郍

chiung［tʂyŋ］chiung¹扃駉泂

chʻiüng[tʂʻyŋ] chʻiüng^{2} 顷藭（苘）蛩恐（忈）絅（褧）迥冋（冂坰）炯（烱）囧（冏）倁 chʻiüng^{3} 誇挎 chʻiüng^{5} 穹窮（竆）藭茚桊邛邛笻蛩（蛩）蛬銎瓊煢睘（瞏）惸

hʻiüng [çʻyŋ] hʻiüng^{1} 兄凶兇恟匈（胸胷）詾洶訩 hʻiüng^{3} 敻 hʻiüng^{5} 熊雄

wa [ua]

wa [ua] wa^{1} 蛙（鼃）哇娃洼漥窊挖嗗 wa^{2} 瓦搲踠 wa^{3} 瓨唲（呱）(ku1) 空襪（韈）

chwa [tʂua] chwa^{1} 檛簻撾髽膼 chwa^{3} 仢

hwa[xua] hwa^{1} 花華（崋）猾磆繣慲鰖蝸媧 hwa^{2} 踝 hwa^{3} 化話（譮）畫（画）崋樺擭韄 hwa^{5} 鏵驊（蘬）划嘩（譁）

kwa [kua] kwa^{1} 瓜抓騧颳刮括（kʻwo^{3}）栝（桰）苦（葀）鴰筈劀颳 kwa^{2} 咼剮另篙寡 kwa^{3} 詿罣聒聒蛞适髻

kʻwa [kʻua] kʻwa^{1} 夸誇侉侉姱 kʻwa^{2} 髁 kʻwa^{3} 胯跨帢

shwa [ʂua] shwa^{1} 刷（㕞）唰 shwa^{2} 耍

zhwa [ʐua] zhwa^{2} 稤

wah [uaʔ]

hwah [xuaʔ] hwah^{1} 滑

wai [uai]

wai [uai] wai^{1} 歪崴 wai^{3} 外聵竵

chʻwai [tʂʻuai] chʻwai^{1} 搋 chʻwai^{2} 揣 chʻwai^{3} 嘬膪 chʻwai^{5} 膗

hwai [xuai] hwai^{3} 壞儈 hwai^{5} 懷（怀）褱（裹）櫰槐淮

kwai [kuai] kwai^{1} 乖 kwai^{2} 拐枴 kwai^{3} 怪（恠）夬膾（鱠）

kʻwai [kʻuai] kʻwai^{2} 擓蒯 kʻwai^{3} 快駃噲襘塊

shwai [ʂuai] shwai^{1} 衰摔甩攦 shwai^{3} 率（shoh^{3}\lü^{3}）shwai^{5} 帥

wan [uan]

wan[uan] wan^{1} 彎灣剜捥惋豌 wan^{2} 晥皖晼晚娩挽輓畹碗（盌椀）涴綰（綩）宛婉苑菀琬踠 wan^{3} 忨翫玩妧腕（掔）惋腕萬（万）卍蔓鄤 wan^{5} 瓛完垸丸汍紈芄萑頑岏刓（园）痯

chwan [tʂuan] chwan^{1}專（耑）甎（磚）嫥鄟鱄顓跧轉 chwan^{2}剸 chwan^{3}囀篆瑑掾撰譔饌僎瑑縳賺（賺聰）

ch‘wan [tʂ‘uan] ch‘wan^{1}川（巛）穿孱潺僝 ch‘wan^{2}喘舛荈 ch‘wan^{3}篡竄釧玔諯串僢鶨猭 ch‘wan^{5}椽傳船（舡）遄

hwan [xuan] hwan^{1}歡讙貛（獾）驩貆還（还）（hai^1）hwan^{2}唍捖浣（澣）緩皖（鯇）hwan^{3}患槵宦（偭）瘓豢幻圂逭奐喚渙煥換睆澳擐轘 hwan^{5}環鐶（鍰鐶）圜寰闤儇翾繯環鬟湲桓峘寰

jwan [ʒuan] jwan^{2}阮箢

kwan [kuan] kwan^{1}官倌晥棺錧關（関）鰥瘝莞冠觀（观）kwan^{2}筦管脂（脘）琯悹（悺）痯捾館（舘）輨斡 kwan^{3}貫慣摜祼灌盥罐（礶）鑵瓘懽爟雚鸛丱

k‘wan [k‘uan] k‘wan^{1}髖窾 k‘wan^{2}梡款（欵）k‘wan^{3}鏉 k‘wan^{5}寬

lwan [luan] lwan^{1}絲 lwan^{2}卵 lwan^{3}亂（乱）戀（恋）（lien^3）lwan^{5}欒巒圝鑾鸞鸞孿（shwan^3）灤羉孌臠攣癵

nwan [nuan] nwan^{2}暖（㬉）煖餪 nwan^{3}渜偄

swan [suan] swan^{1}酸痠 swan^{2}霰 swan^{3}篹狻（狻）算（筭）蒜匴

shwan [ʂuan] shwan^{1}拴閂（庩）栓 shwan^{2}涮 shwan^{3}篡灣

twan [tuan] twan^{1}剬耑端貒 twan^{2}短 twan^{3}斷段煅（鍛）緞毈腶椴葮碫籪

t‘wan [t‘uan] t‘wan^{2}畽（疃黗）t‘wan^{3}彖褖 t‘wan^{5}湍煓團摶溥慱糰（檲）

tswan [tsuan] tswan^{1}鑽（鑚）躦（躜）儹 tswan^{2}纂纘臇（熼）tswan^{3}揝（攢攢）謙

ts‘wan [ts‘uan] ts‘wan^{1}攛 ts‘wan^{2}欑穳酇 ts‘wan^{3}爨竄躥 ts‘wan^{5}攢

zhwan [ʐuan] zhwan^{1}撋褑堧（壖㬉）耎愞 zhwan^{2}腝軟（輭）楆蝡碝（瑌瑌）zhwan^{3}鋛

wang [uaŋ]

wang [uaŋ] wang^{1}汪尪（尣尢尩）wang^{2}往（徃）枉罔（网）網誷輞（棢）魍惘 wang^{3}旺妄謊望（朢）迋 wang^{5}王亡（亾）忘（wang^3）

chwang [tʂuaŋ] chwang^{1}莊庄妝（粧糚）裝樁袾踳鷞 chwang^{2}奘 chwang^3

壯狀戇撞獞幢

ch‘wang［tʂ‘uaŋ］ch‘wang^{1}窗（窓牕）囱摐舂瘡（戧創）ch‘wang^{2}傸闖 ch‘wang^{3}剏磢覩創（刱）愴 ch‘wang^{5}床（牀）霜幢橦鐘椿

hwang［xuaŋ］hwang^{1}巟荒稀（穢）縂肓盂 hwang^{2}幌旐晃恍（怳）慌謊 睆慌况（k‘wang^{3}）hwang^{3}況貺（k‘wang^{3}）睨纊榥櫎熀滉鎤 hwang^{5}皇凰惶偟 徨遑煌餭艎鰉（鱑）篁媓蝗隍（堭）湟喤鍠黃潢癀轂璜趪簧磺蟥

kwang［kuaŋ］kwang^{1}光胱洸觥觵（觵）kwang^{2}廣 kwang^{3}桄絖（纊）誑（k‘wang^{5}）

k‘wang［k‘uaŋ］k‘wang^{1}匡筐閶洭恇誆劻 k‘wang^{3}框眶逛俇壙曠懭 k‘wang^{5}狂

shwang［ʂuaŋ］shwang^{1}霜礵孀驦鷞（鸘）艭雙（双）shwang^{2}爽縔

wăn［uən］

wăn［uən］wăn^{1}溫瘟昷榲 wăn^{2}刎吻（呡肳）脗抆伆搵媼穩（穏）wăn^{3}問 紊汶璺絻慍 wăn^{5}文紋鴍蚊（蟁蚉）雯聞閿（闅）

k‘wăn［k‘uən］k‘wăn^{3}睏

wăng［uəŋ］

wăng［uəŋ］wăng^{1}翁䈵嗡鶲螉蓊 wăng^{2}滃塕 wăng^{3}甕（罋瓮）齆膾

wéi［uɛi］

wéi［uɛi］wéi^{1}威楲蝛葳煨偎椳隈（渨）碨逶痿（wéi^{2}）矮萎鯘 wéi^{2}尾（i^{2}） 娓亹委婑骩瑋偉葦煒暐韙壝骫唯（wéi^{5}）闒猥磈隗洧痏鮪廆寪蔿薳 wéi^{3}未味菋 位胃猬（蝟）惙謂渭媦䲁畏餵（喂）衛（衞）懲躗魏犩蘶偽尉尉（熨）慰蔚 罻霨鬱濊穢（hwui^{3}）薉薈彙（hwui^{3}）緯韡颹韡 wéi^{5}爲韋圍湋褘闈幃違帷違惟 維蜼濰危桅洈鮠峞嵬巍隱微薇溦

kwéi［kuɛi］kwéi^{1}歸（归）皈巋龜（龟）邽圭（珪）袿閨鮭摫嫣頍規摫 嫢（嫢）闚槻瑰 kwéi^{2}鬼癸垝佹恑詭衼屠軌宄氿匭簋晷 kwéi^{3}貴桂跪鱖撅劌劊 儈廥瘡劸檜鄶澮獪膾襘櫃（鐀匱柜）肣（臀）筀鬢樻

k‘wéi［k‘uɛi］k‘wéi^{1}虧魁 k‘wéi^{2}傀跬 k‘wéi^{3}喟憒簣（簣）饋魄蕢禬繢愧（媿） 潰 k‘wéi^{5}聧騤葵揆戣逵馗夔詼恢盔闚窺睽奎（奞）暌刲

wo［uo］

wo［uo］wo¹窝涡萵猧倭逶踒 wo²媒妧 wo³臥

ch'wo［tʂ'uo］ch'wo¹戳歠齪

hwo［xuo］hwo¹豁 hwo²夥伙火（灬）霍 hwo³禍貨盉瘑藿攉蔓籆穫劐濩膗樓嚄嚯鑊獲（hu³）濼或惑掝饙驜簓蠖 hwo⁵劃活斜佸耊渮鱯鬘鹹

kwo［kuo］kwo¹堝堝鍋喎幗摑（摭）膕蝸郭昏 kwo²果菓倮輠（槨）猓猓蜾緺裹粿餜（餜）kwo³過（过）棵（椁）崞礦曠攫虢鈇（馘）kwo⁵國（国）

shwo［ʂuo］shwo³杓灼彴妁説（shui³）

woh［uoʔ］

k'woh［k'uoʔ］k'woh³闊（濶）廓鞟（鞟）漷霩擴劇

yai［iai］

yai［iai］yai⁵厓（崖）涯捱啀崖

z'［ɿ］

sz'［ɿ］sz'¹思偲禠罳緦颸楒斯廝（厮偲）澌澌澌撕燍司覗（罰）絲蕬鷥虒私厶 sz'²死 sz'³四（肆）泗駟肆（隸）似姒兕（覟）寺耜捓（捒）俟（竢）伺嗣柏（鉰）笥飼（飤）賜（tsz³）儩巳祀汜涘

tsz'［ɿ］tsz'¹資咨（諮嗞）姿姕鼒赼貲訾呰齜觜髭茲（兹）滋嵫鎡鰦黳厜孳孜籽（秄）蔍齍薔（甾）糍淄緇輺錙鯔孖 tsz'²子仔呰（啙）紫梓籽滓宋姊（姉）第秭胏泚 tsz'³自字牸漬恣骴（髊觜）胾㲋裝剚（傳）

ts'z'［ʦ'ɿ］ts'z'¹雌玼姕 ts'z'²此跐佌泚 ts'z'³次伙刺諫莿（束）載（蝍蚝）廁（厠）（tsö³\sz³）庇 ts'z'⁵疵玭茈茨瓷（磁）慈（慈）鷀辭（辤辪）詞祠

i'［ɻ］

ch'［tʂɻ］ch'¹知茹蜘之芝支枝肢（胑）袛秪脂卮梔鳲秖揩楂吱攵止趾址阯訨芷沚祉 ch'²紙（帋）砥枳跱軹痄旨指庤峙時嵵揸 ch'³智螘致緻制製掣治侍（待）值置（真）滯雉稚（稺稺）痔至輊踬摯贄鷙鷙志誌（識）痣荶銩規觶寘懥（懫）躓炙撒撤莛晢晢（晰）忮 ch'⁵胝

c'h'［tʂ'ɻ］c'h'¹癡（痴）螭魑黐（糍）絺瓻笞蚩嗤摛媸魑眵眙 c'h'²杝茝齒齝 c'h'³熾幟（幟）跅誃埵傺掣（chö³）饎（糦）翅（翄）翅奭裮 c'h'⁵鴟禠池

馳汦坻蚔墀遅厜持趍篪（篪）踟恥（耻）侈佟誃姼齝（詞齝）

sh'［ʂʅ］sh'¹ 尸屍鳲師溮葹獅螄薯施釃（shai¹）筶郝詩絁 sh'² 史駛（駛）㹼豕矢屎吚舐（舓舓）弛始諟使 sh'³ 噬侍恃士仕閜是褆市柿氏視（眎眠）示（礻）世貰逝諡（謚）豉（ch'²）事卶（㕒）溡（溡）嗜試弑啻（t'i³）扡誓勢 sh'⁵ 時（旹）溮糒塒蒔榯鰣匙（ch'⁵）鍉篪（tih⁴）茬（ch'a⁵）

'rh［ɚ］

'rh［ɚ］'rh² 餌（ni⁵）耳珥洱駬厼（尔）爾邇 'rh³ 咡毦刵峏佴二（貳弍）貳樲 'rh⁵ 而髵洏𦓤栭耏鮞輀陑兒鯓郳

第五章

《汉英韵府》烟台话音系

卫三畏在导言中并没有对芝罘（烟台）进行说明，只在正文的官话音节条目下列举各地方音时，参列 chifu 这一条。查找《汉英韵府》的正文内容可知，chifu 就是芝罘。翻阅相关史料，可知外国人所谓的芝罘就是现在的烟台。世界权威的《大不列颠百科全书》中标称烟台即为 "CHEFOO"。

古代最早并没有烟台这个地名。烟台最初是登州府下福山县的一个渔村。秦代称为 "之罘"，后改为 "芝罘"。据说，秦始皇五次巡幸天下，其中就有三次抵临芝罘。芝罘因秦皇、汉武的登临而著名。到了明代，为了抵御倭寇，在芝罘建立起所城，并且在所城的北山上起筑狼烟墩台，从此以后芝罘地名被烟台所替代。第二次鸦片战争后，清政府被迫于1858年与英法等国签订《天津条约》，规定增开山东登州在内的十个沿海沿江城市为通商口岸。但在英国的强烈要求下，1861年清政府同意将通商口岸由登州改为烟台，这一年烟台开始正式对外开放。这个时期许多外国传教士进入烟台，设立教会，进行传教。至于外国人为何称呼烟台为 "芝罘"，在《山东地方史志纵横谈》中有一段引用自清代遗老于宗潼主纂的《福山县志稿》的话可以解释，其内容是："古无烟台之名，以其附近之罘，故外洋通商皆直名之以之罘。其实之罘尚与隔海相望，非一地也。"[①] 由此，可以论证卫三畏所标示的 chifu 就是烟台。

《中国语言地图集》将烟台话划入胶辽官话区，并且以古清声母入声字今读上声作为划分胶辽官话区的标准，那么烟台话就属于胶辽官话的登连片。依据钱曾怡等所著《山东方言研究》，山东方言共分两区四片。烟台属于东区

---

① 王桂云，鲁海.山东地方史志纵横谈［M］.长春：吉林省地方志编纂委员会，吉林盛图书馆学会，1985：77.

的东莱片。这个东莱片相当于胶辽官话登连片的山东部分。二者所用称谓不同，但所指相同。所以，可以肯定烟台话属于官话方言。不过从各类方言材料来看，如张树铮先生的《胶辽官话的分区（稿）》（2007），胶辽官话内部十分复杂，还有很多不同分区。那么卫三畏所记录的烟台话是不是正宗的烟台话，这就是接下来要研究的问题。

第一节　《汉英韵府》烟台话音系音节的整理

卫三畏对《汉英韵府》的烟台话系统并没有具体的说明，只是在字典正文的官话韵母字条下注明这些官话音节的烟台话发音。截图如下：

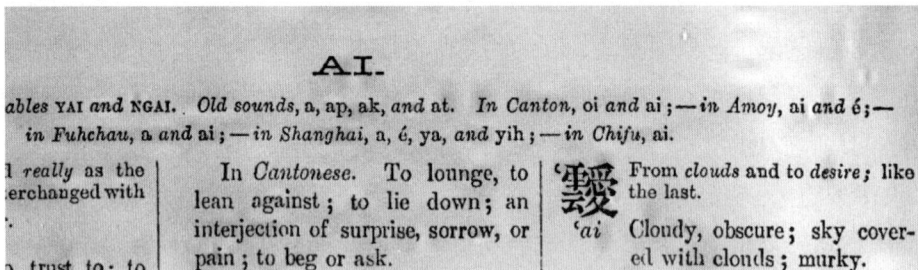

AI.

ables YAI and NGAI. *Old sounds,* a, ap, ak, *and* at. *In Canton,* oi *and* ai ; *—in Amoy,* ai *and* é; *— in Fuhchau,* a *and* ai ; *— in Shanghai,* a, é, ya, *and* yih ; *—in Chifu,* ai.

l really as the erchanged with	In Cantonese. To lounge, to lean against ; to lie down ; an interjection of surprise, sorrow, or pain ; to beg or ask.	靉 'ai	From *clouds* and to *desire*; like the last. Cloudy, obscure ; sky covered with clouds ; murky.
n trust to : to			

图5-1　《汉英韵府》1889：正文1页

所以《汉英韵府》的烟台话并没有标注在具体的每个字条上，也没有任何关于声调的说明，因此本书对《汉英韵府》烟台话音系只能做大概的分析，无法具体展开。下面将《汉英韵府》正文中所有官话韵母字条下的烟台话音节进行搜集和整理，最后将所有音节按照卫三畏原来的标注进行列表如下：

表5-1 烟台话声韵表一

	a	ah	ai	an	ang	ao	ăh	ăn	ăng
Ø	a		ai	an	ang	ao		ăn	
ch					chang				
chʿ					chʿang				
f		fah		fan	fang			făn	făng
h			hai	han	hang	hao		hăn	hăng
hʿ									
k	ka		kai	kan	kang	kao		kăn	kăng
kʿ			kʿai	kʿan	kʿang	kʿao		kʿăn	kʿăng
l	la	lah	lai	lan	lang	lao		lăn	lăng
m	ma		mai	man	mang	mao	măh	măn	măng
n	na		nai	nan	nang	nao			năng
p	pa		pai	pan	pang	pao		păn	păng
pʿ	pʿa		pʿai	pʿan	pʿang	pʿao		pʿăn	pʿăng
s	sa	sah	sai	san	sang	sao		săn	săng
sh					shang	shao			
t	ta		tai	tan	tang	tao		tăn	tăng
tʿ	tʿa		tʿai	tʿan	tʿang	tʿao		tʿăn	tʿăng
ts	tsa	tsah	tsai	tsan	tsang	tsao		tsăn	tsăng
tsʿ		tsʿah	tsʿai	tsʿan	tsʿang	tsʿao		tsʿăn	tsʿăng
w									
y	ya		yai		yang	yao			

注：表格的横列为韵母，纵列为声母，表中所用音标为卫三畏自创的拼音系统。

表5-2　烟台话声韵表二

	eh	en	é	éi	i	ia	iah	iai	iang	iao
Ø					i					
ch	cheh	chen	ché		chi				chiang	chiao
ch'	ch'eh	ch'en	ch'é		ch'i				ch'iang	chiao
f					fi					
h					hi	hia	hiah	hiai	hiang	hiao
h'					h'i					
k					ki	kia		kiai	kiang	kiao
k'					k'i	k'ia		k'iai	k'iang	kiao
l				léi	li				liang	liao
m			mé	méi	mi					miao
n				néi	ni				niang	niao
p				péi	pi					piao
p'				p'éi	p'i					p'iao
s	seh			séi						
sh	sheh	shen			shi					
t				téi	ti					tiao
t'				t'éi	t'i					t'iao
ts				tséi						
ts'				ts'éi						
w										
y	yeh	yen								

244

表5-3 烟台话声韵表三

	ieh	ien	ié	ih	in	ing	io	iòa	iu
Ø									
ch		chien	chié	chih	chin	ching			chiu
ch'		ch'ien	ch'ié	ch'ih	ch'in	ch'ing			ch'iu
f									
h	hieh	hien		hih	hin	hing		hiòa	hiu
h'									
k		kien	kié		kin	king	kio	kiòa	
k'		k'ien	k'ié		k'in	k'ing	k'io	k'iòa	
l	lieh	lien	lié		lin	ling		liòa	liu
m		mien	mié		min	ming			miu
n		nien	nié		nin	ning			niu
p		pien	pié		pin	ping			piu
p'		p'ien	p'ié		p'in	p'ing			
s			sié						
sh		shien	shié		shin	shing			shiu
t		tien	tié			ting			tiu
t'		t'ien	t'ié			t'ing			
ts			tsié						
ts'									
w									
y			yié		yin	ying			yiu

表5-4　烟台话声韵表四

	iün	iüng	ò	òa	òh	ö	u	uh	ui
Ø			ò				u		
ch				chòa			chu		
ch'				ch'òa			ch'u	ch'uh	
f							fu	fuh	
h	hiün	hiüng	hò				hu		
h'									
k	kiün		kò				ku		
k'	k'iün	k'iüng	k'ò				k'u		
l			lò	lòa			lu		
m							mu		
n			nò	nòa			nu		
p			pò				pu		
p'							p'u		
s			sò	sòa		sö	su		
sh	shiün			shòa			shu		
t			tò	tòa		tö	tu		
t'			t'ò	t'òa		t'ö	t'ui		
ts			tsò	tsòa	tsòh	tsö	tsu		tsui
ts'			ts'ò	ts'òa	ts'òh	ts'ö	ts'u		
w							wu		
y				yòa	yòh				

表5-5 烟台话声韵表五

	ung	ù	ü	üeh	üen	üé	wa	wai
Ø							wa	wai
ch			chü					
ch‛			ch‛ü					
f	fung							
h	hung		hü	hüeh	hüen	hüé	hwa	hwai
h‛								
k	kung		kü	küeh	küen		kwa	kwai
k‛	k‛ung		k‛ü	k‛üeh	k‛üen		k‛wa	
l	lung	lù	lü	lüeh	lüen			
m		mù						
n	nung		nü					
p		pù						
p‛		p‛ù						
s	sung						swa	swai
sh	shung		shü			shüé		
t	tung							
t‛	t‛ung							
ts	tsung		tsü				tswa	tswai
ts‛	ts‛ung							
w	wung							
y	yung		yü			yüé		

表5-6　烟台话声韵表六

	wan	wang	wǎn	wéi	wong	wun	'rh	z'
Ø	wan	wang	wǎn	wéi			'rh	
ch								
chʻ								
f								
h	hwan	hwang		hwéi		hwun		
hʻ								
k	kwan		kwǎn	kwéi	kwong			
kʻ	kʻwan		kʻwǎn		kʻwong			
l								
m								
n								
p								
pʻ								
s	swan	swang		swéi		swun		sz'
sh								
t								
tʻ								
ts		tswang				tswun		tsz'
tsʻ	tsʻwan	tsʻwang						tsʻz'
w								
y								

根据以上表格统计，《汉英韵府》的烟台话音系总共有：声母不排除［w］和［y］，总共是21个；韵母如果不排除带［w］和［y］介音的重复部分总共是56个，总的音节数是396个。卫三畏所记录的烟台话音系，声母、韵母的数量超过我们以往的认知。由于卫三畏的记录只具体到音节，并没有明确到每个字条，也没有注明声调，所以对《汉英韵府》烟台话只能做个大致的分析，也无法研究其声调部分。下面一节将分声母、韵母分别进行归纳。

第二节 《汉英韵府》烟台话音系的声韵归纳

整理出《汉英韵府》烟台话音系的所有音节后，由于原字典中的音节标注就是直接放在南官话音节后，所以可参考南官话音节后所列字条，来参证各个音节的中古音来源，从而对其声韵系统进行归纳。

一、《汉英韵府》烟台话声母系统

《汉英韵府》烟台话音系的声母，根据卫三畏的记录是21个，下面参考南官话音节的字条进行具体分析：

1. ch

［ch］母的字一部分对应南官话的［ch］母，还有一部分对应［ts］母。对应南官话［ch］母的字主要来源于中古的知组、章组。知组字如"蛰展肘"，章组字如"遮斟周"。对应南官话［ts］母的字主要来源于中古精组三四等，如"挤匠焦"。这种来源可谓泾渭分明。根据字典的拼音系统，卫三畏对 ch 的发音的拟测是认为其与英语 church［tʃɜːtʃ］中的 ch 一样。[①]［tʃ］是一个舌叶音，但在中国官话里不太可能有这个音。所以在南官话的拟测中，把这个音定位卷舌音［tʂ］。［tʂ］、［tʃ］、［tɕ］这三个辅音的发音方法相同，只是在部位上

---

① ［美］卫三畏. 汉英韵府［M］. 上海：美华书院，1889：16.

稍有偏差，对其他语种的外国人来说，不太容易分辨。但我们可以肯定，在烟台话音系里面不存在卷舌的声母。由于烟台话这个声母的字来源不同于南官话，所以二者应该在发音上有所区别。因此综合以上考虑，选择一个最接近的辅音，可以把这个声母拟为［tɕ］。

2. chʻ

［chʻ］母的情况与前一个声母类似。其字一部分对应南官话的［chʻ］母，还有一部分对应［tsʻ］母。对应南官话［chʻ］母的字主要来源于中古的知组、章组。知组字如"彻抽澄"，章组字如"车嗤称"。 对应南官话［tsʻ］母的字主要来源于中古精组三四等，如"妻枪悄"。根据前一个声母部分的分析，可以把这个声母拟为送气的［tɕʻ］。

3. f

［f］母的字对应南官话的［f］母。半数来源于中古并母字，半数来自帮母字，还有少量来自滂母字。并母如"伐梵翡附佛逢"，帮母如"法粉飞甫风"，滂母如"翻丰"。根据字典的拼音系统以及列字的来源，可以将其拟定为唇齿音［f］。

4. h

［h］母的字对应南官话［h］母。主要来源于中古的晓匣二母。晓母如"海汉欢霍灰昏忽"，匣母如"孩很杭踝黄会混"。 根据字典的拼音系统以及列字的来源，可以将其拟定为舌面后擦音［x］。

5. hʻ

［hʻ］母只出现一次，只有一个音节［hʻi］。而有了这个音节后，就没有出现［hi］，这种情况是不正常的。因为其他带［i］的音节全部与［h］搭配，如［hia］、［hien］等，所以基本可以估计这个音节的出现是个讹误。这个声母是不存在的。

6. k

［k］母的字对应南官话［k］母。主要来源于中古的见母，还有小部分来自群母。见母如"该干庚高机加江奸姑居"，群母如"俭近枢郡局具"。根据字典的拼音系统以及列字的来源，可以将其拟定为［k］。

7. k'

［k'］母的字对应南官话的［k'］母。主要来源于中古的溪母，还有小部分来自群母。溪母如"开刊坑扣牵科苦空"，群母如"棋强瘸求穷渠圈"。根据字典的拼音系统以及列字的来源，可以将其拟定为［k'］。

8. l

［l］母的字对应南官话的［l］母。全都来源于中古来母字，如"藟来蓝浪冷老类黎"。根据字典的拼音系统以及列字的来源，可以将其拟定为［l］。

9. m

［m］母的字对应南官话的［m］母。都来源于中古明母字，如"麻埋满门毛眠"。根据字典的拼音系统以及列字的来源，可以将其拟定为［m］。

10. n

［n］母的字对应南官话的［n］母。半数来源于中古泥母字，半数来自娘母字，还有极少量来自端母字。泥母如"捏念挪努嫩佞"，娘母如"狞闹喃尼孃浓"，端母如"鸟茑"。根据字典的拼音系统以及列字的来源，可以将其拟定为［n］。

11. p

［p］母的字对应南官话的［p］母。绝大多数来源于中古帮母字，一部分来自并母字，还有极少量来自滂母字。帮母如"巴拜班本包悲"，并母如"爸稗暴被便"，滂母如"睥醭"。根据字典的拼音系统以及列字的来源，也可以将其拟定为［p］。

12. p'

［p'］母的字对应南官话的［p'］母。绝大多数来源于中古滂母字，一部分来自并母字，还有极少量来自帮母字。滂母如"葩派攀胖披偏"，并母如"蟠彭庖裴贫"，帮母如"陂羆"。根据字典的拼音系统以及列字的来源，可以将其拟定为［p'］。

13. s

［s］母的字一部分对应南官话［s］母的部分字，主要是其中来源于中古精组的一二等字，如"撒三僧色嗽"；另一部分对应南官话［sh］母的部分字，

主要是其中来源于中古庄组的字，如“沙筛山森”。根据字典的拼音系统以及列字的来源，可以将其拟定为［s］。

14. sh

［sh］母的字一部分对应南官话［s］母的部分字，主要是其中来源于中古精组的三四等字，如“相晓写先”；另一部分对应南官话［sh］母的部分字，主要是其中来源于中古章组的字，如“蛇羶收时”。根据字典的拼音系统以及列字的来源，可以将其拟定为［ɕ］。

15. t

［t］母的字对应南官话［t］母。绝大多数来源于中古端母字，一部分来自定母字，还有极少量来自透母入声，主要是透母。端母如“打歹丹党登雕”，定母如“代淡凳豆地”，透母如“耷沰”。根据字典的拼音系统以及列字的来源，可以将其拟定为［t］。

16. t‘

［t‘］母的字对应南官话［t‘］母。绝大多数来源于中古透母字，一部分来自定母字，还有极少量来自端母字。透母如“他胎贪汤偷添”，定母如“坛糖疼头提陀”，端母如“髑搨”。根据字典的拼音系统以及列字的来源，可以将其拟定为［t‘］。

17. ts

［ts］母的字一部分对应南官话［ts］母的部分字，主要是其中来源于中古精组的一二等字，如“匝哉赞葬”；另一部分对应南官话［ch］母的部分字，主要是其中来源于中古知组、庄组的字，如“楂斋斩”；还有一小部分对应南官话的［juh］、［jui］音节的部分字。根据字典的拼音系统以及列字的来源，也可以将其拟定为［ts］。

18. ts‘

［ts‘］母的字对应南官话［ts‘］母的部分字，主要是其中来源于中古精组的一二等字，如“猜餐曾曹”；另一部分对应南官话［ch‘］母的部分字，主要是其中来源于中古知组、庄组的字，如“叉柴陈”。根据字典的拼音系统以及列字的来源，可以将其拟定为［ts‘］。

19. Ø 、y、w

[Ø]母的字一部分对应南官话的[Ø]母，主要来源于中古的影母，影母如"挨安益凹"；另一部分对应南官话的[ng]母，主要来源于中古的影疑二母，影母如"哀暗恩鸥"，疑母如"岸敖我鄂"。[y]母的字一部分对应南官话的[y]母，主要来源于中古的影母，还有部分来自中古的以疑云三母，影母如"鸦央益因"，以母如"羊延与曰"，疑母如"牙仰业吟岳"，云母如"鳚炎耘永"；还有一部分对应南官话的[j]母，主要来源于中古的日母，还掺杂了几个娘母字。日母如"然人攘饶柔如戎"，娘母如"絮諉"。[w]母的字大都对应南官话的[w]母，来源于中古的影母，还有小部分来自云疑明三母。影母如"娃弯汪威窝"，云母如"往为卫"，疑母如"瓦外玩"，明母如"晚蚊妄"。从中古来源看，它们基本来源相同，其实都是零声母的字。从整个拼音系统来说，卫三畏对介音的理解有问题，这些字的注音都直接把介音当作声母，其实都是零声母的字。所以根据以上的分析，可以将它们拟定为[Ø]。

总的来说，《汉英韵府》烟台话音系的声母一共有18个。列表如下：

表5-7　烟台话声母表

卫三畏	ch	ch'	f	h	k	k'	l	m
拟音	[tɕ]	[tɕ']	[f]	[x]	[k]	[k']	[l]	[m]
卫三畏	n	p	p'	s	sh	t	t'	ts
拟音	[n]	[p]	[p']	[s]	[ɕ]	[t]	[t']	[ts]
卫三畏	ts'	y/w/Ø						
拟音	[ts']	[Ø]						

二、《汉英韵府》烟台话韵母系统

《汉英韵府》烟台话的韵母总的是68个，当然其中有一些带[y]、[w]介音的部分是重复的。下面参照南官话的音节，分析其中古音的来源，剔除重复部分，进行拟测。

1. a

单元音［a］韵的字大多数对应南官话的［a］韵，来源于中古的假摄麻韵二等开口字；个别来自中古果摄歌韵一等开口字。假摄字如"楂茶马巴葩沙"，果摄字如"那他"。还有部分对应南官话中搭配［ts］、［ts'］的［ah］韵，总共16个字，如"匝砸雜擦"，来源于咸摄、山摄。还有部分对应南官话中搭配零声母的［o］韵，就五个字"阿婀啊屙痾"，来源于中古的果摄、假摄。根据字典的拼音系统以及列字的来源，可以将其拟定为［a］。

2. ah

［ah］韵的字对应南官话中搭配［ch］、［ch'］、［f］、［l］、［s］这五个声母的［ah］韵。基本上都来源于中古的咸摄、山摄。咸摄字如"札插拉"，山摄字如"察发萨"，根据字典的拼音系统以及列字的来源，也可以将其拟定为［aʔ］。

3. ai

［ai］韵的字完全对应南官话的［ai］韵。基本上都来源于中古的蟹摄，如"挨斋柴孩慨买乃摆排赛"。根据字典的拼音系统以及列字的来源，可以将其拟定为［ai］。

4. an

［an］韵的字基本上对应南官话的［an］韵，除了南官话中搭配［j］声母的［an］韵。来源于中古的咸摄、山摄。咸摄字如"斩搀酳敢占谄闪赡"，山摄字如"产翻汉刊旃鹯廛氊善扇"。还有一部分对应南官话中搭配［n］、［l］、［s］、［t］、［t'］、［ts］、［ts'］这七个声母的［wan］韵，来源于中古的山摄桓韵一等合口，如"卵暖酸纂攒端湍"。根据字典的拼音系统以及列字的来源，可以将其拟定为［an］。

5. ang

［ang］韵的字除了完全对应南官话的［ang］韵，基本上都来源于中古的宕摄、江摄。还有一些对应南官话中的［siang］音节的字，来源于中古宕摄阳韵三等字。宕摄字如"张昌方杭攘康朗商相象"，江摄字如"扛厐"。根据

字典的拼音系统以及列字的来源，可以将其拟定为［aŋ］。

6. ao

［ao］韵的字基本上对应南官话的［ao］韵，除了南官话中搭配［j］声母的［ao］韵。主要来源于中古的效摄，还有几个来自通摄。另外，还有一部分对应南官话中［siao］音节的字，来源于中古效摄三四等字。效摄字如“消小邀招钞豪高考老毛闹炮”，通摄字如“熇焅搙”。根据字典的拼音系统以及列字的来源，可以将其拟定为［au］。

7. ăh

［ăh］韵只有一个音节：［măh］。对应南官话的［meh］音节，总共十一个字：麦貊貘駋蓦陌霢脈脲湐礣。基本上都来源于中古的梗摄、山摄。根据字典的拼音系统，可以将其拟定为［əʔ］。

8. ăn

［ăn］韵的字基本上对应南官话的［ăn］韵，除了南官话中搭配［ch］、［ch'］、［j］这三个声母的［ăn］韵。来源于中古的咸摄、山摄。咸摄字如“斩搀酣敢占闪赡”，山摄字如“产翻汉刊旃廛羶善扇”。还有一部分对应南官话中搭配［ch］、［ch'］、［l］、［s］、［t］、［t'］、［ts］、［ts'］这八个声母的［un］韵，来源于中古的臻摄谆韵三等以及魂韵一等的合口，如“谆春伦孙敦吞尊村”。另有一些对应南官话中搭配声母的［ün］韵、搭配［ts'］声母的［iün］韵，来源于中古的臻摄谆韵三等以及魂韵一等的合口，如“逡嫩”。根据字典的拼音系统，可以将其拟定为［ən］。

9. ăng

［ăng］韵的字基本上对应南官话的［ăng］韵，除了南官话中搭配［ch］声母的［ăng］韵以外。基本上来源于中古的梗摄、曾摄、通摄、。梗摄字如“撑衡更铿盟迸彭”，曾摄字如“恒仍肯棱崩朋僧等”，通摄合口字如“风冯唪蓬蒙梦疼”。根据字典的拼音系统以及列字的来源，可以将其拟定为［əŋ］。

10. eh

［eh］韵对应南官话中［ch］、［ch'］、［s］、［sh］这四个声母的［eh］韵的字。基本上都来源于中古的咸摄、山摄、曾摄、臻摄、梗摄、深摄三等的开口入声

字，如"辄折撒色涩舌涉"。根据字典的拼音系统，将其拟定为 [ɛʔ]。

11. en

[en] 韵完全对应南官话中的 [en] 韵。基本上都来源于中古的咸摄、山摄仙韵三等开口字。咸摄字如"占詹谄闪赡"，山摄字如"旃鄽廛躔善扇"。从来源上说，类似前面的 [an] 韵母，但两者在排列上存在对立关系，不能合并，所以根据字典的拼音系统以及列字的来源，可以将其拟定为 [ɛn]。

12. é

单元音 [é] 韵的字基本上对应南官话的 [é] 韵，除了南官话中搭配 [j]、[sh] 这两个声母的 [é] 韵。来源于中古的假摄麻韵三等开口字，如"这车哗"。卫三畏的拼音系统中，有几个相接近的音，即 e、é、è，区分这么细致是因为其他方言的影响，而在官话中 e、é 并不对立区别，所以可以看作同一个发音。根据字典的拼音系统以及列字的来源，也可以将其拟定为 [ɛ]。

13. éi

[éi] 韵的字基本上对应南官话的 [éi] 韵，除了南官话中搭配 [f] 声母的 [éi] 韵。基本上都来源于中古的止摄以及蟹摄一三等的合口字。止摄字如"累沫"，蟹摄字如"雷累梅内悲陪"。还有一部分对应南官话中搭配 [s]、[t]、[t']、[ts]、[ts'] 这五个声母的 [ui] 韵，基本上都来源于中古的止摄以及蟹摄一三等的合口字，止摄字如"虽嘴瘁"，蟹摄字如"岁堆推最催"。根据字典的拼音系统以及列字的来源，也可以将其拟定为 [ɛi]。

14. i

单元音 [i] 韵除了对应南官话中 [i] 韵的字以外，还对应南官话中搭配 [k]、[k']、[l]、[m]、[n]、[p]、[s]、[sh]、[t]、[t']、[ts]、[ts'] 这 12 个声母的 [ih] 韵的字，以及南官话中 [féi]、[yih] 这两个音节的字。基本上都来源于中古的止摄、蟹摄三四等字，还有来自中古梗摄、臻摄、曾摄三四等入声字。止摄字如"知痴希蜇机棋丽"，蟹摄字如"制偙奚肺鸡启黎"，入声字如"吉乞历密溺益"。根据字典的拼音系统以及列字的来源，可以将其拟定为舌面元音 [i]。

15. ia（ya）

[ia] 韵除了对应南官话中 [ia] 韵的字，来源于中古的假摄、蟹摄二等

开口字，还对应南官话中 [k]、[kʻ] 声母的 [iah] 韵的字，来源于中古的咸摄、山摄二四等入声字。同时，还包含了前一节声韵表中 [ya] 这个音节的字，[ya] 音节与南官话 [ya] 音节完全对应。止摄字如“霞加鸦雅”，蟹摄字如“佳脫”，入声字如“甲恰掐戛恝”。根据字典的拼音系统以及列字的来源，也可以将其拟定为 [ia]。

16. iah (yah)

[iah] 韵只对应南官话中的 [hiah] 音节的字，来源于中古的咸摄、山摄二等入声字。同时，还包含了前一节声韵表中 [yah] 这个音节的字，[yah] 音节与南官话 [yah] 音节完全对应。咸摄字如“匣峡押”，山摄字如“黠犽”。根据字典的拼音系统以及列字的来源，也可以将其拟定为 [iaʔ]。

17. iai (yai)

[iai] 韵完全对应南官话的 [iai] 韵的字。都来源于中古的蟹摄皆韵佳韵二等开口字。同时，还包含了前一节声韵表中 [yai] 这个音节的字，[yai] 音节与南官话 [yai] 音节完全对应。蟹摄字如“鞋懈街戒楷涯捱”。根据字典的拼音系统以及列字的来源，可以将其拟定为 [iai]。

18. iang (yang)

[iang] 韵的字基本与南官话 [iang] 韵的字相对应，除了 [siang] 音节的字以外。都来源于中古的宕摄、江摄二等开口字。同时，还包含了前一节声韵表中 [yang] 这个音节的字，[yang] 音节与南官话 [yang] 音节完全对应。宕摄字如“香僵姜强良娘将强央养”，江摄字如“巷江降”。根据字典的拼音系统以及列字的来源，可以将其拟定为 [iaŋ]。

19. iao (yao)

[iao] 韵的字基本与南官话 [iao] 韵的字相对应，除了 [siao] 音节的字。都来源于中古的效摄肴韵宵韵萧韵二三四等开口字。同时，还包含了前一节声韵表中 [yao] 这个音节的字，[yao] 音节与南官话 [yao] 音节完全对应。效摄字如“晓交翘僚苗鸟表票刁焦悄要”。根据字典的拼音系统以及列字的来源，也可以将其拟定为 [iau]。

20. ieh (yeh)

[ieh] 韵只搭配两个声母：[h]、[l]，[hieh] 音节与南官话的 [hieh] 音

节的字对应，而［lieh］音节则对应南官话的［lieh］和［liéh］音节的字，但具体哪些字，由于卫三畏没有说明则无法确定。基本来源于中古的咸摄、山摄三四等开口入声字。同时，还包含了前一节声韵表中［yeh］这个音节的字，［yeh］音节与南官话［yeh］音节完全对应。咸摄字如"胁飗业"，山摄字如"頡襭謁"。根据字典的拼音系统以及列字的来源，也可以将其拟定为［iεʔ］。

21. ien（yen）

［ien］韵基本完全对应南官话的［ien］韵的字。都来源于中古的咸摄、山摄二三四等开口字。同时，还包含了前一节声韵表中［yen］这个音节的字，［yen］音节与南官话［yen］音节完全对应。咸摄字如"嫌缄拑联拈砭纤"，山摄字如"掀坚牵连眠年边偏"。根据字典的拼音系统以及列字的来源，可以将其拟定为［ian］。

22. ié（yié）

［ié］韵除了对应南官话中［ié］韵的字外，这些是来源于中古的假摄、果摄三等的开口字。还对应南官话中［k］、［kʻ］、［m］、［n］、［p］、［pʻ］、［s］、［t］、［tʻ］、［ts］、［tsʻ］这11个声母以及［l］声母的部分所搭配的［ieh］韵的字，这些是来源于中古咸山摄三四等开口入声字。同时，还包含了前一节声韵表中［yié］这个音节的字，［yié］音节与南官话［yé］音节基本对应。假摄字如"写谢姐借且爷夜"，果摄字如"茄伽"，咸摄字如"劫怯聂叠帖叶"，山摄字如"页洁列灭憋屑跌铁噎"。根据字典的拼音系统以及列字的来源，也可以将其拟定为［iε］。

23. ih

［ih］韵只搭配三个声母：［ch］、［chʻ］、［h］，基本上与南官话中的［chih］、［chʻih］、［hih］这三个音节的字相对应。都来源于中古的臻摄、曾摄、深摄三等开口入声字，如"执直尺敕吸"。根据字典的拼音系统，可以将其拟定为［iʔ］。

24. in（yin）

［in］韵基本与南官话［in］韵的字对应。基本上都来源于中古的臻摄、深摄侵韵三等的开口字。同时，还包含了前一节声韵表中［yin］这个音节的字，［yin］音节与南官话［yin］音节基本对应。臻摄开口字如"衅巾民您宾

辛因"，深摄字如"金禁钦林禀品心音"。根据字典的拼音系统，也可以将其拟定为［in］。

25. ing（ying）

［ing］韵基本与南官话［ing］韵的字对应。都来源于中古的梗摄、曾摄二等开口字。同时，还包含了前一节声韵表中［ying］这个音节的字，［ying］音节与南官话［ying］音节基本对应。梗摄字如"贞成刑经轻玲名鼎英"，曾摄字如"徵秤凭胜蝇"。根据字典的拼音系统以及列字的来源，可以将其拟定为［iŋ］。

26. io

［io］韵只搭配两个声母：［k］、［kʻ］，基本对应南官话的［kiu］、［kʻiu］这两个音节的字。来源于中古的流摄尤幽韵，如"久舅丘求"。根据字典的拼音系统以及列字的来源，可以将其拟定为［io］。

27. yòh

［yòh］韵对应南官话［jui］音节的部分字，具体哪些卫三畏没有说明。不过，日母字在烟台话中变为零声母这一点倒是可以确定的。只能根据字典的拼音系统将其拟定为［ioʔ］。

28. iòa（yòa）

［iòa］这个韵在字典中的标注很混乱，有的写作［iòa］，有的写作［iòä］，因为字典中还有韵母［òa］、［uòa］等，所以估计［iòä］是刻版时候的讹误，因此文中统一写作［iòa］。［iòa］韵对应南官话中［h］、［k］、［kʻ］、［l］这四个声母的［ioh］韵的字。来源于中古的江摄、宕摄三等开口入声字。同时，还包含了前一节声韵表中［yòa］这个音节的字，只是因为零声母而大写而已，［yòa］韵对应南官话中［nioh］、［joh］、［yoh］这三个音节的字。来源于中古的江摄、宕摄三等入声字。江摄字如"学确壳岳"，宕摄字如"却脚略虐弱药"。根据字典的拼音系统，可以将其拟定为［ioa］。

29. iu（yiu）

［iu］韵对应南官话［iu］韵中除了搭配［k］、［kʻ］声母以外的所有韵字。基本上都来源于中古的流摄尤韵幽韵三等的开口字。同时，还包含了前一节声韵表中［yiu］这个音节的字，［yiu］音节与南官话［yiu］音节基本对应。

流摄字如"休九柳缪牛友"。根据字典的拼音系统以及列字的来源，也可以将其拟定为［iu］。

30. iün（yün）

［iün］韵对应南官话［iün］韵中除了搭配［ts'］声母以外的所有韵字。基本上都来源于中古臻摄三等的合口字。同时，还包含了前一节声韵表中［yun］这个音节的字，因为在字典中［u］与［ü］常相混，这一点在南官话部分已经论及，二者所属各字的中古音来源都相同，所以其实是一样的，［yün］音节与南官话［yun］音节基本对应。臻摄字如"君群旬竣"。根据字典的拼音系统以及列字的来源，可以将其拟定为［yn］。

31. iüng（yung）

［iüng］韵对应南官话［iüng］韵的韵字。基本上都来源于中古的梗摄三四等的合口字，以及通摄三等合口字。同时，还包含了前一节声韵表中［yung］这个音节的字，原因与上一个韵母相同，［yung］音节与南官话［yung］音节基本对应。梗摄字如"兄复詗迥"，通摄字如"熊穷胸雄穹"。根据字典的拼音系统以及列字的来源，可以将其拟定为［yŋ］。

32. ò

［ò］韵对应南官话中搭配［h］、［k］、［k'］、［ng］、［l］、［n］、［p'］、［s］、［t］、［t'］、［ts］、［ts'］这12个声母的［eu］韵的字。基本上都来源于中古的流摄侯韵尤韵一三等开口字，如"后勾口楼欧剖嗽兜头走愁"。根据字典的拼音系统，可以将其拟定为［o］。

33. òa

［òa］韵对应南官话中搭配［l］、［n］、［s］、［sh］、［t］、［t'］、［ts］、［ts'］这八个声母的［o］、［oh］韵的字，以及搭配［s］、［ts］、［ts'］这三个声母的［ioh］韵的字。基本上都来源于中古的果摄字，宕摄、江摄、山摄入声字。果摄如"罗挪蓑朵陀左"，入声字如"洛乐诺索削芍掇脱爵鹊挫"。根据字典的拼音系统，可以将其拟定为［oa］。

34. òh

［òh］韵对应南官话中搭配［ch］、［ch'］这两个声母的［oh］韵的字。基本上都来源于中古的宕摄、江摄入声字。入声字如"着卓绰龊"。根据字典

的拼音系统，可以将其拟定为〔oʔ〕。

35. ö

〔ö〕韵对应南官话中〔s〕、〔t〕、〔t'〕、〔ts〕、〔ts'〕这五个声母的〔eh〕韵的字。基本上都来源于中古的曾摄、梗摄一二等入声字，如"德特则责测策"。根据字典的拼音系统以及列字的来源，可以将其拟定为〔ɤ〕。

36. u（wu）

单元音〔u〕韵基本对应南官话〔u〕韵的字，还有南官话中搭配〔h〕、〔k〕、〔k'〕、〔l〕、〔m〕、〔p〕、〔p'〕、〔s〕、〔sh〕、〔t〕、〔t'〕、〔ts〕、〔ts'〕这13个声母的〔uh〕韵的字，以及南官话中搭配〔f〕、〔m〕、〔sh〕这三个声母〔eu〕韵的字。基本都来源于中古的遇摄、流摄一三等开口字，中古的通摄、臻摄的一三等合口入声字。同时，还包含了前一节声韵表中〔wu〕这个音节的字，声母与韵母部分是一样的，而且在字典中所属各字的中古音来源都相同，〔wu〕音节与南官话〔wu〕音节基本对应。遇摄字如"洙初夫呼枯炉慕怒步所"，流摄字如"妇富负部浮否谋收"，入声字如"蓄斛谷哭不窣"。根据字典的拼音系统以及列字的来源，可以将其拟定为〔u〕。

37. uh

〔uh〕韵对应南官话搭配〔ch〕、〔ch'〕、〔f〕这三个声母的〔uh〕韵的字。这个韵的字基本上都来源于中古的通摄、臻摄的一三等合口入声字，如"竹逐搐福服"。借鉴各家拟音并根据字典的拼音系统以及列字的来源，将其拟定为〔uʔ〕。

38. ui

〔ui〕韵只对应南官话中〔jui〕音节的部分字，具体哪些卫三畏没有说明，所以无法进一步分析。从字数来说是非常少的，南官话〔jui〕音节总共14个字，还要分一部分给〔yòh〕这个音节。而且日母字在烟台话中往往是变为零声母的，从这些方面来看，会不会是个错误也不一定，只能根据字典的拼音系统将其拟定为〔ui〕。

39. ung（wung）

〔ung〕韵对应南官话〔ung〕韵的大部分字，除了其中搭配〔j〕、〔m〕这两个声母的字，同时还包含了前一节声韵表中〔wung〕这个音节的字，声母与韵母部分是一样的，而且在字典中所属各字的中古音来源都相同，[wung]音节与南官话 [wǎng] 音节基本对应。基本都来源于中古的通摄、梗摄和曾摄。通摄字如"中充风空龙农松瓮翁"，梗摄字如"猛蟊翃"，曾摄字如"冯薨弘"。根据字典的拼音系统以及列字的来源，可以将其拟定为 [uŋ]。

40. ù

[ù] 韵对应南官话中搭配 [m]、[p]、[pʻ] 这三个声母的 [o]、[oh] 韵的字以及 [leh] 这个音节的字。来自中古果摄、遇摄一等合口字，以及宕摄山摄曾摄一等入声字，合口字如"磨波簸坡破"，入声字如"莫末默勒博百北泼扑"。由于这个韵的字主要搭配唇音的声母，估计受到这个影响所以与其他来自南官话 [o]、[oh] 韵的字区别开来。根据字典的拼音系统，卫三畏觉得 ù 的发音如 turn [t ə : n]、learn [l ə : n] 中的 ur 或 ea。普遍存在于上海和汕头，与 ǎ 极其相似，所以将其拟定为 [ə:]。

41. ü (yü)

[ü] 韵基本对应南官话 [ü] 韵的字，还对应 [juh] 这个音节的字。基本上都来源于中古的遇摄鱼韵虞韵三等合口字。同时，还包含了前一节声韵表中 [yü] 这个音节的字，因为声母与韵母是重复的，所以是一样的，而且在字典中所属各字的中古音来源都相同，[yü] 音节与南官话 [yü] 音节基本对应。遇摄字如"雨居区侣女徐聚取"。根据字典的拼音系统以及列字的来源，也可以将其拟定为 [y]。

42. üeh

[üeh] 韵只对应南官话搭配 [h]、[k]、[kʻ]、[l] 这四个声母的 [üeh] 韵的字。来源于中古的山摄三四等合口入声字，如"血穴抉倔缺劣"。根据字典的拼音系统以及列字的来源，可以将其拟定为 [yɛʔ]。

43. üen (yuen)

[üen] 韵只对应南官话搭配 [h]、[k]、[kʻ]、[s] 这四个声母的 [üen] 韵的字。都来源于中古的山摄合口字。同时，还包含了前一节声韵表中 [yuen] 这个音节的字，因为字典中所属各字的中古音来源都相同，[yuen] 音节与南官话 [yüen] 音节基本对应，如"喧玄娟卷圈犬宣旋渊元"。根据字典的拼音系统以及列字的来源，可以将其拟定为 [yan]。

44. üé（yüé）

［üé］韵除了对应南官话中的［hüé］韵的字以外，还多了南官话中［süeh］
这个音节的部分字，具体不确知。同时，还包含了前一节声韵表中［yüé］这
个音节的字，因为字典中所属各字的中古音来源都相同，［yüé］音节与南官
话［yueh］音节基本对应。来自中古果摄三等合口字，以及中古山摄、臻摄
的入声字，如"靴月悦"。根据字典的拼音系统以及列字的来源，可以将其拟
定为［yɛ］。

45. wa

这个韵母是从声母带［w］的部分分解出来的，因为我们都知道声母是不
带介音的，所以拟作［wa］。［wa］韵对应南官话［wa］韵的大部分字，除了
其中搭配［j］声母的部分。此外，还对应南官话中［wah］韵的字。来源于
假摄、蟹摄、遇摄的合口字，还有山摄、梗摄的入声字。合口字如"簻划瓜
夸蛙漥剐呱恀"，入声字如"猾括刷剧繡适"。根据字典的拼音系统以及列字
的来源，可以将其拟定为［ua］。

46. wai

这个韵母是从声母带［w］的部分分解出来的，原因同上，拟作［wai］。
［wai］韵完全对应南官话［wai］韵的字。都来源于蟹摄、止摄合口字。蟹摄
字如"外嵗怀乖"，止摄字如"摔甩帅"。根据字典的拼音系统以及列字的来
源，可以将其拟定为［uai］。

47. wan

这个韵母是从声母带［w］的部分分解出来的，原因同上，拟作［wan］。
［wan］韵对应南官话中搭配零声母以及［h］、［k］、［k'］、［s］、［sh］、［ts］、
［ts'］这七个声母的［wan］韵的字，还有南官话中［chwen］、［ch'wen］这
两个音节的字。都来源于山摄的合口字，如"患官宽拴酸专川"。根据字典的
拼音系统以及列字的来源，可以将其拟定为［uan］。

48. wang

这个韵母是从声母带［w］的部分分解出来的，原因同上，拟作［wang］。
［wang］韵对应南官话中搭配零声母以及［h］、［ch］、［ch'］、［sh］这五个声
母的［wang］韵的字。来源于宕摄阳韵三等合口字，如"王窗庄床霜"。根

据字典的拼音系统以及列字的来源，也可以将其拟定为［uaŋ］。

49. wǎn

［wǎn］韵除了对应南官话中［wǎn］韵的字以外，还对应南官话中［kwun］、［k'wun］这两个音节的字。来源于中古臻摄一三等合口字，如"温吻问文昆困"。根据字典的拼音系统以及列字的来源，可以将其拟定为［uən］。

50. wéi

这个韵母是从声母带［w］的部分分解出来的，原因同上，拟作［wéi］。［wéi］韵与南官话［wéi］韵的字对应，同时还与南官话［hwui］、［shui］这两个音节的字对应。基本上都来源于中古的止摄、蟹摄一三等的合口字。止摄字如"威未归圭葵辉睡"，蟹摄字如"煨卫规柜魁灰税"。根据字典的拼音系统以及列字的来源，也可以将其拟定为［uei］。

51. wòa

［wòa］韵对应南官话中搭配［h］、［k］、［k'］、［ng］这四个声母的［o］、［oh］韵的字，还有搭配［h］、［k］、［k'］这三个声母的［wo］、［woh］韵的字以及［wo］这个音节的字。来源于中古的果摄一等开口字，来源于中古的山摄、宕摄、咸摄等的入声字。果摄字如"河歌个科可讹我窝火果"，入声字如"曷貊阁隔咳渴鄂国阔"。根据字典的拼音系统，可以将其拟定为［uoa］。

52. woh

这个韵母是从声母带［w］的部分分解出来的，原因同上，拟作［woh］。［woh］韵只对应南官话中［woh］韵的部分字，卫三畏没有确指，无法详细分析。根据字典的拼音系统将其拟定为［uoʔ］。

53. wong

这个韵母是从声母带［w］的部分分解出来的，原因同上，拟作［wong］。［wong］对应南官话［kwang］、［k'wang］这两个音节。基本上都来源于中古的宕摄、梗摄二等合口入声字，如"光广匡狂"。根据字典的拼音系统将其拟定为［uoŋ］。

54. wun

[wun] 韵对应南官话 [hwun]、[shun] 这两个音节的字。基本上都来源于中古的臻摄一三等合口字，如"昏混魂顺楯瞬"。根据字典的拼音系统以及列字的来源，可以将其拟定为 [un]。

55. 'rh

['rh] 韵对应南官话 ['rh] 韵的字。都来源于中古的止摄三等开口字，如"而耳二尔饵儿"。根据字典的拼音系统以及列字的来源，可以将其拟定为 [ɚ]。

56. z'

卫三畏拟作 [sz']，此外还有 [tsz']、[ts'z']，综合这三个，我们认为拟作 [z'] 更合适。此韵字与南官话的 [z'] 韵相同，都来源于中古的止摄三等开口字，如"思死四资子自雌此次"。根据字典的拼音系统以及列字的来源，可以将其拟定为 [ʅ]。

综上所述，《汉英韵府》烟台话音系的韵母应该有56个。具体的列表如下：

表5-8 《汉英韵府》烟台话单元音韵母表（10个）

卫三畏	a	é	ò	i	u
拟音	[a]	[ɛ]	[o]	[i]	[u]
卫三畏	ü	'rh	z'	ö	ù
拟音	[y]	[ɚ]	[ʅ]	[ɤ]	[ə:]

表5-9 《汉英韵府》烟台话复元音韵母表（17个）

卫三畏	ai	ao	éi	ia	iai	iao	ié	io	iòa
拟音	[ai]	[au]	[ɛi]	[ia]	[iai]	[iau]	[iɛ]	[io]	[ioa]
卫三畏	iu	òa	ui	üé	wa	wai	wéi	wòa	
拟音	[iu]	[oa]	[ui]	[yɛ]	[ua]	[uai]	[uɛi]	[uoa]	

表5-10 《汉英韵府》烟台话鼻音韵母表（18个）

卫三畏	an	ang	ǎn	ǎng	en	iang
拟音	［an］	［aŋ］	［ən］	［əŋ］	［ɛn］	［iaŋ］
卫三畏	ien	in	ing	iün	iüng	ung
拟音	［ian］	［in］	［iŋ］	［yn］	［yŋ］	［uŋ］
卫三畏	üen	wan	wang	wǎn	wong	wun
拟音	［yan］	［uan］	［uaŋ］	［uən］	［uɔŋ］	［un］

表5-11 《汉英韵府》烟台话入声韵母表（11个）

卫三畏	ah	ǎh	eh	iah	ieh	ih	òh
拟音	［aʔ］	［əʔ］	［ɛʔ］	［iaʔ］	［iɛʔ］	［iʔ］	［oʔ］
卫三畏	uh	üeh	woh	yòh			
拟音	［uʔ］	［yɛʔ］	［uoʔ］	［ioʔ］			

　　与我们一般认知的烟台话相比较，《汉英韵府》烟台话韵母系统保留了11个入声韵，但这些入声韵的字在数量上500个左右，跟总字数的12000多个比起来，算比例很少的了。如果卫三畏的记录属实，说明这个时期的烟台话中还存在古入声韵字，可能是入声完全消失前的一些残留。另外，由于卫三畏在元音的区分上比较细致，他把一些音位变体也单独分列出来，所以韵母在总数上也会比一般的更多。

第三节 《汉英韵府》烟台话音系的特点

　　关于古代山东话的相关研究，20世纪80年代以来也得到重视。鲁国尧、曹正义、虞万里等先生都有相关的文章。李新魁、耿振生先生则介绍过一些明清时期山东人编纂的韵书、韵图，但都没有具体的研究。关于清代山东话的音系研究，目前做得比较深入的是张树铮先生的《清代山东方言语音研究》。在这本书中详细介绍了清代山东方言在声韵调方面的特征，还具体分析了几部反映清代山东方音的韵书。但这些资料里面都没有找到关于清代山东烟台话的研究。由于烟台话在胶辽官话中属于登连片，而张先生所介绍的几部韵书都是反映青州片的方音，如《万韵书》《七音谱》等。把这些韵书音系与《汉英韵府》烟台话音系粗略比较下，发现无论是声母还是韵母都有明显的不同。比如，韵书的山东方言声母都有卷舌声母，而《汉英韵府》烟台话的声母则没有，说明它们在性质上的确不太相同，所以没有可比性。但从张先生所总结的整体山东方言的特征上来说，《汉英韵府》烟台话音系都是符合的，这至少能说明卫三畏记录的确实是山东方言。

由于找不到同性质的清代烟台话韵书以及其他传教士的字典，所以这个部分就没有比较。下面，根据上一节的归纳，参考拼音系统，总结《汉英韵府》烟台话音系的特点如下：

一、《汉英韵府》烟台话声母的特点

1. 古知庄章分立

在《汉英韵府》的烟台话系统中，古知组二等与古庄组以及部分古章组合口字归并为一个声母，卫三畏用［ts］、［ts‘］、［s］来表示，知组字如"朝中追超宠槌"，庄组字如"楂斋斩叉柴搀"；而古知组三等与古章组则合并为另一个声母，卫三畏用［ch］、［ch‘］、［sh］来表示，知组字如"蜇展肘趁长撤"，章组字如"遮旆周嗔昌车"。

2. 古精组按等分立

《汉英韵府》的烟台话中，精组的一二等与中古的知组二等及庄组合并，卫三畏用［ts］、［ts‘］、［s］表示，如"匝藏糟擦仓测"；而精组的三四等则与古知组三等及章组合并，卫三畏用［ch］、［ch‘］、［sh］来表示，如"挤焦将妻枪樵"。

3. 古日母字变为零声母

古日母字在《汉英韵府》的烟台话中变为零声母的字，而且搭配的韵母变为齐齿呼和撮口呼。例如：染然、人忍、如乳，卫三畏的标示分别是：

［yen］、［yin］、［yü］，拟测为：［ian］、［in］、［y］。

4. 古影疑母合并，变零声母

在《汉英韵府》的烟台话音系中，古影母、古疑母合并为一个声母，都变成零声母了。例如：安岸、凹敖、欧偶。这一点与现代普通话的变化相同。

5. 无卷舌音

《汉英韵府》的烟台话音系的声母中，没有卷舌声母。现代普通话的卷舌音在其音系中都不卷舌。例如：争精、臣亲、乘星、虫粗、超曹、生苏，这几组都是同声母。其声母卫三畏分别标示为：［ch］、［chʻ］、［sh］、［ts］、［tsʻ］、［s］。都是舌尖前和舌面前，没有卷舌的舌尖后音。

6. 尖团分立

与普通话部分尖团不同，《汉英韵府》的烟台话音系尖团分立。所谓团音即古见组，卫三畏标示为：［k］、［kʻ］、［h］；尖音即古精组，则分为［ts］、［tsʻ］、［s］和［ch］、［chʻ］、［sh］两组。例如"坚欺虚"的声母分别为［k］、［kʻ］、［h］；"尖七须"的声母分别为［ch］、［chʻ］、［sh］。二者泾渭分明，没有混合。

二、《汉英韵府》烟台话韵母的特点

1. 形成四呼格局

与现代普通话一样，《汉英韵府》烟台话音系已经形成开口、齐齿、合口和撮口的四呼格局。

2. 韵母数量多

《汉英韵府》烟台话音系的韵母总数达到56个，比现代烟台话的韵母数多了将近20个。这个问题主要有两方面的原因。一个原因是《汉英韵府》烟台话音系仍然有入声韵母存在，虽然数量不多。另一个原因是卫三畏对元音的审音十分细致，把一些完全互补的音位变体也进行单列，而现代烟台话音系则对其进行归并。

3. 保留入声韵母

《汉英韵府》烟台话音系仍然有11个入声韵母，前一节已经论述过这些入声韵母的数量已经大大减少。每个入声韵母往往只保留搭配三四个声母的部分，其余都已经丢失入声韵尾。可能在卫三畏所接触的烟台话里还有极小部分的入声残留，入声还处在消失的过程中。

4. 有些韵母丢失介音［u］

《汉英韵府》烟台话音系中古止蟹臻三摄合口呼搭配古端精组及来母的字，丢失［u］介音。与［ts］、［ts‘］、［s］、［t］、［t‘］、［l］这6个声母搭配的中古止摄、蟹摄和臻摄合口呼字都变成开口呼，也就是失去了介音［u］。如"嘴翠虽堆腿论"，卫三畏的标注分别是［tséi］、［ts‘éi］、［séi］、［téi］、［t‘éi］、［lǎn］。

5. 古歌戈韵一等字变为合口

《汉英韵府》烟台话音系中的古歌韵和戈韵的一等字，由开口变为合口。如"歌戈克磕盒贺"，这些字的韵母卫三畏都标为［wòa］，变得与"锅过阔火祸"同音了。

6. 有卷舌元音

《汉英韵府》烟台话音系中古止摄三等开口呼搭配古日母的字，读为卷舌元音［ɚ］。如"餌耳爾二"等。这种变化与现代普通话相同。

7. 特殊元音［ə：］

《汉英韵府》烟台话音系中有一个［ù］韵。这个韵的字来自中古果摄、遇摄一等合口，以及宕摄山摄曾摄一等入声字，如"磨波簸坡破"，入声字如"莫末默勒博百北泼扑"。这个韵的字主要搭配唇音的声母［p］、［p‘］、［m］，估计是受到这个影响所以与其他同样来源的字区别开来。根据字典的拼音系统，卫三畏觉得ù的发音如 turn［t ə：n］、learn［l ə：n］中的 ur 或 ea。普遍存在于上海和汕头，与ǎ极其相似，所以将其拟定为［ə：］。这是一个比较特殊的元音。

8. 古流摄尤侯韵一三等开口字

卫三畏把《汉英韵府》烟台话中的古流摄尤侯韵一三等开口字拟为单元音［ò］，如"后勾口楼欧剖嗽兜头走愁"等。这些字在中古都是复元音韵母，而且在现代烟台话中也拟作复元音韵母［ou］。但是根据钱曾怡等人的记音，这个韵母在发音时舌位并没有到达［u］。① 对于这个现象，估计是在卫三畏那

---

① 钱曾怡.烟台方言报告［M］.济南：齐鲁书社，1982：12.

个时代，主要元音后面的这个［u］比现代来说更弱，甚至可以忽略，所以卫三畏把这个韵拟为单元音。

三、《汉英韵府》烟台话音系的性质

从以上所归纳的《汉英韵府》烟台话音系的特点来看，卫三畏《汉英韵府》烟台话音系与学者们总结的胶辽官话登连片的特征基本接近。比如：钱曾怡等人的《山东方言的分区》、张树铮先生的《胶辽官话的分区（稿）》。其特征明显不同于胶辽官话里的青莱片和盖桓片。所以从性质上来说，可以肯定卫三畏记录的确实是山东烟台的方音。

第四节　《汉英韵府》烟台话音系与现代烟台话的比较

钱曾怡等人的《烟台方言报告》[①]出版于1982年，对现代烟台话做了全面的描述。在时间上与《汉英韵府》烟台话音系正好相差百年左右。这一节主要通过二者的比较，研究百年来烟台话的演变。

《烟台方言报告》（以下简称《报告》）中有22个声母、37个韵母、3个声调。声调部分由于《汉英韵府》（以下简称《汉英》）烟台话音系没有涉及，所以就不进行比较。声母与韵母的具体比较如下：

一、《汉英韵府》烟台话声母与《烟台方言报告》声母比较

《报告》统计共有声母22个：

p 疤布　p' 怕普　m 门麻　f 飞冯　t 点到　t' 太脱　n 南奴　l 蓝吕

ts 糟争　ts' 粗初　s 苏梳　tɕ 焦赵　tɕ' 秋尺　ɕ 线蛇　ȵ 牛女　x 海黑

c 鸡局　c' 欺桥　ç 虚衔　k 割共　k' 开克　Ø 耳软

---

① 钱曾怡.烟台方言报告［M］. 济南：齐鲁书社，1982.

《汉英》烟台话音系的声母是18个。二者相比较，大部分是相同的，具体的比照列表如下：

表5-12 《报告》与《汉英》声母对比表

《汉英》	[p]	[p']	[m]	[f]	[t]	[t']	[n]	[l]
《报告》	[p]	[p']	[m]	[f]	[t]	[t']	[n][ȵ]	[l]
《汉英》	[ts]	[ts']	[s]	[tɕ]	[tɕ']	[ɕ]	[x]	[Ø]
《报告》	[tɕ]	[tɕ']	[ʂ]	[tɕ]	[tɕ']	[ɕ]	[x][ç]	[Ø]
《汉英》	[k]	[k']						
《报告》	[k][c]	[k'][c']						

从上表对比可见，《报告》的声母多了4个，主要区别有两个：

1. 古见影组

《汉英》的烟台话音系中，古见组以及部分影组字仍合并为一组，用[k]、[k']、[x]表示。而在《报告》中，这些字被分立为两组。其中，古见组、影组的一二等，仍用[k]、[k']、[x]表示；而三四等的字，则分化出舌面中音，用[c]、[c']、[ç]表示。

2. 古泥娘母

《报告》的烟台话音系多了一个[ȵ]母，这部分字在《汉英》的烟台话音系中仍归入[n]母。其分化的条件是搭配开口和合口呼的古泥娘母，仍保留[n]声母；搭配齐齿和撮口呼的古泥娘母，则变化为舌面前音[ȵ]母。

以上这两种声母的分化，大概都是受到了介音的影响而产生的。这在声母的演变中，是一种较常见的现象。

二、《汉英韵府》烟台话韵母与《烟台方言报告》韵母比较

《报告》的韵母总共是37个，其中没有入声韵母。具体如下：

a 麻答 ia 俩家 ua 抓花 ɤ 德何 ie 别协 o 波破 uo 多火 yø 略岳 ɚ 儿耳 ɿ 支子 i 泥骑 u 布土 y 律女 aɛ 败来 iaɛ 街鞋 uaɛ 帅快 ei 悲梅 ui 水尾 ao 毛桃 iao 标条 ou 否头 iu 丢柳 an 半南 ian 边然 uan 砖船 yan 宣全

ən 本吞 in 品淋 un 春顺 yn 均寻 aŋ 忙朗 iaŋ 凉想 uaŋ 庄狂 əŋ 梦坑 iŋ 兵听 uŋ 洞送 yŋ 窘荣

　　《汉英》烟台话音系的韵母是56个，包含入声韵母是11个。但《报告》音系没有入声韵母。下面分组进行对比说明。

　　1. 单元音韵母

　　二者单元音韵母都是9个，具体的比照如下：

表5-13 《报告》与《汉英》单元音韵母对比表

《汉英》	[a]	[ɛ]	[ə:]	[i]	[ɿ]	[u]	[y]	[ɚ]	[ɤ]	[o]
《报告》	[a]		[o]	[i]	[ɿ]	[u]	[y]	[ɚ]	[ɤ]	

　　从上表可见，《汉英》烟台话音系的单元音韵母多了两个。《汉英》烟台话的 [ɛ] 韵只有18个字，来自中古的假摄麻韵三等开口字，如"遮车哶"。其他同来源的字都已经演变为 [iɛ] 韵了，在现代烟台话中，这剩余的十几个字也进一步演变了。《汉英》烟台话的 [ə:] 韵来自中古果摄、遇摄一等合口字，以及宕摄、山摄、曾摄一等入声字，合口字如"磨波簸坡破"，入声字如"莫末默勒博泼"。这个韵的字主要搭配唇音鼻音的声母 [m]、[p]、[p']，估计是受到这个影响所以与其他同来源的字区别开来。到了现代烟台话中，这些字都已经演变为 [o] 韵。

　　另外，《汉英》烟台话的 [o] 韵基本上都来源于中古的流摄侯韵尤韵一三等开口字，如"后勾口楼欧剖嗽兜头走愁"。这些字在现代烟台话中不再是单元音韵母，而是变成了复元音韵母 [ou]。

　　2. 复元音韵母

表5-14 《报告》与《汉英》复元音韵母对比表

《汉英》	[ai]	[au]	[ɛi]	[ia]	[iai]	[iau]	[iɛ]	[uai]	[ioa]
《报告》	[aɛ]	[ao]	[ei]	[ia]	[iaɛ]	[iao]	[ie]	[uaɛ]	
《汉英》	[iu]	[uɛi]	[ui]	[yɛ]	[ua]	[io]	[oa]	[uoa]	
《报告》	[iu]	[ui]		[yØ]	[ua]		[uo]		[ou]

上表的对应是根据每个韵相应的字进行区别，由于拟音的不同，出现相对应的差别，如［ε］和［e］、［ai］和［æ］的不同，《汉英》还多了四个复元音韵母，少了一个［ou］。《汉英》烟台话［ui］韵的字只有一个音节［tsui］，包含的字不到十个，估计只是一些变化过程中的残留；在现代烟台话中，这些字并入了《汉英》烟台话的［uεi］韵，变成现代的［ui］韵。其他几个《汉英》烟台话中多出的复元音韵母在现代烟台话中也都被归并了，［io］韵并入［iu］韵，［ioa］韵并入［yØ］韵，［uoa］韵并入［uo］韵。《汉英》烟台话的［io］、［ioa］、［uoa］这三个韵母，基本都只搭配见组［k］、［k'］、［x］这三个声母，这些声母在现代烟台话中分化出舌面中音，所以也影响了其韵母的变化。有些归并由于韵母处在演变的过程中，所以还有某些残留，而到了现代烟台话中，这些变化已经完成，所以这些韵母被归并了。而现代烟台话中的［ou］韵，则是由《汉英》烟台话中的单元音［o］演变而来的。

3.鼻音韵母

表5-15 《报告》与《汉英》鼻音韵母对比表

《汉英》	［an］	［aŋ］	［ən］	［əŋ］	［εn］	［ian］	［iaŋ］	［in］
《报告》	［an］	［aŋ］	［ən］	［əŋ］		［ien］	［iaŋ］	［in］
《汉英》	［iŋ］	［uan］	［uaŋ］	［un］	［uŋ］	［yan］	［yn］	［yŋ］
《报告》	［iŋ］	［uan］	［uaŋ］	［un］	［uŋ］	［yan］	［yn］	［yŋ］
《汉英》	［uən］	［uɔŋ］						
《报告》								

从上表可见，《汉英》烟台话音系多了三个鼻音韵母。其中的［εn］韵，只搭配［ch］、［ch'］、［sh］这三个声母，而同来源的［an］韵则没有搭配这三个声母，所以二者其实可以互补，到了现代烟台话中，二者合并为一个［an］韵，不再区分。《汉英》烟台话的［uən］、［uɔŋ］韵的情况也类似。［uən］、［uɔŋ］韵只搭配［k］、［k'］这两个声母，而分别与它们同来源的［un］、［uaŋ］韵则都没有搭配这三个声母，可以说彼此都是互补的。只能说卫三畏在记音

时，做得更精细才产生了这些不同。

4. 入声韵母

《汉英》烟台话音系包含11个入声韵母。但《报告》音系没有入声韵母。对于这个不同，可能是卫三畏的那个时期，烟台话中还有少量入声韵母没有变化，所以变成残留，而到了现代，入声韵母则完全消失了。

三、小结

通过与钱曾怡等人《报告》的比较，可以发现《汉英》的烟台话音系经过一百多年的演变后，声母、韵母都产生了变化。声母主要发生了分化，产生了舌面中塞擦音［c］、［c'］、［ç］和舌面前鼻音［ȵ］。韵母则更多发生归并，某些因为声母原因而单立的韵部都被归并，比如：［io］韵并入［iu］韵、［ioa］韵并入［yØ］韵、［uoa］韵并入［uo］韵、［ɛn］韵并入［an］韵、［uən］韵并入［un］韵、［uoŋ］韵并入［uaŋ］韵等；另外，中古的流摄侯韵尤韵一三等开口字不再是单元音韵母，而是变成了复元音韵母［ou］；还有入声韵母完全消失。这些归并大大减少了现代烟台话韵母的数量。

第五节　《汉英韵府》烟台话音系音节全表

《汉英韵府》烟台话音系有18个声母，有56个韵母，由于卫三畏没有标注声调，所以此处表格不涉及声调。关于该表的说明如下：

1. 该音节全表按《汉英韵府》烟台话韵目的顺序排列，共分7张表，每张表横列该字典的56个韵母，纵列18个声母。

2. 表中"○"代表该声韵配合不存在。

表5-16 烟台话音节全表一

	a [a]	ah [aʔ]	ai [ai]	an [an]	ang[aŋ]	ao [au]	ăh [əʔ]	ăn [ən]
ch [tɕ]	○	○	○	○	[tɕaŋ]	○	○	○
chʻ [tɕʻ]	○	○	○	○	[tɕʻaŋ]	○	○	○
f [f]	○	[faʔ]	○	[fan]	[faŋ]	○	○	[fən]
h [x]	○	○	[xai]	[xan]	[xaŋ]	[xau]	○	[xən]
k [k]	○	○	[kai]	[kan]	[kaŋ]	[kau]	○	[kən]
kʻ [kʻ]	○	○	[kʻai]	[kʻan]	[kʻaŋ]	[kʻau]	○	[kʻən]
l [l]	[la]	[laʔ]	[lai]	[lan]	[laŋ]	[lau]	○	[lən]
m [m]	[ma]	○	[mai]	[man]	[maŋ]	[mau]	[məʔ]	[mən]
n [n]	[na]	○	[nai]	[nan]	[naŋ]	[nau]	○	○
p [p]	[pa]	○	[pai]	[pan]	[paŋ]	[pau]	○	[pən]
pʻ [pʻ]	[pʻa]	○	[pʻai]	[pʻan]	[pʻaŋ]	[pʻau]	○	[pʻən]
s [s]	[sa]	[saʔ]	[sai]	[san]	[saŋ]	[sau]	○	[sən]
sh [ɕ]	○	○	○	○	[ɕaŋ]	[ɕau]	○	○
t [t]	[ta]	○	[tai]	[tan]	[taŋ]	[tau]	○	[tən]
tʻ [tʻ]	[tʻa]	○	[tʻai]	[tʻan]	[tʻaŋ]	[tʻau]	○	tʻ [ən]
ts [ts]	[tsa]	[tsaʔ]	[tsai]	[tsan]	[tsaŋ]	[tsau]	○	[tsən]
tsʻ [tsʻ]	[tsʻa]	[tsʻaʔ]	[tsʻai]	[tsʻan]	[tsʻaŋ]	[tsʻau]	○	[tsʻən]
y/w/Ø [Ø]	[a]	○	[ai]	[an]	[aŋ]	[au]	○	[ən]

表5-17 烟台话音节全表二

	ăng[əŋ]	eh [ɛʔ]	en [ɛn]	é [ɛ]	éi [ɛi]	i [i]	ia [ia]	iah[iaʔ]
ch [tɕ]	○	[tɕɛʔ]	[tɕɛn]	[tɕɛ]	○	[tɕi]	○	○
chʻ [tɕʻ]	○	[tɕʻɛʔ]	[tɕʻɛn]	[tɕʻɛ]	○	[tɕʻi]	○	○
f [f]	[fəŋ]	○	○	○	○	[fi]	○	○

续表

	ǎng [əŋ]	eh [ɛʔ]	en [ɛn]	é [ɛ]	éi [ɛi]	i [i]	ia [ia]	iah [iaʔ]
h [x]	[xəŋ]	○	○	○	○	[xi]	[xia]	[xiaʔ]
k [k]	[kəŋ]	○	○	○	○	[ki]	[kia]	○
k' [k']	[k'əŋ]	○	○	○	○	[k'i]	[k'ia]	○
l [l]	[ləŋ]	○	○	○	[lɛi]	[li]	○	○
m [m]	[məŋ]	○	○	[mɛ]	[mɛi]	[mi]	○	○
n [n]	[nəŋ]	○	○	○	[nɛi]	[ni]	○	○
p [p]	[pəŋ]	○	○	○	[pɛi]	[pi]	○	○
p' [p']	[p'əŋ]	○	○	○	[p'ɛi]	[p'i]	○	○
s [s]	[səŋ]	[sɛʔ]	○	○	[sɛi]	○	○	○
sh [ɕ]	○	[ɕɛʔ]	[ɕɛn]	○	○	[ɕi]	○	○
t [t]	[təŋ]	○	○	○	[tɛi]	[ti]	○	○
t' [t']	[t'əŋ]	○	○	○	[t'ɛi]	[t'i]	○	○
ts [ts]	[tsəŋ]	○	○	○	[tsɛi]	○	○	○
ts' [ts']	[ts'əŋ]	○	○	○	[ts'ɛi]	○	○	○
y/w/Ø [Ø]	○	○	○	○	○	[i]	[ia]	○

表5-18　烟台话音节全表三

	iai [iai]	iang [iaŋ]	iao [iau]	ieh [iɛʔ]	ien [ian]	ie [iɛ]	ih [iʔ]	in [in]
ch [tɕ]	○	[tɕiaŋ]	[tɕiau]	○	[tɕian]	[tɕiɛ]	[tɕiʔ]	[tɕin]
ch' [tɕ']	○	[tɕ'iaŋ]	[tɕ'iau]	○	[tɕ'ian]	[tɕ'iɛ]	[tɕ'iʔ]	[tɕ'in]
f [f]	○	○	○	○	○	○	○	○
h [x]	[xiai]	[xiaŋ]	[xiau]	[xiɛʔ]	[xian]	○	[xiʔ]	[xin]
k [k]	[kiai]	[kiaŋ]	[kiau]	○	[kian]	[kiɛ]	○	[kin]

续表

	iai [iai]	iang [iaŋ]	iao [iau]	ieh [iɛʔ]	ien [ian]	ie [iɛ]	ih [iʔ]	in [in]
k' [k']	[k'iai]	[k'iaŋ]	[k'iau]	○	[k'ian]	[k'iɛ]	○	[k'in]
l [l]	○	[liaŋ]	[liau]	[liɛʔ]	[lian]	[liɛ]	○	[lin]
m [m]	○	○	[miau]	○	[mian]	[miɛ]	○	[min]
n [n]	○	[niaŋ]	[niau]	○	[nian]	[niɛ]	○	[nin]
p [p]	○	○	[piau]	○	[pian]	[piɛ]	○	[pin]
p' [p']	○	○	[p'iau]	○	[p'ian]	[p'iɛ]	○	[p'in]
s [s]	○	○	○	○	○	[siɛ]	○	○
sh [ɕ]	○	○	○	○	[ɕian]	[ɕiɛ]	○	[ɕin]
t [t]	○	○	[tiau]	○	[tian]	[tiɛ]	○	○
t' [t']	○	○	[t'iau]	○	[t'ian]	[t'iɛ]	○	○
ts [ts]	○	○	○	○	○	○	○	○
ts' [ts']	○	○	○	○	○	○	○	○
y/w/Ø [Ø]	[iai]	[iaŋ]	[iau]	[iɛʔ]	[ian]	[iɛ]	○	[in]

表5-19　烟台话音节全表四

	ing [iŋ]	io [io]	yòh [ioʔ]	iòa [ioa]	iu [iu]	iün [yn]	iüng [yŋ]	ò [o]
ch [tɕ]	[tɕiŋ]	○	○	○	[tɕiu]	○	○	○
ch' [tɕ']	[tɕ'iŋ]	○	○	○	[tɕ'iu]	○	○	○
f [f]	○	○	○	○	○	○	○	○
h [x]	[xiŋ]	○	○	[xioa]	[xiu]	[xyn]	[xyŋ]	[xo]
k [k]	[kiŋ]	[kio]	○	[kioa]	○	[kyn]	○	[ko]
k' [k']	[k'iŋ]	[k'io]	○	[k'ioa]	○	[k'yn]	[k'yŋ]	[k'o]
l [l]	[liŋ]	○	○	[lioa]	[liu]	○	○	[lo]

续表

	ing [iŋ]	io [io]	yòh [ioʔ]	iòa [ioa]	iu [iu]	iün [yn]	iüng [yŋ]	ò [o]
m [m]	[miŋ]	○	○	○	[miu]	○	○	○
n [n]	[niŋ]	○	○	○	[niu]	○	○	[no]
p [p]	[piŋ]	○	○	○	[piu]	○	○	○
p' [p']	[p'iŋ]	○	○	○	○	○	○	[p'o]
s [s]	○	○	○	○	○	○	○	[so]
sh [ɕ]	[ɕiŋ]	○	○	○	[ɕiu]	[ɕyn]	○	○
t [t]	[tiŋ]	○	○	○	[tiu]	○	○	[to]
t' [t']	[t'iŋ]	○	○	○	○	○	○	[t'o]
ts [ts]	○	○	○	○	○	○	○	[tso]
ts' [ts']	○	○	○	○	○	○	○	[ts'o]
y/w/Ø [Ø]	[iŋ]	○	[ioʔ]	[ioa]	[iu]	[yn]	[yŋ]	[o]

表5-20　烟台话音节全表五

	òa [oa]	òh [oʔ]	ö [ɤ]	u [u]	uh [uʔ]	ui [ui]	ung [uŋ]	ù [ə:]
ch [tɕ]	[tɕoa]	○	○	[tɕu]	[tɕuʔ]	○	○	○
ch' [tɕ']	[tɕ'oa]	○	○	[tɕ'u]	[tɕ'uʔ]	○	○	○
f [f]	○	○	○	[fu]	[fuʔ]	○	[fuŋ]	○
h [x]	○	○	○	[xu]	○	○	[xuŋ]	○
k [k]	○	○	○	[ku]	○	○	[kuŋ]	○
k' [k']	○	○	○	[k'u]	○	○	[k'uŋ]	○
l [l]	[loa]	○	○	[lu]	○	○	[luŋ]	[lə:]
m [m]	○	○	○	[mu]	○	○	○	[mə:]
n [n]	[noa]	○	○	[nu]	○	○	[nuŋ]	○
p [p]	○	○	○	[pu]	○	○	○	[pə:]

续表

	òa [oa]	òh [oʔ]	ö [ɤ]	u [u]	uh [uʔ]	ui [ui]	ung[uŋ]	ù [ə:]
p' [p']	○	○	○	[p'u]	○	○	○	[p'ə:]
s [s]	[soa]	○	[sɤ]	[su]	○	○	[suŋ]	○
sh [ɕ]	[ɕoa]	○	○	[ɕu]	○	○	[ɕuŋ]	○
t [t]	[toa]	○	[tɤ]	[tu]	○	○	[tuŋ]	○
t' [t']	[t'oa]	○	[t'ɤ]	[t'u]	○	○	[t'uŋ]	○
ts [ts]	[tsoa]	[tsoʔ]	[tsɤ]	[tsu]	○	[tsui]	[tsuŋ]	○
ts' [ts']	[ts'oa]	[ts'oʔ]	[ts'ɤ]	[ts'u]	○	○	[ts'uŋ]	○
y/w/Ø [Ø]	○	○	○	[u]	○	○	[uŋ]	○

表5-21　烟台话音节全表六

	ü [y]	üeh[yɛʔ]	üen[yan]	üé [yɛ]	wa [ua]	wai [uai]	wan [uan]	wang[uaŋ]
ch [tɕ]	[y]	○	○	○	○	○	○	○
ch' [tɕ']	[tɕ'y]	○	○	○	○	○	○	○
f [f]	○	○	○	○	○	○	○	○
h [x]	[xy]	[xyɛʔ]	[xyan]	[xyɛ]	[xua]	[xuai]	[xuan]	[xuaŋ]
k [k]	[ky]	[kyɛʔ]	[kyan]	○	[kua]	[kuai]	[kuan]	○
k' [k']	[k'y]	[k'yɛʔ]	[k'yan]	○	[k'ua]	[k'uai]	[k'uan]	○
l [l]	[ly]	[lyɛʔ]	○	○	○	○	○	○
m [m]	○	○	○	○	○	○	○	○
n [n]	[ny]	○	○	○	○	○	○	○
p [p]	○	○	○	○	○	○	○	○
p' [p']	○	○	○	○	○	○	○	○
s [s]	○	○	○	○	[sua]	[suai]	[suan]	[suaŋ]

	ü [y]	üeh [yɛʔ]	üen [yan]	üé [yɛ]	wa [ua]	wai [uai]	wan [uan]	wang [uaŋ]
sh [ɕ]	[ɕy]	○	[ɕyan]	[ɕyɛ]	○	○	○	○
t [t]	○	○	○	○	○	○	○	○
t' [t']	○	○	○	○	○	○	○	○
ts [ts]	[tsy]	○	○	○	[tsua]	○	[tsuan]	[tsuaŋ]
ts' [ts']	○	○	○	○	○	[ts'uai]	[ts'uan]	[ts'uaŋ]
y/w/Ø [Ø]	[y]	○	[yan]	[yɛ]	[ua]	[uai]	[uan]	[uaŋ]

表5-22　烟台话音节全表七

	wǎn [uən]	wéi [uɛi]	wòa [uoa]	woh [uoʔ]	wong [uɔŋ]	wun [un]	'rh [ɚ]	z' [ɿ]
ch [tɕ]	○	○	○	○	○	○	○	○
ch' [tɕ']	○	○	○	○	○	○	○	○
f [f]	○	○	○	○	○	○	○	○
h [x]	○	[xuɛi]	[xuoa]	○	○	[xun]	○	○
k [k]	[kuən]	[kuɛi]	[kuoa]	○	[kuɔŋ]	○	○	○
k' [k']	[k'uən]	[k'uɛi]	[k'uoa]	○	[k'uɔŋ]	○	○	○
l [l]	○	○	○	○	○	○	○	○
m [m]	○	○	○	○	○	○	○	○
n [n]	○	○	○	○	○	○	○	○
p [p]	○	○	○	○	○	○	○	○
p' [p']	○	○	○	○	○	○	○	○
s [s]	○	[suɛi]	○	○	○	[sun]	○	[sɿ]
sh [ɕ]	○	○	○	○	○	○	○	○

续表

	wǎn [uən]	wéi [uɛi]	wòa [uoa]	woh [uoʔ]	wong [uɔŋ]	wun [un]	'rh [ɚ]	z' [ʅ]
t [t]	○	○	○	○	○	○	○	○
t' [t']	○	○	○	○	○	○	○	○
ts [ts]	○	○	○	○	○	[tsun]	○	[tsʅ]
ts' [ts']	○	○	○	○	○	○	○	[ts'ʅ]
y/w/Ø [Ø]	[uən]	[uɛi]	[uoa]	[uoʔ]	○	○	[ɚ]	○

第六章

结　语

　　《汉英韵府》的南官话音系包含20个声母、55个韵母，其中还保留了12个入声韵母，还有5个声调。其北京话音系包含23个声母、55个韵母，其中还保留了13个入声韵母，还有4个声调。其烟台话音系包含18个声母、56个韵母，其中还保留了11个入声韵母。

　　卫三畏对字典所收录的每个汉字都用自己设计的拼音进行标注。对所有汉字的标注进行收集整理，归纳其音节，然后参证每个字的中古音来源进行构拟音值，最后得出以上三个音系。通过比较法、排除法，将这三个音系与本土的传统韵书以及传教士的著作进行对比，根据它们之间相似度的差异来判断其音系性质，这是横向的比较。另外，还把北京音系和烟台话音系与现代的语音进行比较，研究一百多年来两地语音的演变，这是纵向的比较。

　　不管是横向还是纵向的比较，卫三畏记录的三个音系在韵母的数量上都超过其他。这一方面是入声韵母保留造成的；另一方面则是卫三畏对元音的记录特别细致，他把一些互补的音位变体都单列出来，这种习惯可能是由于西方语言中对元音的区别比较重视造成的。而且在横向比较上，卫三畏所记录的音系都比较接近本土的韵书，如南官话音系与代表传统官话音的《正音通俗表》。最明显的不同表现就是这三个音系都有入声韵母的保留，不管是北京音系还是烟台音系都有，这说明卫三畏受到中国传统音韵思想的影响比较大。这一特点，从他选择《五方元音》作为整个字典的音系基础就决定了。所以，这也决定了他所记录的三个音系更为守旧，体现了更多的读书音的特点，而非当时实际口语音的反映。

　　《汉英韵府》的南官话音系在声母方面的突出特点是：见晓组细音字不曾

腭化，尖团有别，知庄章合流，但还有少量古疑母、古日母的保留；在韵母方面的特点是：分化出了舌尖后元音［ɿ］和舌尖前元音［ʅ］，古止摄支脂之韵三等开口字变成卷舌音［ɚ］，入声韵尾变喉塞音，鼻韵尾只剩［n］和［ŋ］，保留［iai］韵；声调方面的特点是：平分阴阳，保留入声。

其南官话音系所表现出来的特征，相对北京话而言，与南京话比较接近，但仍然存在不同。这种不同以小见大地证明：明清时代的官话既不是南京音也不是北京音。明清官话与南京话都是中原官话的进一步发展，只是两者在变化的时候进度不太一样。相对来说，南京话作为口语音变化更多一些。而官话由于更多通过书面读书音的方式继承发展，所以保留的古音特点更多，更保守。

《汉英韵府》的北京话音系在声母方面的突出特点是：古晓组腭化，见组细音字还没有腭化，尖团不分，还有少量古影疑母的保留，古日母尚未完全演变为现代的 r 声母；在韵母方面的特点是：保留入声韵，还有古韵母的残留如［iai］韵、［io］韵、［ε］韵等；声调方面的特点是：没有入声声调，四声基本上与现代的北京话一样。

其北京话音系所表现出来的特征明显不同于官话，这在声母以及声调方面更明显。这也正好可以证明清代所谓的官话绝不是北京话。而与现代的北京话相比，较突出的变化是：古见晓组细音字完全腭化，分化出新的舌面前塞擦音声母［tɕ］、［tɕ‘］；古韵母的一些残留完全被归并了，如复元音韵母［uεi］、［io］、［iai］等；入声韵母消失；声调方面则基本一致，说明现代北京话的四声格局在百年前就已经完备了。

《汉英韵府》的烟台话音系在声母方面的突出特点是：古知庄章以及精组分立，无卷舌的舌尖后音，尖团有别，没有混同；在韵母方面的特点是：古止蟹臻三摄合口呼搭配古端精组及来母的字，丢失［u］介音，古歌戈韵一等字变为合口，古止摄三等开口呼搭配古日母的字，读为卷舌元音［ɚ］，现代的［ou］韵尚未形成，仍被拟为单元音，保留入声韵母。

与现代烟台话相比，声母主要是发生了分化，产生了舌面中塞擦音［c］、［c‘］、［ç］和舌面前鼻音［ȵ］；韵母则更多发生归并，如［io］韵并入［iu］韵，［ioa］韵并入［yØ］韵，［uoa］韵并入［uo］韵；入声韵母完全消失。

　　总之，卫三畏编纂的《汉英韵府》所记录的南官话、北京、芝罘（烟台）这三个音系，的确反映了当时的语音。不过从性质上说，由于保留的古音较多，所以都偏向读书音，而不是实际生活中的口语语音。这个特点可能与卫三畏来到中国后跟随中国老师学习了大量传统韵书有关。当然，这也颠覆了一直以来对传教士字典的看法。

　　《汉英韵府》所记录的官话音系既不同于南京音，也不同于北京音，而是各有相似又有不同，而且保留较多的古音特征。所以，完全可以用来论证清代中叶官话的性质问题。关于官话，除了有南官话、北官话的区别以外，还有一种说法是：官话与南京话、北京话是同源异流的关系，只是官话音由于靠书面的方式传播，所以其演变比其他两个音系更慢，保留更多古音的特征。不过相较北京话而言，官话的确更接近南京话。

　　本书所归纳整理出的《汉英韵府》官话、北京话音系，可以为明清官话的争论提供可靠的论据。同时，也丰富了关于清代中叶北京话和烟台话的研究资料。而且《汉英韵府》同时还记录了19世纪的上海、厦门、福州、广州、汕头这五个地方的方音，可以说是研究这几个地方方音的宝贵材料。由于时间、篇幅等的限制，本书暂不涉及，期待日后能继续把这些部分的研究完成。

附录：附《汉英韵府》图

一、《汉英韵府》扉页

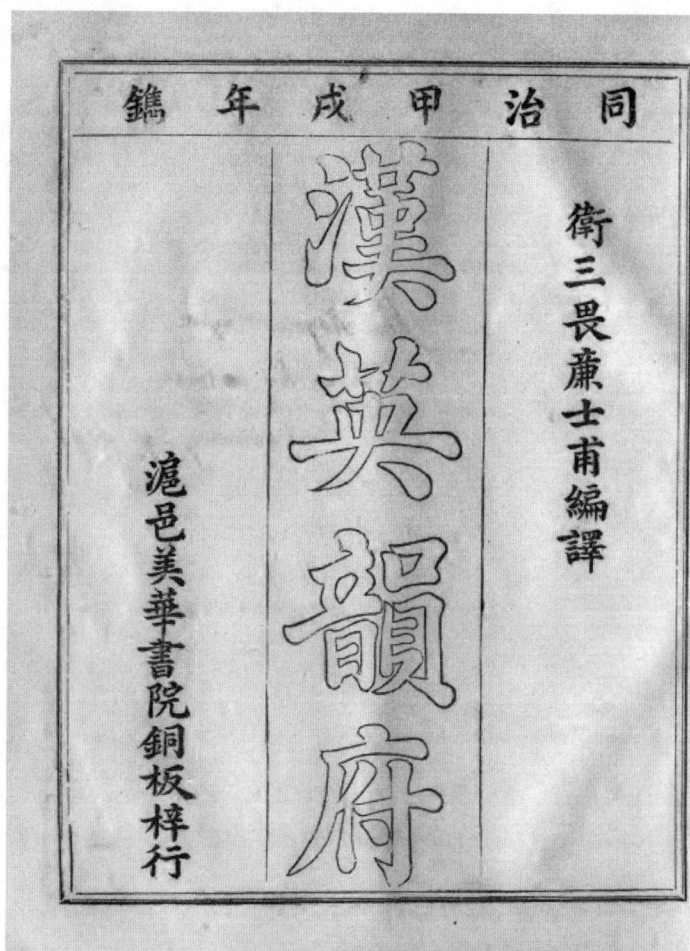

A

SYLLABIC DICTIONARY

OF THE

CHINESE LANGUAGE;

ARRANGED ACCORDING TO THE WU-FANG YUEN YIN,

WITH THE

PRONUNCIATION OF THE CHARACTERS AS HEARD IN PEKING, CANTON, AMOY, AND SHANGHAI.

BY S. WELLS WILLIAMS, LL.D.

取之精而用之宏誠哉斯語茲集諸書大旨以成是書無非期爲博雅君子之一助爾

"Very true it is, that a careful selection of expressions must precede their extensive use remembering this, and in the hope of affording some aid to scholars, the purport of many books has been here brought together into one."

SHANGHAI:
AMERICAN PRESBYTERIAN MISSION PRESS.
1889.

二、《汉英韵府》序言节选

PREFACE.

FIFTY-TWO years ago, Dr. MORRISON ended his labors on his Chinese Dictionary with the sentence, "Thanks to Heaven's gracious Providence, Canton, April 9, 1822," as the expression of his thankfulness that he had been enabled to bring the seven years' toil to a close; and in his own copy, presented to me in 1834 by his son John, he had written underneath it, "Glory be to God on high, Nov. 12, 1828; R.M."—as if the recollection of the day on which the first sentence was printed, had only deepened the satisfaction he felt after six years at having seen it through the press. That work will ever remain a monument of his industry and scholarship; and its publication in six quarto volumes by the East India Company at an outlay of $60,000 was a just appreciation of its merits.

Since then, many similar works have been published, dictionaries both of the general language and its chief dialects; but their editions were small, and during a course of years they have either become exhausted, or are very scarce, while the number of students has increased tenfold. Thus the works of MEDHURST, BRIDGMAN, CALLERY, and GONÇALVES, are now almost unknown; and the only lexicons available for the use of Chinese students have been the reprint of MORRISON's Syllabic Dictionary, MACLAY's Fuhchau, DOUGLAS' Amoy, and LOBSCHEID's Canton, Vernacular Dictionaries.

These considerations led me to regard the preparation of a Dictionary on the syllabic plan, as the way in which I could best facilitate the study of the language. My first plan was to rearrange my Tonic Dictionary of the Canton Dialect, and fit it for general use; but I soon saw that its incompleteness required an entire revision. I accordingly commenced in 1863, and took the *Wu-fang Yuen Yin* as the basis for arranging the characters, instead of following MORRISON, to whom this vocabulary seems to have been unknown. It was easier and safer to adopt a native arrangement of the syllables, than to undertake to make a new one as he had done, and this Dictionary, therefore, follows that work almost exactly. Though its pronunciation differs probably from that heard at any one place where the *kwan hwa* is spoken, it is probably nearer to the general average of the spoken language, as heard north of the Yang-tsz' River, than it would have been to reduce it to the speech of a single city or prefecture, as Peking for instance. In a work intended for general use,

x. PREFACE.

a word under its most common sound, in order to avoid repeating the character. The characters in MORRISON's Dictionary are arranged under 411 syllables, (not distinguishing between aspirated and unaspirated sounds,) and their total number, including hundreds of duplicates, is 12,674. In DE GUIGNES' Dictionary there are 13,933, of which 1040 are duplicated forms; in the Canton Dictionary, 7850; in the Fuhchau Dictionary, 9390; and in GONÇALVES, 7670.

The tables scattered through the book will serve to elucidate many points occurring in the course of study, and save reference to other works. They are placed as follows:—

The Introduction is designed to furnish some explanations respecting the scope of the work, the orthography employed, the construction of characters, and such hints and helps in commencing the study of the language as practice has proved to be useful. Those paragraphs respecting the affinities between the general spoken language and the south-eastern dialects, are short and imperfect compared with the subject, but may lead to something fuller. The whole subject of comparison of dialects has not been worked out, because there are not sufficient data on which to found either reasoning or deductions. The short lists of dialectical sounds prefixed to each syllable, may furnish starting points to students at various parts, to mark the local differences from the *Wu-fang Yuen Yin.*

In concluding these remarks, I have the satisfaction of feeling that the labor spent upon this work during the past eleven years, in the intervals of official duties, will now be available for students in acquiring the Chinese language. Its deficiencies will be hereafter supplied by others who will build upon their predecessors as I have done; for the field is too vast to be explored or exhausted by even many laborers. The stimulus to past effort, and the hope that it would not be in vain, both sprang from the desire to aid the labors of those who are imparting truth in any branch to the sons of Han, especially those religious and scientific truths whose acquisition and practice can alone Christianize and elevate them. At the end of the forty years spent in this country in these pursuits, I humbly thank the good Lord for all the progress I have been permitted to see in this direction, and implore His blessing upon this effort to aid their greater extension.

UNITED STATES LEGATION,
Peking, June, 1874. S. W. W.

三、《汉英韵府》说明节选

INTRODUCTION.

SECT. I. —THE MANDARIN DIALECT AS EXHIBITED IN THE WU-FANG YUEN YIN.

THE speech of the great body of the educated classes among the Chinese, called by them the *kwan hwa* 官話 or Official Language, and known as the Court or Mandarin Dialect, is spoken throughout the regions north of the Yangtsz' River, without much variation in its idiom and grammatical construction, and very extensively in the provinces south of it, except in Fuhkien and Kwangtung, to such a degree as to make it the prevailing speech in sixteen of the provinces. In most parts of the two above-named provinces, the vernacular presents so many variations from it in those two respects, that educated men are obliged to specially learn to speak the *kwan hwa*, in addition to the general study of the characters, in order to carry on oral intercourse with their educated countrymen at the north. This peculiarity of the Chinese language,—that of having many sounds for the same symbol, like the different names of the Arabic numerals among European nations, probably at first attached also to the Egyptian symbols; but the phonetic element there triumphed at last over the symbolic, and the Egyptian became finally an alphabetic language. Not so with the Chinese written language; this still maintains its ideographic character, and is now used as the written medium for the intercourse of more human beings than any other. The forms and significations of the symbols, too, have altered so slightly that inscriptions a thousand years old are read without difficulty, and books written thirty centuries ago are daily quoted as good authority both for style and for precept.

It is not surprising, perhaps, that such an ideographic language as this was invented; for the first thought of one who tries to write an idea, is more likely to be to picture it than to attempt to express the sounds by which it is spoken. The greater wonder is that it should have lasted so long, and exerted such an influence in perpetuating and unifying the people who use it. Nations who wrote in alphabetic languages were, it may be, not near enough, or civilized enough, to influence the very early Chinese, so as to fairly place the question before them of adopting an alphabetic language instead of their own; but after the introduction of Budhism, and the extension of the Imperial power of Han as far west as the Caspian Sea, this point must have presented itself to many minds. But no trace can be found of any serious effort on the part of native Chinese, to discard the characters and reduce their own speech to an alphabetic form in Devanagari, Persian, or any other character. In the ages succeeding the introduction of Budhism down to the present, this symbolic language has maintained itself intact. This is owing, more than any other one cause, to the difficulty that minds, long trained to associate ideas with separate pictorial symbols, find in associating them with combined symbols or letters, expressing only sounds. Educated Chinese are ready to acknowledge that other nations can write down their speech by letters, and understand it perfectly; but they have been trained so thoroughly to trust chiefly to the eye, to obtain the full meaning of an expression, that nothing else will serve. The laconism and energy of their written language over their spoken, tends too to confirm them in this habit, and prevent a fair trial of an easier mode of conveying thought. To a true disciple of Confucius, the notion that his teachings can be conveyed in any other form than the very characters he wrote them in, is almost preposterous ;—it is stronger than the feeling among Mohammedans that Arabic is the only language fit for the Koran, and has more to support it. But in these days, this question will come to the front with increased power ; and the difficulty of using such a cumberous medium to introduce new ideas on every subject, among millions of ignorant people, will force a solution. At present, their language seems to be the greatest intellectual obstacle to the advancement of the Chinese; but naturally, they will not reject it until they themselves see the need of another and easier ; and vital Christianity alone can furnish the stimulus, guide, and reward of such a change.

It is not designed here to enter into a disquisition on the many interesting points connected with the origin, construction, and modifications of these characters; or to discuss the inception and growth of the great variety of sounds now given to the same character in various parts of the land. The present object is to furnish the student

He is certain in speaking, at first, to confound words of different tones, but written with the same letters, as *yen* 烟 *smoke*; *yen* 言 *words*; *yen'* 燕 *a swallow*, which are widely separated by their construction. A native also usually confuses characters having the same tone; and if all such are grouped together, their similarities and distinctions are more readily seen. Another advantage is the facility thereby afforded to the foreigner, who is learning the language, with the help of a native teacher, to find the word he hears, which he knows not yet in its written form, or may not have had correctly given to him.

Further, the synonymous forms of the same character, which are sometimes alike as to their primitive, as 廚 and 厨 and 櫥; or perhaps, more frequently occur under the same radical, as 瞬, 晌, 䁪, 睻, can, in the syllabic arrangement, all be seen at once. The addition of an index where every character is placed under its proper radical and stroke, furnishes all tho aid required to find it, when the spelling is not known. The Chinese have never added a radical index to any of their syllabic dictionaries, for such a help would be quite useless, unless to indicate the page on which a character occurred. The native who wishes to examine the local vocabulary in another dialect must, therefore, first learn the system of initials and finals on which it is planned, or trust to a native of the locality where it is used.

The groundwork of the present Dictionary is the *Wu-fang Yuen Yin* 五方元音 or Original Sounds of the Five Regions, *i.e.* North, South, East, West and Center, which denote all the land. It is a vocabulary of the Court Dialect much used in Central and Northern China. It was first published in 1700, about the same date that the literati employed by K'anghi had finished the Thesaurus and Lexicon which reflect so much credit on his reign; and, perhaps, was suggested by the former of those works. The editions have been numerous, and all exhibit slight variations in the arrangement of certain characters. An earlier work of the same sort had, however, appeared in the 13th century,—the 中原音韻 or Original Sounds and Finals in Chinese, in which the characters are arranged under nineteen finals; and it would have been better if the compiler of the present work had followed it in this respect. A third book, the 中州全韻 or Complete Finals for Central China, presents the characters arranged according to the several organs of the voice, as dental, lingual, palatal, guttural, &c.; but, as this system involves more attention to the initial than the others, it has not obtained so wide a circulation.

The definitions given in the *Wu-fang Yuen Yin* seldom consist of even a score of words; but this brevity was indispensable for the general usefulness of the manual, where only the principal meanings were needed. A translation of the preface of the edition of 1710 is here inserted; but it gives no information about the reasons for the work, or to what part of the empire it is applicable. It is a fair sample of the style of prefaces to Chinese books, wherein one looks in vain for information or practical directions.

PREFACE TO THE EDITION OF 1710.

Those who heretofore engaged in the preparation of dictionaries did, as they should, carefully learn and go through the classics and all the miscellaneous writings of noted scholars. The number of these works, advantageous to learners, is not easy to reckon; some of them are still preserved, and others have been quite lost; the former are, to this day constantly in the hands of learners, but the latter are, to the great regret of all, gone utterly, and cannot be described. Of these 字學 or Study of Characters is one. Books of this kind are not of equal worth, but among those which have of late years been in use, and are still regarded by all scholars as precious as an officer's signet, the 字彙 or Classification of Characters stands preëminent. In this work the characters are arranged in classes according to their strokes, and when one has ascertained the number, he can then find the one he seeks. No one can do without it; the venerable professor and old student, as well as the tyro and young learner, each and all need it.

But these persons still do not all know that the book called *Wu-fang Yuen Yin*, a work in which the combination of the [initial and final] sounds can be seen at a glance is even superior in some respects to the 字彙. Its compiler is Fan Tăng-fung 樊騰鳳 of Yaoshan 堯山 in the district of T'ang-shan 唐山縣 in the south of Chihli. This book not being often seen in the shops, I rather unexpectedly met with it. On looking it over closely, and examining its plan and execution, I was surprised at the carelessness displayed. The plan of the 字彙 depends on the number of strokes in a character, but this on their sounds.

There is besides the plan on which [this manual is arranged], that followed in the 六書, *viz.*, grouping together things belonging to heaven, both single and in pairs, but not going beyond the dual powers and the five elements, so that the five elements are under the head of heaven, the five regions under that of earth, and the five tones under that of sounds. Such a work only requires the redundancies to be removed and the four or five tones to be carefully indicated to make it complete. But then this arrangement [of the 六書] is really a natural one, and not one which man made out (or can alter).

In this work the author has selected the twelve finals 韻目 with reference to the twelve musical pitch-pipes, and the five fundamental tones of voice; and these with the twenty initials 字母 he has chosen, make the warp and the woof, the lengthwise and the crosswise; by combining these according to his rules, one can find the sound of any character. If one wishes to practice the combination of sounds, and counts over the 80 finals on his fingers, he will find the plan here adopted very much easier; it is like an essay in which only the ideas are wanted, or an agreement which has only the bare stipulations. In the Canon of Shun it is said, "Notes depend on prolonging the utterance, and they are harmonized among themselves by the pitch-pipes." If one will carefully examine this work, they will find that this principle has been observed. Original sounds may

XXXVi. INTRODUCTION.

PRONUNCIATION OF AN EXTRACT FROM THE SACRED COMMANDS IN EIGHT DIALECTS.

夫孝者天之經地之義民之行也人不知孝父母獨不思父母愛子之心乎方其未離懷抱饑不能	MANDARIN.	PEKING.	HANKOW.	SHANGHAI.	NINGPO.	FUHCHAU.	AMOY.	SWATOW.	CANTON.
	ˏfu	ˏfú	ˏfu	ˏvu	ˏvu	ˏhu	ˏhu	ˏhu	ˏho
	hiao˙	hˈiao˙	hiao˙	hio˙	hiao˙	hau˙	hau˙	hau˙	hao˙
	ˈché	ˈchö	ˈtsé	ˈtsé	ˈtsié	ˈchia	ˈchia	ˈchia	ˈché
	tˈien	tˈien	tˈien	tˈïˈ	tˈïˈ	tˈiéng	tˈien	tˈi	ˏtˈin
	ˏchi	chˈ	ˏtsz	ˏts	ˏtsz	ˏchi	ˏchi	ˏchù	ˏchi
	ˏking	ˏchïng	ˏkin	ˏkiáng	ˏkying	ˏkíng	ˏkeng	kˈia	ˏking
	tiˈ	tiˈ	tiˈ	diˈ	diˈ	tóˈ	túˈ	tiˈ	tiˈ
	ˏchi	chˈ	ˏtsz	ˏts	ˏtsz	ˏchi	ˏchi	ˏchù	ˏchi
	iˈ	lˈ	lˈ	niˈ	iˈ	ngié˙	giˈ	ngiˈ	mˈin
	ˏnin	ˏnin	ˏtsz	ˏming	ˏtsz	ˏmíng	ˏbin	ˏmin	ˏchi
	ˏchi	chˈ	ˏtsz	ˏts	ˏtsz	ˏchi	ˏchi	ˏchù	ˏchi
	hing˙	bˈing˙	ˏhin	yüng˙	hˈing˙	haing˙	beng˙	heng˙	hăng˙
	ˈyé	ˈyé	ˈyé	ˈa	ˈyé	ya˙	ˈya	ˈya	ya˙
	jin˙	ˏzhăn	ˏlăn	niûng˙	niûng˙	jăn˙	ˏjin	ˏnang	ˏyăn
	puh˙	puˈ	pu˙	peh˙	peh˙	pòk˙	pút˙	pút˙	păt˙
	ˏchi	chˈ	ˏtsz	ˏts	ˈchˈ	ˏti	ˏti	chai˙	ˏchi
	hiao˙	hˈiao˙	hiao˙	hio˙	hiao˙	hau˙	hau˙	po˙	hao˙
	fu˙	fu˙	fu˙	vu˙	vu˙	bò˙	bu˙	poˈ	fu˙
	ˈmu	ˈmu	ˈmung	ˈmu	ˈméu	ˈmu	ˈbo	ˈbò	ˈmò
	tuh˙	ˏtu	teu˙	tòk˙	doh˙	túk˙	tòk˙	tok˙	ˏtu
	puh˙	puˈ	pu˙	peh˙	peh˙	pòk˙	pút˙	púˈ	păt˙
	ˏsz	ˏsz	ˏsz	ˏsz	ˏsz	ˏsü	ˏsu	sù˙	ˏsz
	fu˙	fu˙	fu˙	vu˙	vu˙	bò˙	hu˙	poˈ	fu˙
	ˈmu	ˈnu	ˈmung	ˈmu	ˈméu	ˈmu	ˈbo	ˈbò	ˈmò
	ngaiˈ	aiˈ	ngaiˈ	éˈ	aiˈ	aiˈ	aiˈ	aᵐˈp	oiˈ
	ˈtsz	ˈtsz	ˈtsz	ˈts	ˈtsz	ˈchi	ˈchu	ˈchù	ˈtsz
	ˏchi	chˈ	ˏtsz	ˏts	ˏtsz	ˏchi	ˏchi	ˏchù	ˏchi
	ˏsin	ˏsin	ˏhïn	ˏsing	ˏsin	ˏsíng	ˏsim	ˏsim	ˏsăm
	ˏhu	ˏhu	ˏhu	ˏu	ˏwu	ˏhu	ˏho	ˏhu	ˏu
	ˏfang	ˏfang	ˏfang	ˏfong	ˏfong	hwòng˙	ˏhong	hwang˙	ˏfong
	kˈiˈ	chˈiˈ	chˈiˈ	jiˈ	dˈjiˈ	kiˈ	kiˈ	kˈiˈ	kˈiˈ
	wéiˈ	wéiˈ	wéiˈ	viˈ	viˈ	éˈ	biˈ	buéˈ	miˈ
	ˈli	ˏli	ˏli	ˏli	ˏli	liéˈ	liˈ	ˏli	liˈ
	ˏhwai	ˏhwai	ˏhwai	ˏwé	ˏwé	ˏhwai	ˏhwai	ˏhwai	ˏwai
	pao˙	pao˙	pˈao˙	po˙	bao˙	po˙	pˈau˙	pˈo˙	ˈpˈò
	ˏki	chi˙	ˏki	ˏki	dji˙	ˏki	ˏki	ˏki	ˏki
	puh˙	puˈ	pu˙	peh˙	peh˙	pòk˙	put˙	pút˙	păt˙
	ˏnăng	ˏnăng	ˏlăn	ˏnăng	ˏnăng	ˏnéng	ˏleng	ˏneng	ˏnăng

TEXT	京 PEKING.	漢 HANK.	揚 SHANG.	寧 NINGPO	福 FUHCH.	汕 SW'TAU	廣 CANTON
其未離懷抱饑不能自哺寒不能自衣爲父母者察音聲	他沒有離圞父母懷抱的時候餓了自己不能吃冷了自己不能穿作父母的揣度他的聲音	小奶們沒有離圞手裏抱拉胸膛頭个長光肚裏餓之末自家勿會去吃身上冷之末自家勿會去着做箜娘个末聰聽伊个聲音	小干勿會離圞手裏抱的時候肚裏餓了不會自己吃飯冷了不會自己穿衣做箜娘的過細聰兒子的聲音	仔手上抱時候肚飢自家喫交己食身寒償得交己穿做箜娘個人聽子個音語聲訊	其在抱手个時候肚飢兒自又弗會吃冷兒自又弗會穿做大人个聽其音	坊時未散圞胸前抱在手時肚困懷得交己食身寒償得交己穿做箜娘個人聽子個音語聲音	佢未曾離圞襟懷保抱個時肚餓唔自己溫食身冷唔自己着做父母懷聽恒聲音

TEXT	京 PEKING.	漢 HANK.	揚 SHANG.	寧 NI-GPO	福 FUHCH.	汕 SW'TAU	廣 CAN-TON
察形色笑則爲之喜啼則爲之憂行動則跬步不離疾痛則	察看他的氣色他若嬉笑就爲他歡喜他若啼哭就爲他愁煩他一行走就連牛步也不肯離圞他有病痛就	過細看兒子的臉色或是笑就快活哭之末就憂愁走末寸步當心生之病末弟娘一步的不肯離圞或是病痛	看看伊个面色之末就笑兒大人就歡喜起來若是叫兒大人就弟爽快會老个時候大人步步跟着其有病个時候大人	看其和貌若是笑兒就歡喜佢喘暗罷奶就苦行止舉步舉步罷奶毛離身邊發嗦心苦病疼罷奶	掛別形色難笑罷訪歡喜佢暗罷奶就	看子個樣相獸喜啼哭就兒子煩惱行走舉罷娘步不敢行圓病病痛箜娘	睇佢形像面色笑就替佢歡喜啼就替佢愁煩初學行就寸步唔歡離圞有病痛就

四、《汉英韵府》正文节选

CHA.　　　　CHA.　　　　CHA.　　　3

CHA.

Old sounds, ta, tat, tap, tak, da, dat, and dak. In Canton, cha; — in Swatow, cha; — in Amoy, ché and t'a; — in Fuhchau, cha; — in Shanghai, tsô, sô, zô; —in Chifu, tsa.

櫨楂 ,cha　From wood and *fierce tiger* or *raft*; the second form is commonest for the fruit, and is also used for ,ch'a 槎 a raft.

A sour red fruit of the size of a cherry, a species of hawthorn (*Crataegus cuneata* and *pinnatifida*), common throughout China; the fruit is called 紅菓子 and 山 裡紅 at Peking; and 山 ｜ elsewhere; the acid is much esteemed. 山 ｜ 糕 a sweetmeat or jam made from the haw.

｜ ｜ the cry of magpies;

柤 ,cha　From *wood* and to *obstruct*; used sometimes for the preceding, and for ,tsz 澤 sediment.

To put wood in the way to post the passage; to lie near to; conterminous and opposing; name of a place.

喳 ,cha　An unauthorized character. The sound of indistinct utterances; a lisp.

｜ ｜ 的亂叫 [the sparrows] are twittering and calling to each other.

喳喳 ｜ whispering together.

In *Cantonese*. A final particle, implying a short time.

等吓 ｜ wait a moment !

飲茶 ｜ just take a cup of tea.

渣 ,cha　From *water* and to *examine* as the phonetic.

Sediment, refuse, lees, dregs, grounds, settlings; the residuum left after expressing the juice; the garbles of an article.

｜澤 feculence, leavings, siftings.

八角 ｜ broken star-anised.

紫梗 ｜ shell-lac.

藥 ｜ the refuse left after preparing drugs; a second decoction.

Read cha'. Name of a stream in the southofShensi.

戲 ,cha　To place the finger on a thing, for the purpose of selecting it; to take, to press down, to feel.

The scab on a healing sore.

疷 ｜ a cicatrix, a scar.

瘥 ,cha　Red upland rice called 赤 ｜ by some authors; the term is local.

樝 ,cha　The third form is properly used only for pimples on the nose.

皻皻 皻 ,cha　Discolorations or cracks of the skin, supposed to arise from the obstructed perspiration; a pimple, a blotch; pustules.

皺 ｜ chapped; a cracked and rough skin.

酒 ｜ 鼻 wine blossoms on the nose, sometimes called 粉刺 or flour thorns, from the pus in them.

齇 ,cha　Irregular teeth; uneven, distorted teeth, sometimes called snaggle-teeth.

奓 ,cha　From *great* above *many*, and is regarded by the etymologists as a contracted form of 奢; it is sometimes written 侈 but not quite correctly.

To open out, to stretch open; to bluster; to extend or display, as, a cause.

｜ 言 to boast.

｜ 戶 to open the door.

心 ｜ 體素 a vain disposition and unwieldy person.

二儀 ｜ 闢 the two original powers are vastly spread out, as at the creation.

膠 ,cha　Not close grained, said of some kinds of meat; a scar; to adhere, to stick, as paste; cohering, close together.

觰 ,cha　Broad, spreading horns, such as are largest at the base; to strike an ox across the horns.

張 ｜ expanded horns.

諸謯 ,cha　From *words* and to *boast*; the second form is obsolete.

To speak hesitatingly, not straightforward; afraid to speak out, reticent; angry, disturbed in mind.

｜ 諛 incoherent talk, like that of one confused and afraid.

Also read ,chu'; the second, and most common form at Canton, is unauthorized, and has no doubt been altered from the first.

攎揸 ,cha　To take up, as by the fingers; to seize or take, as animals; to grasp, to clutch, to grab; take firmly, to hold fast; to work, as a bellows; to squeeze; a handful.

｜ 得穩 I've got it safe; hold it steady.

｜ 風箱 to work a bellows.

一大 ｜ grab a big handful.

｜ 攤 to keep a gambling-table.

｜ 水豬肉 water-sogged pork; it is sometimes watered to increase the weight.

｜ 火筒 to blow the fire-pipe; to act as a scullion.

有 ｜ 手 I have security for it.

｜ 着印柄 he holds the power.

｜ 緊 hold it tight; I've got it fast.

無 ｜ 拏 there is nothing to hold on by, no security for him; also, a nickname for a Buddhist priest.

｜ 拳頭 to double up the fist.

｜ 爛 to crush to pieces.

挓 ,cha　To open; to widen out.

｜ 挱 to expand; to come out, as flowers; to spread out, as the embroidered plaits of a Chinese lady's skirt.

｜ 開五指 to open out the fingers.

CH'A.

Old sounds, mostly t'a, t'ap, and t'ak, with one or two in do and dot. In Canton, ch'a, with two or three in t'so; — in Amoy, ch'a ch'ā, and tá; and nearly the same in Swatow; — in Fuhchau ch'a, and a few in ts; — in Shanghai, dáʻ; — in Chifa, ts'a.

叉 ‚ch'a
The fingers crossing each other, which the character is supposed to represent; it is also interchanged with 杈 and 姹 ‚ch'a².

To cross the arms, to interlace the fingers; to fold the hands, as in bowing; diverging; a crotch; a place where roads diverge; a prong, a fork; cross-roads.
杀 | a pitchfork; 銀 | a silver fork; 魚 | fish-grains.
三 | a trident; also, a trivium.
| 燒 to roast or toast on a fork.
| 手躬身 to interlace the fingers and make a bow.
飛 | the play of throwing up tridents and catching them.

扠 ‚ch'a
To fork up; to nip; to seize with pincers or a fork; a fish-prong or grains; to take up with the fingers; to drive out; to pitch out.
| 出 去 turn him out.
| 上 去 fork it up; — as when putting a thing on a high nail.

袚 ‚ch'a
From clothes and crotch; it is also read ch'a².

The skirt of a robe; the flaps of the skirt.
裙 | the opening of a petticoat, where it is not sewed to the bottom.
| 褲 the upper half or seat of a pair of trowsers, worn by ditchers and workmen.

靫 ‚ch'a
A quiver, called usually 箭袋 or arrow bag.

差 ‚ch'a ‚ch'ai
From 左 the left or wrong, and 巫 uneven branches contracted; also explained as things done in two ways, i. e. things wrongly done, which cannot be straightened.

To err, to mistake, to miss the mark; error, fault, difference; a discrepancy; an excess; unassorted, unlike.
| 不多 not much unlike, nearly the same.
| 得遠 very different, dissimilar; you are quite mistaken.
| 錯 a mistake; | 錯脚 to step wrong; a blunder, a faux-pas.
| 一點兒 differs a little; they are very much the same.
若其酒醛之 | respecting the different sorts of wines.
| 樣兒 in Pekingese; extraordinary, unusual, as a lusus naturæ.
| 着 differing; they are unlike.

Read ‚ch'ai. To send, as an envoy; to commission, to act for, to manage vicariously; a minister, a legate, an envoy; an official messenger.
| 使 a bailiff, an agent.
當 | official messengers, who serve in turn.
| 事 governmental business.
解 | the escort or guard which conducts a criminal.
| 役 a policeman, an official underling.
放大欽 | to send a chancellor to hold an examination.
報京 | or 快 | a government courier; the first is one who goes to Peking.
聽 | an attendant, an official servant.

Read ‚ts'z². Uneven, projecting irregularly; discrepancies; to make a distinction; to go wrong, to act differently.
參 | not uniform, unequal; not to do as one was expected.
各有 | 等 every one has his own peculiarities.

岡 | 有 韖 no difference being shown to the excusable or the less guilty.

嗏 ‚ch'a
A final sound used in chanting, to prolong the line; a euphonic particle, like Oh!

剳 ‚ch'a
From knife and sext.

To take up a thing with a fork or a bodkin; a small javelin.
用叉子 | 肉 to stick a fork into a bit of meat and take it up.

侘 ‚ch'a
A young girl, for which 姹 is also used; an easy, retired life of leisure and respect.

Read toh, Another; that one.

茶 ‚ch'a
The character 荼 (tu was once used instead of this, showing that the use of tea dates from earliest times; it was afterwards changed by dropping a line, so that it became, as one etymologist analyzes it, a 艸人木 or plant for man, the shrub itself was once called 檟, and the last gathering 荈; it must not be confounded with 恭 to respect.

The tea plant; the name also includes the genus Camellia, and forms part of the names of many plants which are infused, or which resemble tea; the earliest gathering of the leaves; a tea, an infusion of any kind.
綠 | green tea; 黑 | black tea.
| 餅 and | 磚 tea pressed into cakes and brick tea; there are many forms of each.
| 葉 cured tea, the tea leaf; but leaf tea is 毛 | intimating that it looks unprepared.
飲 | or 喝 | or 哗 | to drink tea.
倒 | 來 bring in tea; used sometimes as a polite request to stop and take a cup.
歐 | to hand tea to visitors.

参考文献

图书、辞书

［1］［美］卫三畏.汉英韵府［M］.上海：美华书院，1889.

［2］［美］卫三畏.中国总论［M］.陈俱，译.上海：上海古籍出版社，2005.

［3］［美］卫斐列.卫三畏生平及书信——一位美国来华传教士的心路历程［M］.顾钧、江莉，译.桂林：广西师范大学出版社，2004.

［4］［意］利玛窦，［比］金尼阁.利玛窦中国札记［M］.何高济，等译.桂林：广西师范大学出版社，2001.

［5］［英］艾约瑟.官话口语语法［M］.上海：美华书馆，1864.

［6］［英］马礼逊.华英字典［M］.澳门：英国东印度公司澳门印刷厂，1815.

［7］［英］威妥玛.语言自迩集——19世纪中期的北京话［M］.张卫东，译.北京：北京大学出版社，2002.

［8］陈刚.北京方言词典［M］.南京：江苏教育出版社，1995.

［9］陈君静.大洋彼岸的回声——美国中国史研究历史考察［M］.北京：中国社会科学出版社，2003.

［10］胡明扬.北京话初探［M］.北京：商务印书馆，1963.

［11］耿振生.明清等韵学通论［M］.北京：语文出版社，1992.

［12］耿振生.近代官话语音研究［M］.北京：语文出版社，2007.

［13］顾钧.卫三畏与美国早期汉学［M］.北京：外语教学与研究出版社，

2009.

　　[14]顾长声.从马礼逊到司徒雷登——来华新教传教士评传[M].上海：上海人民出版社，1985.

　　[15]侯精一.现代汉语方言概论[M].上海：上海教育出版社，2002.

　　[16]江蓝生.近代汉语探源[M].北京：商务印书馆，2000.

　　[17]江蓝生.近代汉语研究新论[M].北京：商务印书馆，2008.

　　[18]蒋绍愚.近代汉语研究概要[M].北京：北京大学出版社，2005.

　　[19]刘丹青.南京方言词典[M].南京：江苏教育出版社，1995.

　　[20]李如龙.汉语方言学[M].北京：高等教育出版社，2001.

　　[21]李如龙.汉语方言的比较研究.[M].北京：商务印书馆，2003.

　　[22]李荣，熊正辉，张振兴，等.中国语言地图集[M].香港：朗文出版（远东）有限公司，1987.

　　[23]李新魁，麦耘.韵学古籍述要[M].西安：陕西人民出版社，1993.

　　[24]李新魁.汉语等韵学[M].北京：中华书局，2004.

　　[25]林焘.林焘语言学论文集[M].北京：商务印书馆，2001.

　　[26]鲁国尧.鲁国尧语言学论文集[M].南京：江苏教育出版社，2003.

　　[27]罗常培.国音字母演进史[M].上海：商务印书馆，1934.

　　[28]马重奇.汉语音韵学论稿[M].成都：四川巴蜀书社，1998.

　　[29]马重奇.中国语言学年鉴·汉语音韵学部分[M].北京：商务印书馆，2006.

　　[30]南京市地方志编纂委员会.南京方言志[M].南京：南京出版社，1993.

　　[31]钱曾怡.烟台方言报告[M].济南：齐鲁书社，1982.

　　[32]钱曾怡.山东方言研究[M].济南：齐鲁书社，2001.

　　[33]孙祚民.山东通史[M].济南：山东人民出版社，1992.

　　[34]王桂云，鲁海.山东地方史志纵横谈[M].长春：吉林省地方志编纂委员会，吉林盛图书馆学会，1985.

［35］薛凤生.北京音系解析［M］.北京：北京语言学院出版社，1986.

［36］徐时仪.汉语白话发展史［M］.北京：北京大学出版社，2007.

［37］徐通锵.历史语言学［M］.北京：商务印书馆，2008.

［38］杨亦鸣.李氏音鉴音系研究［M］.西安：陕西人民教育出版社，1992.

［39］叶宝奎.明清官话音系［M］.厦门：厦门大学出版社，2001.

［40］袁家骅.汉语方言概要［M］.北京：语文出版社，2001.

［41］俞敏.俞敏语言学论文集［M］.北京：商务印书馆，1999.

［42］詹伯慧，等.汉语方言及方言调查［M］.武汉：湖北教育出版社，1991.

［43］张鸿魁.明清山东韵书研究［M］.济南：齐鲁书社，2005.

［44］张世方.北京官话语音研究［M］.北京：北京语言大学出版社，2010.

［45］张树铮.清代山东方言语音研究［M］.济南：山东大学出版社，2005.

［46］张西平.传教士汉学研究［M］.郑州：大象出版社，2005.

［47］周一民.现代北京话研究［M］.北京：北京师范大学出版社，2002.

［48］赵元任.赵元任语言学论文集［M］.北京：商务印书馆，2002.

［49］张振兴，李琦，聂建民.中国分省区汉语方言文献目录（稿）［M］.北京：中国社会科学出版社，2014.

［50］杨耐思.近代汉语音论［M］..北京：商务印书馆，1997.

［51］杨亦鸣.李氏音鉴音系研究［M］.西安：陕西人民教育出版社，1992.

［52］游汝杰.西洋传教士汉语方言学著作书目考述［M］.哈尔滨：黑龙江教育出版社，2002.

［53］游汝杰.汉语方言学教程［M］.上海：上海教育出版社，2004.

［54］王士元.王士元语言学论文选集［M］.北京：世界图书出版公司北

京公司，2010.

期刊

[1][韩]金薰镐.汉语标准音的继承性及其特点[J].汉语史研究集刊，2001（00）.

[2][韩]金薰镐.西洋传教士的汉语拼音所反映的明代官话音系[J].古汉语研究，2001（1）.

[3][日]平田昌司.清代鸿胪寺正音考[J].中国语文，2000（6）.

[4][日]太田辰夫.论清代北京话[J].语言学论丛，2013（2）.

[5]艾萍.卫三畏与美国早期中国学研究[J].淮北煤炭师范学院学报，2008（4）.

[6]昌梅香.《汉英韵府》拼音系统评介[J].辞书研究，2013（4）.

[7]陈辉.19世纪东西洋士人所记录的汉语官话[J].浙江大学学报（人文社会科学版），2010（6）.

[8]程美宝.粤词官音——卫三畏《英华韵府历阶》的过渡性质[J].史林，2010（6）.

[9]陈忠敏.音变研究的回顾和前瞻[J].民族语文，2008（1）.

[10]邓兴峰.明代官话基础方言新论[J].南京社会科学，1992（5）.

[11]邓兴峰.《南京官话》所记南京音系——兼论方言史对汉语史研究的价值[J].南京社会科学，1994（4）.

[12]董方峰，杨洋.汉语教学史上一部不应被遗忘的著作——卫三畏的《汉英韵府》[J].国际汉语教学动态与研究，2008（2）.

[13]方环海.论《古今中外音韵通例》的音系性质及其语音史地位[J].古汉语研究，1998（2）.

[14]方环海.《古今中外音韵通例》的体例与性质[J].辞书研究，1999（1）.

[15]付莉.浅谈北京话音系的感知分析[J].语言与文化研究（第二辑），

2008.

[16]耿振生.论近代书面音系研究方法[J].古汉语研究,1993(4).

[17]耿振生.再谈近代官话的"标准音"[J].古汉语研究,2007(1).

[18]顾钧.卫三畏:美国最早的汉学教授[J].中西文化研究,2009(1).

[19]侯华敏.艾约瑟《官话口语语法》中的南京音与北京音比较[J].文教资料,2014(30).

[20]黄灵燕.简论十九世纪罗马字著作所反映的北京官话文白异读和语用风格[J].现代语文(语言研究版),2008(12).

[21]黄灵燕.传教士罗马字记音反映的官话音–k尾[J].语言研究,2009(1).

[22]黄薇.明清官话的标准音研究述评[J].兵团教育学院学报,2011(3).

[23]黄亦君,李晓兰.卫三畏的汉学观[J].贵州文史丛刊,2009(1).

[24]江蓝生.《燕京妇语》所反映的清末北京话特色(上)[J].语文研究,1994(4).

[25]江蓝生.《燕京妇语》所反映的清末北京话特色(下)[J].语文研究,1995(1).

[26]李丹丹."官话"的性质[J].新疆社会科学,2011(5).

[27]黎新第.南方系官话方言的提出及其在宋元时期的语音特点[J].重庆师院学报(哲学社会科学版),1995(1).

[28]黎新第.明清时期的南方系官话方言及其语音特点[J].重庆师院学报(哲学社会科学版),1995(4).

[29]黎新第.明清官话语音及其基础方音的定性与检测[J].语言科学,2003(1).

[30]李新魁.论近代汉语共同语的标准音[J].语文研究,1980(1).

[31]龙庄伟.《五方元音》音系研究[J].语言研究,1989(2).

[32]刘顺.三十年来的南京方言研究[J].南京审计学院学报,2011(1).

［33］鲁国尧.研究明末清初官话基础方言的廿二年历程——"从字缝里看"到"从字面上看"［J］.语言科学，2007（2）.

［34］鲁国尧.论历史文献考证法与历史比较法的结合——兼议汉语研究中的犬马鬼魅法则［J］.古汉语研究，2003（1）.

［35］罗常培.耶稣会士在音韵学上的贡献［J］.历史语言研究所集刊，1930.

［36］罗常培.西洋人研究中国方音的成绩及缺点［J］.国语周刊72期，1933.

［37］马重奇.1994—1997年汉语音韵学研究综述［J］.福建论坛，1999（5）.

［38］马重奇.1998—2003年汉语音韵研究综述（上篇)［J］.福建论坛(人文社会科学版)，2004（11）.

［39］马重奇.1998—2003年汉语音韵研究综述（下篇)［J］.福建论坛(人文社会科学版)，2004（12）.

［40］马重奇.2004—2008年中国音韵学研究情况综述［J］.福建论坛(人文社会科学版)，2010（12）.

［41］麦耘，朱晓农.南京方言不是明代官话的基础［J］.语言科学，2012（4）.

［42］钱曾怡，等.山东方言的分区［J］.方言，1985（4）.

［43］仇华飞.论美国早期汉学研究［J］.史学月刊，2000（1）.

［44］瞿霭堂.语音演变的理论和类型仁［J］.语言研究，2004（2）.

［45］孙华先.赵元任《南京音系》研读［J］.语文研究，2008（1）.

［46］孙宜志.从张位《问奇集》看明代官话的基础方言［J］.杭州师范大学学报（社会科学版)，2015（2）.

［47］孙志波.清代山东方言韵书述要［J］.汉字文化，2015（1）.

［48］王平.《五方元音》音系研究［J］.山东师大学报（社会科学版)，1989（1）.

［49］汪银峰.也谈《五方元音》六韵三母下两套小韵对立［J］.古汉语研究，2010（1）.

［50］汪银峰.再论《五方元音》入声的性质［J］.辽宁大学学报（哲学社会科学版），2010（2）.

［51］徐式谷.历史上的汉英词典［J］.辞书研究，2002（1）.

［52］薛志霞.明末传教士汉语罗马字注音方案性质考［J］.晋中学院学报，2008（4）.

［53］叶宝奎.也谈近代官话的“标准音”［J］.古汉语研究，2008（4）.

［54］俞敏.北京音系的成长和它受的周围影响［J］.方言，1984（4）.

［55］曾晓渝.试论《西儒耳目资》的语音基础及明代官话的标准音［J］.西南师范大学学报，1991（1）.

［56］张树铮.山东方言历史鸟瞰［J］.古汉语研究，1996（2）.

［57］张树铮.语音演变的类型及其规律［J］.文史哲，2005（6）.

［58］张树铮.胶辽官话的分区（稿）［J］.方言，2007（4）.

［59］张卫东.试论近代南方官话的形成及其地位［J］.深圳大学学报（人文社会科学版），1998（3）.

［60］张卫东.威妥玛氏《语言自迩集》所记的北京音系［J］.北京大学学报（哲学社会科学版），1998（4）.

［61］张卫东.北京音何时成为汉语官话标准音［J］.深圳大学学报，1998（4）.

［62］张卫东.从《语言自迩集·异读字音表》看百年来北京音的演变［J］.广东外语外贸大学学报，2002（4）.

［63］张玉来.明清时代汉语官话的社会使用状况［J］.语言教学与研究，2010（1）.

［64］张志敏.北京官话［J］.方言，2008（1）.

论文

［1］卞浩宇.晚清来华西方人汉语学习与研究［D］.苏州：苏州大学，2010.

［2］董海樱.西人汉语研究述论——16—19世纪初期［D］.杭州：浙江大学，2005.

［3］董建交.明代官话语音演变研究［D］.上海：复旦大学，2007.

［4］葛晓茜.烟台城市近代化的历史考察［D］.济南：山东大学，2008.

［5］何婷婷.《拾级大成》与卫三畏的汉语教学［D］.长春：吉林大学，2008.

［6］黄灵燕.清代官话罗马字著作音系研究［D］.北京：北京大学，2008.

［7］孔陈焱.卫三畏与美国早期汉学的发端［D］.杭州：浙江大学，2006.

［8］李清桓.《五方元音》音系研究［D］.武汉：武汉大学，2003.

［9］李同法.卫三畏的中国观［D］.石家庄：河北师范大学，2009.

［10］李艳.卫三畏思想研究［D］.济南：山东师范大学，2011.

［11］罗福腾.胶辽官话研究［D］.济南：山东大学，1998.

［12］孙伟杰."威妥玛式"拼音研究［D］.长春：吉林大学，2009.

［13］武春野."北京官话"与书面语的近代转变［D］.上海：复旦大学，2011.

［14］王欢.卫三畏的汉语著作及教学思想研究［D］.长沙：湖南大学，2013.

［15］王晓军.山东方言语音研究［D］.上海：上海师范大学，2004.

［16］汪莹.南京方言语音研究［D］.南京：南京大学，2014.

［17］谢维维.明清山东韵书（五种）研究［D］.桂林：广西师范大学，2008.

［18］岳岚.晚清时期西方人所编汉语教材研究［D］.北京：北京外国语

大学，2015.

　　[19]赵安杰.元明汉语语音规范研究［D］.南宁：广西民族大学，2013.

　　[20]张春霞.山东三大官话与北京官话的音韵比较［D］.南京：南京师范大学，2010.

　　[21]张家铭.来华传教士罗马字注音资料所反映的南京官话研究［D］.大连：辽宁师范大学，2013.

　　[22]张晓.《五方元音》音系［D］.苏州：苏州大学，2007.